도서관의
전략과 미래

지금 무엇을 준비할 것인가?

ACADEMIC LIBRARY

한국대학도서관연합회총서 2

도서관의 전략과 미래

지금 무엇을 준비할 것인가?

김정신 · 김청웅 · 백항기 · 윤덕진 · 윤성로 · 이형구 엮음

한국대학도서관연합회
The Korea University & College Library Association

한국학술정보㈜

서문

지식정보사회인 오늘날에 있어 도서관의 역할과 위상은 불과 20∼30년 전과 비교해보면 상상할 수도 없을 만큼 많은 변화를 해왔다.

컴퓨터 발전에 따른 정보환경의 급속한 변화는 인류 역사의 그 어느 때보다도 격변기에 있으며 지금도 적응해 나가기 매우 어렵게 속도를 내어 달리고 있다. 전산정보화 관련의 하드웨어와 소프트웨어 개발 사업은 곧바로 국가 부의 창출로 이어지고 있는데 우리나라는 일찍이 이를 인지하고 국가적 사업으로 정하여 성공을 이루고 있다. 그리하여 지금 우리의 국제적 위상은 역사상 그 어느 때보다도 더 높이 전 세계에 정립되고 있다.

이렇게 변화되는 정보환경 그 중심부에 바로 우리 도서관들도 자리매김을 하고 있으며 확실하게 그 발전에 일익을 담당하고 있다.

우리나라의 모든 도서관들은 이러한 시대적 배경에 맞춰서 그 어느 나라 도서관들보다도 앞서 도서관의 환경과 업무시스템 전체를 컴퓨터로 운용되는 디지털도서관으로의 면모로 전환시키고 이용자를 맞고 있는 중이다. 이에 따라 생성된 모든 정보자료는 전산화로 처리되고 있으며 정보자료 형태도 인쇄매체보다 Web자료 등의 가상자료의 비중이 질적 양적인 면에서 모두 앞서게 되었다. 아울러 앞으로 우리나라 도서관들의 무한한 발전 가능성도 확보하고 있다.

이 시점에서, 한걸음 더 나아가 계속 우리 도서관의 발전적 미래를 도모하기 위해서는 현재의 우리 디지털도서관을 되돌아보는 점검의 시간을 가져야 할 때라고 생각한다. 또한 오늘의 이 발전된 디지털도서관을 최 일선에서 운영을 하고 있는 도서관 사서직들의 지식과 능력도 더 한층 업그레이드할 때라고 본다. 따라서 이러한 미래의 우리 도서관 발전에 조금이나마 도움이 되었으면 하는 취지를 갖고 이 책을 기획하게 되었다. 이 편역서는 디지털도서관에 관한 외국의 최근 자료들 중에서 우리에게 필요한 것을 선택하여 편역을 한 것이다. 그 원문의 서지사항과 편역자는 다음과 같다.

제1장 Twenty-first Century Academic Media Center: Killer App or Chindogu? / Vallier, John. Library trends, 58:3 (2010). 김정신.

제2장 An exploratory analysis of librarians' blogs: their development, nature and changes / Aharony, Noa. Aslib Proceedings 61:6 (2009). 이형구.

제3장 Web Services and Widgets for Library Information Systems / Back, Godmar; Bailey, Annette. Information technology and libraries, 29:2 (2010). 윤덕진.

제4장 Mylibrary: A Digital Library Framework and Toolkit / Morgan, Eric Lease. Information technology and libraries, 27:3 (2008). 김청웅.

제5장 Academic Digital Libraries of the Future: An Environment Scan / Law, Derek. New Review of Academic Librarianship 15:1 (2009). 윤성로.

제6장 Success Factors and Strategic Planning: Rebuilding an Academic Library Digitization Program / Lampert, Cory; Vaughan, Jason. Information technology and libraries, 28:3 (2009). 백항기.

제7장 Sustainability Challenge for Academic Libraries: Planning for the Future / Jankowska, Maria Anna; Marcum, James W. College and research libraries, 71: 2 (2010). 김청웅.

제8장 Institutional Repositories in the UK: The JISC Approach / Jacobs, Neil; Thomas, Amber; McGregor, Andrew. Library trends, 57:2

우리나라 디지털도서관의 사서들과 이에 관계되는 일을 하는 분들이 이 편역서를 토대로 하여 현재 우리 도서관의 상황을 직시하면서 앞으로 우리 디지털도서관의 발전을 위하여 앞장서서 일조하는 역할을 계속해 주었으면 하는 소망을 갖고 이 출판을 한다.

끝으로 이 책의 출간을 위하여 기획하고 내용검토와 인쇄 전까지의 일 모두를 도맡아서 해주신 백항기 박사를 비롯한 동료 편역자 분들, 또한 이 책이 출판될 수 있도록 그동안 계속 회의장소 제공 등 많은 도움을 주신 한국대학도서관연합회 이형구 사무총장과 관계자 분들, 그리고 오늘의 이 책이 있도록 출판을 기꺼이 맡아서 해주신 한국학술정보(주)에 무한한 감사를 드린다.

2012년 4월

김정신

차 례

제1장

21세기 학술미디어센터

21세기 연구도서관에서 학술미디어센터의 역할은 무엇인가? 그 역할은 적절히 수행되고 있는가 아니면 부적절하게 되고 있는가? 이 논문에서는 이러한 질문에 대하여 먼저 Council on Library and Information Resource(CLIR)와 the Association of Research Libraries(ARL)의 최근 리포트들을 요약하는 것으로 대답하려고 한다. 두 리포트는 내일의 연구도서관들이 미래의 도전과 기회에 대응하기 위해 어떻게 준비해야 하는지에 대한 가이드라인을 제시한다. 그리고 이런 관점에서 만들어진 주제들을, 미디어 사서, 문서보관자들의 오랜 업무 경험들을 토대로 하여 미국 내의 학술미디어센터가 이미 어떻게 실질적으로 그들의 기관인 연구도서관을 21세기 Killer app.으로 형상화시키고 변형시키려 하는가에 대한 논의의 틀을 적극적으로 활용하였다. 이 논문이 연구도서관들의 미디어센터가 21세기 대학 환경에 잘 적응하고 혁신적인 변화를 하게 하기 위한 방안을 모색하는 계기가 될 것을 제안하며 이 논문을 끝마친다.

21세기 연구도서관에서 학술미디어센터의 역할은 무엇인가? 대다수가 1970년대에 대학 학부 도서관에 설치되었던 전통적인 미디어센터가 내일의 연구도서관에서 필수적인 역할을 할 수 있을 것인가?

미디어센터는 아마도 Killer App.(*등장하자마자 경쟁상품을 몰아내고 시장을 완전히 석권하는 제품이나 서비스*)으로 변모하면서 연구도서관들의 미래의 성공을 위해 필수적일 수도 있다. 아니면 학술미디어센터는 이미 20세기에 설계된 한물간 유물에 지나지 않을 수도 있다. Killer App.이라기보다는 미디어센터가 도서관에서 *chindogu(珍道具: 유용해 보이지만 실제로는 그렇지 않은, 필요 없는 발명*)가 되는 새로운 예에 불과할 수도 있다. 이렇게 된 미디어센터들은 그를 지원하는 사서들, 스텝들과 함께 망각 속으로 사라져버리고, 그들의 소장 자료들이 도서관의 창고에 폐기되어 버리거나 다른 매체자료로 대체되기 위한 기부 자료로 재사용되어 버리는 것은 아닐까?

이어지는 내용은 미디어센터의 실질적인 정의에서 시작하여, 내일의 연구도서관이 미래의 도전과 기회에 대응하기 위해 어떻게 하면 가장 잘 준비될 수 있는지에 대한 가이드라인을 제공하고 있는 최근의 두 논문-Council on Library and Information Resources의 "No Brief Candle"(CLIR, 2008)과 Association of Research Libraries의 "Transformational Times"(ARL, 2009)-에서 뽑아낸 정보를 살펴보려고 한다.

이 논문들에서 생성된 주제들과 그동안의 미디어센터 사서와 문서 기록보관자들의 경험들을 활용하여, 미국 내의 대학도서관들이 이미 그들의 기관을 미래의 도전에 대응하기 위해 형상화시키고 변형시키는 것을 어떻게 실질적으로 노력하고 있는지에 대한 기반을 논의할 것이다. 그리고 결론으로 미디어센터가 21세기 연구도서관의 killer app.이 될 것이라고 주장할 것이다.

:: 학술미디어센터란 무엇인가?

먼저 미디어센터의 당면하고 있는 정의에 대한 논의부터 분명히 하고자 한다. 전통적인 학술적 관점에서 미디어센터란 무엇인가?

옥스퍼드 영어 사전(2009)에서는 미디어센터에 대해 다음과 같이 정의하고 있다. "학교나 대학 등의 도서관에서 시청각교재를 제공하는 교육시설"(http://diction-ary.oed.com)이라고 하였는데 이 정의는 맞는 말이다. 그러나 "학술미디어센터가 시청각자료에 대한 재생 편의시설을 제공한다"고 한 정의에 대해서는 다음과 같이 좀 더 보완된 정의를 제시한다. 전통적인 관점으로 말하면, 학술미디어센터는 수집한 시청각자료의 보관소이며, 이용자에게 이러한 자료에 접근할 수 있는 재생 편의시설을 제공하며, 교수진과 학생들에게 강의과정에서 자료 서비스를 제공하며, 대학의 기본적인 연구도서관 또는 대학의 한 부서 조직이다.

위의 내용이 일반적인 정의이긴 하지만, 이 정의에 들어맞는 특정한 과나 부서가 꼭 미디어센터라고 이름 붙여질 필요는 없다는 점을 지적하고자 한다. 비록 미국 내의 많은 대학의 미디어센터들이 도서관과는 연결되어 있지 않고 정보기술이나 수업지원 부서와 연결되어 있기도 하지만 여기서의 논의는 대학도서관 조직의 부서로 포함되어 있는 미디어센터에 특별히 집중하고자 한다.

Lori Widzinski는 미디어 사서직의 발전과 미디어 사서와 다른 미디어 종사자 업무들의 복잡한 문제의 명칭을 적절하게 잘 선정하는 탁월한 일을 해냈다.

> 도서관 미디어 부서명과 역할에 이름을 부여하는데 근본문제는 서비스와 리소스에 대해 혼란스럽게 일반적으로 이미 사용하고 있는 것들에 대한 긴 논의로 이어졌다. "audio-visual" 혹은 AV가 적절한 용어인가? "media", "multimedia" 혹은 "instructional resource"인가? 이런 용어들은 모호할 뿐만 아니라, 시간이 지나면서 다양한 의미를 지녀왔다(Widzinski, 2001, p.3).

위 정의에 적합하게 미디어센터들이 사용해오고 있는 다양한 이름들의 예를 들면, 버클리대학교의 Media Resource Center와 텍사스대학교의 Media Library 그리고 메리랜드대학교의 Park's Nonprint Media

Services Library 등이 있다. 그리고 워싱턴대학교 도서관에서의 명칭은 the Media Center이다. 이러한 여러 media, multimedia, nonprint 등의 부서 명칭들을 앞으로는 통일하여 "media center"로 짧게 지칭하고자 한다.

::21세기 연구도서관

오늘날 미국은 경제적으로 그 어느 때보다도 엄청난 침체의 변화를 겪고 있는 시기이다. 워싱턴대학교 도서관에서도 이러한 경제적 어려움의 실상으로 인해 직원해고와 자료수집 펀드의 삭감, 분관 도서관들의 통합 등의 심각한 상황에 당면하고 있다. 이러함에도 불구하고, 한편으로 이러한 경제적 변화는, 적어도 어느 부분에서는 발전할 수 있는 기회로 생각될 수도 있다. 어떻게 하면 필수적인 서비스를 중단하거나 신규 서비스의 업무를 보류하지 않고 우리 도서관의 예산을 절약할 수 있을까? 어떻게 하면 정보 자원에 대한 접근을 증대시키면서 우리의 컬렉션 예산을 절약할 수 있을까? 이러한 모색의 기회는 다음 질문에서 긍정적인 대답을 얻게 된다. 어떻게 하면 연구도서관이 보다 적은 예산으로 보다 많은 서비스를 할 수 있게 될까?

Council on Library and Information Resources(CLIR)과 Association of Research Libraries(ARL)는 모두, 연구도서관의 미래와 관련된 위의 질문을 비롯한 여러 질문들에 답하기 위해 심혈을 기울이며 노력을 해왔다. 2008년 8월, CLIR은 No Brief Candle: Reconceiving Research Libraries for the 21st Century를 출간했다. 이 보고서는 "디지털 기술에 의해 지배당하여 동적이고 급속도로 변화하는 환경에서, 우리가 어떻게 연구도서관

을 변화시켜야 하는가라는 질문을 고민하는 다양한 분야의 전문가로 구성된 팀에서 나온 연구 결과물이다.

2009년 2월에, ARL은 Transformational Times: An Environmental Scan Prepared for the ARL Strategic Plan Review Task Force라는 보고서를 출간했다. 이 보고서는 "연구도서관과 협회의 활동에 영향을 줄 수 있는 트렌드들을 정의하려고" 했고, ARL의 새로운 전략적 기획의 기반으로 사용될 예정이다. 이 보고서들에서 논의된 여러 트렌드들과 제안들은 겹치기도 하고 상호보완적이기도 하다. 다음 부분에서는 이러한 공통되고도 서로 연결된 토픽들을 몇 개의 주제로 압축하고, 새로운 미디어센터 모델이라는 맥락에서 다시 살펴보고자 한다.

실험과 재구성

실험과 재구성은, 이 보고서들에서 찾아볼 수 있는, 아마도 가장 자주 언급되고 핵심을 이루는 권고들일 것이다. 많은 저자들은 사서들이 현실에 안주하지 않고 변화를 수용해야 하며, 도서관들이 위험을 감수하지 않는 안이한 자세였던 것을 적극적이고 혁신적인 자세로 바꾸어야 한다고 분명하게 이야기하고 있다.

CLIR 보고서에서 언급되었듯이, "도서관 관련 기관들은 도서관 안과 밖의 변화를 증진시키고 요구하는 환경에 대해 지원을 할 필요가 있다. 더 많은 자금이 실험적 프로젝트와 새로운 시도에 배정이 되어야 하며 비전통적이거나 새로운 분야의 전문성을 지닌 스텝들이 고용되어야 한다(2008, p.65)."

보고서의 저자들은 만약 도서관들이 본질적이고도 의미 있는 변화를 실험하고 포용하지 않는다면, 도서관들은 갈수록 좁아지는 틈새에 갇히게 될 것이라고 경고한다. 한 저자는 다음과 같이 말했다. "우리가 참가선수가 되지 못하면, 우리는 보다 빠른 단계에서 도태될 수밖에 없다(p.65)." 그리고 CLIR 회장인 Charles Henry는, 그 서문에서, "이 보고서는 변화를 요구한다(p.65)"고 언급하고 있다.

대학도서관은 대학의 필수적인 연구와 수업활동의 성장을 직접적으로 지원하고 육성할 생산적인 실험을 해야 한다. 가장 적극적인 방법으로, 이 보고서는 도서관들이 이러한 목표들을 달성하기 위해 그들의 서비스와 기능과 자원을 재분배할 것을 요청하고 있다.

CLIR 보고서에도 언급되었듯이, "도서관의 기능은 연구하는데 있어서 핵심임무를 갖고 있으므로 도서관 관련기관과 협회들 정도 수준의 교육이 언제나 함께 계속 이루어져야 한다. 우리는 도서관의 전문가와 업무연구를 향상시킬 수 있는 실행 연구원들과 여러 학문 분야를 가르치는 학과목들을 새로 만들어내는 일이 필요하다(2008, p.11)."

ARL보고서에서 저자들은, "연구도서관 조직에는 근본적인 구조변경이 있어야 하고 서비스는 보다 다양한 요소들이 결합된 서비스가 필요하며, 능력 있는 스텝의 리더십도 제공되어야 하며, 급속히 변화하는 환경에 대응하기 위한 기술적인 능력들도 필요하다"고 쓰고 있다(2009, p.6). 근시안적으로 MLS나 MLIS의 도서관학 학위를 가진 사람들만 찾는 제한적인 직원 고용행태는 "도서관들이 특별한 전문분야의 스텝들을 새로 고용하거나, 유지하는 것을 어렵게 만들고 있다(CLIR, 2008, p.9)."

실험과 재구성의 맥락에서 보면, CLIR 연구의 많은 참여자들은, 도서관들이 스스로를 그리고 그 가치를 적극적으로 변호할 필요성을 강조하고 있다. 수동적 자세는 선택의 대상이 아니다. 예를 들어 몇몇 저자들은, 도서관이 디지털화의 표준을 제정하고, 최적의 실행을 촉진하는 관점에서, 사서들은 그 고유한 경쟁력 있는 이점을 이용하고 언급할 필요가 있다고 말한다. 다른 저자들은, 연구도서관이 그들의 임무와 공공의 이익을 강조해야 한다고 말한다. "도서관은 그들의 지적 장점을 계속 유지시키는 데에 그들 자신을 정립시켜야 한다. 한 참여자가 말했듯이, "인간의 지성을 필수적으로 하지 않는 어떤 기능들은 결국에 가서는 상업적인 이익으로만 귀결이 된다(2008, p.5)."

도서관은 그들 자신의 이익을 위하여 파트너십의 형태(예를 들어, 다른 도서관이나 비영리기관과의)를 취해서라도 지지를 촉구해야 한다.

이와 동시에 아웃소싱에 대하여 지나치게 반대하거나 혹은 일반적으로 노점상 같은 상업적인 높은 금액의 전문적인 팀에 대하여도 주의해야 한다. "이들은 서비스에서 연구와 티칭에 의한 연구도서관의 지적자산 생산의 통제를 마지막에 가서는 약화시키도록 만들게 된다(ARL, 2009, p.6)."

지원과 협력

두 보고서의 저자들은 또한 도서관들이 캠퍼스 커뮤니티의 안팎으로 지원과 협력을 증가시켜야 한다고 요구한다. 그리고 연구도서관들이 이를 단독으로 진행하지 않도록 주문해야 한다고 말한다.

ARL보고서는 도서관들이 자신들의 리소스를 보호하려다가 필수적인 협력을 하지 못하게 되면 결국에는 그들 자신을 격리시키게 되는 위험에 빠질 수 있다고 지적한다(2009, p.6).

캠퍼스 환경에서, 학생들과의 새로운 형태의 협력 그리고 교수진과의 새로운 형태의 관계는 일반적으로 말하는 연구와 교수활동에서의 빠른 전환을 지원하는 것으로 볼 수 있다(ARL, 2009, p.6). 실제로 지원과 협력은 두 보고서의 저자들이 그러한 흐름에 기반하지 않는 어떤 프로젝트도 추진되지 말아야 한다고 지적한다.

> 협력은 모든 대학의 전략적 발전을 위해, 특별히 서비스 기능 차원에서 뒷받침되어야 한다. 사서, 정보기술 전문가 그리고 연구 프로젝트의 기획과 실행을 맡는 교수진들 사이의 더 많은 협력은 강력히 유지되어야 한다. 공유될 수 없는 어떤 연구 프로젝트나 디지털 리소스나, 혹은 도구들은 상호기능적이지 않게 되면, 더 큰 학술적 발전과 공공의 이익에 기여하지 못하게 되므로 이러한 곳에는 자금을 지원하지 말아야 한다(CLIR, 2008, p.11).

　협력이라는 요구와 밀접하게, 도서관 주변의 커뮤니티 멤버들에 대한 상호소통과 지원도 적극 권장되어야 한다.

> 고등교육은, 대학과 대학생들에 대한 이익을 창출해야 할 뿐만 아니라, 공공에 대한 가치도 또한 창출해야 한다. 고등교육이라는 대중적 콘셉트는 그 커리큘럼의 고비용, 저효율을 무시하는 비판가들에 의해 영향을 받아왔으며, 그들은 큰 기부에 대하여 과세를 주장해왔고, 또한 적은 등록금을 보충시키기 위해 국가적 개입을 주장해왔다. 고등교육이 키울 수 있는 문화적·사회적·기술적 발전들이 이러한 미사여구들로 인해 사라지고 있다(CLIR, 2008, p.11-12).

　더 큰 지원이 있음에 따라 연구도서관들에게는 그들의 자원과 서비스의 영향을 평가할 수 있는 효과적인 방법들을 개발하도록 촉구해야 한다. "책임과 평가는 자금제공자들과 정책수립자들에게 대학

도서관에 대한 의사결정을 하는데 있어 데이터 기반으로써 핵심사항이 된다(ARL, 2009, p.5)."

또한 연구도서관은 책임의 논의를 좀 더 큰 차원의 공공부분과 관련 있는 맥락 안에서 할 필요가 있다. 이러한 정보에 대한 효과적인 커뮤니케이션은 연구도서관이 정확히 무엇을 하는지에 대한 공동체 내에서의 이해를 증진시킨다. 이것은 또다시 도서관과 대학을 위한 더 큰 입법적인 성공-더 많은 펀딩이나 도움이 되는 정책-들로 이어질 수 있다.

창출과 유통

새로운 형태의 실험과 재구성, 지원과 협력은 대학도서관의 최종적 핵심 주제의 발전에서 선도적이고도 영향력 있는 역할을 다음과 같이 하게 할 것이다.

새로운 리소스와 서비스의 창출과 유통은 비록 연구도서관들에게 있어 새로울 것은 없지만(리소스와 서비스의 창출과 유통은 그들의 핵심이다), 21세기 환경에서의 새로운 창출과 유통은 이미 시도되고 있으므로 지난 과거에 검증된 방법들만을 계속 따라 해서는 안 될 것이다.

> 도서관들은 그들의 전통적 콘텐츠 관리기법을 바꾸어야 하고, 모든 종류의 디지털 자료를 다루는 새로운 능력을 발전시켜야 한다. 그중에서도 특히 새로운 형태의 학문, 교수법, 학습 리소스들, 특별한 컬렉션들(특히 숨겨진 컬렉션들), 그리고 연구자료에 대해(ARL, 2009, p.5).

연구도서관들은 온라인 콘텐츠를 수집, 보관, 관리하면서, 학생들과 교수진과의 협력에도 새로운 학문적 커뮤니케이션의 방법으로 만들어 나가야 하며, 매력적인 온라인 학습 리소스를 창출함에 있어서는, 새로운 파트너들과 실험, 재구성, 지원, 그리고 협력을 보다 빠르게 해 나가야 한다.

ARL 저자들이 언급했듯이, "도서관들은 새로운 자료들을 협동으로 수집하는 것과 기존 컬렉션들을 관리하는 데 있어서 새로운 파트너십과 전략으로 발전시켜 나가야 할 것이다(2009, p.9)." 새로운 방법의 창출과 유통은 온라인 혹은 디지털로 생성된 리소스와 서비스에만 국한되지 않는다. 창출과 유통에 새로운 힘을 불어넣게 될 방법은 연구도서관이 소장한 유형의 자료와 고유한 컬렉션에도 적용되어야 한다. 이러한 점은 특별히 학부생들을 위해 중요하다.

> 학부생의 수업지도가 동적이면서 실험적인 교육과 연구로 옮아감에 따라, 도서관들은 새로운 교수법을 지원할 수 있는 특별한 컬렉션들, 디지털 이미지 자료 그리고 보존서고에 있는 주요 자료들에 무게를 두게 될 것이다. 이를 달성하기 위해, 특별한 컬렉션들이 수집되어야 하며 도서관에 근무하는 직원은 대학 강의과목에 대한 마케팅을 강화하고, 그들의 자료들에 대한 디지털 접근을 보다 쉽게 강화시켜야 할 것이다(ARL, 2009, p.17).

창출과 유통에 밀접하게 연관된 주제에는 저작권 문제가 있다. 「Transformational Times」에서 저자들은 독자들에게 다음과 같이 경고한다. "저작권 지적 재산권에 대한 끊임없는 관심과 긴장이 있을 것이다(ARL, 2009, p.12)." 그들은 또한 다음과 같이 언급하며 논의를 매듭지었다. "도서관과 저자들 그리고 연구기관들이 대학에서 만들어진 지적 자산에 대하여 더 많은 액세스와 적극적 관리를 제공하려고 노력하는데 비해, 콘텐츠 산업은 결국 저작권 제도와 콘텐츠 전반에 대한 지배력을 확장하려고만 할 것이다(p.5)."

앞의 인용구절의 '적극적 관리'란, 미국 저작권법 107과 108섹션에 기술되어 있는데 배타적 권리의 한계를 주장하고 활용하려고 적극적으로 노력하는 사서들을 포함시키려는 것으로 해석된다.

::21세기 미디어센터의 현황

우리가 앞서 제기된 주제들-재구성과 실험, 지원과 협력, 창출과 유통-을 받아들이면서 오늘날의 대학도서관 미디어센터의 현황을 살펴본다면, 우리는 무엇을 보게 될 것인가? 다시 말해서, 학술미디어센터가 이미 이러한 주제들을 채택하고 실현하고 있는가 하고 있다면 어떻게 하고 있는가?

실험과 재구성

실험과 재구성의 예는 미국의 여러 미디어센터들에서 찾아볼 수 있다. 미네소타대학도서관의 Media Outreach and Learning Spaces의 사서인 Scott Spicer와 그 동료들은, 전통적 미디어센터를 Learning Commons (http://www.learningcommons.umn.edu/)로 재구성하였다. 여기에서 시청각자료들이 새로운 작품으로 편집되고 거듭나고 있다. 그는 다음과 같이 언급하였다.

나는… 수자원 보존에 대한 디지털 스토리텔링 프레젠테이션을 창
작하기 위하여, 분야 전문가들과의 인터뷰와 연구들이 포함된 미디
어 클립을 갖고서, 실제로 훌륭하게 가르치고 배우는 수업을 본 적
이 있다. 우리 Learning Commons가 후원한 마지막 이벤트에서, 학생
들은 그들이 만든 콘텐츠를 발표했고, 이 분야 전문가의 인터뷰를
보여주었으며, 그 이슈에 대한 논의에는 캠퍼스의 교수들이 함께
참여했다. 그 가능성은 무궁무진하였다(S. Spicer, personal communication,
August 28, 2009).

플로리다 주립대학도서관의 미디어 사서 Chuck McCann은 그들의
디지털 미디어센터를 만들고 있었는데, 여기에서 학생들과 교수진들
이 '디지털 미디어 프로젝트에 대한 지원-이미지, 사운드, 비디오 …
출판을 위한 이미지 작업, 아날로그 미디어를 디지털 포맷으로 변환
하는 지원 … 짧은 비디오를 편집하고 생산하는데 대한 도움'을 5,000
건 이상의 비디오 컬렉션에 대한 접근과 함께 얻을 수 있었다. 물리
적인 것들 이외에도, Chunk McCann은 광대한 멀티미디어 정보를 제
공하는 디지털 미디어센터를 위한 기본적인 온라인 자료도 만들어냈
다. "미디어와 저작권, 기술, 오픈 소스 솔루션, 미디어와 ETD사용지
침서, 비디오, 오디오, 이미지, 장비, 리뷰 등등을 찾는 방법(플로리다
주립 대학교 Subject Guides[FSU])"

워싱턴대학교 도서관에서도 역시 미디어센터를 교수진과 학생들
의 연구 모두를 직접적으로 지원할 수 있는 공간과 기능의 집합이 되
도록 실험과 재구성을 시도해왔다. 오데가드학부 도서관에 위치한 미
디어센터는 다음과 같은 시설들을 보유하고 있다.

시청각 디지타이제이션과 편집 시설, 화상회의 시설, 학생들이 쉽
게 프레젠테이션을 녹화하고 배포할 수 있도록 하는 비디오 프레젠

테이션 스튜디오에([UW], Technology Spaces, n.d.), 사서들을 그 장소와 그에 부속된 작업장들을 알려주는 것뿐 아니라 이에 더하여 직접적으로 스텝, 학생들, 교수진들과 이벤트, 리사이틀 그리고 구전 히스토리들을 녹음하고 편집하고, 방송하고, 배포하는 작업을 함께한다. 즉 미디어센터는 시청각자료가 그냥 액세스만 되는 곳이 아니라 창출되는 곳으로 재구성되고 있는 것이다.

지원과 협력

미디어센터들은 이미 지원과 협력의 분야에서 활발히 활동하고 있다. UCLA Film and Television Archive에서, Archive Research & Study Center의 매니저인 Mark Quigley는 특별한 미디어 컬렉션을 기반으로 하는 학부 수업을 함께 만들어 나가기 위해 교수진을 지원하고 협력하고 있다.

> 이러한 활동의 주요 목표 중 하나는 지원이다. 학생들(그리고 교수진)의 의미 있는 수업과정에서 도서관 자료의 사용을 장려하는 것. 2008년 봄에, 나는… Archive's Outfest LGBT 컬렉션과 관련하여, … 학부에 학점 과정을 만들었다. Outfest 컬렉션, 연구 방법론 그리고 Archive Research & Study Center(ARSC)를 이 과정의 리소스로 삼아, 우리는 학생들에게 깊게 관여할 수 있었는데, 다른 경우였다면 우리의 자료들은 숨겨진 컬렉션에 불과했을 것이다. 과제에는 우리의 미디어랩에서 찾는 개별연구 관찰 프로젝트도 포함되어 있었다(M. Quigley, personal communication, August 4, 2009).

Quigley와 그의 동료들은 우편으로 진행하는 조사를 실시했는데, 여기에서 94%의 학생 응답자들이 향후 수업활동에서 Outfest 컬렉션을 활용하겠다고 응답했다. 또한 88%의 응답자들은 '학생을 위한 연구자료'로서 UCLA Film & Television Archive에 대한 이해를 크게 넓히게 되었다고 했다. Quigley는 또한 "이 과정은 ARSC가 어떻게 그러한 도구들을 미래의 학습용도에 맞게 적응시키고 업데이트시킬 수 있을지에 대한 중요한 정보를 만들어내고, 존재하는 컬렉션 자원에 대한 교수진과 학생들의 상호작용을 살펴볼 수 있는 기회를 제공했다"고 언급했다(personal communication, August 4, 2009).

워싱턴대학교에서는 다양한 사용자 그룹을 지원하고 협력하기 위해 노력하고 있다. 2008년 1월에, "Puget Sounds: Documenting Music Culture Close to Home(고향의 음악 문화를 문서화하기)"라 불리는 세미나를 제공했다. 이 세미나는 지역 음악 컬렉션을 만들도록 해준 같은 이름의 후원단체의 보조금과 밀접히 연결되어 있었다. 매주 세미나의 학생들은 Puget Sound 지역의 특정 부분의 음악을 연구하고, 그들이 알아낸 것을 수업 블로그에 올리고(가능한 경우엔 샘플을 들을 수 있는 링크와 함께), 그리고 그들의 선택을 컬렉션에 포함시킬 이유에 대한 논의도 준비한 상태로 수업에 임했다. 이러한 방식으로 학생들은 이 컬렉션의 발전에 직접적으로 관여하고 있다.

많은 미디어센터들은 또한 그들의 컬렉션에서 미디어타이틀을 선별하는 과정에서 확장과 협력을 하고 있다. 노스텍사스대학교 도서관의 미디어 도서관장인 Sue Park은 여러 분야와 관계된 영화 페스티벌을 적극적으로 주최하고 있다.

2008∼2009학년도에, 이 미디어도서관은 71번이나 선별과정을 주최했고, 참여자는 거의 800명에 달했다. 이 선별은 다음과 같은 내용을 포함했다.

DocSpot Film Series: 주간 다큐멘터리 영화 선별.
Fem Flicks Film Series: 여성 연구 프로그램과 함께하는 월간 다큐멘
터리 영화 선별. One Book, One Community Film Series … 우리는 영
화 선별과 패널 프레젠테이션을 하기 위해 대학의 여러 학과들과
협력하고 있다(S. Parks, personal communication, August 4, 2009).

미디어센터 리소스와 서비스를 향상시키는 형태의 지원도 또한 일
어나고 있다. 페이스북에서 트위터로, 마이스페이스로, 온갖 블로그로,
온라인 미디어센터 확장은 여러 기관에 걸쳐서 활발히 일어나고 있다.

비슷하게 워싱턴대학교 Libraries Media Center(n.d.)도 유튜브 채널을
통해서 소장하고 있는 컬렉션의 정보를 도서관 카탈로그 이외에 온
라인 환경으로의 제공을 시도하여 이용자들이 언제든지 자료를 찾을
수 있도록 하였다. 이에 대한 성과를 보면 단지 하나의 프로모션 슬
라이드 쇼에서만 1,200번 이상의 히트수를 기록하였는데, 이는 미디
어센터의 지원 노력이 이용자들과 연결된 것으로 여겨진다.

창출과 유통

오늘날의 미디어센터들은 새로운 자원과 시기적절한 서비스의 창
출과 유통을 위해 어떻게 접근하고 있는가? 열정과 비전을 함께 갖고
접근하고 있는가?

예를 들어, 노스텍사스대학교의 미디어도서관은 게임컬렉션을 만
들고 있다. Sue Parks는 다음과 같이 말한다. "우리는 비주얼아트디자
인대학, 컴퓨터과학대학, 그리고 라디오텔레비전영화학과의 강의과
정들을 지원하기 위해, 콘솔을 구입하여 게임들을 수집하기 시작했다

(S. Parks, personal communication, August 3, 2009)." 비록 게임들을 수집하는 것이 미디어센터의 전형적인 역할은 아니지만, 노스텍사스대학교의 급변하는 강의법 및 연구에서의 필요가 그동안의 전통적인 것을 바꿔놓고 있다.

비슷한 맥락에서 미디어센터들을 볼 때에 고유하거나 출판되지 않은 자료에 대한 접근을 하기 위한 장소로는 흔히 생각하지 않는다. 그럼에도 불구하고 미디어센터들은 희귀한 비도서자료들을 모으고, 보관하고, 관리하며, 그들에 대한 접근을 제공한다. 워싱턴대학교의 예를 들면, 그 대학의 Chamber Dance Collection은 UW Chamber Dance Company의 18년간의 모던 댄스(n.d.) 선정의 결과물인 댄스 장면의 고유한 컬렉션이다.

최근에는 라이브 대중음악의 고유한 컬렉션인 Crocodile Cafe Collection을 만들었으며, 또한 보존도 하면서 접근을 제공하는 UW 민족음악학 기록보관소도 만들어가고 있다.

저작권 문제와 관련하여 이 컬렉션은 두 개의 미디어센터 청취방송을 통해서만 유통하고 있다. 이러한 방식으로 접근을 제한함으로써, 비록 이러한 노력이 특히 이 컬렉션을 직접 방문해보지 않은 사람들의 경우에는 항상 받아들여지지는 않겠지만, 우리는 예술가의 권리와 대중의 자료에 대한 접근 욕구 사이에서 어느 정도 균형을 맞출 수 있다.

> 수많은 시간 속의 장면들을 백과사전과도 같은 리스트로 검색해가다 보면, 형광 빛 아래서 헤드폰을 끼고 듣고 있는 동안은, 내가 Crocodile에서 본 나의 가장 좋아하는 쇼의 일부를 다시 들을 수 있다는 가능성에 기쁨과 두려움을 동시에 느끼게 된다(Seattle Metblogs,

August 7, 2009).

희귀하면서 출판되지 않은 자료에 대한 창출과 유통을 함께함으로써, 미디어센터는 그 자신이 희귀한 출판물들의 보금자리라는 사실을 깨닫기 시작하고 있다.

뉴욕대학교의 교수 Howard Besser는 뉴욕대학교의 Avery Fischer Center가 희귀한 VHS 타이틀들을 소장하고 있다는 것을 설명했다. 2009년의 National Meeting of the Association College and Research Libraries에서 발표된 그의 포스터의 요약문은 다음과 같이 그의 주장을 요약하고 있다.

> 대학도서관 컬렉션들을 대출함에 있어서, 많은 수의 희귀 비디오들을 찾아낸 것에 대한 최신 연구가 이 세션에서 발표될 것이다. 연구의 방법론을 살펴본 결과, 도서관들에게 다음과 같은 것들을 제안한다. 인쇄되지 않을 것 같은 자료를 확인하는 것, 비디오를 다루는 데 있어서 보존 전문기술을 발전시키는 것, 컬렉션의 가치의 하락을 최소화하는 기법, 다른 도서관과 보존에 있어 협력하는 것, 저작권법의 한계를 밀어붙이는 것 등(Besser, 2009).

워싱턴대학교 도서관 역시 다른 WorldCat 도서관에서 보유하고 있지 않고, 또한 어떠한 형태로도 구매할 수도 없는, 그러나 많이 출판된 VHS title들을 볼 수 있게 해주고 있다. 이 커져가는 보존 이슈에 대응하기 위해, 우리는 VHS BBQ라 부르는 일종의 온종일 이벤트를 실시하여 이 타이틀들을 디지털화하고 동시에 상영하기 시작했다. "이 VHS 좋습니까? 미디어센터에서의 우리는 이 희귀자료들을 좋다고 해주기를 원했다." 이러한 노력은 아날로그 자료를 더 안정적이고 접근 가능한 형태로 보존하는 것과 지원계획(영화 페스티벌의 형태로)을 함께 병행하는 시도이다.

많은 도서관 관련기관들은 보충자료와 창출한 것을 잘 살펴어서 그들이 소장한 컬렉션들을 증보시키고 있다. 노스텍사스대학교의 미디어도서관은 약 300타이틀을 갖고 있는 Demand 컬렉션의 Online Video를 수집하여 갖고 있다. Sue Parks의 주(notes)에 의하면 이 대학에서 2007~2008년도에는 이 타이틀에 12,600회 접속이 있었고, 2008~2009년도에는 15,000회 접속이 있었다고 한다.

워싱턴대학교에서는 온라인 비디오 수업의 보존자료를 스트리밍하려는 시험적 프로젝트를 시작하고 있다. 이 시도로 대학의 2008~2009년 2년 동안에 40,000건의 접속이 있었음을 알게 되었다. 이것은 학생들이 VHS나 DVD를 1회에 두 시간씩 대출해보는 우리의 전통적인 미디어센터 내부의 대출서비스에 비해 4배 증가한 것이었다. 우리는 또한 주 단위의 라디오 쇼(Libraries+radio=LibRadio, n.d.)를 통해 오디오 콘텐츠를 방송하고 있고, 더불어 무료 Netflix for Teaching service (Netflix for instructors, n.d.)를 제공하고, 지역 도서관 대출 컨소시엄에 참여하고(http://www.orbiscascade.org/), 대학에서 지불한 콘텐츠로 이루어진 온라인 포털을 통해 온라인 오디오 비디오 콘텐츠를 이용자들에게 무료로 제공하고 있다(Online media, n.d.).

미디어센터들은 또한 정보검색을 촉진시키는 홍보를 통하여, 그들의 리소스와 서비스에 대한 정보를 유통시키는 데에 상당한 노력을 쏟고 있다.

메릴랜드대학교의 Nonprint Media Services Library의 Librarian & Film and Television Studies 주제전문가인 Carleton Jackson은 그들의 카탈로그

에서 미디어 검색의 기본과 응용 모두에 대한 온라인 개인교육을 제공하고 있다. 버클리대학교 Media Resource Center의 장으로 있는 Gay Handman은 주제별로 정리된, 그리고 사용자들이 쉽게 브라우즈해서 찾을 수 있도록 해주는 내러티브 설명이 함께 제공되는 광범위한 타이틀의 리스트를 체계적으로 만들었다. 워싱턴대학교는 장르별 리스트를 제공하고, WorldCat Local을 채택하고, 인기 있는 DVD 타이틀들을 서비스 데스크 뒤에 배치되어 있던 것을 앞쪽의 열린 서가 공간으로 꺼내놓아 쉽게 찾을 수 있도록 하는 것을 권장하고 있다.

::결론: KILLER APP OR CHINDOGU?

대학에서의 온라인 비디오의 교육적 사용은 모든 분야의 학과들에서 빠르게 증가하고 있다-예술, 인문, 과학에서 전문적·실무적 과정까지. 교수진, 사서들 그리고 관리자들은 교육에서의 온라인 비디오의 사용이 다음 5년 동안 상당히 증가할 것이라고 보고 있다(Kaufman & Mohan, 2009, p.2).

비록 온라인비디오 사용의 증가가 미디어 사서들 사이에서 다 알려진 것이기는 하지만, 그것이 학술미디어센터의 미래의 성공을 보장하지는 않는다.

오늘날의 대학미디어센터들은, 그 상위기관인 대학도서관과 같이, 그들의 가치를 증명해야 하는 도전에 직면해 있다. Kaufman과 Mohan은 다음과 같은 특별한 도전들을 언급하고 있다.

기술적, 법률적, 그리고 다른 여러 장애물들은 교수진들이 그들의 티칭이나 강의에 필요한 비도서자료들을 찾고 접근하는 것을 끊임 없이 방해하고 있다. 대학도서관들은 상당한 비도서자료들을 보유 하고 있지만, 그들의 대부분은 아날로그(VHS) 포맷이고, 또한 네트 워크에 연결되어 있지 않다. 오늘날에도 여전히 비도서자료 사용의 대부분은 강의실이나 도서관의 시청각시설 내에서만 이루어지고 있다(2009, p.2).

많은 이용자들, 학생들 그리고 교수진들은 모두 집에서(e.g., Netflix streaming) 그리고 인터넷(e.g., YouTube)에서 사용할 수 있도록 모든 시 청각자료들의 디지털화와 온라인 유통을 기대하고 있는데, 아직 이 자료들이 교육의 시장 속으로 변환되지를 못하고 있다. 그리고 한 미 디어센터 컬렉션의 모든 아날로그 타이틀을 디지털화할 수 있는 충 분한 리소스가 있다고 할지라도, 너무 복잡하고 제한적인 저작권 법 률의 장벽이 그러한 콘텐츠들의 디지털 유통(비록 순수하게 학술적인 목적일지라도)을 방해하고 있다.

저작권과 예산 문제는 (이 문제의 도입부에서 살펴보았듯이) 오랫 동안 미디어센터들을 괴롭혀 왔으며, 심지어 학술미디어센터는 대학 도서관의 밖으로 밀려나고 있는 것처럼도 보인다. 하지만 워싱턴대학 교에서 보여주려다 미수에 그치기는 했지만, 오늘날 많은 학술미디어 센터들은 이미 이러한 도전들에 적극적으로 대응하고 있다. 여기에서 언급된 미디어센터들은, 그것을 담당하고 있는 사서들과 기록보관담 당자들과 함께, ARL과 CLIR에서 생성된 비전 있는 주제들의 많은 것 들을 이미 활용하고 있으며, 그런 이유로, 그들의 그룹들에 의해 미리 예 상했던 것처럼 미래를 대비하고 있어서 미디어센터들은 결코 Chindogu 가 되지 않게 되었다. 우리는 앞으로 미디어센터가 실제로 연구도서관의 Killer App.이 되고 21세기 대학의 연구도서관이 다른 부서들의 본보기가 된다는 사실이 입증되어주기를 희망한다.

연구도서관들이 그들 자신을 협력적이고, 실험적이고, 외향적인 기관으로 리모델링하려고 시도하고 있는 것처럼, 그들은 그들 내부에 있는 학술미디어센터로도 눈을 돌려 숙고할 필요가 있다. 그리하면 희귀한 시청각자료와 다른 중요한 자료들을 많이 발견하게 될 것이며, 이 미디어센터들이 그들 센터 내에서 생성한 실례들을 어떻게 변화시키고 결합하는지 CLIR과 ARL에 의해 이미 어떻게 변화시키고 성공적으로 실현시켰는지를 많이 발견하게 될 것이다.

제2장

사서 블로그의 탐색적 분석

목적

이 논문의 목적은 문헌정보학의 블로그 커뮤니티를 대상으로 1차 기간(블로그 개설 이후 2개월간)과 2차 기간(2008년 7월~8월)의 두 시점을 비교하여 연구하는 것이다. 이 연구는 블로그의 속성과 개발 그리고 최근 널리 행해지는 성향들에 초점을 맞추어 사서들의 블로그 커뮤니티를 분석하고 설명하는데 목적이 있다.

연구방법

이 논문은 시차를 둔 두 기간에 30개의 문헌정보학 블로그를 통계적으로 분석하여 기술하고, 블로그의 콘텐츠를 철저하게 분석하여 제시하였다. 연구의 첫 단계는 연구기준에 충족하는 문헌정보학 블로그를 선정하는 작업이었으며, 두 번째 단계는 블로그의 게시물과 관련된 데이터를 고찰하는 작업이었다. 그리고 마지막 단계는 게시물의 주요 주제(main idea)에 대한 콘텐츠를 분석하고 분석결과를 반영한 주제 일람표를 개발하는 작업으로 구성되어 있다.

결과

블로그의 콘텐츠에 관한 연구결과는 현 블로그 사용자들이 주로 하이퍼텍스트 링크를 포함한 에세이 형태(essay-type)의 게시물을 선호한다는 사실을 보여준다. 게시물의 수와 게시 기간 그리고 독자들의 코멘트 수는 점점 줄어들지만, 게시물에 사용하는 링크와 태그 수는 늘어나고 있는 추세이다. 또한 두 조사기간 동안 5개 주요 콘텐츠 카테고리 중 3가지 카테고리가 동일성을 보였고, 그 동일한 카테고리들은 여전히 사서들에게 있어 중요한 비중을 차지하는 것으로 보인다.

연구가치

문헌정보학 블로그 커뮤니티 현상을 더 잘 이해하고 탐구할 수 있도록 한다는 점에서, 이 연구는 사서들과 정보 과학자들에게 유용할 것으로 기대한다.

키워드

정보과학(정보학), 사서, 인터넷(월드와이드웹)

::서론

블로그 활동은 비교적 새로운 현상이기는 하나 이미 큰 인기를 얻고 있으며, 블로그는 Web 2.0의 정보세계의 핵심적인 특징이자 필수적인 정보의 유통경로가 되었다. 「테크노라티(Technorati, 2008)」에 따르면, 2008년 9월까지 블로그 커뮤니티의 블로그 수는 13억 3천만 개를 넘어섰고, 그중 9월 마지막 주 동안에 업데이트된 블로그만도 150만 개에 이른다.

블로그라는 용어의 정의는 다양하다. 웹사이트 「마케팅텀즈닷컴(Marketingterms.com, 2007)」은 블로그의 콘텐츠를 기준으로 하여 블로그를 정의하였다. 즉, 블로그란 '(세상 사람들에게는 자기만의 독특한 개성이 있듯 블로그들 역시 그러하지만) 개인의 삶에서 일어나는 것과 웹상에서 일어나는 것들의 혼합체, 또는 일지(journal)와 안내서가 혼재한 사이트의 한 종류'라고 정의했다.

「메리엄 웹스터 온라인(Merriam Webster Online, 2004)」은 블로그를 '개인의 의견이나 제언, 때로는 하이퍼링크를 동반한 개인적인 온라인 일지를 내포한 웹사이트'라고 본다.

「웹오피디아(The Webopedia, 2004)」의 정의는 다음과 같이 블로그의 개인적인 측면에 초점을 둔다. "블로그란 다른 사람들과 자유롭게 소통할 수 있는 공개적이며 동시에 개인적 공간인 웹페이지이다. 일반적으로 매일 업데이트되면서, 블로그는 종종 그 운영자의 개성을 반영한다." 결론적으로 일부 연구자들은 블로그를 온라인 일지라고 정의하고 있다(Doctorow 외, 2002).

: :문헌조사

블로그

블로그는 1998년 처음 생겨났으며, 당시에는 웹로그(weblogs)라는 명칭으로 알려졌다(Alcock, 2003). 1999년 웹로그는 블로그라는 용어로 간소화되었고, 그 웹사이트의 제작자를 블로거라고 칭하였다. 초기에는 블로그 개설 시 HTML 코드에 대한 방대한 지식이 필요하였기 때문에 아주 소수의 블로그만이 존재했다. 그러나 블로그 작업 도구들의 발달로 인해 HTML에 관한 지식 없이도 사용자들이 쉽게 온라인 일지를 작성할 수 있게 되었고, 그로 인해 블로그의 개설은 급속히 증가하였다. 새롭게 개발된 블로그 작업 도구는 영속적으로 게시물에 접속할 수 있는 퍼머링크(permalinks: permanent links to posted messages), 그리고 간단한 문서기록의 보관을 가능하게 했고, 게시물을 읽는 독자들이 그에 대한 의견을 제시할 수 있도록 했다(Bar-Ilan, 2007). 벤클러(Benkler, 2006)는 블로그가 게시물의 최초 작성자와 그 게시물에 대해 의견을 제시하는 사람들 사이에 '진중한 대화'를 나누게 해주는 공간이라 말한다.

기존 문헌에 나타난 것을 보면 블로그를 다양하게 분류하였다. 하지타이(Hargittai, 2003)는 블로그의 형식과 내용의 종류에 따라 다음과 같이 분류하였다.

· 운영자의 일상적 활동을 기술한 개인적 일지
· 블로거들을 위한 설명이 첨부된 링크들의 목록
· 하나의 특정 주제에 대한 쌍방향적 논평
· 기사체 페이지: 일방적으로 설명하는 방식
· 다양한 형태의 것들이 뒤섞인 블로그

머닛(Mernit, 2003)은 전문 저널리스트(journalist) 또는 비전통 저널리스트 등과 같이 운영자를 기준으로 블로그를 분류하였다. 그리고 특정한 테마, 활동, 사건, 주제 또는 관심사와 같이 블로그가 어디에 중점을 두는지를 기준으로 분류하였다. 바 아일런(Bar Ilan, 2005)은 또 다른 분류법을 제안하였는데, 이는 저자(단독저자, 단체저자 또는 공동저자), 내용(개인지향적 또는 주제지향적), 형태(사이트 목록, 평론, 또는 공지)를 기준으로 블로그를 분류하는 방식이다. 그러나 내용과 형태의 경우 항상 명확히 구별되지는 않는다는 점을 명시하고 있다.

블로그 연구

블로그의 수는 끊임없이 늘어나고 있고, 그 수의 증가와 함께 그에 관한 연구도 점점 늘어나고 있다. 연구자들은 정보 블로그(Aharony, 2009, Bar Ilan, 2005, 2007) 교육 블로그(Aharony and Bronstein, 2008; Hall and Davison, 2007), 전쟁 블로그(Thompson, 2003), 정치 블로그(Adamic and Glance, 2005) 등과 같이 특수한 블로그뿐만 아니라, 일반적인 블로그에 대해서도 연구해왔다(Blood, 2004; Herring 외, 2006).

다수의 연구자들은 '왜 사람들은 블로그에 글을 쓰는가?'라고 하는 매우 흥미로운 질문에 중점을 두었다. 나르디(Nardi, 2004)는 블로거들이 그들의 지식과 의견을 공유하고 그들의 삶을 기록하며 감정을 표현하려는 욕구에 이끌린다는 것을 발견했다. 드보락(Dvorak, 2002)은 블로그 작업을 하는 이유에 관하여 다음과 같이 정리했다.

- 공유의 필요성
- 알림의 필요성
- 자아 만족
- 좌절감의 배출
- 비인간화에 대한 반대

그레이엄(Graham, 2002)은 아래와 같은 이유를 제시하였다.

- 알림의 필요성
- 스팸 최소화의 필요성

- ・웹 퍼블리쉬에 관한 배움의 필요성
- ・공동체 의식의 필요성

파카스(Farkas, 2008)는 그녀가 현재 몰두해 있는 것을 글로 표현하는 것을 좋아하기 때문에 블로그를 시작했다고 한다. 반면에 킹(King, 2008)은 블로그 작업에 관한 학술대회에 참여하였을 때 블로그를 처음 시작했고, 그 새로운 도구가 자신 또는 자신의 도서관에 어떤 영향을 줄 수 있을지를 알고 싶어 블로그를 시작하기로 결심했다고 한다. 라시카(Lasica, 2005)는 블로그 작업이 저널리즘의 새로운 형태라고 생각한다. 터전(Turgeon, 2004)은 자신이 블로그를 시작하게 된 한 가지 이유는 자신의 감정 표현과 같은 개인적인 이유이고, 또 다른 이유는 새로운 사람을 만나고 그들과 정보를 공유하기 위한 사회적인 이유라고 한다.

최근 블로그가 일반적으로 폭넓게 활용되고 있음에도 불구하고, 문헌정보학 전문가들의 블로그에 관한 연구를 살펴보면 그들이 블로그에 대해 애매모호한 태도를 취하고 있음을 알 수 있다(Hall and Davison, 2007). 문헌정보학 전문가들은 블로그가 문헌정보학 커뮤니티에 새로운 뉴스와 알림 서비스를 제공할 수 있고, 블로그 사용이 지식창출의 기반이 된다는 점에서 지식을 관리할 수 있는 한 요소로 볼 수 있다고 생각한다. 동시에 그들은 블로그가 경쟁을 유발시키는 지식의 원천으로서의 역할을 하며, 나아가 제품과 서비스를 감시하는 데 중요한 역할을 할 수 있다는 사실을 인지하고 있다(Haberman, 2005). 더구나 사서들은 블로그를 알림의 도구(Maness, 2006) 또는 그들의 자료와 행사를 선전하는 마케팅 도구(Stephens, 2007a)로써 사용할 수도 있다. 더 나아가 바 아일런(2007)은 도서관 블로그가 의견을 전파하고 논의하며 표현하는데 이상적인 장소라고 이야기한다. 그러나 문헌정보학 전문가들은 다양한 블로그에 게시된 내용은 질의 차이가 있기 때문에 그 내용을 잘 아는 상태에서 유의하여 사용해야 한다고 권고한다.

정보화 시대에 블로그의 중요성이 증대되고 있는 것과 함께, 최근 연구의 흐름은 사서 블로그에 초점을 두고, 사서의 직무와 문헌정보학을 다루는 주제 지향적 블로그를 연구하고자 한다는 것이다. 이 논문의 목적은 문헌정보학 블로그 커뮤니티를 대상으로 블로그 개설시기(각각의 블로그가 개설된 후 초기 2개월)와 2008년 7월~8월이라는 두 다른 기간에 초점을 맞추어 상호 비교 연구하는 데 있다. 이 연구는 사서 블로그의 특성과 발달 그리고 현재 유행하고 있는 트렌드에 초점을 맞추어 사서들의 블로그 커뮤니티를 분석하고 설명하고자 하는 것이다. 이 연구의 가장 중요한 목표는 서로 다른 두 조사기간 동안(블로그 개설초기와 두 번째 조사기간)에 나타나는 사서 블로그의 특징의 차이점을 알아보는 것이다.

::연구방법

자료수집

이 연구는 서로 다른 두 기간, 즉 블로그 개설 초기와 두 번째 기간(2008월 7~8월)에 수행되었으며, 30개의 문헌정보학 블로그를 통계적으로 분석하여 기술(記述)하고 블로그의 콘텐츠를 철저히 분석하였다.

의 첫 번째 단계에서는 연구대상이 되는 문헌정보학 블로그들을 선정하였다. 블로그는 온라인 교육 데이터베이스(Online Education Database, OEDB)에서 상위에 위치한 25개의 사서 블로거들을 대상으로 선정하였으며, 또한 주요 블로그 검색 엔진 중 하나인 테크노라티에서 "문헌정보학(library and information science)"이라는 용어로 검색하여 선정하였다.

OEDB와 테크노라티에서 선정한 100개의 문헌정보학 블로그를 검토한 후, 다음의 기준에 충족하는 30개의 블로그를 선정하였다.

- 블로그의 주요 주제는 문헌정보학이어야 하며, 주로 전문적인 이슈들을 다루는 주제 지향적인 블로그여야 한다.
- 본 연구의 연구시점인 2008년 7~8월 두 달 동안 활발히 운영되고 있는 블로그여야 한다.

연구절차

이 연구는 30개의 문헌정보학 블로그를 대상으로 2008년 여름에 진행되었다. 본 연구자는 다음의 서로 다른 두 기간 동안 연구를 수행하였다. 첫 번째 기간은 블로그 개설 초기(블로그 개설 이후 초기 2개월), 두 번째 기간은 2008년 7~8월이다. 최초의 블로그(3.33%)는 2001년에 만들어졌고, 2002년에 3개(10%), 2003년에 12개(40%), 2004년에 5개(16.66%), 2006년에 7개(23.33%), 그리고 2007년에 2개(6.66%)가 만들어졌다. 연구대상인 30개의 모든 블로그들은 2008년 7~8월에도 활발하게 운영되고 있었다. 블로그 분석은 아래의 두 단계를 거쳐 진행되었다.

(1) 블로그를 통계적으로 분석하여 기술함
(2) 블로그의 콘텐츠를 분석함

첫 번째, 블로그를 통계적으로 분석하여 기술하는 단계에서는 블로그 개설 초기에 작성된 게시물과 두 번째 조사기간에 작성된 게시물 모두를 분석하였다. 블로그의 콘텐츠 분석단계에서는 각 블로그당 4개의 게시물을 선정했는데, 두 개는 첫 번째 기간에서, 나머지 두 개는 두 번째 기간에서 선정하였다. 각 게시물의 길이는 최소한 100단어 이상이여야 하고, 총 120개의 게시물을 분석하였으며, 각 블로그에서 선정한 4개의 게시물을 상세하게 분석하였다.

분석방법

〈통계기술적분석(統計記述的分析)〉 통계기술적분석 작업을 위하여, 샘플 수집 후 각 블로그당 다음의 기본 정보를 기록하였다.

· 블로그 제목
· 저자의 타입(개인, 공동, 그룹, 단체, 기타)

두 번째 단계는 게시물과 관련된 데이터를 조사하였다.

· 게시물의 내용 타입에 대한 분석(예: 전문적인 내용, 개인적인 내용, 개인적인 것과 전문적인 것이 혼합된 내용)

- 게시물 게시 방식(예: 하이퍼텍스트링크를 포함한 짧은 게시, 하이퍼텍스트링크를 포함하지 않은 짧은 게시. 링크를 포함한 에세이 타입의 게시, 링크를 포함하지 않은 에세이 타입의 게시)
- 블로그롤(blogroll: 사용자가 자주 찾는 링크를 정리해 놓은 목록)의 형태
- 태그의 형태
- 1일 평균 게시물의 수
- 60일 동안의 총 게시 수
- 60일 넘게 게시되고 있는 게시물의 수
- 게시물당 평균 링크 수
- 총 댓글(comment) 수
- 각 게시물당 평균 댓글 수

이러한 카테고리는 문헌정보학과 교육공학 영역에 있는 블로그에 관하여 연구한 바 아일런(2005, 2007)과 아하로니와 브론스타인(Aharony and Bronstein, 2008)의 연구를 바탕으로 분류한 것이다. 또한 이 분류는 블로그 게시에 관한 기존 연구에서 귀납적으로 추출된 몇 가지의 변수들을 고려하였다.

〈블로그의 콘텐츠분석〉 블로그에 있는 게시물을 이해하기 위해 정밀하게 콘텐츠를 분석하였다. 네웬도르프(Neuendorf, 2002)에 따르면 콘텐츠분석은 메시지를 양적으로 분석하는 작업으로 요약할 수 있으며, 웹페이지와 같이 문자로 작성된 문서의 일반적인 연구방법이다 (Babbie and Mouton, 2001). 크리펜도르프(Krippendorff, 1980)는 내용 분

석방법의 장점으로 블로그 게시물의 내용과 문맥을 잘 파악할 수 있고, 상징적인 형태를 체계화할 수 있으며, 대량의 데이터를 처리할 수 있다는 것을 꼽는다. 이러한 장점은 이 콘텐츠 분석방식이 잘 조직화되지 않은 블로그에 대해서도 분석이 가능하다는 점에 있다. 콘텐츠 분석의 목적은 일관된 기준을 엄격하게 적용함으로써 메시지의 특징에 대해 객관적인 연구를 하는 데 있다. 이 분석된 메시지들을 통해 블로그의 작성자가 어떻게 '전문적인 연구자보다 일반 독자에게 자신의 글을 자연스럽게 보여 주는지'를 알 수 있다(Kabanoff, 1996). 초기의 콘텐츠 분석방법은 주로 신문과 같이 글로 표현된 문서를 연구하는 방식이었지만(Krippendorff, 1980), 현재에는 방송 미디어와 인터넷으로까지 분석의 영역을 넓혔다(Bar Ilan, 2000; Gossett and Byrne, 2002; McMillan, 2000; Paul, 2001; Still, 2001).

이 연구의 분석 단위는 게시물의 주요 주제이다. 이 논문은 하나의 단어 또는 문구로(어떤 게시물은 하나 이상의 주제를 가지는 경우도 있지만) 표현할 수 있는 주제를 기준으로 하여 각 게시물을 분류하였다. 분류된 게시물에 대한 콘텐츠분석은 두 단계를 거친다. 첫 번째 단계는 주제 목록을 만들고, 서로 연관성을 가진 주제들을 묶어 각각의 집단으로 분류하는 작업이다. 이 집단들은 몇 개의 일반적인 주제하에 분류되었고, 이 작업은 모든 아이템들과 주제들이 최종적으로 분류될 때까지 진행되었다. 블로그 작성자는 어떤 연역적 인과관계를 염두에 두지 않은 채 주요 이슈들을 게시했기 때문에, 기존의 어떤 분류에도 속하지 않는 게시물이 있을 때마다 이 논문은 새로운 분류의 범주를 고안해 내는 방식, 즉 귀납적 방식과 집단화 접근방식을 사용하였다. 각 카테고리들은 먼저 하나의 분류기준에 의해 분류된

후, 두 번째 분류기준인 작성자 자신에 의해 좀 더 넓은 분류의 범주로 교차 대조되고 조직되었다. 모든 분류 작업에 있어 최종적으로 저자들이 동의한 비율은 89%였으며, 이는 이 분류방법이 신뢰성을 가진다는 것을 의미한다. 이와 같은 분류방법은 이전 연구에서도 사용되었던 분류방식이다(Aharony, 2009; Aharony and Bronstein, 2008).

::연구결과

통계에 대한 설명

<표 1>은 연구가 행해진 두 시점 모두에서 27개의 블로그(90%)가 단독개설, 3개(10%)가 그룹개설이었음을 보여준다.

〈표 1〉 개설자

블로그별 기간별	단독개설 블로그		그룹개설 블로그	
	수	%	수	%
첫 번째 기간	29	90	3	10
두 번째 기간	29	90	3	10

30개의 블로그 모두에서 대부분의 게시물은 문헌정보학과 관련된 주제를 다루고 있는 것으로 나타났다. <표 2>에서는 첫 번째 조사기간 중 4개의 블로그가 전문적 블로그(12%)로, 2개가 개인적 블로그(6%)로 분류되며, 대부분의 블로그(24개-80%)들은 전문적·개인적 내용이 혼합된 형태의 블로그임을 보여준다. 두 번째 조사기간에서는 3개의

블로그가 전문적 블로그(10%), 1개가 개인적 블로그(3%)이며, 역시 이 기간에서도 대부분의 블로그(26개)가 혼합형(87%)임을 알 수 있다.

<표 2> 콘텐츠 타입

콘텐츠 타입 기간별	전문적		개인적		혼합형	
	수	%	수	%	수	%
첫 번째 기간	4	12	2	6	24	80
두 번째 기간	3	10	1	3	26	87

<표 3>은, 첫 번째 조사기간에 하이퍼텍스트 링크가 없는 짧은 형태의 게시글을 올린 블로그가 2개(6%), 링크를 포함한 에세이 타입의 게시글을 올린 블로그가 15개(50%), 그리고 하이퍼텍스트 링크가 있는 짧은 포스팅을 한 블로그가 13개(43%)임을 보여준다. 두 번째 기간에서는, 링크를 포함한 에세이 타입의 게시글을 올린 블로그가 23개(76.66%), 하이퍼텍스트 링크가 없는 짧은 게시글을 올린 블로그가 2개(6%)이며, 그리고 하이퍼텍스트 링크가 있는 짧은 게시글을 올린 블로그가 5개(16.66%)임을 알 수 있다.

<표 3> 게시 유형

유형별(Form) 기간별	하이퍼텍스트 링크가 없는 짧은 형태의 게시글		링크를 포함한 에세이 타입의 게시글		하이퍼텍스트 링크가 있는 짧은 게시글	
	수	%	수	%	수	%
첫 번째 기간	2	6	15	50.00	13	43.00
두 번째 기간	2	6	23	76.66	5	16.66

<표 4>에서는 첫 번째 기간에 13개의 블로그가 블로그롤을 가지

고 있고(47%), 17개의 블로그가 블로그롤을 가지고 있지 않음(40%)을 알 수 있다. 두 번째 기간에는 12개의 블로그가 블로그롤을 가지고 있고(40%) 18개가 가지고 있지 않았다(60%). 첫 번째 기간에 태그를 포함한 블로그는 16개로 나타났고(53.33%), 포함하지 않은 블로그는 14개(46.66%)로 나타났다. 두 번째 기간에는 21개의 블로그가 태그를 포함하고 있었고(70%), 9개가 포함하고 있지 않았다(30%).

〈표 4〉 블로그롤과 태그

블로그롤/태그 기간별	블로그롤		태그	
	수	%	수	%
첫 번째 기간	13	47	16	53.33
두 번째 기간	12	40	21	70.00

<표 5>와 <표 6>은 두 기간 동안의 게시물에 대한 데이터를 제공하는데, 특히 링크와 댓글의 분포를 보여준다.

첫 번째 기간에서는 평균적으로 하루에 게시물을 1.1~2개 게시하는 경우(17번, 56.66%)가 가장 잦은 것으로 나타났고, 60일 동안 게시된 총 게시물의 수를 기준으로 했을 때는 21~100개의 글을 게시하는 경우(14번, 46.66%)가 가장 많은 것으로 나타났다. 게시 횟수를 기준으로 했을 때, 하루에 0~10개의 게시물을 게시하는 경우와 21~30개 게시하는 경우가 2개월 중 총 9일(30%)로 가장 많았다. 한 게시물당 첨부된 링크의 수는 평균적으로 1.1~2개인 경우가 가장 많았고(11번, 36.66%), 총 댓글의 수는 0~10개인 경우가 가장 많았으며(19번, 63.33%), 한 블로그당 댓글 수는 평균적으로 0~1개인 경우가 가장 많은 것으로 나타났다(20번, 66.66%).

〈표 5〉 첫 번째 기간 동안 일일 평균 게시물과 링크

구분	수량	빈도	%
일일 평균 게시	0~1	6	20.00
	1.1~2	17	56.66
	2.1~3	3	10.00
	3.1~4	1	3.33
	4.1~5	1	3.33
	5.1~10	3	10.00
	10.1~15	1	3.33
60일 동안 총 게시글	0~10	7	23.33
	11~20	6	20.00
	21~100	14	46.66
	101~200	0	0.00
	201~300	0	0.00
	301~	3	10.00
게시일 수	0~10	9	30.00
	11~20	3	10.00
	21~30	9	30.00
	31~40	2	6.66
	41~	6	20.00
게시글당 평균 링크	0~1	8	26.66
	1.1~2	11	36.66
	2.1~3	4	13.32
	3.1~4	5	16.66
	4.1~5	1	3.33
	5~	1	3.33
댓글의 총수	0~10	19	63.33
	11~50	3	10.00
	51~100	2	6.66
	101~200	3	10.00
	201~300	2	6.66
	300~	1	3.33
각 게시글당 평균 댓글 수	0~1	20	66.66
	1.1~2	3	10.00
	2.1~3	2	6.66
	3.1~4	2	6.66
	4.1~5	1	3.33
	5.1~	2	6.66

〈표 6〉 두 번째 기간 동안 일일 평균 게시물과 링크

구분	수량	빈도	%
일일 평균 게시	0~1	13	43.33
	1.1~2	9	30.00
	2.1~3	5	16.66
	3.1~4	1	3.33
	4.1~5	0	0.00
	5.1~10	2	6.66
	10.1~15	0	0.00
60일 동안 총 게시글	0~10	8	26.66
	11~20	9	30.00
	21~100	1	3.33
	101~200	0	0.00
	201~300	0	0.00
	301~	2	6.66
게시일 수	0~10	11	36.66
	11~20	8	26.66
	21~30	7	23.33
	31~40	2	3.33
	41~	3	10.00
게시글당 평균 링크	0~1	6	20.00
	1.1~2	6	20.00
	2.1~3	6	20.00
	3.1~4	5	16.66
	4.1~5	2	6.66
	5~	5	16.66
댓글의 총수	0~10	14	53.33
	11~50	4	13.32
	51~100	8	26.66
	101~200	1	3.33
	201~300	1	3.33
	300~	0	0.00
각 게시글당 평균 댓글 수	0~1	20	66.66
	1.1~2	3	10.00
	2.1~3	2	6.66
	3.1~4	2	6.66
	4.1~5	1	3.33
	5.1~	2	6.66

두 번째 기간에서는 하루 평균 게시물 수가 0~1개인 경우가 가장 많았고(13번 43.33%), 60일 동안에는 총 11~20개의 게시물이 게시된 경우의 비율이 가장 높았다(9번, 30%). 게시 횟수를 기준으로 했을 때, 하루에 0~11개의 게시물을 게시하는 경우가 2개월 중 총 11일 (36.66%)로 가장 많았다. 한 게시물당 첨부된 링크의 수는 세 가지 경우가 동시에 가장 높은 비율을 차지했는데, 첫 번째는 링크가 0~1개 달린 경우(6번, 20%), 두 번째는 1.1~2개 달린 경우(6번, 20%) 그리고 2.1~3개 달린 경우(6번, 20%)가 세 번째이다. 총 댓글의 수는 0~10개인 경우가 가장 많았고(16번, 53.33%), 한 블로그당 댓글 수는 첫 번째 기간에서와 동일하게 0~1개인 경우가 가장 많은 것으로 나타났다(20번, 66.66%).

콘텐츠분석

전체 카테고리는 141개의 주요 주제(main ideas)를 포함하고 있으며, 이는 하나의 카테고리 일람표가 된다. 이 카테고리는 첫 번째 기간(74개의 주요 주제)과 두 번째 기간(67개의 주요 주제)의 두 개의 영역으로 나누어진다. 첫 번째 영역은 10개의 주요 카테고리로 구성되어 있고, 두 번째 영역은 7개의 주요 카테고리로 구성되어 있다. 각 주요 카테고리는 1~6개의 하위카테고리로 구성된다. <표 7>에서 <표 10>까지는 카테고리와 하위카테고리를 가로와 세로로 표현한 주요 주제의 분포도를 요약한 것이다.

기술통계학적 분석(記述統計學的分析)

《블로그 콘텐츠의 타입》두 조사기간, 즉 블로그의 개설 초기와 두 번째 조사기간 동안 공통적으로 대부분의 문헌정보학 블로그에서는 개인적 게시물과 전문적 게시물이 섞여 있는 혼합형을 가장 많이 찾아볼 수 있었다. 두 조사기간 동안 대부분의 주제 지향적 블로그는 개인적으로 가필(加筆)된 전문적인 정보를 전달하고 있었다. 이러한 결과는 기존 연구에서도 볼 수 있는데(Aharony, 2009; Aharony and Bronstein, 2008; Bar-Ilan, 2005, 2007), 이 기존 연구들은 블로그의 특수한 속성상 전문적인 정보를 보급하는 매개체로서 기능할 수 있을 뿐만 아니라, 자유로운 표현의 마당으로도 사용할 수 있음을 밝혔다.

《게시형태》두 조사기간 동안, 게시물의 게시 형태에는 다소 차이가 존재하였다. 두 번째 기간에서 하이퍼텍스트 링크가 있는 에세이 타입의 게시물을 게시한 블로그가 첫 번째 기간보다 더 많이 나타났고, 하이퍼텍스트가 있는 짧은 형식의 게시물을 게시한 블로그는 더 줄어든 양상을 보였다. 이러한 결과는 블로거들이 게시글을 더 길게 작성하고, 더 구체적으로 하이퍼텍스트를 첨부하여 게시하는 경향을 보여준다.

《블로그롤과 태그》두 조사기간 동안 블로그롤의 수는 거의 비슷했지만, 두 번째 기간에 블로거들이 자신들의 게시물에 더 많은 태그를 사용하는 경향을 보였다. 이 결과는 블로그 커뮤니티의 태그 사용이 증가하는 현상을 보여주는 것이며, 또한 태그를 사용하는 블로거들의 수가 더 늘어나고 있다는 것을 나타낸다.

〈표 7〉 첫 번째 기간의 비중이 큰 주요 주제의 카테고리와 하위 카테고리 분포도

주요 주제	하위 카테고리
기술 (39.18%)	* 기술혁신 * 제품 * 어플리케이션 * 도서관에서의 블로그 어플리케이션 * 기술과 정보의 한계 * 도서관에서의 기술적인 문제 * 오픈 액세스
사서와 도서관의 이미지 (14.86%)	* 밀실의 사서(폐쇄적 사서) * 사서의 특성 * 도서관 규정과 그 효과 * 공동체에서의 사서의 역할 * 기술이 사서를 대체할 것이라는 우려 * 도서관에서 사람들이 불안하게 느끼는 이유
회의 (9.45%)	* ALA * 전문적 회의에 참석해서 받는 개인적 인상
정보 (8.10%)	* 사이트 * 사진 * 지도 * 좋아하는 것 * 정부 사이트 * 강의(courses)
도서관 활동과 관련된 일반적인 문제점 (6.75%)	* 보존과 디지털 도서관 * 정보활용 교육 * 참고 * 공공도서관과 포르노

〈표 8〉 첫 번째 기간의 비중이 작은 주요 주제의 카테고리와 하위 카테고리 분포도

주요 주제	하위 카테고리
개인적 이슈 (5.40%)	* 사랑의 시 * 버스들로부터 받는 인상 * 로라 부시(영부인) * 사서로서의 개인적 경험
도서관 예산 (5.40%)	* 삭감 * 제한 * 문제점
변화 (5.40%)	* 목록갱신 * 사서의 신규활동: 적절한 사전대책, 마케팅 * LC 시스템에 대한 재고
지식경영 (4.05%)	* 개인의 지식경영 * 소프트웨어
문학(1.35%)	* 유명한 저자의 죽음

〈표 9〉 두 번째 기간의 비중이 큰 주요 주제의 카테고리와 하위 카테고리 분포도

주요 주제	하위 카테고리
기술 (34.32%)	* 웹 2.0 * 기술혁신 * 제품 * 형식
도서관의 다른 이슈들 (14.92%)	* 저작권 * 프라이버시 * 금서(禁書) * 키워드 * 디지털 보존 * 도서관 서비스의 실행 가능성 * 이용자 행동양식 * 이메일
회의 (11.94%)	* 전문가 회의로부터 받는 인상 * LITA 회의를 위해 쓰인 특별한 노래 * 일반적인 것
정보 (10.44%)	* 여러 가지 게시판 * 역사적 파일 * 학생을 위한 추천 * 추천도서 * 신간도서

〈표 10〉 두 번째 기간의 비중이 작은 주요 주제의 카테고리와 하위 카테고리 분포도

주요 주제	하위 카테고리
잡기(雜記) (Miscellaneous) (8.95%)	* 청년의 특성 * 도서관에서의 학생의 일 * 일반원칙
새로운 서비스 (5.97%)	* 법률탐색-법의 세계 * 범죄에 대한 탐색 * PubMed 혁신
도서관 교육 (4.47%)	* 도서관에서의 비판적 사고 기능의 개발 * 오디오 비디오 게임 이용 * 비디오

〈게시물〉 게시물과 연관된 데이터에 관한 연구는 다수의 차이점을 드러낸다. 일일평균 게시물 수를 기준으로 했을 경우, 첫 번째 기간이 두 번째 기간보다 그 수가 많다는 것을 보여준다. 이는 블로거들이 블로그를 처음 개설할 때 더 많은 게시물을 게시한다는 사실을 나타낸다. 60일 동안 총 게시물의 수가 가장 많은 구간은 두 조사기간이 모두 같지만, 다소의 차이는 존재한다. 첫 번째 조사기간에서 총 게시물 수가 가장 많은 경우의 비율은 46.66%에 달하지만 두 번째 기간에서는 약 30%밖에 되지 않는다. 이러한 결과는 블로거들이 새로운 미디어에 익숙해져 갈수록 게시물을 더욱 적게 게시하는 경향이 있다는 것을 보여준다. 다음은 2개월의 기간 동안 게시물을 게시한 횟수를 기준으로 그 차이를 살펴보았다. 첫 번째 조사기간에서는 하루에 0~10건의 게시물을 게시한 경우(30%)와 21~30건 게시한 경우(30%)가 동일하게 가장 높은 비율을 차지하였으나, 두 번째 조사기간에서는 0~10건 게시한 경우(36.66%)가 가장 많았다. 이러한 결과는 블로그에 게시글을 올리는 양이 줄어드는 경향을 다시 한 번 보여준다.

《게시물당 첨부한 평균 링크 수》 첫 번째 조사기간에서 게시물당

첨부한 평균 링크 수의 빈도가 가장 높은 구간은 0~1개 구간(2.66%)이며, 두 번째 기간에서는 첫 번째 기간보다 많은 0~1개, 1.1~2개, 2.1~3개(각 60%)의 총 3구간으로 나타났다. 이런 결과는 블로거들이 자신들의 주장을 발전시키는 데 있어 더 많은 예들을 제공해 주거나, 그 글에 대한 더 탄탄한 기초를 만들기 위해 독자에게 더 많은 자료를 제공하는 경향을 보인다는 것을 나타낸다.

〈블로그에 기재된 댓글〉 여기서는 총 댓글의 수를 중심으로 연구하였다. 두 기간 모두 0~10개 구간이 가장 높은 것으로 나타났지만, 첫 번째 연구에서 이 구간은 63.33%를 차지하였고, 두번째 연구에서는 단지 53.33%만 차지하였다. 독자들의 댓글은 일반적으로 그 블로그의 평균 활동량을 나타내는데, 두 번째 기간에서는 댓글의 수가 보다 적어졌다. 이는 곧 블로거들이 블로그 개설시기에 블로그를 더 활발하게 운영한다는 것을 보여준다.

지금까지 살펴본 차이점들은 블로그의 발전과 블로그가 겪고 있는 변화를 보여준다. 첫 번째 기간에서는 새롭고 재미있는 기술적 기반을 접했던 블로거들이 블로그 관리에 더욱 열정적인 모습을 보여주었다고 해석할 수 있다. 이러한 사실로 일일평균 게시물의 수와 게시물의 게시 횟수 그리고 60일 동안 총 게시물의 수가 증가하는 현상을 설명할 수 있다. 즉, 처음으로 블로그를 개설한 블로거들은 블로그에 더욱 많은 시간과 에너지를 투자한다는 것을 알 수 있다. 이런 경향은 파카스의 연구(2008)에서 더욱 잘 드러나는데, 그녀의 연구에 의하면 블로그 개설 초기에는 적어도 하루에 한 번씩은 게시물을 게시하였지만 점차적으로 게시 횟수가 줄어들었다고 한다.

비록 블로거들이 두 번째 기간에 게시물을 조금 게시하는 경향이 있지만, 그들의 글쓰기 패턴은 변화하고 있다는 것을 유념해야 할 것이다. 블로거들은 하이퍼링크가 있는 에세이 타입의 게시물을 더욱 많이 작성하고, 짧은 게시물을 적게 게시한다. 왜냐하면 블로그에 지속적으로 글을 쓰고 게시하는 블로거들은 링크를 포함한 좀 더 상세한 에세이 타입의 게시물을 선호하기 때문이다.

이런 결과에 대한 또 다른 해석은 사회적 네트워크의 발전, 특히 미니 블로그의 발전과 관련이 있을 수 있는데, 이 미니 블로그는 문자 메시지의 특성을 이용하면서 매우 제한적인 짧은 문자수로도 뉴스를 전달하는 것을 가능하게 한다. 미니 블로그는 독자들과 상호작용하면서 정보를 공유할 수 있는 공간을 제공해주고, 문자 메시지의 이동성을 블로그 기술에 접목시키는 결과를 가져왔다(Murphy, 2008). 가장 유명한 미니 블로그인 트위터에서는 140글자의 게시물을 업로드할 수 있고, 즉각적인 메시지와 휴대용 기기를 사용하여 작성된 문자 메시지를 온라인상에서 읽을 수 있다. 우리가 주목해야 하는 것은 사회적 네트워크 환경이 블로그보다 더 일반화되고 있는 현상이다(Prescott, 2007). 노티스(Notess, 2008)는 트위터 커뮤니티가 성장하고 있으며, 많은 트위터 게시물들이 회의 보고, 소프트웨어에 대한 평가, 도움 요청 등을 포함하고 있다고 말한다. 또한 그는 트위터에 글을 쓰는 것이 빠르기 때문에, 트위터는 최근 이슈가 되고 있는 주제와 사람들에 관한 최신 뉴스를 접할 수 있고, 그 이슈에 대한 토론이 이루어지는 새로운 공간으로 급부상하고 있다고 주장한다. 또한 스티븐스(Stephens, 2007b)는 여러 분야의 도서관들이 트위터 사용을 시도하고 있다고 한다. 2007년에 시작된 이러한 미니 블로그 사용 현상은 (Kelly, 2008; Stephens, 2007b) 블로거들의 일일평균 게시물 수, 게시일의 수, 60일 동안 총 게시물 수의 감소에 영향을 준 것처럼 보이고, 다른 한편으로는 블로그에 더 많은 에세이 타입의 글을 게시하도록 영향을 주었을 것이다. 아마도 블로거들은 그들의 독자들에게 새로운 뉴스와 혁신을 가져다주도록 하는, 이 새롭고 빠른 통신 채널을 독자들과 함께 이용하기를 원할 것이다. 그러나 블로거들이 장문의 메시지를 전달하고자 할 때, 그들은 여전히 블로그에 에세이 타입의 게시물을 게시하고 있고, 이런 타입의 메시지는 미니 블로그에 있는 짧은 메시지보다 훨씬 더 상세한 내용을 기록하고 있다는 것을 알 수 있다.

더욱이 링크는 일반적으로 블로거들을 위한 또 다른 정보의 원천이다. 수년간 블로거들은 웹 2.0의 문제점(사용자 생성 콘텐츠에 관련된 신뢰도와 저작권 문제들)을 겪어왔고, 이러한 사실은 두 번째 조사기간의 글에 포함된 링크 수의 증가현상으로 설명될 수 있다. 자신의 글이 신뢰성을 가지도록 하기 위하여, 블로거들은 그들이 쓴 글의 당위성을 가능한 한 입증해야 하고, 독자들에게 더 많은 예시와 삽화들을 제공해야 한다는 것을 인지하고 있다(Salant, 2006). 또한 블로거들은 다른 사람들의 블로그나 타 사이트를 이어주는 링크를 통해 자신의 글을 더 많은 사람들에게 노출시킴으로써, 다른 블로거들이나 독자들의 관심을 끌 수 있다는 것을 인지하고 있는 것처럼 보인다(Farkas, 2008; King, 2008). 블로거들은 또한 첫 번째 조사기간 동안 그들의 게시물에 태그를 사용한 것보다 두 번째 기간에 더 많은 태그들을 사용하였다. 블로거들은 태그의 장단점을 포함하여 태깅 현상에 대해 인식하고 있으며, 또한 블로그 커뮤니티에서 태그가 기여하는 정도에 대해서도 알고 있다.

마지막으로 블로그 댓글에 관한 연구에서는, 첫 번째 조사기간인 블로그 개설 초기에 더 많은 독자의 참여가 이루어진 것으로 나타난다. 스스로 블로거이기도 한 독자들이 블로그 개설 초기에 블로그에 대해 열정적이었다. 또한 그들 스스로를 매우 쉽게 웹상에서 표현할 수 있는 가능성 때문에 열광하였고, 그런 점에서 첫 번째 조사기간에는 독자들이 더욱 활동적이고 더욱 많은 코멘트를 남기는 현상을 보였다.

〈콘텐츠분석〉 첫 번째 조사기간은 다수의 하위 카테고리를 포함한 10개의 주요 카테고리로 구성되어 있다. 가장 큰 비중을 차지한 '기술' 카테고리는(샘플의 39.18%) 블로거들이 기술과 관련한 주제들을 중요하게 생각한다는 것을 보여준다. 두 번째로 큰 카테고리인 '사서들과 도서관의 이미지' 카테고리(14.86%)는 블로거들이 이 이슈에 부여하는 중요성을 보여준다. 이 카테고리는 '기술' 카테고리보다는 훨씬 적은 비중을 차지하고 있지만, 사서와 도서관의 이미지가 블로거들에게는 매우 중요한 사안이라는 사실을 나타낸다. 세 번째로 큰 카테고리인 '회의' 카테고리는(샘플의 9.45%) 회의 또는 전문적인 모임에 관한 정보를 포함하고 있으며, 이는 형식상으로 전문적인 요소와 개인적인 요소 모두를 가지고 있음을 말해준다. 네 번째 카테고리인 '정보'에 관한 카테고리(샘플의 8.10%)는 블로거들이 블로그가 정보의 전달을 위한 이상적인 장소라고 인식하고 있음을 보여준다. 다섯 번째 카테고리인 '도서관 활동과 관련된 일반적인 쟁점들' 카테고리(샘플의 6.75%)는 사서들의 전문적인 생활과 관련된 다양한 논쟁들을 보여준다. 다음의 세 개의 카테고리, 즉 '개인적인 이슈', '도서관 예산,' '변화'는 각각 샘플의 5.40%를 차지한다. 이 카테고리들은 가장 큰 비중을 차지하는 카테고리와 비교해볼 때 작은 부분이지만, 이것들은 사서들의 세계와 관련이 있는 이슈들을 반영하고 있다(3개의 카

테고리 중 2개는 전문적인 분야이다). 다음으로 큰 비중을 차지하는 카테고리는 '지식경영' 카테고리로 4.05%를 차지하며, 이것은 사서들이 이러한 이슈를 중요한 것으로 여기고 있다는 것을 보여준다. '문학' 카테고리는 1.35%로서 가장 작은 비중을 차지하는데, 이것은 블로거들이 전문적인 블로그가 문학을 다루는 가장 적합한 장소는 아니라고 생각하는 것을 보여주는 것 같다.

두 번째 조사기간 또한 다수의 하위 카테고리를 포함한 7개의 주요 카테고리로 구성되어 있다. 가장 큰 카테고리인 '기술(샘플의 34.32%)'은 블로거들이 기술 관련 이슈들을 중요하게 생각한다는 것을 보여준다. 두 번째로 큰 비중을 차지한 카테고리인 '도서관의 다른 이슈들(샘플의 14.92%)'은 첫 번째 조사기간에서와 마찬가지로 '기술' 카테고리보다 훨씬 더 작은 비중을 차지하며, 사서들이 생각하는 주요한 이슈들을 나타낸다. 세 번째로 큰 비중을 차지하는 '회의(샘플의 11.94%)' 카테고리는 회의나 다른 전문적 모임에 관한 개인적·일반적인 정보를 제공한다. 네 번째 카테고리인 '정보' 카테고리(샘플의 10.44%)는 독자와 관련 있는 다양한 주제들에 관한 정보를 제공해준다. 다음으로 비중을 차지하는 소수의 다른 카테고리들은(샘플의 8.95%) 일반적이고 개인적인 주제들에 초점을 둔다. '새로운 서비스'와 '도서관 교육'은 가장 작은 비중을 차지하는 카테고리들(5.97%와 4.47%)이다. 비록 이 두 개의 카테고리들은 전문적인 것이지만, 그 범위는 한정되어 있다.

블로그들의 두 개설시기에 대한 비교연구는 몇 가지의 차이점을 보여주는데, 첫 번째 기간이 두 번째 기간보다 더 많은 주제가 포함되어 있고(74:67), 또한 더 많은 카테고리들이 포함되어 있다(10:7). 이러한 차이점은 앞에서 이미 언급한 바와 같이 블로그를 처음 개설할 때 블로거들의 활동이 더 열정적이고 활발하다는 것으로 특징된다는 것을 보여준다. 블로그를 개설한 초기에 블로거들은 열정적으로 블로그를 운영하는 경향이 있고, 새로운 기술적 기반에 대해 더욱 경험이 적으므로, 블로그가 점점 일반화되는 두 번째 조사시기보다 더욱 게시물을 많이 게시한다고 추론할 수 있다.

두 조사기간 모두 '기술' 카테고리가 가장 주요한 카테고리였다. 이것은 두 조사기간 모두 사서들이 기술에 중요성을 두고 있다는 것을 입증하고 있다. 사서들은 기술이 그들의 일상 업무에 매우 중요한 역할을 한다는 사실을 인지하고 있으며, 기술적인 혁신을 따르고 이해하며 전파하기 위해 노력하고 있다.

첫 번째 기간에서 두 번째로 많은 비중을 차지한 카테고리는 '사서들과 도서관의 이미지(14.86%)'였고, 두 번째 기간에서는 '도서관에서의 다른 이슈(14.92%)'들이었다. 두 번째 비중을 차지하는 이 카테고리들은 주제별로는 다르게 나타났지만, 차지하는 비중의 면에서는 비슷하였다. 첫 번째 조사기간에서 '사서들과 도서관의 이미지'의 주제는 블로거들에게 중요한 토픽 중 하나인 것처럼 보였지만, 두 번째 조사기간에서는 도서관 자체에 관한 주제로 바뀌었다.

두 조사기간 모두에서 세 번째로 큰 비중을 차지한 카테고리는 '회의' 카테고리로 나타났다. 두 조사기간을 비교해보았을 때, 이 카테고리의 차이는 사소한 것으로 나타났다(첫 번째 기간: 9.45%, 두 번째 기간: 11.94%). 회의는 블로거들의 안건에 관한 것이다. 그들은 개최할 회의 또는 다른 전문적 모임에 관한 정보를 전파하기 위해서, 또한 그들의 경험을 공유하고 개인적인 느낌을 전달하기 위해서 이러한 블로그를 사용한다. 블로거들이 정보를 갱신하기 위한 가장 이상적인 공간으로서 '회의' 카테고리를 인식하기 때문에, 그들은 회의에 참석하고 그것에 관해 기록한다.

두 조사기간에 있어 네 번째로 큰 비중을 차지하는 카테고리는 '정보' 카테고리이다. 이전 카테고리에서 볼 수 있듯이 이 카테고리는 두 기간 동안 약간의 차이만을 나타냈고(8.10%, 10.44%), 두 번째 조사기간에서 조금 더 많은 비중을 차지했다. 이 정보에 관한 카테고리는 독자들에게 다양한 종류의 실질적이고 유용한 정보를 제공해준다. 이러한 점은 사서들이 독자들에게 정보를 제공하는 역할을 하며, 또한 블로그를 운영함으로써 비공식적인 경로로 이러한 정보전달의 역할을 계속 수행하고 있다는 것을 보여준다. 위의 두 개의 카테고리가 첫 번째 기간보다 두 번째 기간에서(비록 큰 차이는 아니지만) 더 많은 비중을 차지한다는 것은, 이러한 두 개의 이슈가 첫 번째 기간에 블로거들의 삶에 영향을 미친 것보다 두 번째 기간에 더 영향을 많이 미쳤다는 것을 나타낸다.

지금까지 논의된 조사 결과에 따르면, 도서관 블로그는 의견을 표명하고, 전달하고, 표현하는 이상적 공간이라고 주장한 바 아일런의 연구(2007)와 같은 결과를 보인다. 두 조사 시점 모두에서, 이번 연구의 분석은 사서들이 새로운 것을 전파하기 위하여, 또는 그들의 지식과 정보, 그리고 개인적 생각을 포함한 전문적인 경험들을 독자들과 공유하고자 하는 목적에서 블로그와 같은 기술적인 기반을 이용한다는 사실을 보여준다.

첫 번째 조사기간에 다섯 번째로 큰 비중을 차지하는 카테고리는 도서관의 활동과 관련이 있는 일반적 이슈들의 카테고리(6.75%)이고,

두 번째 기간에서의 다섯 번째 카테고리는 잡다한 것들을 주제로 한 카테고리이다(8.95%). 첫 번째 조사기간에서 블로거들이 직업적인 활동에 더욱 관심을 두는 반면, 두 번째 기간에서는 다양한 비전문적 이슈들에 관심을 두었다.

두 조사기간 동안 그 밖의 카테고리들은 적은 비중을 차지했다(5% 이하). 기타 카테고리로는 개인적 이슈, 도서관 예산, 변화, 지식 관리, 문학 등이 첫 번째 조사기간에 발견되었고, 새로운 서비스, 도서관 교육이 두 번째 조사기간에 나타났다. 이러한 점은 블로거들이 그들의 블로그를 운영할 때 이러한 주제들이 주요한 관심사항이 아니었다는 사실을 명백히 나타낸다.

콘텐츠 분석결과를 요약하면, 이 논문에서 연구한 블로그들은 비록 비중 면에서 차이가 있지만, 다섯 가지 주요 카테고리 중 3개가 그들의 주제, 그리고 조직 내에서 차지하는 위치상으로 유사하다는 것을 보여준다. 이러한 카테고리들, 즉 '기술,' '회의,' '정보'의 카테고리는 두 조사기간 동안 공통적으로 블로거들의 사고를 지배하고 있으며, 이러한 점 때문에 블로거들은 그들의 감정을 표현하고 지식이나 정보, 또는 경험을 독자와 함께 공유하는 것을 알 수 있다. 작은 비중을 차지하는 카테고리들에서는 큰 차이점이 보이는데, 첫 번째 조사기간에서 블로거들은 사서들과 도서관의 이미지를 중요하게 생각하지만, 두 번째 기간에서는 도서관에 대한 다른 이슈들에 대해 더욱 많이 게시물을 작성한다는 것을 알 수 있다. 즉, 관심의 초점이 구체적이고 전문적인 분야에서 다른 이슈들로 바뀌었다는 것을 나타낸다.

::요약 및 결론 그리고 연구의 한계점

이번 연구는 처음 블로그를 개설한 시기와 그 이후의 시기라는 두 서로 다른 조사기간 동안 사서들의 블로그 발전사항을 연구하려고 하였다. 연구결과는 두 조사기간 사이에 사서들의 블로그 커뮤니티가 새롭게 변화하고 있는 방향을 제시할 수 있는 몇 가지의 주요한 차이점은 나타나지만, 변하지 않는 이슈들이 있다는 것을 보여준다.

또한 이 연구결과는 하이퍼텍스트를 포함한 에세이 타입의 게시물을 작성하는 것과 동시에 게시물을 더 적게 하고, 게시 기간을 더 줄이는 경향이 있음을 보여준다.

이러한 결과들은 미니 블로그와 사회적 네트워크가 우리의 디지털 환경에서 점점 일반화되고 인기를 얻는 현상과 같은 새로운 방향을 제시해준다. 트위터에 글을 올리고, 여타 어플리케이션들을 통해 뉴스를 전달하고 업데이트하는 데는 많은 시간이 소요되지 않는다. 블로거들은 짧은 메시지를 작성하기 위해 미니 블로그를 사용하기 시작했고, 길거나 상세한 글은 그들의 블로그에 게시했다.

현재까지 논의된 차이점들은 사서들의 블로그 커뮤니티의 변화와 새로운 방향을 제시해줄 것이라 생각한다. 그러나 블로그의 내용에 대한 연구에서는 5개의 주요 카테고리 중 3개가 두 조사기간에 모두 동일하게 나타났고, 이와 같은 이슈들이 여전히 사서의 마음과 사고를 지배하고 있는 것으로 보인다. 이 연구결과에서 가장 명백히 드러나는 것은, 두 조사기간에서 모두 사서들이 기술과 기술혁명에 많은 관심을 가지고 있다는 것이다.

블로거들의 글의 패턴이나 구조 또는 구성에 초점을 둔 연구에서는 변화와 차이점이 존재하는 것으로 보인다. 그러나 블로그의 속성에 관한 연구에서는 두 조사기간 동안 주요한 차이점이나 커다란 변동 또는 변화가 없는 것으로 보인다. 두 조사기간 동안 사서들의 블로그는 블로거들의 직업적인 흥미와 관심들을 표현하고 전문적인 지식을 토론하거나, 사서 공동체와 경험을 공유하는 공간으로서의 역할을 해왔다.

이 연구결과는 문헌정보 전문가들이 문헌정보학의 블로그 커뮤니티 현상을 더 잘 이해하고 더 깊이 탐구하고자 할 때 가치를 가진다. 또한 이 결과는 블로그가 개인적이거나 직업적인 정보를 다룰 때 주제 지향적 블로그의 중요성을 강조하고, 전문적 공동체에게 블로그에 포함된 정보를 이용할 수 있는 기회를 제공해준다.

연구자들은 블로그의 발전에 더 큰 그림을 그리기 위해서, 그리고 블로그 커뮤니티 현상을 더 잘 이해하기 위해서는 앞으로 미니 블로그에 관한 연구와 문헌정보학의 블로그 커뮤니티에 미니 블로그가 기여하는 정도에 관한 연구가 선행되어야 한다고 권고한다.

이 논문에서 연구한 대부분의 블로그들(80%)은 2003~2006년에 개설되었지만, 몇 개의 블로그들은 그 이전이나 이후(2001~2002년, 2007년)에 개설되었다. 이처럼 블로그들의 첫 개설시기가 다르다는 것은 이 논문의 중요한 한계로 지적된다.

[부록] 선택된 30개의 문헌정보학 블로그 리스트

(1) librarian.net

(2) The Shifted Librarian.

(3) LibrarianInBlack.

(4) Free Range Librarian.

(5) A Librarian's Guide to Etiquette.

(6) The Travelin' Librarian.

(7) Walt at Random.

(8) Filipino Librarian.

(9) The Ubiquitous Librarian.

(10) Confessions of a Science Librarian.

(11) Libraryman.

(12) The Days & Nights of the Lipstick Librarian.

(13) Annoyed Librarian.

(14) Librarian.

(15) Connie Crosby.

(16) The Handheld Librarian.

(17) Jason the Content Librarian.

(18) The Krafty Librarian.

(19) www.resourceshelf.com/

(20) http://xrefer.blogspot.com

(21) www.blogwithoutalibrary.net/?m ¼ 200802

(22) www.davidleeking.com

(23) www.researchbuzz.org/wp/

(24) http://oedb.org/blogs/ilibrarian/

(25) www.librarianoffortune.com/

(26) http://librarygarden.blogspot.com/2008_08_01_archive.html

(27) http://libraryjuicepress.com/blog/

(28) www.librarystuff.net/

(29) http://blog.beagrie.com/

(30) http://referencenewman.blogspot.com/

제3장

도서관 정보시스템의 웹서비스와 위젯[1]

더 많은 도서관들이 온라인 공공 디스플레이(display)를 강화하기 위해서 웹서비스들로부터 정보를 통합시키면서, 이러한 통합을 용이하게 하는 기술들이 필요해진다. 이 논문은 HTML 위젯에 기반을 둔 그러한 통합들을 위한 기술을 제시하고 있다. 우리는 이러한 기술을 시행하는 세 가지 사례 시스템들(Google Book Classes, Tictoclookup 그리고 MAJAX)을 논의한다. 이러한 시스템들은 프로그래밍 경험이나 값비싼 호스팅 없이 쉽게 적용되어질 수 있다.

온라인 목록(OPACs)의 유용성과 질을 개선하기 위해서, 더욱 더 많은 사서들은 추가적 소스(source)들로부터 그들의 공공 디스플레이로 정보를 포함한다.[2] 그러한 소스들의 예들은 추가적 서지 정보, 소셜 북마킹과 정보 표지하기, 서평, 서지 항목들을 위한 대체 소스, 목차 미리보기 그리고 발췌를 제공하는 웹서비스들을 포함한다. 새로운 웹서비스들이 나오면서, 사서들은 그들의 OPAC 디스플레이의 질을 강화하기 위해서 빠르게 그것들을 통합한다. 역으로 사서들은 그들이 또는 다른 이들이 유지하는 다른 웹 제공물로 포함시키기 위한 그들의 OPACs에 담긴 서지, 소장품 그리고 유통정보에 관심을 가지고 있다. 예를 들어 그들의 OPAC을 웹서비스로 바꾸는 것에 의해서, 주제 사서는 주제나 자원 안내에서 현재까지의 유통정보를 포함할 수 있다. 유사하게 대학교수들은 그들의 강좌(course) 페이지에 있는 소프트웨어를 인용문 관리에 넣기 위해 준비된 인용문 정보를 표시하는데 OPAC의 메타데이터 기록들을 사용할 수 있다. 그러한 "매시 압(mash-up)"[3] 페이지를 쉽게 만들기 위한 능력은 도서관이 제공하는 디지털 자원의 가시성과 범위를 증가시키기 위해서 매우 중요하다.

비록 매시 압 페이지를 만들기 위해 웹서비스들을 사용하는 그 기술이 잘 알려져 있음에도 불구하고, 몇 가지 실제적인 요구사항들이 그것의 넓은 사용을 용이하게 하기 위해서 충족되어야만 한다. 첫째, 그러한 통합을 제공하는 어떠한 환경도 제한된 프로그래밍 이력을 갖고 있는 사서들에게게조차 사용하기에 편해야 한다. 이러한 사용상 용이함은 판매사에 의해 제공되는 OPACs와 같은 전매상표가 붙은 시스템을 포함하는 환경에까지 미쳐야 한다. 둘째, 통합은 로컬 디스플레이 선호사항들과 유연한 모양내기가 가능하도록 매끄럽고 원하는 대로 꾸며질 수 있어야 한다. 셋째, 어떤 필요한 인프라의 설치, 호스팅 그리고 유지도 가격이 저렴해야 하며 이미 사용가능하거나 자유롭게 접근 가능한 자원들의 사용을 최대화하여야 한다. 넷째, 실행은 반응시간(latency)과 확장성(scalability) 모두의 측면에서 수용 가능하여야 한다.[4]

이 논문에서 우리는 웹서비스들로부터 웹사이트로 정보를 통합하기 위한 도구들의 디자인 공간을 논의한다. 우리는 주로 클라이언트 측면(client-side)의 매시 압에 초점을 맞추는데, 여기에서는 사용자의 브라우저에서 작동하는 코드가 중간 서버나 프록시의 도움 없이 직접적으로 웹서비스를 접촉한다. 그러한 매시 압을 만들기 위해서 우리는 "위젯(widgets)"의 사용을 지지하는데, 그 위젯은 사용하기에 편하고 사용할 때 프로그래밍 지식이 필요하지 않은, 원하는 대로 수정가능한 HTML 요소들이다. 비록 우리가 논의하는 그 기술들이 어떤 웹에 기반을 둔 정보시스템에 적용하더라도, 우리는 어떻게 하나의 OPAC이 웹서비스들 통합의 목적이 되고 또한 다른 곳에서 통합될 정보를 제공하는 웹서비스가 될 수 있는지를 특별히 고려한다. 우리는 우리가 개발한 세 가지 위젯 라이브러리들을 설명하는데, 이것들은 네 개의 웹서비스들에 접근을 제공한다. 이러한 라이브러리들은 우리와 다른 이들에 의해 효율적으로 사용되고 있다.

우리의 기여는 두 부분으로 되어 있다. 즉, 우리는 전문 종사자들에게 매시 압 모델의 적당한 선택을 둘러싼 균형점에 대한 통찰력을 제공하고, 우리는 사서들이 직접적으로 사용하거나 적용할 수 있는 세 개의 실체적 위젯 라이브러리들의 구체적 디자인과 사용례들을 제공한다. 이 논문에서 기술되는 모든 소프트웨어는 LGPL 공개 소스 라이선스(Open Source License)하에서 사용가능하다.

::배경

웹에 기반을 둔 정보시스템들은 클라이언트서버 기술을 사용하는데, 그 기술에서 서버는 HTML 언어를 사용자의 브라우저로 보내고, 그다음으로 그 브라우저는 이 HTML을 번역하여 사용자에게 그것을 디스플레이한다. HTML 언어와 함께, 서버는 사용자의 브라우저에서 실행하는 자바스크립트(JavaScript) 코드를 보낼 수도 있다. 이 자바스크립트 코드는 차례차례 원래의 서버에 접촉하거나 부수적 서버들에 접촉할 수 있고 그것들로부터 얻은 정보를 디스플레이 되는 동안 번역된 콘텐츠에 포함시킬 수도 있다. 이러한 기본적 구성기술은 매시 압을 위해 수많은 가능한 디자인 선택들과 조합들을 고려한다. 각각의 디자인 선택은 쉬운 사용, 맞춤성, 프로그래밍 요구사항, 호스팅 요구사항, 확장성, 반응 시간 그리고 유용성과 연관이 있다.

서버 측면의 매시 압

<그림 1>에서 볼 수 있듯이, 서버 측면의 매시 압 디자인에서 그 매시 압 서버는 클라이언트로부터 요청을 받을 때 기본서버와 각각의 소스를 접촉한다. 그것은 기본서버와 그 소스들로부터 받은 정보를 조합하고 조합된 HTML을 클라이언트에게 보낸다.

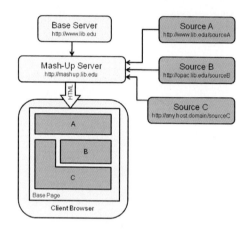

〈그림 1〉 서버 측면의 매시 압 구조

기본과 매시 압 서버들을 조합하는 서버 측면의 매시 압 시스템들은 또한 데이터 매시 압 시스템들로 나타내지기도 한다. 그러한 데이터 매시 압 시스템들은 사용자로 하여금 데이터 소스를 고르고 그것들이 조합되는 방식을 특정하고 전체 매시 압의 배치를 만들 수 있도록 허락하는 웹에 기반을 둔 환경설정 프론트 엔드(front-end)를 전형적으로 제공한다. 그러한 시스템들의 예들은 Dapper와 Yahoo! Pipes를 포함한다.[5] 이 시스템들은 아주 적은 프로그래밍 지식을 요구하지만, 그것들은 특정시스템에 의해 지원받는 기능에 매시 압 창작자들을 제한하고 그 사용자로 하여금 기존의 OPAC와 같은 기존의 기본서버의 배치나 기능에 영향을 미치도록 허락하지 않는다.

서버 측면의 매시 압 시스템들을 기본서버로서 등록된(proprietary) OPAC과 통합하는 것은 매시 압 서버가 부수적 정보를 통합하기 전에 반드시 OPAC의 산출물을 분석해야 하기 때문에 어렵다. 더구나 사용자들은 현재 반드시 매시 압 서버의 URL을 방문해야 하거나 또는 다시 보내어져야 한다. 비록 일부 새로 나오는 늘릴 수 있는 OPAC 디자인들이 외부 소스들로부터 직접 그리고 쉽게 정보를 포함하는 능력을 제공한다고 해도, 대부분의 현재 배치된 시스템들은 그렇지 않다.[6] 게다가 그러한 매시 압 서버들은 매시 압 소스들로부터 페이지로 정보를 검색하고 통합하기 위해서 대개 서버 측면의 프로그래밍을 필요로 한다. 소프트웨어 도서관의 유용성과 특별한 목적의 마크업 언어 사용은 미래에 이러한 요구사항을 완화시킬지 모른다.

실행 확장성의 관점에서 볼 때, 매시 압 서버는 서버 측면의 매시 압들에서 하나의 병목지역이다. 그런 까닭에 반드시 최종 이용자(end-user) 요구사항의 기대되는 양을 다루기 충분할 정도로 크게 만들어져야만 한다. 반면에 매시 압 소스들로부터 검색된 정보를 캐시(cache)에 저장하는 것은 오직 매시 압 서버가 이러한 소스들을 접촉하기만 하기 때문에 이러한 배열에서 시행하기가 간단하다. 그러한 캐시 저장은 만약에 데이터가 캐시로 저장 가능하다면, 즉 실시간 정보가 필요하지 않다면 소스들로 보내져야만 하는 횟수를 줄인다.

이 디자인에서 반응시간은 클라이언트가 매시 압 서버로 요청을 보내는데 필요한 시간과 응답을 받는 시간에 서버가 처리하는 데 필요한 시간을 더한 것에다 요청을 보내느라 발생한 시간과 마지막으로 응답하는 매시 압 소스로부터 응답을 받는 시간을 더한 것이다. 이 모형은 동시에 또는 한 페이지에 포함되어야만 하는 하나의 소스로부터의 정보를 서버가 알자마자 매시 압 서버가 모든 소스들을 접촉한다는 것을 가정한다.

시스템의 유용성은 모든 매시 압 소스들의 유용성에 달려 있다. 만약에 하나의 매시 압 소스가 응답을 하지 않는다면, 최종 이용자는 타임아웃(timeout)을 통해서 그러한 실패가 그 매시 압 서버에 분명해질 때까지 기다려야만 한다. 마지막으로 매시 압 서버가 기본 그리고 소스 서버들에게 클라이언트로서 작용하기 때문에, 어떤 부수적 보안 고려사항들도 어느 소스들이 접촉되어질지에 관해서 적용되지 않는다. 또한 매시 압 서버가 돌아온 데이터를 분석할 수만 있다면 소스 서버에 의해 사용된 데이터 교환 포맷에 관해선 전혀 제한이 없다.

클라이언트 측면의 매시 압

<그림 2>에서 볼 수 있듯이 클라이언트 측면의 설정에서, 기본서버는 어떤 다른 정보소스를 접촉할지에 대해 클라이언트를 지시할 자바스크립트와 함께 클라이언트에게 오직 부분적 웹사이트를 보낸다. 브라우저에서 실행될 때, 이 자바스크립트 코드는 매시 압 소스들로부터 정보를 직접 검색하고 매시 압을 완성한다.

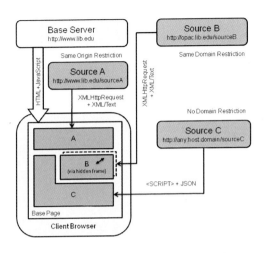

〈그림 2〉 클라이언트 측면의 매시 압 구조

　클라이언트 측면의 매시 압 작업의 매력은 아무 매시 압 서버가 필요치 않다는 것이고, 따라서 사용자들이 방문하는 URL은 변하지 않는다. 결과적으로 매시 압 서버는 더 이상 병목지역이 아니다. 동등하게 중요한 유지보수가 이 서버에는 필요치가 않은데, 그런데 이것은 특별히 도서관들이 OPAC을 보관하는 기계에 대한 관리상의 접근을 제한하는 즉각 사용할 수 있게 되어 있는 솔루션들을 사용할 때 관련되어 있다. 반면에 매시 압 서버 없이는 매시 압 소스들로부터의 결과들은 더 이상 중앙으로 캐시에 저장될 수 없다. 따라서 매시 압 소스들 자체들은 기대되는 요청수를 처리할 수 있도록 반드시 충분한 확장가능성이 있어야 한다. 부하를 줄이는 전략으로서, 매시 압 소스들은 클라이언트의 브라우저 캐시 저장에 영향을 줄 적당한 만료시간을 가지고 그 결과들에 표지를 할 수 있다.

남은 소스들로부터의 정보가 여전히 이용자들에게 디스플레이 될수 있어서, 만약에 매시 압 소스들의 일부가 실패하더라도 매시 압이 우아하게 질적 저하하기 때문에 유용성은 증가된다. 요청들이 클라이언트에 의해서 동시에 또는 가능한 빨리 보내진다고 가정할 때, 그리고 하나의 매시 압 서버에 의해 보내진 요청들에 관해 이용자들의 브라우저가 보낸 요청들에 대해 각각의 매시 압 소스가 유사한 반응성을 가지고 반응한다고 가정할 때, 클라이언트 측면의 매시 압을 위한 반응성은 서버 측면의 매시 압과 유사하다. 그러나 서버 측면의 접근과는 다르게, 페이지 디자이너는 일부 요청들이 여전히 진행 중인 동안에 이용자에게 부분적 결과들을 전시할 수 있는 선택사항을 가지고 있거나 또는 사용자가 페이지에 있는 링크나 다른 요소를 클릭함으로써 데이터를 분명히 요구할 때까지 일부 요청들을 연기시킬 수 있는 선택사항도 가지고 있다.

클라이언트 측면의 매시 압들이 웹서비스들에 직접 접촉하기 위해서 자바스크립트 코드에 의존하기 때문에, 그것들은 현재의 브라우저들에서 자바스크립트 코드의 실행을 관장하는 보안 모형으로부터 기인하는 많은 제약을 받는다. 이러한 보안 모형은 클라이언트 측면의 코드를 부당하게 이용하고, 이용자가 접근권을 가지고 있는 HTML 또는 XML 데이터를 검색하기 위해서 이용자의 자격(credentials)을 남용하는 악의의 웹사이트들로부터 이용자를 보호하기 위해 디자인된다. 그러한 악성 코드는 이 잠재적으로 민감한 데이터를 악의의 사이트에 전달할 수 있다. 그러한 공격을 막기 위해서, 보안 모형은 오직 원래의 사이트와 같은 도메인 내의 사이트들로부터의 HTML 텍스트 또는 XML 데이터의 검색만, 대개 동일한 근원(same-origin) 정책으로 알려져 있는 정책을 허용한다. <그림 2>에서 소스 A와 B는 이용자가 방문하는 페이지와 같은 도메인으로부터 왔다.

동일한 근원 정책의 제한들은 JSON(JavaScript Object Notation) 교환 포맷을 사용함으로써 회피될 수 있다. 클라이언트 측면의 코드는 어떤 도메인으로부터든 자바스크립트 코드를 검색하고 실행할 수 있기 때문에, 원래의 사이트와 같은 장소에 배치되지 않은 웹서비스들은 JSON을 사용하여 그 결과들을 사용할 수 있게 만들 수 있다.[7] 그렇게 하는 것은 서비스 받는 도메인과는 독립하여(<그림 2>의 소스 C 참조) 어떤 페이지로든지 포함시키는 것을 용이하게 한다. 많은 기존의 웹서비스들은 아마도 XML과 같은 다른 포맷과 함께 이미 JSON 포맷으로 데이터를 복귀시키는 옵션을 제공하고 있다. 그렇게 하지 않는 웹서비스들을 위해서는, 프럭시(proxy) 서버가 JSON으로 서비스로부터 들어오는 데이터를 번역하기 위해서 필요할 수도 있다. 만약에 프럭시 서버의 실행이 가능하지 않다면, 그 웹서비스는 오로지 그것을 사용하는 같은 도메인 안에 있는 페이지 위에서만 사용가능하다.

클라이언트 측면의 매시 압들은 특별히 판매자가 오직 제한된 확장성을 제공해줄 때 자연스럽게 그 자체들을 기존의 등록된 OPAC시스템들의 기능성을 강화하는데 부여해준다. 그것들은 서버 측면의 프로그래밍을 필요로 하지 않기 때문에, 적당한 판매자가 제공하는 서버 측면의 프로그래밍 인터페이스의 부재가 그것들의 생성을 막지는 못한다. 종종 판매자 제공의 템플릿(templates) 또는 변수들은 필요한 HTML 언어와 자바스크립트 코드를 클라이언트에게 보내기 위해서 적절히 적용될 수 있다.

사서가 쓰기 위해 필요로 하는 자바스크립트 코드의 양은(또는 제공된 예로부터 복사해야 하는) 주어진 매시 압 생성의 채택가능성과 유지 가능성 양쪽 모두를 결정한다. 써야 할 더 적은 자바스크립트 코드가 있으면 있을수록, 주어진 실행을 시도하고 채택하는데 편안함을 느끼는 더 큰 그룹의 사서들이 있다. HTML 위젯들을 사용한다는 접근법은 매시 압 생성자로부터 거의 전적으로 자바스크립트의 사용을 숨긴다. HTML 위젯들은 특별히 작성된 언어를 대표하는데, 이는 페이지가 번역될 때 매시 압 정보로부터 오는 정보로 대체될 것이다. 필요한 코드가 자바스크립트 라이브러리에 담기기 때문에, 어댑터는 웹 서비스로부터 오는 정보를 사용할 프로그래밍을 이해하기 위해 필요하지 않다. 마지막으로 HTML 위젯들은 자바스크립트 프로그래밍에 내재하는 복잡성과 브라우저 의존의 추상화 계층을 생성하기 때문에 또한 자바스크립트 지식이 있는 사용자에게 선호될 수 있다.

::The Google Book Classes 위젯 라이브러리

우리의 접근법을 설명하기 위해서, 우리는 OPAC페이지를 포함해서 Google Book Search로부터 어떤 웹사이트로든지 얻어지는 데이터 통합을 허락하는 첫 번째 사례를 제공한다. Google Book Search는 구글의 책 메타데이터와 콘텐츠 데이터베이스로의 접근을 제공한다. 출판사와의 계약을 통함은 물론이고 회사의 책 스캐닝 활동 때문에, 구글은 일부 책의 부분적 혹은 완전한 미리보기와 더불어 많은 책 표지의 스캔한 이미지를 관리하고 있다. 많은 도서관들은 OPAC 기록들을 디스플레이할 때 책 표지들을 사용하거나 만약에 구글이 그들 목록에서 이용자가 고른 아이템의 부분적 혹은 전체 보기 또는 양쪽 모두를 제공할 수 있다면 그들의 이용자들에게 알리는데 관심이 있다.[8] 이러한 서비스는 이용자가 그 책을 도서관으로부터 빌릴지 여부를 결정하는 데 도움을 줄 수 있다.

The Google Book Search Dynamic Link API

Google Book Search Dynamic Link API는 구글이 색인으로 만든 아이템을 위한 어떤 메타데이터를 제공하는 JSON 기반의 웹서비스이다. 그것은 ISBN, OCLC 기호 또는 의회도서관 관리기호(Library of Congress Control Number)와 같은 서지 식별자를 사용하여 문의될 수 있다. 그것은 어떤 책표지의 간략한 그림, 서지 정보를 가진 페이지의 URL, (만약에 이용가능하다면) 미리보기 페이지의 URL, 어떤 미리보기의 콘텐츠 그리고 미리보기 뷰어가 다른 페이지들로 직접적으로 끼워 넣어질지를 포함하는 조그만 데이터 세트를 돌려보낸다. <표 1>은 하나의 사례 ISBN을 위해 반환된 JSON 결과를 보여준다.

〈표 1〉 Google Book Search Dynamic Link API를 위한 요청과 응답 사례

Request::
http://books.google.com/books?bibkeys=ISBN:0596000278&jscmd=viewapi&callback=process

JSON Response:

process({
"ISBN:0596000278":
{"bib_key": "ISBN:0596000278",
"info_url": "http://books.google.com/books?id=ezqe1hh91q4C\x26source=gbs_ViewAPI",
"preview_url": "http://books.google.com/books?id=ezqe1hh91q4C\x26printsec=frontcover\x26
source=gbs_ViewAPI",
"thumbnail_url": "http://bks4.books.google.com/books?id=ezqe1hh91q4C\x26printsec=frontcover\x26
img=1\x26zoom=5\x26sig=ACfU3U2d1UsnXw9BAQd94U2nc3quwhJn2A",
"preview": "partial",
"embeddable": true
}
});

위젯화

이러한 서비스를 웹사이트들로 자바스크립트 프로그래밍 없이 쉽게 통합하는 것을 용이하게 하기 위해서, 우리는 위젯 라이브러리를 개발했다. 적용자의 관점으로부터, 이러한 위젯들의 사용은 지극히 간단하다. 적용자는 HTML <span> 또는 <div> 태그들을 그들이 Google Book Search로부터 보여주기를 원하는 페이지로 위치시킨다. 이러한 태그들은 정보를 검색할 서지목록 항목을 묘사할 식별자로서 작동하는 HTML <title> 속성을 가지고 있다. 그것은 ISBN, OCLC, 또는 LCCN을 가지고 있을 수 있다. 게다가 태그들은 또한 어떤 프로세싱이 구글로부터 검색된 정보가 페이지로 통합하기 위해서 행해져야 하는지 묘사하기 위해서 하나 또는 그 이상의 HTML <class> 속성을 가지고 있다. 추가적 스타일과 포맷 관리를 적용하기 위해서 이러한 류(class)

들은 <class> 속성에 있는 일련의 전통적 CSS류들과 함께 조합되어질 수 있다.

사례

하나의 예로서, 적용자가 한 페이지에서 사용할 수 있는 다음의 HTML을 고려해보라:

```
<span title="ISBN:0596000278" class="gbs
-thumbnail gbs-link-to-preview"></span>
```

Google Book Classes 위젯 라이브러리에 의해 처리되어질 때, 클래스 "gbs-thumnail"은 ISBN 0596000278을 위한 책 커버(book jacket)의 섬네일(thumbnail) 이미지를 넣도록 위젯에 지시한다. 그리고 "gbs- link-to-preview"는 구글의 미리보기 페이지를 가리키는 하이퍼링크에, 이는 <span> 태그를 하이퍼링크 하는 지시사항들을 제공한다. 그 결과는 마치 서버가 구글의 웹서비스를 접촉하고 <표 2>에 있는 예 1에서 보듯이 HTML로 구성하였던 것처럼 보인다.

〈표 2〉 Google Book Classes widget library에 의해 처리된 클라이언트 측면의 사례

예 1: HTML Written by Adapter	Browser Display
```<span title="ISBN:0596000278" class="gbs-thumbnail gbs-link-to-preview"></span>```	
Resultant HTML after Client-Side Processing	
```<a pref="http://books.google.com/books?id=ezqe1hh91q4C&printsec=frontcover&source=gbs_ViewAPI"><span title="" class="gbs-thumbnail gbs-link-to-preview"><img src="http://bks3.books.google.com/books?id=ezqe1hh91q4C&printsec=frontcover&img=1&zoom=5&sig=ACfU3U2d1UsnXw9BAQd94U2nc3quwhJn2A" /></span></a>```	
예 2: HTML Written by Adapter	Browser Display
```<span style="display: none" title="ISBN:0596000278" class="gbs-link-to-info gbs-if-partial-or-full"><img src="http://www.google.com/intl/en/googlebooks/images/gbs_preview_button1.gif" /></span>```	
Resultant HTML after Client-Side Processing	
```<a href="http://books.google.com/books?id=ezqe1hh91q4C&source=gbs_ViewAPI"><span title="" class="gbs-link-to-info gbs-if-partial-or-full"><img src="http://www.google.com/intl/en/googlebooks/images/gbs_preview_button1.gif" /></span></a>```	

그러나 그 매시 압 생성자는 구글 서비스에 접촉하는 것과 그 문서

에 필요한 취급을 하는 것의 메커니즘에는 염려할 필요가 없다.

　<표 2>의 예 2는 위젯의 두 번째 가능한 사용을 보여준다. 이 사례에서, 만약에 그 경우에 한해 구글이 적어도 문제의 책을 위해 부분적 미리보기를 제공한다면 생성자의 의도는 구글의 정보 페이지에 링크하는 이미지를 보여주는 것이다. 이 목적은 범위 안에 이미지를 위치시키는 것에 의해, 그리고 초기적으로 그 범위를 안 보이게 만들기 위해 style-"diplay:none"을 사용하는 것에 의해 달성된다. 그 범위는 미리보기가 하이퍼링크된 이미지를 보여주면서 구글에서 이용가능할 때에만 가시적으로 만들어질 수 있다. Google Book Classes 위젯 라이브러리에 의해서 지원되는 전 목록의 특징들은 <표 3>에서 볼 수 있다.

〈표 3〉 지원된 Google Book classes

Google Book Class	Meaning
gbs-thumbnail	Include an <img...> embedding the thumbnail image
gbs-link-to-preview	Wrap span/div in link to preview at Google Book Search(GBS)
gbs-link-to-info	Wrap span/div in link to info page at GBS
gbs-link-to-thumbnail	Wrap span/div in link to thumbnail at GBS
gbs-embed-viewer	Directly embed a viewer for book's content into the page, if possible
gbs-if-noview	Keep this span/div only if GBS reports that book's viewability is "noview"
gbs-if-partial-or-full	Keep this span/div only if GBS reports that book's viewability is at least "partial"
gbs-if-partial	Keep this span/div only if GBS reports that book's viewability is "partial"
gbs-if-full	Keep this span/div only if GBS reports that book's viewability is "full"
gbs-remove-on-failure	Remove this span/div if GBS doesn't return book information for this item

레거시[9] OPAC과의 통합

　지금까지 묘사된 접근법은 매시 압 생성자가 이용자에게 보내지는 HTML 언어에 대한 충분한 조종력을 가진다는 것을 가정하고 있다.

OPAC 검색 결과들이나 개별 서지목록의 기록들을 나타내기 위해서 사용되는 대부분의 HTML을 시스템들이 자동적으로 만들기 때문에 이러한 가정은 만약에 HTML이 판매자가 제공한 시스템에 의해 만들어진다면 항상 유지되는 것은 아니다. 만약에 OPAC이 확장 시스템을 제공한다면, 그것은 OPAC 소프트웨어에 의해 설정된 변수(예를 들어, ISBN 숫자를 위한 "@#ISBN@")를 유용화하는 것에 의해 필요한 HTML을 생성하는데 사용될 수 있다. 만약에 확장기능이 존재하지 않는다면, 위젯 라이브러리에 의한 조절이 적용자의 부분에서 프로그래밍을 필요로 하지 않아야 하는 목적을 유지하기 위해서 필요하다. 우리는 Google Book Classes의 III Millennium OPAC 내에서의 사용을 용이하게 하기 위해서 그러한 조정들을 실행했다.[10] 우리는 "ISBN:millennium.record"와 같은 특별한 문자열들을 위젯 라이브러리가 현재의 페이지로부터 스크린 스크래이핑[11]을 통해서 ISBN을 거둬들일 수 있도록 지시하기 위해서 <title> 속성에 사용했다. <그림 3>은 어떻게 Google Book Classes 위젯이 OPAC 검색 결과 페이지로 통합될 수 있는지의 예를 제공한다.

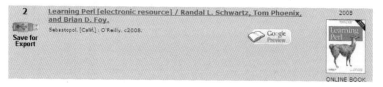

〈그림 3〉 OPAC 페이지에서의 Google Book Classes의 사용례

The Tictoclookup 위젯 라이브러리

The ticTOCs Journal Table of Contents Service는 다수의 출판사들로부

터의 수천 개의 저널 목차들에 대한 접근을 제공함으로써 학문적 연구자들과 다른 이용자들이 새로 출간된 연구를 알게 하는 것을 가능하게 하는 무료 온라인 서비스이다.[12] The ticTOCs 컨소시엄은 저널들의 목차를 위한 RSS 자료 URL들로 ISSN들과 저널 이름들을 보여주는 데이터세트를 준수하고 유지한다.

The Tictoclookup 웹서비스

우리는 ISSN과, 선택적으로, 저널 이름으로 문의될 때 RSS 자료 URL들을 돌려보내주는 "Tictoclookup"이라 불리는 간단한 JSON 웹서비스를 만들기 위해서 ticTOCs 데이터세트를 사용했다. <표 4>는 사례 문의와 답을 보여준다.

〈표 4〉 ticTOCs lookup Web service 요청과 응답 사례

Request:
http://tictoclookup.appspot.com/0028-0836?title=Nature&jsoncallback=process
JSON Response:
process({
"lastmod": "Wed Apr 29 05:42:36 2009",
"records": [{
"title": "Nature",
"rssfeed": http://www.nature.com/nature/current_issue/rss
}],
"issn": "00280836"
});

다른 호스팅 시나리오들을 조정하기 위해서, 우리는 이 Tictoclookup의 두 가지 실행들을 만들었다. 즉, 독립형과 클라우드 기반의 실행이다. 독립형 버전은 Web Service Gateway Interface(WSGI) 사양을 따르는

Python 웹 응용프로그램으로 실행된다. 이 버전을 호스팅하는 것은 Apache의 mod_wsgi 같은 WSGI 호환 환경을 지원하는 웹서버로의 접근을 요구한다. Python 응용프로그램은 ticTOC 데이터세트를 읽고 특정 ISSN을 위한 검색 요청에 응답한다. 크론 잡(cron job)[13]은 주기적으로 가장 최신의 데이터세트 버전을 내려 받는다.

클라우드(cloud) 버전 Tictoclookup 서비스는 Google App Engine(GAE) 응용프로그램으로 실행된다. 그것은 ticTOC 데이터 기록들을 저장하기 위해서 매우 확장성 있고 매우 유용한 GAE Datastore를 사용한다. 요청하는 클라이언트들에게 지리적으로 가까운 곳의 데이터 센터에 의해 요청들이 다루어지도록 하기 위해서 GAE 응용프로그램들은 구글의 지역 데이터 센터들에 위치한 서버들에서 운영된다. 2009년 6월 기준으로, 구글 GAE 응용프로그램들의 호스팅은 공짜인데, 이것은 몇 가지 컴퓨터를 사용한 자원의 공짜 할당을 포함한다. 각각의 응용프로그램을 위해서, GAE는 1.3MB 요청까지의 분량을 허락하고 24시간당 10GB의 대역폭까지의 사용을 승인한다. 이 용량이 많은 소·중 규모 기관들의 목적에는 충분하지만, 부가적 용량은 적은 비용으로 구입될 수 있다.

위젯화

자바스크립트 프로그래밍 없이 웹사이트로 이 서비스를 쉽게 통합하는 것을 용이하게 하기 위해서, 우리는 위젯 라이브러리를 개발했다. Google Book Classe처럼, 이 위젯 라이브러리는 이용자가 Tictoclookup 서비스로부터 데이터를 디스플레이하기를 결정하는 페이지로 위치될

HTML <span> 또는 <div> 태그들과 연관된 HTML 속성들을 통해 조정된다. 그 HTML <title> 속성은 그것의 ISSN 또는 그것의 ISSN과 이름으로 저널을 식별한다. Google Book Classes에서와 같이, HTML <class> 속성은 바랬던 처리과정을 묘사하는데, 이것은 전통적 CSS류들을 포함할 수도 있다.

사례

적용자가 페이지에서 사용할 수도 있는 다음의 HTML을 고려해보라:

```
<span style="display:none"
class="tictoc-link tictoc-preview tictoc-alternate-link"
title="ISSN:00280836:Nature">
Click to subscribe to Table of Contents for this journal
</span>
```

Tictoclookup 위젯 라이브러리에 의해 처리될 때, "tictoc-link"류는 위젯이 목차가 출판되는 RSS 자료로 링크되어 자동으로 행갈이 하도록 지시하고 이것은 이용자로 하여금 그것을 구독할 수 있도록 허락한다. "tictoc-preview"류는 툴팁(tooltip) 요소와 스팬(span)을 연관시키는데, 그것은 이용자가 링크된 상태로 맴돌 때 자료의 첫 번째 항목을 디스플레이한다. 우리는 다른 JASON 기반의 웹서비스인 Google Feeds API를 캐시에 저장된 자료의 복사본을 가져오기 위해서 사용한다. "tictoc-aternate-link" 클래스는 대체 링크를 현재의 문서에 위치시키고, 이것은 일부 브라우저들에서 상태 바에서 RSS 자료 아이콘의 표시를 촉발시킨다. 처음에는 안 보였던 <span> 요소는 오직 Tictoclookup 서비스가 주어진 ISSN과 이름의 쌍을 위한 정보를 돌려보낸다면 볼 수 있게 만들어진다. <그림 4>는 만약에 이용자가 링크 위에서 맴돈다면 나타나는 표시의 스크린 샷을 제공한다.

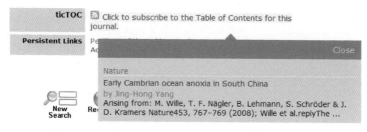

〈그림 4〉 Tictoclookup류의 사용례

Google Book Classes와 마찬가지로, 매시 압 생성자들은 Tictoclookup 웹서비스를 접촉하는 것과 문서에 필요한 조작들을 하는 것의 메커니즘은 우려할 필요가 없다. <표 5>는 Tictoclookup이 지원하는 클래스들의 완전한 개요를 제공한다.

〈표 5〉 지원된 Tictoclookup류

Tictoclookup Class	Meaning
tictoc-link	Wrap span/div in link to table of contents
tictoc-preview	Display tooltip with preview of current entries
tictoc-embed-n	Embed preview of first n entries
tictoc-alternate-link	Insert <link rel="alternate"> into document
tictoc-append-title	Append the title of the journal to the span/div

레거시 OPAC과의 통합

Google Book Classes 위젯 라이브러리와 유사하게, 우리는 매시 압 생성자가 가지는 제한적 조정력이 있는 페이지들 위에서 Tictoclookup 클래스들의 사용을 허락하는 조항을 실행했다. 예를 들어, "ISSN:millennium:issnantitle"의 이름 속성을 구체화하는 것은 III Millennium의 기록 표시 페이지로부터 ISSN 과 저널 이름을 수확한다.

::MAJAX

이제까지 논의된 위젯 라이브러리가 외부 웹서비스들을 OPAC 표시로 통합하는 반면에, MAJAX는 자원 가이드나 과정표시같이 OPAC으로부터 다른 페이지로 오는 정보를 통합하는 위젯 라이브러리이다. MAJAX는 판매자가 웹서비스 인터페이스를 제공하지 않는 III Millennium Integrated Library System(ILS)와의 사용을 위해서 디자인된다. 우리가 사용한 기술은, 그러나 역시 다른 OPAC으로 확장된다. 많은 다른 레거시 OPAC들처럼 Millennium은 웹서비스 인터페이스만 없는 것이 아니라 시스템에 포함된 기록에 대한 어떤 프로그래밍 인터페이스도 없고 OPAC을 보관하는 기계의 데이터베이스나 파일 시스템에로의 접근을 제공하지 않는다.

웹서비스로서 OPAC 데이터 제공하기

우리는 ISBN, OCLC 기호, 서지레코드 번호 그리고 항목 이름과 같은 서지레코드 식별자들을 사용하는 Millennium OPAC으로부터의 기록들에 접근하기 위해서 두 가지 도구들을 실행했다. 두 가지 도구 모두는 각각의 소지된 항목을 위한 위치들과 실시간 유용성과 함께 완전한 MARC 기록들과 보류정보에 대한 접근을 제공한다. MAJAX는 MARC 기록 표시 페이지로부터 스크린 스크래이핑을 통해 이것을 추출해낸다. 모든 스크린 스크래이핑 접근법들과 마찬가지로, 스크래이핑을 실행하는 코드는 만약에 OPAC에 의해 제공된 결과물 포맷이 바뀐다면 반드시 업데이트되어야만 한다. 우리의 경험에서, 그러한 변화들은 일 년에 한 번 보다 적은 빈도로 일어난다.

첫 번째 도구인 MAJAX 1은 서버의 디렉토리에 위치한 문서에 담겨진 자바스크립트 코드를 사용하여 스크린 스크래이핑을 하고, 이것은 보통 이미지와 같은 보충 자료를 위해 사용된다. 이 문서는 숨겨진 HTML <iframe> 요소(<그림 2>의 frame B 참조)로서의 목표 페이지에 포함된다. 결과적으로 같은 도메인의 제한이 그것에 상주하는 코드에 적용된다. MAJAX 1은 따라서 같은 도메인 안의 페이지들 위에서만 사용될 수 있다. 예를 들어, 만약에 OPAC이 opac.library.university.edu에 보관되고 있다면, MAJAX 1은(단지 *.library.university.edu가 아니고) *.university.edud 안에 있는 모든 페이지상에서 사용될 수 있다. MAJAX 1의 중요한 이점은 추가적 서버가 필요치 않다는 것이다.

두 번째 도구인 MAJAX 2는 OPAC으로부터 데이터를 받아서 그것을 JSON으로 번역하고 클라이언트에게 돌려주는 중계 서버를 사용한다. 이 도구는 <그림 5>에서 보이는 JSON 데이터를 반환하고 그런 까닭에 동일 도메인 제한이라는 어려움을 겪지 않는다. 그러나 그것은 MAJAX 2 웹서비스 호스팅을 필요로 한다. Tictoclookup 웹서비스처럼, 우리는 WSGI에 순응하는 Python을 사용하는 MAJAX 2 웹서비스를 실행했다. 하나의 설치는 여러 개의 OPAC들을 지원할 수 있다.

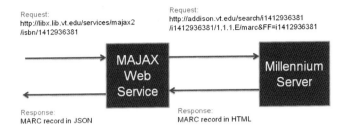

〈그림 5〉 MAJAX 2 웹서비스의 구조

위젯화

MAJAX 위젯 라이브러리는 MAJAX 1과 MAJAX 2 양쪽 모두를 자바스크립트 없이 웹사이트로의 통합을 허락한다. <span> 태그들은 플레이스홀더로 기능하고, <title>과 <class> 속성들은 바랬던 처리과정을 기술한다. MAJAX는 수많은 "MAJAX류들"을 제공하는데, 그것들이 많은 수가 구체화될 수 있다. 이러한 류들은 매시 압 생성자들이 MARC 필드들의 값들과 같은 정말 다양한 서지정보를 끼워 넣는 것을 허락한다. 류들은 또한 완전히 포맷되고 복사 준비된, Harvard 스타일에서의 서지정보 참조, 생생한 유통정보, 목록 기록으로의 링크들, (적용가능하다면) 항목의 온라인 버전으로의 링크, 바로 수입할 수 있는 RIS 항목 기술 그리고 책표지의 이미지들조차도 삽입하는 것을 또한 제공한다. MAJAX가 지원하는 류들 리스트는 <표 6>에서 제공된다.

〈표 6〉 선택된 MAJAX류

MAJAX Class	Replacement
majax-marc-FFF-s	MARC field FFF, subfields
majax-marc-FFF	concatenation of all subfields in field FFF
majax-syndetics-*	book cover image
majax-showholdings	current holdings and availability information
majax-showholdings-brief	…in brief format
majax-endnote	RIS version of record
majax-ebook	link to online version, if any
majax-linktocatalog	link to record in catalog
majax-harvard-reference	reference in Harvard style
majax-newline	newline
majax-space	space

사례들

HTML Written by Adapter

```
<table width="340"><tr><td>
<span class="majax-syndetics-vtech" title="i1843341662"></span>
</td><td>
<span class="majax-harvard-reference" title="i1843341662"></span>
<br /> ISBN:
<span class="majax-marc-020" title="i1843341662"></span>
<br />
<span class="majax-linktocatalogmajax-showholdings"
title="i1843341662"></span>
</td></tr></table>
```

Display in Browser after Processing

Dahl, Mark., Banerjee, Kyle., Spalti,
Michael., 2006, *Digital libraries :
integrating content and systems* /
Oxford, Chandos Publishing,
xviii, 203 p.
ISBN: 1843341662(hbk.)
1 copy is available

〈그림 6〉 MAJAX 위젯들의 사용례

<그림 6>은 MAJAX 위젯들의 사용례를 제공한다. 네 개의 <span> 태그들은 책표지, 완전한 하버드 스타일 참조, 특정한 MARC필드(020)의 유용성 그리고 목록 기록으로의 링크에서 자동으로 행갈이 되어서 항목의 현재 이용가능성의 표시로 확장된다. <그림 6>에서 보인 "복사가 이용가능하다"와 같은 글들은 로컬화할 수 있다. 같은 ISBN을 참조하는 다수의 MAJAX <span> 태그들이 있음에도 불구하고, MAJAX 위젯 라이브러리는 MAJAX 1 또는 MAJAX 2 웹서비스를 얼마나 자주 한 페이지에 그것이 사용되었는지 와는 독립하여 식별자당 오직 한 번 접촉할 것이다. 부하를 조절하기 위해서, MAJAX 클라이언트 사이트 도서관은 클라이언트당 초당 최대 요청 숫자를 초과하지 않도록 구성될 수 있다.

이 논문에서 기술된 모든 소프트웨어는 LGPL 오픈 소스 라이선스에서 이용가능하다. MAJAX 도서관들은 우리와 다른 사람들에 의해 약 2년 정도 사용되어 왔다. 예를 들어 우리 도서관에서 "새로운 책들" 목록은 유통정보를 제공하기 위해 MAJAX 1을 사용한다. 우리의 기관에서 교수진 구성원들은 그들의 학과목 웹사이트를 풍성하게 하기 위해서 MAJAX를 사용하고 있다. 많은 도서관들이 MAJAX 1을 사용하고 있고, 그것은 다른 추가적 서버가 필요하지 않기 때문에 호스트하기가 특별히 쉽다.

::관련된 일

오늘날 사용 중인 대부분의 ILS들은 서지목록 정보나 데이터의 이용가능성에 접근하기 위해서 적당한 웹서비스 인터페이스들을 제공한다.[14] 이 결점은 다수의 계획들에 의해 다루어진다. The ILS Discovery Interface 태스크 포스(ILS-DI)는 발견 인터페이스들을 레거시 ILS들과 통합하는 것을 용이하게 하는 그러나 구체적인 API는 정의하지 않는 일련의 추천사항들을 만들었다.[15] 관련된 ISO 20775 Holdings 기준은 시스템 전반에 걸쳐 항목들의 이용가능성을 기술하기 위해서 XML 개요를 기술하지만, 그것들을 접근하기 위한 API는 기술하지 않는다.[16] 많은 ILS들은 그것들의 HTML 기반의 웹 OPAC들에 더해서 Z39.50 인터페이스를 제공하지만, Z39.50은 표준화된 소장 자산(holdings)과 유용성을 제공하지는 않는다.[17]

그럼에도 불구하고, ILS 판매자들이 그들의 고객들의 필요에 반응할 것이고 이러한 추천사항들을 실행하는 웹서비스 인터페이스들을 제공할 것이라는 희망이 지역사회 내에 존재한다. Jangle 프로젝트는 Atom Publishing Protocol(APP)를 사용하는 Representations State Transfer(REST)에 기반을 둔 인터페이스를 통해서 API와 ILS-DI 추천사항 실행을 제공한다.[18] Jangle 은 레거시 ILS들과 연결체들을 통해 링크될 수 있다. 그러나 XML에 기반을 둔 APP의 사용은 클라이언트 측면의 자바스크립트 코드로부터 직접 접근을 방지한다. 미래에는 근원 상호 간의 자원공유(cross-origin resource sharing)[19] 위에서 W3C가 작동하는 초안의 채택과 넓은 실행이 조절되는 방식으로 동일한 근원의 제한을 완화시킬 수도 있으며, 따라서 도메인들을 가로질러서 자바스크립트로부터의 APP자료들로의 접근을 허락할 수도 있다.[20]

스크린 스크래핑은 웹서비스 인터페이스의 부족을 극복하기 위해 사용되는 흔한 기술이다. 예를 들어 OCLC's WorldCat Local product는 우리의 MAJAX 2 서비스와 유사한 방식으로 레거시 ILS들로부터 이용 가능성 정보에 대한 접근을 취득한다.[21] 우리 일에서 사용되거나 만들어지는 웹서비스들이 독점적으로 REST에 기반을 둔 모형을 사용하고 JSON 포맷으로 데이터를 돌려보내는 반면에, 의미가 WSDL 사양에 의해 기술되어지는 SOAP(기존의 Simple Object Access Protocol)에 기반을 둔 인터페이스들은 만약에 클라이언트 측면의 자바스크립트 코드가 안에서의 접근이 요구되어지지 않는다면 선택 가능한 것을 제공한다.[22]

OCLC Grid Services는 FRBR 관련 메타데이터를 위해서 WorldCat Search API와 xISBN, xISSN 그리고 xOCLCnum과 같은 식별자 서비스들을 포함해서 REST에 기반을 둔 웹서비스 인터페이스들을 여러 데이터베이스들에 제공한다.[23] 이러한 서비스들은 XML과 JSON을 지원하고 클라이언트 페이지로의 더 쉬운 포함을 위해서 위젯화로부터 이익을 얻을 수도 있다.

처리명령들을 코드화하기 위해서 HTML 언어를 사용하는 것은 YUI나 Dojo와 같은 자바스크립트 프레임워크에서는 흔한 일인데, 그것들은 자체 정의된 속성(이른바 expando 속성들)들과 함께 <div> 요소들을 사용한다.[24] Google Gadgets는 역시 유사한 기술을 사용한다.[25] 광범위하게 사용되는 Context Objects in Spans(COinS) 사양은 OpenURL context URL을 클라이언트 측면의 확장에 의해 처리하기 위한 페이지들에서 코드화하기 위해 <span> 태그들을 이용한다.[26] LibraryThing은 OPAC 페이지들로 소셜 태깅 서비스를 짜 넣기 위해서 클라이언트 측면의 매시 압 기술을 사용한다.[27] 그것들의 기술이 <div> 요소를 플레이스 홀더로 사용할지라도, 그것은 류들을 통한 맞춤화를 허락하지 않는다.-콘텐츠로의 변화는 서비스를 구독하는 각각의 도서관을 위해서 맞춤 생성된 자바스크립트 코드 안에서 코드화되어진다.

Juice Project는 다른 소스들로부터의 콘텐츠와 함께 OPAC 페이지들을 풍성하게 하는 것을 간략화하려는 우리의 목적을 공유한다.[28] 그것은 사서들이 아니라 자바스크립트 프로그래머들에게 감독되어지는 일련의 재사용 가능한 요소들을 제공한다. 컴퓨터공학 커뮤니티에서, 다수의 새로 출현하는 프로젝트들은 어떻게 최종 이용자 프로그래머들에 의한 서버 측면의 데이터 매시 압의 생성을 간략하게 할 것인가를 연구한다.[29]

::결론

이 논문은 웹서비스로부터 웹사이트로 정보를 매끄럽게 포함시키기 위한 매시 압 기술의 설계 공간을 탐험했다. 우리는 OPAC이 그러한 통합의 목표가 되거나 통합되는 정보의 소스가 되는 사례들을 숙고했다. 우리는 클라이언트 측면의 기술들에 초점을 맞추었고, 거기서 각각의 이용자의 브라우저는 이 접근이 HTML 위젯들의 생성에 가담하므로 웹서비스들을 직접 접촉한다. 이 위젯들은 프로그래밍을 요구함 없이 웹서비스들의 통합과 맞춤화를 허락한다. 그런 까닭에 비 프로그래머들도 우리는 여러 위젯들이 될 수 있다.

우리는 여러 위젯 라이브러리들과 우리가 만들었던 웹서비스들의 기능성과 용례를 자세히 기술했다. <표 7>은 논의된 각각의 시스템을 위한 특징과 호스팅 요구사항의 요약을 제공한다. 비록 그것들의 각각의 본성 때문에 각 시스템을 위한 구체적 요구사항이 다를지라도, 모든 시스템들은 최소한의 노력과 자원 요구사항을 가지고 최대한 이용 가능하도록 디자인되어 있다. 높은 수준의 비프로그래밍 인터페이스의 조항과 조합된 이 낮은 항목 비용은 도서관들에 있어서 매시 압 기술의 넓은 채택을 위해서 두 가지 중요한 전제조건을 구성하는데, 그것들은 결국 더 넓은 지역사회에서 광범위하게 그것들의 전자적 자원들의 범위와 가시성을 증가시킬 잠재력을 가지고 있다.

〈표 7〉 위젯 라이브러리를 위한 특징과 요구사항

	Majax 1	Majax 2	Google Book Classes	Tictoclookup Classes
Web Service	Screen Scraping III Record Display	JSON Proxy for III Record Display	Google Book Search Dynamic Link API books.google.com	ticTOC Cloud Application tictoclookup.appspot.com
Hosted By	Existing Millennium Installation /screens	WSGI/Python Script on libx.lib.vt.edu	Google, Inc.	Google, Inc. via Google App Engine
Data Provenance	Your OPAC	Your OPAC	Google	JISC(www.tictocs .ac.uk)
Additional Cost	N/A	Can use libx.lib.vt.edu for testing, must run WSGI-enabled web server in production	Free, but subject to Google Terms of Service	Generous free quota, pay per use beyond that
Same Domain Restriction	Yes	No	No	No
Widgetization	majax.js: class-based: majax-classes		gbsclasses.js:classb ased: gbstictoc	tictoc.js:class-based: tictoc-
Requires JavaScript programming	No	No	No	No
Requires Additional Server	No	Yes (Apache+mod_wsgi)	No	No (if using GAE, else need Apache+mod_wsgi
III Bibrecord Display	N/A	N/A	Yes	Yes
III WebBridge Integration	Yes	Yes	Yes	Yes

제4장

MyLibrary의 구조와 도구

이 논문은 *MyLibrary*라고 하는 디지털 도서관의 구조(*framework*)와 도구(*toolkit*)에 대하여 설명한다. 중심 내용은 *MyLibrary*가 일반인과 정보 사이의 관계를 창조한다는 것이다. 이 목적을 위하여 *MyLibrary*는 주요 4개 부분으로 구성되었다. (1) 정보자료, (2) 고객(*Patron*), (3) 사서 그리고 (4) 로컬로 정의된 일련의 기관 특정 패싯 용어의 조합으로 앞의 3가지와 상호 연결되어 있는 것이다. 다른 차원에서 *MyLibrary*는 일련의 객체지향 *Perl* 모듈로서 특별하게 형성된 관계 데이터베이스를 읽고 쓰고자 하는 것이다. 다른 컴퓨터 애플리케이션(*applications*) 및 도구와 연계되어 사용되며, *MyLibrary*는 디지털 도서관의 콘텐츠(*collections*)와 서비스를 만들고 지원하는 방법을 제공한다. 사서들과 개발자들은 *MyLibrary*를 이용하여 디지털 도서관 애플리케이션을 얼마든지 만들 수 있다. 잡지의 전문(*full-text*) 색인, 대출을 포함한 전통적인 도서관 목록, 데이터베이스 기반의 웹사이트, 콘텐츠 저장소(*institutional repository*), 이미지 데이터베이스 등등. 이 논문은 각 분야에 대하여 좀 더 자세히 설명하고자 한다.

::배경과 역사

"MyLibrary"라는 명칭은 Keith Morgan, Doris Sigl과 저자인 본인이 1997년 노스캐롤라이나 주립대학의 디지털도서관 추진부서에서 일할 때 만든 것이다. 그 당시 이것은 도서관의 콘텐츠와 서비스를 위한 맞춤형 이용자 인터페이스로 정의되었다. 이것은 당시 인기 있는 포털로 알려진 My Netscape, My Yahoo, My Dejanews에 대응하는 것이었다.[1]

이런 형태로 MyLibrary은 단순 일괄 애플리케이션이었다. 사서들은 정보자료를 데이터베이스, 전자책, 도서관연계서비스와 같은 3개의 특정분야로 구성하기 위하여 행정인터페이스를 사용하도록 되었다. 각 그룹의 항목들은 한 개 이상의 규제와 관련되어 있었다. 고객들은 도서관에서 자료를 찾기 위해 시스템에 접속해 등록하고, 분야를 선택하고, 데이터베이스와 책자 및 도서관 링크기능을 사용토록 되었다. 고객들은 세 가지 추가 기능을 마음대로 사용할 수 있었다. 첫 번째는 웹사이트에 북마크를 하는 등 개인적인 링크기능을 첨가하는 능력이었다. 둘째는 그들이 다수의 분야를 선택할 수 있는 능력을 가졌고 이로 인하여 그들의 페이지와 관계된 많은 자료를 개선한 것이다. 마지막은 정도가 미미하지만 고객들은 페이지의 그래픽디자인을 바꾸는 능력을 가졌다는 것이다. 이러한 개인화될 수 있는 특징과 NCSU 도서관에 적용되었다는 사실로 인하여 이 시스템은 공식적으로 MyLibrary@NCState로 불렸다.

MyLibrary@NCState는 오픈소스 소프트웨어로 포장되어 배포되었고, 당시에는 새로 만들어진 용어였다. 이후 이것은 세계적으로 대략 24개의 도서관에 연결되어 실행되었다. 이들 중 몇몇 도서관은 이것이 애초에 설계된 그대로 이용하였고 몇몇은 현재 아직도 여전히 접속 가능하다.[2] 다른 도서관들은 자신들의 애플리케이션을 만드는데 이 시스템의 일부분을 사용하였다. 예를 들면 방송통신대학(OpenUniversity)은 단지 기저 데이터베이스 구조만 사용하였다.[3] 반면에 Los Alamos National Laboratory는 MyLibrary@NCState 개념에 이미 친숙했었고, Perl 모듈을 전적으로 새롭게 구성하였다.[4]

더 중요한 것은 도서관의 장서와 서비스를 위한 맞춤형 유저 인터페이스라는 MyLibrary의 개념이 인기를 끌었다는 것이다. MyLibrary와 같은 응용 프로그램이 도서관 분야 전체에서 나타났다. 이러한 프로그램들은 Perl 모듈과 MyLibrary@NCState 바탕에 나타난 표현들을 적용하지 않았지만, 고객들로 하여금 자신들의 목적에 맞게 내용을 적합하게 혼합하여 사용토록 하였다.[5]

일괄 적용 프로그램으로 MyLibrary@NCState는 매우 정확한 기능을 보였다. 상충되지도 않았고 필요 없는 데이터를 생산하지도 않았다. 하지만 동시에 MyLibrary@NCSate는 유용성 테스트 시 아주 잘 작동하지는 않았다. 일례로 Gibbons는 코스 제공의 필요성을 충족시킬 수 있도록 MyLibrary 유용성이 얼마나 향상되었는지를 설명한다.[6] 다른 논문에서 Brantley는 이용자들이 MyLibrary@NCSate 의 "특정 분야 맞춤형 성질"을 이해하는데 어떤 어려움을 가지는지 설명한다.[7]

이에 따른 설치작업은 비정형적이고, 따라서 실행이 어렵다. 설명한 바와 같이 MyLibrary@NCState는 확장 발전시키기가 어렵고 진정으로 정보공개의 특성이라는 유리한 점을 향유하기가 어렵다. 데이터입력은 지루하고 이런 이유로 인하여 내용물을 초기화하고 유지하기가 어렵다. 이용자 인터페이스를 목적에 따라 변형할 수 있다는 생각은 많은 이용자들에게 낯설었다. 일반인들은 자신들의 이용자 인터페이스를 자신들에게 맞게 변형하는 데 소극적이었다. 그들은 주어진 대로의 것을 받아들이고 무의식적으로 이용자 인터페이스가 자신들의 필요를 맞추어 주리라고 기대하였다.[8] 이러한 모든 이유로 MyLibrary@NCState의 인기는 약 5년밖에 지속되지 못했다. 하지만 앞서서 언급한 이유로 MyLibrary의 개념은 아직도 여전히 유의미한 것으로 보인다.

이 논문의 나머지 부분은 (1) 현재의 MyLibrary 실행이 어떻게 MyLibrary@NCState의 포괄적 성질 이상으로 발전하였는가, (2) 어떻게 이와 같이 "새롭게 향상된" MyLibrary가 상당수의 디지털 도서관 실행 프로그램에 사용될 수 있었는가의 두 가지에 대하여 논하려고 한다.

::MyLibrary, 관계와 패싯/용어의 조합

무엇보다도 MyLibrary는 정보자료와 일반인들 사이의 관계를 형성하는 기본 틀을 제공하고자 한다. 대개의 경우 이런 정보 자원들은 도서관의 전통적인 것들이며 책, 잡지, 색인, 목록, 인쇄물(manuscripts)과 사진들이다. MyLibrary 관련자들은 고객 혹은 사서들이다. 정보자료와 일반인들 사이에 관계가 패싯/용어의 조합을 사용하는 것으로 만들어질 수 있는데 이는 부분적으로 정의되고 특정기관의 통제하에 있는 용어이다.

정보자료와 일반인들의 관계는 비슷한 모습으로 설명 가능하다. 예를 들면 정보자료는 주제별로 설명된다. 외형적 형태와 기능에 따라 설명된다. 고객과 사서들은 자신들의 대부분 노력을 특별한 주제에 사용한다: "나는 철학을 전공한다." 가끔 일반인들은 특별한 형태에 주의를 기울인다: "나는 이런 잡지 기사를 원한다." 또한 가끔 사람들은 특별한 기능에 관심을 가진다: "나는 어떤 것에 대한 정의를 알고 싶다." 또한 사람들은 어떤 특정 청중에 포함될 수 있고 그 청중을 겨냥한 자료를 사용하기 원한다: "이러한 자원들은 GEOG 203 학생들에게 특히 유용하다."

네트워크가 증가되는 상황에서 고객과 정보자료 사이의 관계를 형성하는 건 사람들 간의 관계를 형성하는 것만큼 중요하다. 사서들이 데이터와 정보에 유일한 권위를 가지는 것으로 여기지 않는다. 각자 동료의 의견들이 역시 중요한 역할을 한다. 이용자들은 각자의 다양한 중요도에 따라 해설을 읽고 제목들을 나열하고자 하고 그들과 같은 일반 사람들의 생각을 근거로 결정한다. 이용자들에게 적용된 패싯/용어의 조합을 통하여 이런 것들이 가능하다. 더욱이 이용자들이 보통과 같이 자주 도서관을 방문하는 것이 아니기 때문에 사서들은 일반 사람들과의 지속적인 관계유지 방법을 모색할 필요가 있다. 고객과 이용자들에게 패싯/용어의 조합을 적용함으로써 사서들은 누가 이용자인지 알 수 있고 이용자들은 쉽게 주제별 전문가를 찾을 수 있다.

통제된 어휘를 구조로 사용하고자 함에 있어 MyLibrary의 패싯/용어 조합들은 사서들과 개발자들에게 도서관의 주요 요소들에 대하여 설명하고 관계를 설정할 수 있는 기회를 제공한다. 여기서 주요 요소들이란 정보자료와 사람들을 의미한다. 이러한 패싯/용어의 조합을 통하여 정보자료와 이용자 사이, 이용자와 사서 그리고 이용자와 사서들과 정보 사이에 개념적 관계가 만들어진다. 일련의 패싯/용어의 조합을 만든 이후에 사서들과 개발자들은 점증하는 아래와 같은 기대들에 대응할 수 있다. 그러나 이에 국한될 필요는 없다.

- 사서로서 이것은 내가 관리하는 일련의 자료다…
- 당신이 이 교실에 있기 때문에 사용하고자 할 것이다…
- 여기에 관련주제에 대한 모든 백과사전의 리스트가 있다…
- 여기에 내가 관리하는 자료를 사용하는 고객들의 리스트가 있다…
- 여기에 전문 기사 색인의 리스트가 있다…
- 여기에 어떤 주제에 대한 리스트가 있다…

- 이 도서관은 다음과 같은 특별한 컬렉션이 있다…
- 이러한 특별 컬렉션은 특정 그룹에 사용될 수 있다…
- 이 특정 그룹의 다른 사람들도 사용한다…
- 당신과 같이 다른 사람들도 사용한다…
- 이 주제에 대한 추천 자료는 다음과 같다…
- 이 주제에 대한 자료는 다음과 같다…
- 주제 관련 전문 사서는 다음과 같다…

위와 같은 이슈를 다룰 수 있기 위하여 사서들과 개발자들은 우선 일련의 패싯/용어 조합을 만들고 한 개 이상을 정보자료, 고객 그리고/혹은 사서들에게 할당하여야 한다. 할당이 끝나면 MyLibrary와 관련된 요소(정보자료나 일반인)가 생성이 되는데, 이는 요소들 사이에 공통되는 패싯/용어의 조합을 정의함으로써 이뤄진다(이때 정의는 데이터베이스의 용어로 "결합"(joining)이라고도 한다). 예를 들면 만약에 여러 가지 정보자료, 고객 그리고 사서들이 천문학이라는 주제의 패싯과 용어를 사용하여 분류작업을 시도한다고 가정하자. 사서들과 개발자들은 고객을 위한 천문학 관련 자료 리스트를, 사서들을 위한 천문학에 관심 있는 고객들의 리스트를, 고객들을 위한 천문학 담당 사서들의 리스트를 만들 수 있을 것이다.

::MyLibrary 패싯과 용어

MyLibrary의 패싯은 매우 방대한 범주의 표목(headings) 표시를 위한 것이다. MyLibrary 용어들은 패싯들의 예시들을 간단하게 표시하고자 한다. 패싯/용어의 조합이 생성되면 이롭긴 하지만 MyLibrary 프로그램 적용에 있어서 모든 경우에 요구되는 것은 아니다. MyLibrary를 사용하는 모든 사서들과 개발자들은 자신들의 패싯/용어 조합들을 명확히 할 필요가 있다. 단순화된 요소(entity) 관계도는 <그림 1>에서 설명되고 있는데 MyLibrary에서 정보자료와 사람들 사이의 관계가 어떤 모델로 나타나는지 설명하고 있다.

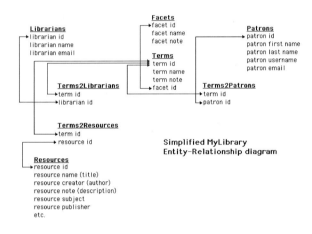

〈그림 1〉 단순화된 MyLibrary 요소 관계도

패싯은 정보자료의 외형적 표시를 함축적으로 나타낼 수 있도록 알아보기 쉬운 형태여야 한다. 이런 형태의 패싯들과 연관된 용어들은 책, 인쇄물, 잡지, 마이크로필름, 논문, 지도, 그림, 영화 또는 데이터세트들을 포함한다. 단지 어떠한 정보자료가 주어진다면 패싯/용어 조합의 형태는 이것에 대하여 적용될 수 있다. 예를 들면 브리태니커 백과사전을 소유하고 있는 도서관은 이것을 형태/책/패싯/용어조합으로 목록화할 수 있다.

> 타이틀--브리태니커 백과사전
> 패싯/용어--형태/책

쉽게 이해할 수 있는 다른 패싯은 연구 도구라고 명명할 수 있는데 데이터와 정보를 찾는데 사용할 수 있도록 함축된 것이다. 이런 형태의 용어로서의 예는 사전, 시소러스, 매뉴얼, 잡지 색인, 도서관 목록, 인터넷 색인, 백과사전, 지도 그리고 연감들이다. 위에 언급된 예를 더 말하면 브리태니커 백과사전은 추가적인 패싯/용어를 가지고 다음과 같이 할당될 수 있다;

> 타이틀--브리태니커 백과사전
> 패싯/용어--형태/책
> 패싯/용어--연구 도구/백과사전

이용자의 지위를 함축하는 고객 패싯이 만들어질 수 있다. 대학도서관에서 가능한 용어들은 1학년, 2학년, 3학년, 4학년, 대학원생, 강사, 교수와 직원들을 포함할 것이다. 다른 정보자료를 사용하여, 즉 학위논문 초록에 대하여 우리들은 일련의 다른 패싯/용어 조합을 만날 수 있다.

> 타이틀--학위논문 초록
> 패싯/용어--연구 도구/서지 색인
> 패싯/용어--고객/대학원생

MyLibrary의 패싯/용어 조합을 사용하면 전거 리스트(authorities list)를 만드는 일은 아무것도 아니다. 저자라는 패싯은 저작물의 생산자들을 의미한다. 특정 이름들이 용어로 사용될 수 있다. 유사하게 책의 장르를 표시하고 싶을 수도 있다. 결과적으로 허클베리 핀의 모험은 다음과 같이 표시될 수 있다:

타이틀--허클베리핀의 모험
패싯/용어--고객/청소년
패싯/용어--저자/트웨인
패싯/용어--형태/책
패싯/용어--분야/성장 이야기
패싯/용어--분야/소설

::MyLibrary 구성요소

패싯/용어 조합은 MyLibrary 구성요소 사이의 관계를 만들거나 설명하는데 사용된다. 이러한 구성요소는 정보자료와 일반 사람들을 포함하며 일반인들은 이용자와 사서들로 구성된다. 패싯/용어 조합의 아이디어는 위에서 설명된 바와 같다. 여기에서는 MyLibrary의 구성요소인 정보자료와 일반인들에 대하여 좀 더 자세하게 설명하고자 한다.

정보자료

전통적으로 정보자료는 도서관에서 정보를 전달하는 '모든 것'을 일컫는다. 특히 이것들은 책, 잡지, 논문, 인쇄물, 색인, 목록, 검색도구 등이다. 자료를 조직하고 그에 대한 접근성을 향상시키기 위하여 도서관들은 편목작업을 통하여 이러한 것들을 체계적으로 설명한다. 언제 어디서든지 네트워크에 접속을 가능케 하는 컴퓨터와 인터넷의 발전으로 '도서관의 모든 것'들과 관련해 적어도 두 가지의 변화가 나타났다. 첫 번째는 이러한 것들이 근본적으로 점점 덜 문헌화 한다는 것이다. 책, 잡지, 논문의 숫자가 줄어드는 것은 아니지만 회의 프레젠테이션 자료, 시뮬레이션, 그림, 음향, 영화 그리고 데이터 세트는 놀라운 속도로 증가하고 있다. 둘째로 이러한 추가적인 내용들 때문에 사서들의 전통적인 세심한 편목작업으로는 필요 업무량을 산정할 수가 없다. 더블린 코어(Dublin Core) 메타데이터 요소들이 이러한 문제점들을 조절하기 위하여 만들어졌다. 패싯/용어 조합들이 단순하지만 부분적으로 조정되는 단어들을 만들기 위한 근거로 형성되었다. 패싯/용어 조합과 더블린 코어 메타데이터 요소들과 MyLibrary@NCState의 역호환성의 특성들이 함께 MyLibrary 정보자료를 설명하는 데 사용된다.

특성

MyLibrary의 몇 가지 특성들에 대하여 주의를 기울여야 한다. 첫째, 몇몇 더블린 코어 요소들은 패싯/용어의 조합들로 복제될 수 있다. 주요대상은 데이터베이스의 다대다 관계로 표현될 수 있다. 창조자로 불리는 더블린 코어 요소는 아주 좋은 예이다. 많은 생산자들이 하나의 정보자료를 만들 수도 있고, 하나의 생산자가 많은 정보자원과 관련될 수 있다. MyLibrary를 사용하는 사서들과 개발자들은 생산자 정보를 MyLibrary 자원구성요소와 혹은 패싯/용어 조합에 집어넣을 수 있다. 전자의 사용방법은 전통적인 도서관의 편목 기법과 유사하며 결국 추가적인 제목표시 편집기록이 필요하다. 패싯/용어 조합의 애플리케이션은 데이터베이스 통합을 유지하고 검색가능 리스트를 만드는 것을 더욱 용이하게 만든다.

패싯/용어 조합과 MyLibrary 주제의 특성이 주요단어나 통제되지 않은 단어의 플레이스 홀더(placeholder)로써 사용될 수 있다. 그래서 생산자처럼 주제들이 좀 더 적절히 적용될 수 있다. 각각의 MyLibrary 자원 구성요소는 복수의 주제를 가질 수 있다. 패싯/용어 접근방법을 사용하면 이러한 것은 실행에 아무런 문제가 없다. 더블린 코어 주제 분야 접근법을 사용한다면 이것은 아주 시도해볼 만한 것인데, 왜냐하면 각 분야는 반복되어 사용될 수 없기 때문이다. 이런 문제를 극복하기 위하여 사서들과 개발자들은 주제용어 값을 미리 정의된 문자들(예를 들어 "I")로 제한하도록 장려된다. 목록을 만들고 표현함으로써 주제속성들이 복합적인 값으로 분석될 수 있다.

식별자

MyLibrary 자원 구성요소는 3가지 특별한 형태의 식별자를 가진다. 첫 번째는 MyLibrary 식별자로서 상대적인 데이터베이스 키(key)다. 이 키는 사서들과 개발자들에 의하여 할당되거나 편집되는 것이 가능하지 않다. 이것은 내부 가치를 지니며 관련 데이터베이스의 통합을 유지하기 위하여 쓰인다.

MyLibrary 자원 식별자의 두 번째 형태는 에프키(fkey)라고 불리는데 외국어 키를 함축하는 데 사용된다. 이 속성은 주로 MARC 기록의

001 분야와 같은 원격정보시스템의 식별자 값을 포함한다. 보다 나은 예로는 OAI 데이터 저장소로부터 기록을 얻는 것이다. OAI 데이터 저장소의 각 기록은 범 인터넷 특별 식별자를 가진다. 이 값은 URL이 아니지만 일반적으로 MARC 기록의 001 분야와 유사한 문자와 숫자의 조합으로 되어 있다. 각각의 저장소는 또한 "세트(sets)"라고 하는 실행개념이며 각 기록은 복수의 세트에 속해 있다. 저장소로부터 추출할 때 사서와 개발자는 OAI 식별자를 에프키 값으로 저장할 수 있고 별도의 세트에서 동일한 세트가 발견될 때 관련 자원 구성요소는 복제되는 대신에 갱신될 수 있다.

식별자의 세 번째 형태는 자원::위치(Resource::Location) 구성요소다. 이들은 주로 URL을 위한 것이지만 여기에 국한되지만은 않는다. 다른 모든 자원들의 속성들과 다르게 자원::위치 구성요소는 여러 가지 값을 지니도록 되어 있는데 이것은 정보 자원이 많은 위치를 가지고 있기 때문이다. 예를 들면 도서관은 인쇄판 허클베리핀의 모험을 가지고 있고 이것의 위치는 청구기호(call number)로 함축되어 있다. 도서관은 또한 전자판으로 소장할 수 있고 이것의 위치는 URL이다. 온라인 문헌 데이터베이스는 특수 URL 위치를 가질 수 있지만 부분적으로 개발된 보조 텍스트는 다른 URL 위치를 가질 수 있다. 각각의 자원::위치 구성요소는 (1) 키(key), (2) 형태, (3) 값(value)이라는 3가지의 성질을 지닌다. 키는 내부관계 데이터베이스 식별자이다. 형태는 위치의 종류를 함축하는 기관 확인 값이다. 예로는 중요 URL, 보조 텍스트 URL, 청구기호, 부분 파일명 그리고 ISBN 또는 ISSN을 포함한다. 값은 형태의 예이며 더블린 코어 요소들의 경우 식별자에 가깝다. MyLybrary 자원::위치 구성요소를 사용하면 단일 정보자료들을 표시할 수 있으며 다수의 위치가 자료들과 관련될 수 있다.

도서관서비스

자원구성요소의 정의에 대하여 창의적으로 생각해 보기로 하자. 또한 도서관서비스 및 책, 잡지 그리고 데이터베이스에 대하여 생각해보자.

도서관은 수집 이상의 일과 관련되어 있고 또한 수집에 대응하는 서비스를 적용하는 일과 관련이 있다. 도서관들은 서지 색인, 특별한 장서 그리고 풍부한 전공논문(monograph)에의 접근성을 증진시키는 만큼이나 그들의 서비스도 향상시키고자 원한다. 이러한 서비스들은 도서관 이용안내와 대출서비스(예를 들면 상호대차, 반납 독촉, 재대출 및 문헌전달), 도서관 투어, 1대1 참고상담 그리고 온라인 채팅을 포함한다.

이들 각각의 서비스는 타이틀, 설명 및 아마도 온라인을 통하여 자세하게 읽을 수 있는 URL을 가진다. MyLibrary 자원 구성요소는 축소된 단위로 이들 정보를 강화하는 수단을 제공한다. 단지 부족한 부분은 다른 정보자료나 일반인들과 연계할 수 있는 패싯/용어 조합이다. 고객 패싯을 고찰해보도록 하자. 강사들이 책 예약에 대해 관심이 있다. 강사들이라고 불리는 고객이라는 용어에 대하여 고찰해보자. 고객/강사 용어 조합을 예약에 할당하도록 하자. 예약된 책은 학생들이 사용하도록 비치한 것이다. 또한, 고객/학생 패싯/용어 조합과 같은 것을 지정도서실(Reserve book room)을 사용하기 위한 예약에 할당하는 것을 고찰해보도록 하라.

일반인—고객과 사서

MyLibrary는 일반인들을 나타내는 2가지 형태의 구성요소를 가진다. 즉, 고객과 사서들이다. 정보자료 구성요소와 같이 사서 및 고객의 구성요소는 패싯/용어 조합에 더하여 여러 가지 속성을 사용하는 것이 특징이다. 어떤 한 가지 차원에서는 고객의 속성은 단순하고 기초적인 것들이며 단지 성명, 이용자명, 패스워드, 이메일 주소, URL 및 사진을 포함한다. 이러한 정보의 형태는 친구의 친구(FOAF: Friend of a Friend) 구조를 표시하고자 미래의 호환성에 대한 희망을 가지고 명확하게 설계되었다. 고객 구성요소는 또한 최종 방문일자와 총 방문회수를 포함하는 속성을 포함한다. 이러한 정보는 잠재적으로 "새로운 것이 무엇인가?" 하는 기능성에 대한 근거를 형성한다. 고객 구성요소는 또한 책 표시 특징을 위하여 개인적인 연결관계를 기록하는 기능을 포함한다. MyLibrary 사서 구성요소는 고객 구성요소보다 더 단순한데 이것은 단지 이름, 이메일 주소, URL 속성만을 포함하기 때문이다.

MyLibrary 정보자료 구성요소와 같이 고객 구성요소와 사서 구성요소 모두 패싯/용어 조합으로 표시될 수 있다. MLA 서지가 주제/영문학 패싯/용어 조합을 사용하여 "목록화"되는 것과 같이 고객 또는 사서 구성요소도 이와 똑같은 방법으로 "목록화"될 수 있다. 이러한 종류의 관계가 형성되면 추천을 시작할 수 있다. 일단 고객들이 북마크를 시작하고 특별한 자원과 서비스를 자신들의 아이디와 연계시키면 이 시스템은 다음 단계를 밟을 수 있다. "당신과 같은 사람들이 사용하였다…" 혹은 "이 분야에서 인기 있는 자원은…"라고 표현하면서 추천할 수 있다. 더욱이 일단 패싯/용어 조합이 일반사람들과 연계되면 일반인들 사이의 관계가 형성되고 그 시스템은 "이 주제에 대하여 관심을 가지는 사람들은 누구인가" 혹은 "이 주제에 관심 있는 고객들은 누구인가"와 같은 내용에 응답할 수 있다.

사람들을 위하여 패싯/용어 조합을 형성하는 것은 처음에는 알고 있는 만큼 어렵지 않은 것처럼 보인다. 대학도서관에서는 이러한 정보의 대부분을 인적자원 또는 기관의 등록 사무소로부터 조금씩 얻을 수 있다. 도서관들은 자신들의 통합 도서관 시스템 대출 모듈을 채우기 위하여 아마도 이러한 정보를 이런 저런 형태로 이미 수집하였을 것이다. 아주 최소한으로 이런 정보는 성명과 유일한 기관식별자(가능한 이용자명)를 포함한다. 이렇게 주어진 정보하에서 사서와 개발자들은 기관의 소속과 함께/또는 주요 연구 분야를 발견하기 위한 기관의 디렉터리 서비스에 대하여 질문을 할 수 있다. 이와 같은 정보가 도서대출을 위한 통합도서관시스템에 저장될 수 있는 것처럼 MyLibrary 프로그램에도 저장될 수 있다. 이때 각 소속과 혹은 전공은 패싯/용어 조합에 표시될 수 있다.

프라이버시는 MyLibrary 경우에 있어서 고객정보를 다루는 실질적인 문제이다. 이것은 정말 매우 신중하게 다루어져야 한다. MyLibrary를 사용하는 것은 고객 정보를 포함하는 것을 상정하지는 않는다. 즉, 이것은 MyLibrary를 사용한다는 가능성 이상의 문제이며 사람들에 대한 어떤 정보도 포함하도록 하지 않는다. 반면에 이러한 정보가 없다면 도서관이 고객으로부터 점증적으로 기대되고 있는 서비스를 제공하는 것을 막는 것이다. 컴퓨터가 네트워크화된 환경하에서 개별화된 서비스를 도서관 이용자들에게 제공하는 것이 윤리적이냐 하는 것에 대한 토의는 이 논문의 범주를 벗어난다. 각 도서관은 스스로 개별화된 서비스를 고객에게 제공하는 데에 따른 정보의 이용에 대한 장점, 약점, 이점, 위험한 점을 평가하여야만 한다.

::MyLibrary와 타 "도구상자(Toolboxes)"와의 조합

틀 또는 도구상자로서 MyLibrary는 단지 디지털도서관의 어떤 단면만을 지원하고자 한다. 여기에서 단면이라는 건 내용물의 수집, 일반인 관련 정보 그리고 이들 사이의 관계를 형성하는 수단 등을 의미한다. MyLibrary는 "통합도서관 시스템"을 의도하지 않는다. 이것은 절대로 수집 모듈을 가지지 않는다. 이것은 대출 모듈을 가지지 않는다. 이것은 단지 가장 기초적인 검색 관련 내용들을 포함한다. 대신에 사서와 개발자들은 이러한 기능들의 완성을 위하여 MyLibrary를 다른 도구와 병합하기를 바란다.

예를 들면, 수집기능은 OAI 콘텐츠를 수집하면서 실행될 수 있다. MyLibrary를 Net::OAI::Harvester라고 불리는 다른 Perl모듈과 병합함으로써 사서들과 개발자들은 OAI에 기초한 내용들을 MyLibrary에 유입할 수 있다.[9] Net::OAI::Harvester에 URL을 기초로 한 OAI를 주입하면 이것은 원격 메타데이터를 어떠한 숫자의 메타데이터 형태로 체계적으로 수집할 것이다. 더블린 코어 요소들에는 모든 OAI데이터 저장이 요구되며, 또한 MyLibrary는 더블린 코어 요소들과의 일대일 표시를 지원하기 때문에 각각의 수집된 기록을 바탕으로 하여 MyLibrary 자원 구성요소를 만드는 것은 사소한 일이다. 첨부 A는 단순하지만 완전한 OAI 획득 애플리케이션을 설명한다. 이것은 오픈액세스 저널

디렉토리(Directory of Open Access Journal)로부터 잡지기사 메타데이터를 수집한다.

단지 어떠한 서지 메타데이터 형태도 더블린 코어에 표시될 수 있다. 예를 들면, MARC, MARCXML, MODS, EAD, TEI 등이다. 이러한 형태의 내용물을 얻기 위하여 사서와 개발자는 서지 데이터를 읽고, 요구되는 정보를 분류하여 MyLibrary에 저장하는 프로그램을 만들 필요가 있다. MARC를 고찰해보면, MARC::Record라고 불리는 Perl 모듈은 결점이 있지만 데이터를 읽고 분류하는데 사용될 수 있었다.[10] 다른 데이터 형태는 XML을 바탕으로 한다. 그리고 Perl을 바탕으로 한 XSTL 또는 XPath 지원 애플리케이션은 데이터를 읽고 분류하는데 사용될 수 있다. 이런 모든 경우에 있어서, MyLibrary 내용물들은 간략하다고 간주되어야 한다. 에프 키 값은 해당 파일시스템의 본 파일에 초점을 맞출 수도 있다. 이러한 MyLibrary 자원 구성요소는 신디케이트 조직(syndication), 검색결과 디스플레이, 리스트 브라우징에 유용하다. 만약 좀 더 자세한 내용이 필요하면 간단한 기록이 에프 키 값을 통하여 전체 메타데이터에 초점을 맞출 수 있었다.

MyLibrary는 검색지원을 위한 프로그램이 아니다. 이것은 검색이 데이터베이스가 아닌 색인 작성자에 의하여 가장 잘 지원을 받기 때문이다.[11] 수많은 색인 작성자가 현재 사용 가능하다. Swish-e, KinoSearch, Zebra, Lucene가 그 예들이다.[12] MyLibrary 경우의 콘텐츠를 검색하기 위하여 사서들과 개발자들은 각 경우에 대하여 보고서를 작성하여야 하고 이를 목록작성의 콘텐츠로 사용한다. 첨부 B는 MyLibrary 경우에 대응하여 KinoSearch 목록을 만드는 기초적이지만 완전한 프로그램을 설명한다. 일단 목록이 완성되면, 사서들과 개발자들은 목록을 검색하기 위한 인터페이스를 작성하여야 한다. 첨부 C는 일종의 검색기술을 설명한다. 즉 질문을 입력하고, 목록을 검색하고, 기록의 ID값으로 돌아가서 MyLibrary의 기록을 살펴보고 화면에 표시한다.

종합적으로 MyLibrary는 기초적인 도서관 구성요소(정보자원, 일반인, 통제된 단어)를 정의한다. 그리고 이러한 구성요소에 대하여 입력/출력을 실행하고자 Perl을 바탕으로 하는 애플리케이션인터페이스(API)를 지원한다. 입력은 여러 가지 유형으로 가능한데 수작업 데이터 입력, 탭 단락(tab-delimited) 텍스트파일, MARC 또는 XML 파일, OAI 등이다. 출력은 XML 파일, RSS 또는 Atom 입력물, OAI, HTML, 주제 페이지, 이메일 메시지 혹은 PDF 파일들이다.

::생산 및 시범 애플리케이션

여러 가지 다양한 애플리케이션이 MyLibrary와 함께 만들어졌다. 이들 중 어떤 것들은 생산되어 서비스되고 어떤 것들은 완전히 개발이 안 되어 단지 가능성만 지닌 채로 존재하고 있다. 여기에서는 몇 가지 경우를 살펴보고자 한다.

전자텍스트에서의 알렉스(Alex) 목록

전자텍스트의 알렉스 목록은 미국문학, 영국문학, 서양철학으로부터 수집된 14,000개보다 조금 적은 공용 도메인 문서의 집합이다. 상당 부분의 콘텐츠가 구텐베르크 프로젝트(Project Gutenberg)에 기인하지만, 그러나 또한 버지니아 공대(Virginia Tech)의 현존하지 않는 에리스 프로젝트(Eris Project)와 관련된 콘텐츠를 포함하고 있다. 각각의 MyLibrary 자원 구성요소는 가능한 많은 양의 더블린 코어 데이터를 포함한다. 각각의 MyLibrary 자원을 설명하는 속성은 전자텍스트의 개요를 포함하는 것이 아니라 본 텍스트의 RDF/XML 판을 포함한다. 지역 파일시스템에 대한 RDF/XML을 저장하는 MyLibrary를 다룬 보고서가 있다. 이 파일들은 Zebra로 불리는 공개된 원래의 색인 작성자에 의하여 목록이 만들어졌으며, 그리고 목록에의 접근은 SRU(Search/Review via URL)이라고 불리는 웹 서비스 바탕 프로토콜을 통하여 이루어진다. 결국 이 목록은 전문(full-text)에 대하여 검색가능하고, 또한 타이틀, 작성자 및 주제에 대하여 검색 가능하다. 주제 분야의 콘텐츠는 각각의 문서를 분석하고 통계적으로 중요한 단어들을 추출함으로써 생산될 수 있다. 검색 가능한 인터페이스는 "당신이 이것을 뜻하였습니까?(Did you Mean?)"와 같은 서비스를 별도의 철자법과 WordNet 시소러스와 비교하여 지원한다. 목록의 타이틀과 브라우징할 수 있는 작성자 리스트는 정적인 HTML 파일로써 MyLibrary에 대하여 쓰인 기저 내용으로 이루어진다. 마지막으로 전체 문서에 대한 링크와 관련 주제들은 Del.icio.us에 업로드된다. 이러한 것들을 촉진하기 위하여 모든 타이틀, 그들의 작성자, 주제("태그(tags)")를 추출하는 데이터베이스에 대하여 문건이 만들어졌다. 이러한 것들은 Del.icio.us APL을 실행하는 Perl 모듈을 통하여 Del.icio.us로 보내진다.

기사 색인

오픈액세스 디렉터리는 잡지 타이틀과 몇 개의 기사에 대한 OAI 인터페이스를 포함한다. 기사색인 시스템은 기사 메타 데이터를 수집하고 이것을 MyLibrary에 저장한다. 더불어 잡지 타이틀과 발행자들은 관련 패싯/용어 조합에 저장되어 각각의 기사와 연결된다. 이러한 것들은 발행자와 자원을 통하여 검색 가능한 리스트를 만들 수 있도록 하였다. 데이터베이스의 콘텐츠는 KinoSearch를 사용하여 색인화되었고 SRU를 실행하기 위하여 만들어진 Perl 모듈을 통하여 접근 가능토록 하였다. 검색결과는 간단한 형태로 나타나고 있다. 자세한 것은 단순한 Asynchronous JavaScript와 XML(AJAX-y) 연계를 통하여 얻을 수 있다. 첨부 A, B, C는 이러한 애플리케이션의 핵심내용을 설명한다.

가톨릭 연구자원 연합(Catholic Research Resources Alliance)

가톨릭 연구자원 연합(CRRA)은 가톨릭 학자들에 대한 진기하고도 독특한 자료들을 집중적으로 조명하고자 의도하는 "포탈(portal)"이다. 많은 부분의 내용이 기록보존소에 존재한다. 기록보존소는 보관하고 있는 파일들을 설명하기 위한 EAD라고 불리는 XML 형태를 사용한다. CRRA는 이러한 EAD 파일들을 접수하는 기능을 제공하며 통제된 단어를 분류하고, 이에 따라 패싯/용어 조합을 만들어 전체 텍스트를 EAD로 목록화하고 SRU를 통하여 전체 콘텐츠에 검색 가능한 인터페이스를 제공한다. 또한 CRRA는 MARC 기록을 수집하고 동시에 온라인 데이터 형태로 입력시킨다. CRRA 콘텐츠들이 OAI를 통하여 접근할 수 있도록 하는 MyLibrary 기반에 대하여 보고서가 만들어진다.

페이스북(Facebook)

페이스북 애플리케이션은 노트르담대학교의 데이터베이스 관련 웹 사이트인 Hesburgh 도서관의 MyLibrary 데이터에 대하여 만들어졌다. 페이스북 이용자들이 애플리케이션을 그들의 프로파일에 장착하면 그들은 기본적인 추천자원들을 자동적으로 제공받는다. 이용자들은 팝업메뉴(pop-up menu)에서 제공되는 주제 용어들을 기준으로 서로 다른 일련의 자원들을 선택하기 위한 선택사양을 가지고 있다. 이러한 자원들에 대한 결과 리스트는 이용자 프로파일 창에 보관되고 각자가 선택한 주제와 관련된 데이터베이스나 목록에의 접근을 쉽게 한다.

도서관 목록

MyLibrary는 도서관 목록을 보여주기 위하여 사용되어 왔다. 의회 도서관(Library of Congress)으로부터 약 300,000개의 MARC 기록이 다운로드(download)되었다. 각각의 MARC 기록을 읽어내는 프로그램이 만들어졌으며 더블린 코어로 연결되어 이에 따른 MyLibrary 자원 구성요소가 만들어졌다. 각각의 MARC 기록은 파일 시스템 상에서 개인 파일로 저장된다. 전체 콘텐츠는 KinoSearch로 색인화되고 SRU 인터페이스가 색인에의 접근을 가능케 한다. 조사 결과가 되돌아오면 ISBN 번호의 존재가 검색된다. 만약 발견되면 표지 작품과 이용자 리뷰가 점검되고 Amazon에 표시된다. 각각의 기록은 간단한 형태로 표시되지만 완전히 태그(tagged)된 형태로 연결되어 MARCXML과 MODS 형태로도 이용될 수 있다. 각 기록은 또한 "나를 위하여 찾기(Get it for me)" 링크에 연결되어 관계를 맺는다. 일단 클릭하면 해당 항목이 이용자들에게 필히 검색된다. 각 이용자는 그들이 빌리고자 대상을 나타내는 "서가(bookshelf)" 링크를 가지게 된다.

Hesburgh 도서관, 노트르담대학의 데이터베이스 관련 웹사이트

Hesburgh 도서관의 데이터베이스 관련 웹사이트는 아마도 현존하는 가장 방대한 MyLibrary 애플리케이션이며, 그리고 이것의 주된 목적은 대부분의 도서관 웹사이트를 지원하는 것이다. 이 시스템은 대부분(전부가 아님)의 도서관 웹사이트 콘텐츠가 전통적인 방법으로 목록화된 통합 도서관 시스템으로부터 시작한다. 웹사이트 용도로 확정된 카탈로그상의 각 항목은 이와 같이 부분표식으로 표시된다. 각 항목의 설명은 또한 패싯용어의 조합으로 강화된다. 밤마다 웹사이트에서 쓰이는 모든 항목들은 목록으로부터 MARC 기록 형태로 이전된다. 또 밤마다 다른 스크립트들이 이러한 기록을 읽고 MyLibrary를 갱신한다. 설명과 추천과 사서와 관련된 링크 등으로 완성된 주제 페이지, 형태 페이지, 도구 페이지 등에 대한 보고서가 만들어진다. 웹사이트의 몇몇 정보 자원들은 목록에 기록될 만한 가치가 있는 것으로 보이지 않는다. 이러한 항목들에 대하여 서지관리자와 주제관련 전문 사서들이 웹사이트 내용을 보완할 수 있도록 하는 수동 데이터 입력방법이 만들어졌다. 이러한 자원들은 목록의 자원들과 더불어 웹사이트 상에서 빈틈없이 통합된다. 검색을 촉진하기 위하여 MyLibrary 경우에 대하여 보고서가 작성되고 Swish-e에 입력된다. 색인 결과물은 "이 사이트 찾기(Search This Site)" 기능을 지원하기 위한 정적인 웹페이지의 콘텐츠로 보완된다. 이와 같이 데이터와 관련되고 MyLibrary에 기반을 둔 시스템을 이용하여 도서관 웹사이트의 콘텐츠는 보다 덜 단절된 많은 링크 기능을 가지고 있는데 이것은 링크 기능이 중앙 집중적으로 유지되기 때문이다. 이 사이트는 일반 모습과 감정을 관리하고 이용자들이 시스템 사이에서 어디에 위치하고 있는가를 쉽게 알도록 한다. 이러한 절차는 또한 선택자의 필요성과 주제별 전문 사서들이 어떠한 HTML에 대해서도 알아야 하는 필요성을 없앤다. 그들은 콘텐츠에 초점을 맞추고 시스템은 보여주는 방식에 초점을 맞출 수 있다.

::향후 방향과 결론

MyLibrary 모듈은 의도된 바대로 작동하고 있으며 이들은 공개 정보 소프트웨어로 계속 유통되고 지원될 것이지만, 그러나 소프트웨어는 완전할 수가 없는 것이다.

MyLirary는 CPAN(Comprehensive Perl Archive Network, 종합 Perl 보관 네트워크)에서 사용할 수 있다. 이것은 상당량의 문서, 표본 애플리케이션, CVS 저장소에의 접근, 블로그 논평, 약 150여 명의 이메일 가입자가 있는 한 웹사이트로부터 지원을 받고 있다.[13] 그러나 이러한 지원에도 불구하고 노트르담대학교 외부에서 사용하는 MyLibrary는 아주 인상 깊은 것은 아니다. 본인은 이것이 사실이라고 생각하는데 왜냐하면 도서관에서 다른 프로그램 언어(PHP, Python, Ruby, Java 등)를 사용하는 프로그래머 숫자가 늘어남에 따라 Perl 프로그래머 숫자가 줄어들기 때문이다. 시스템의 모듈화는 대부분의 도서관 전문가들이 프로그램을 만들 줄 모르고 따라서 MyLibrary를 실질적으로 사용하는 방법을 이해하는데 어려움을 가지고 있기 때문에 문제의 요인이 될 수 있을 것이다. 정보자료와 일반 사람들을 설명하는데 사용되는 패싯/용어 조합의 아이디어가 선호받지는 않는다. 마지막으로, 왜냐하면 MyLibrary가 운용을 위한 기초 데이터베이스를 필요로 하기 때문에 정상적인 Perl의 설치 절차(perl Makefile.PL; make; make test; make install)가 사전 설치 절차 작업 이후에만 가능하다. 이것은 아마도 또 다른 적용의 방해요소이고 설치 절차가 어느 정도 일반적이지 못하다는 것이다.

이러한 문제에도 불구하고, MyLibrary는 노트르담대학교에서 아주 잘 작동되고 있으며 개선할 것이 많이 계획되어 있다. 첫째, 기저 데이터베이스가 이용자 검토를 담고 있으며 Perl 모듈은 이러한 표를 작성/생산하도록 만든다. 유사한 방법으로 MyLibrary는 현재 누가 얼마나 자주 특정 자원을 사용하는가를 추적할 수 있는 표를 가지고 있으나 이 표를 갱신하는 모듈은 없다. 미래에 이 통계 테이블을 발전시켜 통계 모듈을 실행하는 작업을 할 것이다. 마지막으로 그리고 가장 중요한 계획은 REST-ful(Representational State Transfer) 인터페이스를 통하여 MyLibrary의 입력/출력이 보다 쉽게 되도록 하는 작업이다. REST에 의하여 밝혀진 대로 이러한 인터페이스는 HTTP의 네 가지 전환 방법(GET, POST, PUT, DELETE)을 사용함으로써 MyLibrary 구성요소를 갱신하고 생산하며, 편집해서 기저 데이터베이스로부터 제거할 것이다. REST-ful 컴퓨터기술을 이용하여 적어도 두 가지가 가능할 것이다. 첫 번째는 응용 프로그래머들이 MyLibrary를 유지하기 위하여 그들이 가장 좋아하는 컴퓨터 언어를 사용할 수 있는 것이다. Perl을 알 필요가 없으며 REST는 컴퓨터 언어에서 독립적이 될 것이다. 둘째로, REST 컴퓨터 사용방법을 통하여 MyLibrary 콘텐츠는 더욱 쉽게 출판 될 것이다. 예를 들면 REST-ful MyLibrary 인터페이스의 출력물은 XML 의 여러 가지 취향에 따라 나타날 수 있다. Atom이 생각나겠지만 RDF/XML의 표현이 더욱 인상적일 수 있다. MyLibrary에 대한 REST-ful 인 터페이스의 출력물은 또한 JSON(Javascript Object Notation) 데이터 구조로 나타날 수 있으며 MyLibrary 콘텐츠를 AJAX-y 인터페이스에서 보다 쉽 게 통합할 수 있도록 한다.

점점 더 많은 도서관 콘텐츠와 서비스가 컴퓨터 네트워크 환경에 나타남에 따라 이러한 콘텐츠와 서비스를 새롭고 다른 방법으로 제 공할 필요가 있다. MyLibrary는 이러한 문제를 조정하려는 시도이며 의미 있는 성공을 이루고 있다.

[부록 A]

```
# harvest DOAJ articles into a MyLibrary instance
# require
use MyLibrary::Core;
use Net::OAI::Harvester;
# define
use constant DOAJ => 'http://www.doaj.org/oai.article';  # the OAI repository
MyLibrary::Config->instance('articles');  # the MyLibrary instance
# create a facet called Formats
$facet = MyLibrary::Facet->new;
$facet->facet_name('Formats');
$facet->facet_note('Types of physical items embodying information.');
$facet->commit;
$formatID = $facet->facet_id;
# create an associated term called Articles
$term = MyLibrary::Term->new;
$term->term_name('Articles');
$term->term_note('Short, scholarly essays.');
$term->facet_id($formatID);
$term->commit;
$articleID = $term->term_id;
# create a location type called URL
$location_type = MyLibrary::Resource::Location::Type->new;
```

```perl
$location_type->name('URL');

$location_type->description('The location of an Internet resource.');

$location_type->commit;

$location_type_id = $location_type->location_type_id;

# create a harvester and loop through each OAI set

$harvester = Net::OAI::Harvester->new('baseURL' => DOAJ);

$sets = $harvester->listSets;

foreach ($sets->setSpecs) {

    # get each record in this set and process it

    $records = $harvester->listAllRecords(metadataPrefix =>

    'oai_dc', set => $_);

while ($record = $records->next) {

# map the OAI metadata to MyLibrary attributes

$FKey = $record->header->identifier;

$metadata = $record->metadata;

$name = $metadata->title;

@creators = $metadata->creator;

$note = $metadata->description;

$publisher = $metadata->publisher; next if (! $publisher);

$location = $metadata->identifier; next if (! $location);

$date = $metadata->date;

$source = $metadata->source;

@subjects = $metadata->subject;

# create and commit a MyLibrary resource
```

```perl
$resource = MyLibrary::Resource->new;
$resource->fkey($FKey);
$resource->name($name);
$creator = ''; foreach (@creators) { $creator .= "$_|" }
$resource->creator($creator);
$resource->note($note);
$resource->publisher($publisher);
$resource->source($source);
$resource->date($date);
$subject = ''; foreach (@subjects) { $subject .= "$_|" }
$resource->subject($subject);
$resource->related_terms(new => [ $articleID ]);
$resource->add_location(location=>$location, location_type=>$location_type_id);
$resource->commit;
}
}
# done
exit;
```

[부록 B]

```
# index MyLibrary data with KinoSearch
# require
use KinoSearch::InvIndexer;
use KinoSearch::Analysis::PolyAnalyzer;
use MyLibrary::Core;
# define
use constant INDEX => '../etc/index'; # location of the index
MyLibrary::Config->instance('articles'); # MyLibrary instance to use
# initialize the index
$analyzer = KinoSearch::Analysis::PolyAnalyzer->new(language => 'en');
$invindexer = KinoSearch::InvIndexer->new(invindex => INDEX, create => 1,
    analyzer => $analyzer
);
# define the index's fields
$invindexer->spec_field(name => 'id');
$invindexer->spec_field(name => 'title');
$invindexer->spec_field(name => 'description');
$invindexer->spec_field(name => 'source');
$invindexer->spec_field(name => 'publisher');
$invindexer->spec_field(name => 'subject');
$invindexer->spec_field(name => 'creator');
# get and process each resource
```

```perl
foreach (MyLibrary::Resource->get_ids) {

    # create, fill, and commit a document with content my

    $resource = MyLibrary::Resource->new(id => $_);

    my $doc = $invindexer->new_doc;

    $doc->set_value (id => $resource->id);

    $doc->set_value (title => $resource->name) unless (!$resource->name);

    $doc->set_value (source => $resource->source) unless (!$resource->source);

    $doc->set_value (publisher => $resource->publisher) unless (!$resource ->
        publisher);

    $doc->set_value (subject => $resource->subject) unless (!$resource ->subject);

    $doc->set_value (creator => $resource->creator) unless (!$resource ->creator);

    $doc->set_value (description => $resource->note) unless (!$resource ->note);

    $invindexer->add_doc($doc);

}

# optimize and done

$invindexer->finish(optimize => 1);

exit;
```

[부록 C]

```
# search a KinoSearch index and display content from MyLibrary
# require
use KinoSearch::Searcher;
use KinoSearch::Analysis::PolyAnalyzer;
use MyLibrary::Core;
# define
use constant INDEX => '../etc/index';  # location of the index
MyLibrary::Config->instance('articles');  # MyLibrary instance to use
# get the query
my $query = shift;
if (! $query) { print "Enter a query. "; chop ($query = <STDIN>)}
# open the index
$analyzer = KinoSearch::Analysis::PolyAnalyzer->new(language => 'en');
$searcher = KinoSearch::Searcher->new(
    invindex => INDEX,
    analyzer => $analyzer
);
# search
$hits = $searcher->search(qq($query));
# get the number of hits and display
$total_hits = $hits->total_hits;
print "Your query ($query) found $total_hits record(s).\n\n";
```

```perl
# process each search result
while ($hit = $hits->fetch_hit_hashref) {

    # get the MyLibrary resource
    $resource = MyLibrary::Resource->new(id => $hit->{ 'id' });

    # extract Dublin Core elements and display
    print " id = " . $resource->id . "\n";

    print " name = " . $resource->name . "\n";

    print " date = " . $resource->date . "\n";

    print " note = " . $resource->note . "\n";

    print " creators = ";

    foreach (split /\|/, $resource->creator) { print "$_; " }

    print "\n";

    # get related terms and display
    @resource_terms = $resource->related_terms();

    print " term(s) = ";

    foreach (@resource_terms) {

        $term = MyLibrary::Term->new(id => $_);

        print $term->term_name, " ($_)", '; ';

    }

    print "\n";

    # get locations (URLs) and display
    @locations = $resource->resource_locations();

    print " location(s) = ";

    foreach (@locations) { print $_->location, "; " }
```

```
        print "\n\n";

}

#  done

exit;
```

제5장

디지털 도서관의 환경적 고찰

도서관들은 거의 모든 고정점이 사라져 버린 미래와 맞서려는 시도를 하고 있는 중이다. 이용자들이 변하고 있다. 내용이 변하고 있다. 연구는 새로운 형태를 취하고 있다. 사실상 도서관들이 가장 필요로 하는 것은 어떤 방면에서 질문을 받게 되는 것이다. 본 논문은 고등교육 도서관들이 처하고 있는 변화와 도전의 성격을 탐구해보고 그들의 확실한 미래를 위해 이용되어야 할 중요한 장점 부분과 핵심적인 활동을 제시하려는 것이다.

키워드

디지털 도서관, 미래, 트러스트 메트릭, e-콘텐츠

::서론

Hermann Hesse의 유명한 다음 인용문이 도서관들이 수세기에 걸쳐 깃들어 왔던 세상을 정의해주었다:

> 단어도 없고, 글도 없으며 그리고 책도 없다면 어떠한 역사도 없었을 것이다. 어떠한 인류사회의 개념도 있을 수가 없었을 것이다.

하지만 이러한 세상에 대한 견해가 살아 있는 유산인지 아니면 우리를 방해하는 일련의 사슬인지의 여부는 더 이상 분명하지 않다. 디지털 콘텐츠와 영상의 거침없는 행진은 현재 인류사회의 개념을 구성하고 있는 것들을 주저하게 만들 것이다. 최근 수년 동안 그야말로 수십 건의 연구보고서들이 정보 미래의 다양한 측면에 대하여 발표를 해왔다. 그것들을 포괄적으로 리스트화한다는 것은 거의 불가능하며 그것들 모두를 빠짐없이 챙기며 그것들의 결론과 권고사항들을 종합한다는 것은 더욱 더 불가능한 일이다. 이러한 점을 감안한다면 환경에 관한 내용을 고찰한다는 일은 모든 세상의 의미에 있어서 부분적이며 개인적인 일이 될 수밖에 없다. 거의 틀림없이 일상의 일로부터 한걸음 물러나 생각해보고 도서관의 업무가 무엇에 대한 것인지를 재정의해볼 필요성이 있다: 디지털 사서직에 대한 새로운 이론과 철학을 개발해야 하는 한 가지 수반되는 필요성이 있다. 전통적인 기술과 원칙들이 타당하도록 유지되어야 함은(재정의가 됨에도 불구하고) 당연한 일이겠지만 도서관들이 어떤 사업을 하고 있는지 그리고 그들이 어디서 그들이 기여하고 있는 조직들 중 다른 부분들과 이제 접속을 해야 하는지는 더 이상 분명하지 않다.

우리는 견고하면서도 전통적인 조직적 환경들이 역사적인 형식과는 맞지 않게 부각되고 있는 새로운 안건들과 콘텐츠로서 조직상의 충돌을 생기게 하는 한 문제에 도달하게 되었다. 한데 묶여진 기능들은 감지할 수 없을 정도로 변화하였지만 우리는 도서관을 효율적이고 잘 관리될 수 있도록 유지하는 일에 매우 분주하고 능숙하게 되어서 한걸음 물러나서 그것을 좀 더 높은 수준에서 관찰할 수 있는 여유가 부족하게 되었다. 한 가지 견해는 도서관이 거래비용을 최소화시키려는 일련의 활동으로 만들어졌다는 것이다. 이제 이들 모든 활동들은 웹상에서 개인과 집단에게 가능한 일인데 우리가 이들 거래비용을 전환할 수가 있는 것인가? 우리가 과거로부터 이동하여 어떠한 범주의 기능들이 도서관과 사서들에게 독특한 것인지 그리고 어떤 것을 웹에 맡겨두어야 하는지를 탐구해보아야 하는 것인가? "평범

한" 활동은 외주되어야 하는 것인가 아니면 최소한 공유는 되어야 하는 것인가? 도서관들은 목적을 위해 수단을 교체하는 함정 속에 빠져왔으며 그들 모체 대학들이 무엇에 관심을 가졌는지에 대한 고려를 하지 않았다. 그렇다면 본 논문의 목적은 대학도서관들이 처하고 있는 모습을 살펴보고 이해하며 그 직업이 미래에 대한 열쇠로서 파악하는 것이 필요한 중요한 기능 혹은 핵심적인 업무를 확인하려는 시도를 해보는 일이 될 것이다.

::대학교 도서관에 대한 영향력 있는 보고서

영국의 대학무상교육위원회 1921년 연례보고서(University Grants Committee, 1921)가 기술한 내용에서 유명한 것은 "대학의 특징과 효율성은 대학이 그 중심 기관인 도서관을 어떻게 취급하는지에 의해 판단할 수 있다. 우리는 도서관 유지를 위한 철저한 준비가 대학의 설비에서 으뜸이며 가장 필수적인 것으로 여긴다"는 것이었다. 중대한 Parry Report(University Grants Committee, 1967)는 이 진술이 영원히 진실로 남아 있을 것을 확신하며, 분명히 인정하고 인용하였다. 그리고 실제로 영국 및 기타 국가의 대학들은 계속하여 이것이 자원을 가장 잘 사용하고 있다는 어떠한 상당한 증거도 없이 새로운 도서관의 건립에 그야말로 수천만 파운드를 투자하고 있다. 이러한 건립은 정책을 기반으로 한 증거적인 행동이라기보다는 오히려 신념적인 행동을 보여주고 있는 것이다. 그렇다 하더라도 증거는 넘치며 그것 모두가 읽기에 편안한 내용은 아니다.

본 저자의 개인적이지만 분명히 완전하지는 못한 이러한 보고서들의 리스트화 작업은(del.icio.us, 2009) 다양한 단체들에 의해 지난 수년간에 걸쳐 작성된 36건 이상의 보고서들을 보여주고 있다. 이들은 영국 및 해외에 있는 다양한 상업적·교육적·전문적 출처들로부터 나온 것으로 이용자의 성격을 바꾸는 일, 내용의 성격을 바꾸는 일, 학문의 성격을 바꾸는 일 그리고 세상 자체의 성격을 바꾸는 일까지 다양한 범위에 걸쳐 있다. 이제까지는 이들 보고서와 연구들의 상당한 부분이 도서관 공동체를 목적으로 한 경향이 있었으며 따라서 폭 넓은 토론을 만들어내지는 못하였다. 하지만 이러한 분석을 도서관 공동체에게만 국한시킨다는 것은 타당하지 못하다. Campbell(2006)은 다음과 같이 언급하였다:

비록 이들 부각되고 있는 디지털시대의 도서관 서비스가 중요할 수도 있지만 더 중요한 것은 작금의 시대에 그것들이 미래의 학술도서관에 대하여 가지고 있는 중요성에 대한-심지어는 그들이 사서들에 의해 수행되는 도서관 기능들을 그대로 유지해야 하는지의 여부에 대해서도-어떠한 의견 일치도 없다는 것이다. 더구나 이 점에 있어서 학술도서관의 미래에 대한 토론은 *사서들로 제한이 되어 있으며 더 큰 학술적 공동체가 연관이 되어야 함에도 불구하고 확대되지 않았다.* 그 결과 사서뿐만 아니라 대학 내의 다른 사람들도 학술도서관들이 부각되고 있는 21세기의 정보집합(panoply)을 정확하게 어디에 맞추어야 하는지에 대한 뚜렷한 개념을 갖고 있지 못하다.

학술도서관들이 지난 세기에 맡아온 근본적인 역할 때문에 도서관을 갖고 있지 않는 대학을 상상한다는 일은 극히 어려운 일이다. 어떠한 지식을 가지고 웹으로 옮겨가고 있는 비정상적인 보조를 고려해본다면 앞으로 10년 사이에 학문적으로 도서관이란 무엇이 될 것이며 무엇을 하게 될지를 상상해본다는 것은 똑같이 어려운 일이다. *하지만 분명한 것은 모든 대학은 결정에 착수해야만 한다는 것이다.* 그 결과가 가지는 영향을 고려해본다면 이것은 사서가 혼자 수립할 수 있거나 수립해야 하는 안건은 아니다(p.30. 강조 부분은 추가).

:: 이용자의 변화하는 성격

Prensky(2001a, 2001b)는 먼저 디지털 원주민(digital natives)과 디지털 이주민(digital immigrants)이라는 용어를 만들어내었는데 이것은 인터넷이 1993년에 "발명되기" 이전에 태어난 사람과 그 이후에 태어난 사람을 묘사하는 말이다. 비록 이것이 논란이 많은 분류이었음은 증명되었지만 그것은 의심할 바 없이 논쟁을 유발시켰으며 이용자들의 변화하는 성격을 묘사하는 꾸준하면서도 흡인력이 있는 성장이 논쟁을 잠재웠던 기후변화에 대한 논쟁과 한 가지 흥미롭게 유사한 내용이 있다. 그와 동일한 것이 디지털 원주민에 대한 진실이다. 아마도 가장 중요한데 Prensky(2001a, 2001b)는 이 분류를 단순히 기술 및 기술적 기량을 점진적으로 조금씩 증진시키는 것을 암시하는 것뿐만이 아니라 과거와의 근본적인 단절로 보고 있다는데 극히 유용한 비유이다. 처음에는 격앙되고 파벌적이었으나 점차적으로 출현하는 증거 속에서.

오늘날의 학생들은-유치원부터 대학교까지의-이러한 새로운 기술과 함께 성장하게 될 1차 세대를 대표하고 있다. 그들은 그들의 전 생애는 컴퓨터, 비디오게임, 디지털 음악 플레이어, 화상 카메라, 휴대폰 그리고 기타 모든 디지털 시대의 완구 및 도구들에 둘러싸여 보냈다. 오늘날의 평균적인 대학졸업생들은 그들 생의 5천 시간 미만을 독서에 보냈지만 1만 시간 이상은 비디오 게임에 보냈다(TV를 보는 2만 시간은 차치하고라도). 컴퓨터게임, 이메일, 인터넷, 휴대폰 및 즉석 메시지 보내기 등은 그들 생활의 중요한 부분이다(p.4).

그렇다면 무엇이 이들 디지털 원주민들의 특징이 되는가? 3건의 최근 보고서는 급격하게 변화하고 있는 이용자 능력과 기대감의 성격을 보여주고 있다. CIBER(2007)의 보고서는 그들에게 일단의 유사성을 가지고 있는 수많은 특성들을 발견하였다. 이 보고서는 미래의 연구자들은 다음과 같을 것임을 발견하였다.

- 연구가 쉬울 것이라고 기대하면서 그들이 그러한 과정에서 독립적일 수 있을 것으로 생각한다.
- 사서들로부터가 아니라 다만 교수 혹은 동년배들로부터 이따금씩 도움을 구한다.
- 그들이 필요로 하는 것을 찾을 수 없는 경우 포기하고 그 정보는 발견될 수 없는 것으로 가정한다. 학생들은 종종 그들이 연구과정을 완수하였다고 생각하면서 그들의 최초 검색 후 중단한다.
- 전체 본문의 글에 대한 접근을 통해 그들의 인지행동이 변화된 것처럼 보였다. 도서관에서 자료를 통독하는 대신에 그들은 이제 책상에 앉아서 자료를 다운로드 받을 수가 있다. 그들은 초점이 맞추어진 연구 프로젝트에 가장 중요하다고 보통 간주되는 주제와 생각, 행위를 개발하기 위해 필기하거나 통독해야 할 필요성을 느끼지 못한다.
- 자료를 통독하는 것에 실패를 하는데 이는 잘라내고 붙일 수 있

는 전자 글로 인해 가능한 일이다. 이것은 결국 거의 분명하게 표절이 늘어나도록 만들고 있다. 비록 이것이 악의에 의해서라기보다는 무지를 통해 행해진다는 의심을 가져야 하겠지만. 그리고,

• 브라우징(browsing)과 그레이징(grazing)으로 정보를 수집하는 모형을 이용한다.

하지만 아마도 가장 전통주의자들을 우울하게 만드는 통계는 이들 이용자들이 한편의 전자논문(e-article)에 대하여는 4분을 그리고 한 권의 전자책(e-book)에 대하여는 8분을 소모한다는 내용일 것이다. 일반적으로 정보를 찾는 것은 '수평적'인데 이것은 한두 페이지 정도를 대충 읽어본 다음에 빠져 나오는 것이다. 실제로 지배적인 행위는 정보를 모으는 것이 아니라 인터넷을 돌아다녀 그것들이 갖고 있는 영향을 찾아내는 것이다. 그렇다면 정보를 모으는 일은 나중에 이용하기 위해 저장하는 것, 즉 다운로드를 받는 것이 된다(인터넷을 하는 것과 유사한 일은 읽지 않은 복사된 내용으로 가득 찬 서류용 캐비닛을 들 수 있다!). 효과적으로 CIBER의 보고서는 디지털 원주민들이 정보교육을 받은 사람들이 아니라는 것과 다루어지는 지식과는 커다란 격차가 있음을 찾아내고 있는 것이다.

유사하게 실망을 주는 상황은 이용자 인식에 대한 최근의 OCLC(2006) 연구에서 부각되고 있다.

• 89%는 검색을 시작하기 위해 검색기를 사용한다.
• 2%는 도서관 웹사이트를 이용한다.
• 93%는 이것에 만족하거나 매우 만족해한다.

- 84%는 만약 사서가 도와준다면 만족하거나 매우 만족해한다.
- 검색엔진은 학생들의 라이프스타일에 맞다.
- 도서관의 이용은 사라지고 있다. 그리고,
- '책들'은 도서관의 브랜드이다.

이러한 것으로부터 나타나는 것은 도서관의 웹사이트를 만드는 일에 대하여 들인 커다란 노력이 대체적으로 무가치한 일이라는 것이다. 심지어 더 나쁜 일은 사서들이 이용자를 도와주는 경우 만족의 수준이 떨어진다는 것이다. 이에 대한 한 가지 설명은 '시금치 먹기' 증후군이다. 즉, 사서들이 목표를 수중에 얻는 쉽거나 빠른 지름길의 발견을 못 본체하는 것이 아니라 학생들에게 무엇이 그들에게 좋은지 보여주기 위해 최선의 실행을 주입시키는 노력을 한다는 것이다. 도서관 출입자 수가 증가하고 있다는 통계는 도서관의 이용에 대한 다른 메시지를 제공하는데 이용될 수도 있을 것이지만 이러한 증가는 종종 무선이나 네트워크 접근과 같은 추가적인 비전통적 서비스의 제공을 통하여서이다. 도서관의 브랜드와 이미지는 그렇다면 관심의 문제이다. 만약 사람들이 예를 들어, Second Life에 사서들에 의해 개설된 사이트들을 보게 된다면 그들은 특이한 매력이 있는 복장을 입고, 멋진 머리, 그리고 티 하나 없는 피부를 가진 최신 유행의 젊은 아바타로 가득 차게 될 것이다. 그것이 바로 사서들이 보여지기를 원하는 방법이다. 하지만 이용자들이 Second Life에 도서관들을 개설한다면 그들은 가죽장정의 두꺼운 책들로 가득 찬 고풍스러운 참나무 선반이 있는 방을 만들게 된다. 책들은 정말로 도서관의 브랜드이다.
또한 아무런 가치도 없는 것은 2008년도 Childwise Survey(Childwise,

2009) 연감인데 근본적인 변화가 일어나고 있다는 믿음을 강화시켜주는 성장하는 시대 시리즈의 부분이다. 이 보고서는 특히 흥미로운데 왜냐하면 Prensky(2001a, 2001b)의 용어에서 이들이 인터넷 세상의 가장 첫 번째 실제 원주민들이기 때문이다.

- 9세 아동의 40%는 자신의 방에 인터넷을 가지고 있다.
- 그들은 하루에 6시간의 스크린을 보는 시간을 갖고 있는데 그중 1.7시간은 온라인이다.
- "2008년은 강도(intensity)에서 주요한 증가를 보였다."
- 즐거움을 위한 독서는 2년 사이에 84%에서 74%로 떨어졌다.
- 그들은 독서를 하지 않는 유창한 의사소통자로 컴퓨터의 철자확인기(spellchecker)에 의존한다.
- 그들은 복수의 과업을 수행한다.
- 그들은 인쇄와 종이를 버리고 있으며 완전히 다른 방식으로 의사소통을 한다.

정기적으로 해설자들과 언론에서는 문자 메시지의 성장, 문법의 사망 그리고 어린이들의 철자법 무능을 한탄하고 있으며 그럼에도 메시지는 매우 명확하다. 디지털 원주민들은 다른 방식으로 의사소통을 하고 있다.

::디지털 콘텐츠(Digital Content)

혹시 언급이 덜 되었다면 Prensky의 디지털 원주민보다도 오히려
더 오싹한 것은 디지털 콘텐츠에 대한 그의 견해이다.

> 나에게는 디지털 "특이성" 이후 이제 2가지 종류의 콘텐츠가 있는
> 것 같다: 즉 "유산" 콘텐츠(컴퓨터 용어를 옛날 시스템에서 빌려오
> 는 것)와 "미래" 콘텐츠이다. "유산" 콘텐츠는 읽기, 쓰기, 산수, 논
> 리적 사고, 저술에 대한 이해 및 과거에 대한 생각 등이다.-우리의
> 모든 "전통적" 교과과정, 이것은 물론 여전히 중요하지만 다른 시
> 대에서 온 것이다.
> 그중에 어떤 것은(논리적 사고와 같은 것) 계속해서 중요할 것이지
> 만 어떤 것은(아마도 유클리드 기하학과 같은 것) 라틴어나 그리스
> 어가 그랬던 것과 같이 중요성이 적어질 것이다.
> "미래" 콘텐츠는 놀라운 일도 아니지만 대단히 디지털적이며 기술적
> 이다. 하지만 그것은 소프트웨어, 하드웨어, 로봇공학, 나노기술, 유
> 전학 등을 포함하고 있는 반면 또한 윤리학, 정치학, 사회학, 언어 및
> 그것들과 함께 할 다른 것들도 역시 포함하고 있다(Prensky, 2001a).

아마도 최근 수년간 도서관들의 가장 큰 실패는 선천적 디지털 콘
텐츠의 우후죽순격인 성장을 적절히 언급했어야 한다는 것이다. 도서
관들의 e-콘텐츠에 대한 대응은 2중적인 면을 가졌다. 첫째 우리는 상
업적으로 이용 가능한 자료, 특히 저널에 초점을 맞추어왔다. 거대하
고 거의 틀림없이 불균형적인 시간과 에너지의 양은 라이선스를 얻
고 발행인들이 다른 국가들에게 컨소시엄을 제안하는 것과 기본적으
로 다르지 않은 컨소시엄적인 거래에 기울여져 왔다. 둘째로 우리는
우리가 이미 소유하고 있는 수많은 종이 장서들을 디지털화해왔다.
이제 이것은 의심할 바 없이 그 장서들을 더욱 널리 이용 가능하게

만들고 있으며 그리하여 우리로 하여금 그에 상응하는 기술들을 이해하고 발전시키게 하고 있지만 근본적으로는 우리는 "호기심의 캐비닛"을 만들었던 것이다(Milne, 2008). 정말 드문 일이긴 하지만 자료를 종합하고 가치를 부가하기 위한 상당한 노력이 *Valley of Shadow* (University of Virginia, 2007) 및 Emory University(2008)의 *Trans- Atlantic Slave Trade Database* 프로젝트를 가장 좋은 예로 해서-모방할 가치가 있는 예로서-기울여졌다. 영국에서는 많은 좀 더 최근의 계획들이 전자학위논문(e-theses)의 기탁으로부터 연구 데이터의 저장에까지 이르는 범위를 가지고 전국적인 수준에서의 특정 쟁점들을 목표로 삼았는데 토대가 되는 철학의 부분으로서보다는 특정 쟁점들에 대한 어느 정도의 단편적인 반응은 있다.

::대학도서관들이 대체가 될 수 있을까?

도서관들의 전통적인 장점들 중의 하나는 그들의 장서에 대한 깊이와 규모였다. 이러한 장점은 IFLA의 UBC(세계서지통정: Universal Bibliographic Control)와 UAP(세계출판물유용성: Universal Availability of Publications)의 통합으로 학자들이 소속기관 외부에 있는 이들 장서에 대한 상시 접근이 가능하였음을 뜻하였을 때인 자동화의 초기에 강조되었다. 하지만 "서적들에 대한 광범위한 디지털 유용성이 많은 연구 장서에 대한 비교우위를 약화시키게 되는 경우 도서관의 비교우위는 어디에 있게 될 것인가?"(CLIR, 2008, p.4). 혹은 다른 방식으로 놓고 보면 구글 서점에 3,500만 권의 책이 있는 경우 왜 한 기관이 도서관을 필요로 하는 것인가? 모든 중요한 도서관의 활동 혹은 과정이 하나 혹은 그 이상의 소셜 네트워킹 도구에 의해 빼앗겨왔다는 것을 보여주는 표를 하나 만드는 일은 매우 쉽다. 전문적인 약속에 대한 각각의 노아의 방주들은 <표 1>에서 보여주는 바와 같이 그들에게 편한 시간과 장소에서 이용자들에게 쉽게 이용이 가능한 대안들을 가지고 있다.

〈표 1〉 도서관들에 대한 회의적 견해 및 그 미래

전통적인 도서관의 활동	Web 2.0의 세상
목록작성	자동화된 메타데이터, del.icio.us
분류	대중 분류법 및 시맨틱 웹
구입	e-bay, Paypal, Amazon 및 Abebooks
참고	Yahoo Answers 및 Wikipedia
보존	디지털 보존소 및 저장소
이용자교육	대화방
업무 공간	랩탑을 들고 침실 및 스타벅스에서
장서	Youtube, Flickr, 콘텐츠 저장소, 오픈액세스

좀 더 적극적으로 이 표를 확장하여 도서관들과 사서들이 <표 2>에서와 같이 볼 수 있는 소셜 네트워킹 환경 속에서 그에 맞는 서비스와 장서들을 제공할 수 있도록 동일한 도구 혹은 다른 도구를 이용할 수 있는 방법들을 보여주는 것이 가능하다.

특히 이들 사용법들 중 3가지는 디지털 도서관 철학이 세워질 수 있는 곳에 대하여는 핵심적인 것으로 보일 수도 있을 것이다. 즉, 트러스트 메트릭, 정보검색 기술의 교육, 그리고 독특한 콘텐츠에 대한 종합 등이다.

〈표 2〉 도서관들에 의한 소셜 네트워킹 도구의 긍정적 잠재성 이용

전통적인 도서관	Web 2.0의 세상	Library 2.0의 세상
목록작성	자동화된 메타데이터, del.icio.us	메타데이터
분류	대중 분류법 및 시맨틱 웹	지역적으로 제공되며 적절한 대중 분류법
구입	e-bay, Paypal, Amazon 및 Abebooks	전자보존문서, 전자데이터 트러스트 메트릭 및 품질보증
참고	Yahoo Answers 및 Wikipedia	브랜드화된 신뢰할만한 출처로의 링크
보존	디지털 보존소 및 저장소	콘텐츠 저장소
이용자 교육	대화방	보통의 대화방
업무 공간	랩탑을 들고 침실 및 스타벅스에서	유선 캠퍼스 및 24시간 업무 공간
장서	Youtube, Flickr, 콘텐츠 저장소, 오픈 액세스	다른 도서관들과의 독특한 콘텐츠에 대한 종합
전문적인 판단	대중의 지혜	검색기술의 교육

::트러스트 메트릭(trust metrics)

Geoffrey Bilder(2006)가 주목한 바는 "매일 인터넷 이용자들은 스팸, 거짓말, 도시 전설, 그리고 신용사기-즉 다른 말로 하면 믿을 수 없는 데이터에 의해 공세를 당하고 있다. 인터넷은 대체로 권위가 있으며 신뢰할 수 있는 콘텐츠인지 확인할 수 있도록 이용자들을 도울 수 있는 인프라를 가지고 있지 못하다. 사실 인터넷의 역사에는 어떻게 최신 과학기술전문가들이 사회적 신뢰와 권위가 소통 속에서 작용하고 있는 그 중대한 역할을 과소평가해왔는지에 대한 많은 예증들이 포함되어 있다"라는 것이다. 인쇄물의 세상에서는 우리는 신뢰할 수 있는 브랜드를 정의하는 일을 가능하게 해주는 일단의 참고사항들을 갖고 있다. 만약 우리가 책 한 권을 납본(legal deposit) 도서관에 주게

된다면 우리는 이것이 반드시 오래 지속될 것이라는 생각을 갖고 있다; 만약 한 권의 책이 주요 대학 출판부에서 간행이 된다면 우리는 다시 그 저자, 그 연구의 질에 대하여 권위가 있을 것 같은 생각을 갖게 될 것이다: 만약 한 권의 책이 대학도서관에 소장된다면 우리는 타당성이 있을 것 같은 생각을 갖게 될 것이다 등등이다. 비록 우리가 그 사실을 이용해 오지는 않았지만 도서관들도 역시 하나의 신뢰할 수 있는 브랜드이며 중립적이며 공정하고 객관적이며, 그리고 유용한 것으로 보이고 있다. 인터넷상에서는 구글과 같은 소수의 브랜드가 신뢰할 만한 것으로 부각되기 시작하고 있다. 이것이 지속될지의 여부를 지켜보는 것은 흥미로운 일이 될 것이다. 하지만 구글에 대한 신뢰는 이미 웹사이트에 대한 접근권을 금지시키라는 중국 정부의 요구에 대한 그들의 분명한 굽실거림에 의해 그리고 그들이 이용자들의 국가와는 관계없이 미국의 보안 서비스에 이용 가능한 용도에 따라 정보를 만들고 있음이 밝혀짐에 의해 손상을 입었다(Globe and Mail, 2008). 한편 미국의 사서들은 고객의 정보를 이들의 똑같은 보안 서비스에 이용이 가능하도록 만들라는 애국법(Patriot Act)의 요구에 투옥소송을 무릅쓰고 매우 공공연하게 저항하고 있는 중이다 (Raw Story, 2006).

따라서 비록 이러한 상태를 하나의 신뢰할 수 있는 브랜드로 이용하기 위해 얼마나 우리가 최선을 다하는 것인지 아직은 어쩌면 분명하지 않을 수도 있지만, 그것은 이용되어야 할 부분이다. 아마도 연구를 위한 소셜 네트워킹 같은 부분에서는 연구자들이 콘텐츠를 가지고 덧붙일 수 있는 체제를 만들고 관리하는 것은 도서관들이 해야 할 것이다.

::정보검색 기술의 교육

　최근 수년간 정보 활용능력이 두루 써먹을 수 있는 기술로서 학생이라면 갖추어야 할 기본적 필요사항으로 인식되어왔다. 사실 앞에서 언급이 된 CIBER보고서(2007)에서는 이러한 기술이 대학교가 아니라 매우 이르게 학교에서 가르쳐져야 한다는 확대된 견해를 반영하고 있다. 하지만 대학교들이 무엇이 정보에 대한 능숙도(fluency)로 정의를 하는 것이 더 좋은가에 대한 작업을 해야 하는 실제적인 필요성이 있다. 놀라운 일도 아니지만 출판업자들은 유사성이 아니라 차별성으로 판매하고 있다. 모든 데이터 세트, 모든 집합제품, 모든 소프트웨어 발표자들은 상이한 시스템을 갖고 있다. 이용자들은 이러한 제품들을 이용하거나 검색하면서 단지 실행에 있어서뿐만 아니라 그 원칙에 있어서도 어떻게 그 산물들을 최대화할 수 있는지를 배우는 것이 필요하다. 즉, 그들은 어떻게 정보 출처들의 질과 권위를 평가할 수 있는지를 이해하는 것이 필요하다. 부적절한 도움과 지원을 제공하는 제품들이 너무 많이 존재한다. 이용자에 대한 교육은 그렇다면 도서관 직원이 중심적인 책임을 지는 것으로 되돌아가는 것이다. 이 부분에 대한 소유권은 아마도 이론의 여지가 있을 것이며 따라서 여기서는 길게 다루지 않는다.

　하지만 도서관의 미래 역할을 정의하는데 있어서 그것은 중심이 되는 주된 항목으로 보아야 할 것이다. 만약 모든 전문적 기술에 대하여 가장 기본이 되는 사항이 지식의 체계성이라면 지식에 대한 최적의 검색이 바로 그 다음에 와야 한다. SCONUL의 정보활용능력자문위원회(SCONUL 1999, 2004)는 특히 이 분야에서 매우 의미 있는 작업을 해왔는데 본 논문의 피상적인 평가는 이를 결정적으로 중요하다는 말로서 다만 인정할 수 있을 것이다.

::선천적(born) 디지털 콘텐츠와 그에 대한 종합

IDC(Gantz, 2008)가 계산한 바에 따르면 2011년까지 디지털 우주는 그것이 태어난 2006년보다 크기가 10배 된다고 한다. 선천적 디지털 콘텐츠의 이러한 폭발적 팽창을 크기와 복잡성의 면에서 다루기 위해서는 정보조직들은 3가지 중요한 규범을 다루어야 하는 것으로 제안하는 바이다.

첫째, 그들은 그들이 그 조직의 사업단위와 갖고 있던 기존관계를 바꾸는 것을 필요로 할 것이며 우리의 경우라면 부서와 교수진이다. 그것은 한 기업의 조직 내에서 정보의 창조, 저장, 관리, 보안, 자료관리, 그리고 폐기를 다루는 모든 자격이 있는 직원에 해당이 될 것이다. 이러한 디지털 우주를 다루는 일은 기술적인 문제만은 아니며 더구나 한 부서에 해당되는 일만도 아니다.

둘째, 그들은 정보의 관리를 위해 조직이 폭넓은 정책들을 발전시켜 나갈 수 있도록 앞장서서 싸우는 것을 필요로 할 것이다: 즉 정보에 대한 보안, 정보의 유지, 서지의 보전, 데이터 접근, 데이터의 발굴, 표준화, 데이터의 평가 및 관리, 기록보존 그리고 준수(compliance) 등에 관한 일이다. 모든 선천적 디지털 자료를 취급하는 단 하나의 집중화된 판매점 모형이 학술 및 관리직의 동료들에게 수용가능하고 바람직한 것으로 보이게 될 일이 본질적으로 있을법한 일로 보이지는 않는다. 하지만 어떻게 지식을 체계화할지에 대한 우리의 탁월함 및 전문적 지식을 다시 주장하는 일과 이러한 일들에 대한 권위 있는 조언을 제공하는 일은 실행가능하며 도전할만한 역할을 약속하고 있다.

셋째, 그들은 공유(종합)와 관리 및 보안을 위한 도구의 자원을 제공하기 위해 저장의 최적화, 조직적이 아닌 데이터 검색 그리고 데이터베이스의 분석으로부터 조직을 증진하는 것을 필요로 하게 될 것이다. 모든 것들은 가능한 한 유연하고 적용가능하며, 상호 운영성이 있으며 측정이 가능한 정보 인프라를 만드는 일이 요구될 것이다. 많은 도구들은 이미 준비되어 있는데-Web 2.0 소셜 네트워킹 기술 및 우리 IT부서들 내의 테라바이트 드라이브로부터 조직화되지 않은 데이터 검색 소프트웨어 및 시맨틱 웹(semantic Web)에 이르기까지-이들은 디지털 우주를 관리하기 위한 것이다. 적절히 다루어지면 우리는 정보의 성장을 생산적인 기업 성장으로 전환시킬 수가 있다.

비록 특이한 예외가 있을 수도 있겠지만(그리고 법에 규정된 콘텐츠 저장소들의 성장이 이들을 증가시키게 될 것이다) 영국에는 직원들에 의한 출간된 산물에 대한 종합적인 연간목록을 제공할 수 있는 대학이 겨우 한곳만이 있을 수 있다. 극히 더 적은 수가 매년 직원들에 의해 만들어진 산물들의 수량, 성격, 편수 그리고 심지어 위치에 전혀 상관없이 기술은 할 수 있을 것이다. 다음 목록들은 광범위하지만 어쩌면 포괄적이지는 않을 산물에 대한 것으로 한 대학교에서 만들고 저장할 수 있는 것들이다. 어떠한 대학교라도 비록 개인 및 단체들이 전체 중 일부에 대하여 유의하게 될 것은 의심할 바 없겠지만, 이들 유형의 자료에 대한 기록보관 선택, 자료관리 그리고 디지털 자산의 관리에 대하여 준비된 정책들을 가지고 있을 가능성은 그렇게 커 보이지는 않는다.

- 연구논문
- 회의 프레젠테이션
- 학위논문
- 위키(Wikis)
- 블로그
- 웹사이트
- 팟캐스트(podcasts)
- 재사용 가능한 학습자료
- 연구 데이터
- E-Lab(전자도서관)의 책자
- 연속적으로 이어지는(streamed) 강의
- 이미지
- 오디오파일
- 디지털화된 장서
- 전자보존문서(E-archives)
- 이메일
- 인사기록
- 학생/직원 기록
- 기업 출판물
- 국가유산인 유물

한 가지 확연한 공백이 남아 있는데 신뢰할 수 있는 저장소에 대한 어떠한 용인 가능한 정의도 부재하다는 것이다. 우리는 이러한 개념을 인쇄물에 대한 것으로 이해하고 있으며 법적인 기탁 도서관과 주요 연구도서관들을 신뢰성을 바탕으로 한 일단의 표준과 가치를 가지고 설정해놓고 있다. 매우 최근까지도 컴퓨팅의 수명은 도서관들이 갈망하는 수세기 대신에 수개월을 기준으로 하고 있었다. 비록 많은 작업이 컴퓨터의 수명을 연장하는 일에 대하여 진행되었지만 자료들의 신뢰성에 대한 개념은 취지를 결여하고 있었다. 흥미롭게도 만약 사람들이 예를 들면, 마오리족의 구강 전통에서 구체화되어 있는 신뢰성의 원칙 같은 것으로 되돌아가게 된다면 완벽하게 압축되는 일단의 폭넓은 원칙들을 찾아낼 수가 있을 것이다. 5가지 마오리족의 테스트(Winita, 2002)는 다음과 같다.

- 정보를 정확하게 받아들인다.
- 정보를 의심의 여지가 없는 완전한 상태로 저장한다.
- 정보를 수정함이 없이 검색한다.
- 정보를 이용하여 적절한 판단을 적용한다. 그리고,
- 정보를 적절하게 전달한다.

만약 도서관들이 이들 5가지 마오리족의 테스트를 전달할 수 있게 된다면, 그들은 디지털 정보의 소유권에 대한 사안들로 고심을 시작하고 있는 조직들에게 커다란 혜택을 제공할 수 있을 것이다. 컴퓨팅 센터는 여전히 데이터를 보유하는 기술을 관리할 수도 있겠지만 그 도서관은 여전히 그 콘텐츠에 대한 책임을 질 수가 있다.

물론 대학들과 그들이 가지고 있는 커다란 기득의 이해관계자들이 간단히, 일정하게, 그리고 의연하게 그들의 디지털 자산을 도서관에게 넘겨줄 것으로 가정한다는 것이 극히 순진한 일이 될 수도 있다.

우리가 생각해야 할 것은 우리가 배포한 콘텐츠의 세상 속에 살고 있다는 것이다. 하지만 도서관이 권위의 구심점이 된다는 열망을 가지고 대학을 위하여 저작권으로부터 데이터 관리에 이르기까지 모든 사람을 위해 채택되어야 할 표준에 대한 조언을 할 수도 있으며 그리하여 대학들이 국가적으로 승인된 최선의 관행에 적합한 표준들을 채택하고 널리 알릴 수 있도록 확실히 하고 그리고 심지어 그들의 이행을 감시하는 일을 제시한다고 해서 그다지 믿기 어려운 일로 보이지는 않는다.

이러한 선천적 디지털 자료에 대한 통제권을 획득하는 일만큼이나 거의 중요한 일이 거기에 가치를 부가하는 것이다. 그 일이 서지학적으로 건전하고 따라서 접근 가능한 일이 되어야 할 뿐만 아니라 다른 조직들로부터의 자료와도 통합하는 것이 이상적일 것이다. 최근의 ARL보고서(Lowry, 2009)에서는 도서관에 대한 여러 잠재적 위험요인들을 중요하게 보이는 아래의 2가지로 확인하고 있다:

- 콘텐츠 산업들을 위해 정책들을 세우고 서비스에 대한 정의를 해가는 활동과 커져가는 역할의 보급을 외부에 위탁시키는 일은 연구 및 교육에 의해 만들어진 지적 재산들에 대한 연구기관들의 통제력을 더욱 더 약화시킬 수가 있다. 그리고,
- 만약 도서관들이 내부적으로 돌아서서 지역의 자원을 지키는 일에 초점을 맞추게 된다면 그들은 필수적인 협력 작업으로부터 물러나게 될 수도 있다.

도서관들은 국제간 외교의 커다란 승리로서 IFLA의 쌍둥이 같은

프로그램인 세계서지통정(UBC)과 세계출판물유용성(UAP)을 바탕으로 함께 일하고 시스템을 서로 빌려주는 부러운 기록의 자취를 가지고 있다. 우리의 기관들에 의해 만들어진 선천적인 디지털 자료가 일관성 있게 그리고 효과적으로 이용이 가능하며 그리고 그것이 상업적 가치를 가지는 것으로 인식하는 그저 그런 체리픽 품목(cherrypick item: 단물만 빨아먹고 버려지는 품목)으로 콘텐츠 산업에 남겨지지 않도록 확실히 하기 위한 새롭고 유사한 노력이 요구되고 있다.

::결론

그렇다면 이러한 환경적 고찰의 관점에서 도서관들과 사서들에 의해 추진되어야 할 안건을 강조하는 것이 가능한 일일 것이다. 물론 어떠한 보편적 만병통치약도 존재하지 않으며 따라서 그에 대하여 강조할 내용은 기관에 따라 달라질 것이지만 다음과 같은 관심사들이 도서관의 역할에 대한 어떠한 재정의에 있어서도 핵심적임은 분명해 보인다.

- 전자적 연구(e-Research)를 위한 수집품들의 구축과 선천적 디지털 자료에 대한 가상연구 환경에 국가적 내지는 국제적으로 모두 이바지.
- 재빠른 마케팅, 품질보장, 트러스트 메트릭 그리고 검색능력 순위의 중요성.
- 기관의 선천적 디지털 재산에 대한 관리, 그것들에 대한 서지학

적인 보전성과 이용 가능한 콘텐츠가 부가된 마케팅적 가치의
확실성.
· 훈련/정보 능숙도/정보 활용능력. 그리고,
· 기관들에 대한 정책 및 표준의 조언.

이상의 것이 다루어져야 하고 해결되어야 할 하나의 안건임을 사
서들만이 아니라 기관들까지 설득시키는 일은 정말로 미래의 도서관
들을 위한 밝은 여명을 보장해줄 것으로 믿는다.

제6장

디지털화 프로그램 재구성의
성공요인과 전략계획

이 논문은 학술도서관 디지털화 프로그램을 유지하는 복잡한 요인을 조사하기 위하여 사례연구와 설문조사의 이중 접근 방법으로 하였다. 사례연구는 라스베이거스에 있는 네바다주립대학(이하 UNLV) 도서관 디지털화 프로그램의 배경과 이 프로그램에 대한 직원의 지원을 얻기 위해 정성을 들인 저자의 노력을 포함한다. 자신의 디지털 컬렉션에 대한 기본 데이터를 수집하고, 그들 각각의 행정기구를 이해하며 그리고 그들의 성공에 영향을 끼치는 부정적인 장애물과 긍정적인 투입요소에 대한 피드백을 수집하기 위해 관련된 조사가 연구도서관협회(이하 ARL) 모든 회원에게 시행되었다. 설문조사와 저자의 현장 경험을 결합하여 얻은 결과는 직원의 기량, 자금 및 전략계획을 포함하여 몇 가지 잠재적인 성공요인을 지적한다.

성공적인 디지털화 프로그램을 구축하는 것에 대한 대화가 있고 이미 수행되었거나 현재 많은 학술도서관에서 진행 중인 과정도 있다. 2002년 IMLS(Institute of Museum and Library Services)의 보고서에 따르면, "학술 도서관의 34%가 지난 12개월 이내에 디지털화 활동을 보고했다." 19%는 12개월 이내에, 44%는 12개월을 지나서 디지털화 작업에 참여를 기대한다.[1] 그다음의 2004년 연구로부터의 보다 최신통계는 디지털화 활동을 수행하는 모든 학술도서관의 절반에서 디지털화 작업이 지속되었고 확장된 것을 반영하였다.[2] 2006년 ARL의 '디지털화 활동운영' 연구에 ARL 도서관의 55%가 응답하였고, 응답자 중 97%가 디지털화에 참여함을 보여주었다.[3] 2008년 Ithaka의 '고등교육에서의 디지털 변화의 주요 이해 당사자' 연구에서는 대규모 학술도서관의 약 80%가 디지털 저장소를 이미 가졌거나 가질 계획임을 밝혔다.[4] 많은 기관에서 디지털화가 일반적인 것이 됨으로써, 다른 기관들이 존속하기 위해 디지털화 요구를 찾을 동안 도서관 디지털화 프로그램의 급속한 성장과 성공에 기여하는 것이 무엇인지를 고려하는 것은 시간상 적절하다.

UNLV 도서관에서 디지털화의 진화는 많은 기관이 수행한 의심할 여지없는 여정이다. 몇 년을 지내고보니 UNLV 도서관에서의 그런 프로그램을 위한 그러한 책임은, 전에는 단독으로 대답했기 때문에 체계적으로 답할 수 없었던 약간의 주요 철학적 질문에 공동적으로 고심하는데 도움이 되었고 프로그램에 새로운 활력을 주는 기회가 되었다. 이것과 관련하여 다른 직원들을 참여시키는 것이 공동의 관심사가 되었다. 하나의 목표는 학술 디지털화 프로그램에 대한 교육에 그들을 돕는 것이었다. 또 다른 목표는 프로그램의 전략적 방향에 관한 주요 질문에 투입하기 위하여 기회를 제공하는 것이었다. 후속조치로 저자는 입증된 문제가 지닌 어려움뿐만 아니라 어떤 요인이 그들 프로그램의 성공에 기여했는가를 좀 더 이해하기 위해 다른 학술도서관들을 조사하였다. 많은 질문들을 기획할 때에는 우리 도서관 직원에게 물었고 재조직과정에서는 다른 학술도서관을 조사할 때 물었다. UNLV 도서관에서 적절한 구조단계와 초기 저자의 정책 및 효율적인 운영을 위한 준비절차가 무엇인가를 조사하는 동안, 우리는 그들 자신의 디지털화 프로그램에 관련된 명제로서 경험, 핵심 요원 및 다른 기관 도서관들의 근본적인 철학을 좀 더 이해하기를 원하였다. 다음의 기사는 UNLV 도서관 디지털화 프로그램의 배경에 관련된 주요 내용과 도서관 동료들의 교육을 향해 정성을 들인 저자들의 노력 및 UNLV 도서관 디지털화 프로그램을 위해 직원이 구입하여 얻은, 수많은 다른 기관도 의심의 여지없이 경험하거나 주도하거나 또는 고통 받는 과정을 제공한다. 저자들의 초기 계획 단계와 진행 후의 직원과의 대화 그리고 다음의 논의에서 통합된 설문조사와 응답 같은 것에서 발생한 것과 유사한 많은 주제를 다룬 조사가 ARL 회원에게 시행되었다.

저자들은 26개의 설문조사를 ARL 회원 123명에게 시행하였다. 이 조사의 초점은 이전에 언급한 ARL의 '디지털화 활동운영' 연구와 다른 것이다. 그러나 몇 개의 질문은 어느 정도 겹쳐졌다. 인구통계학적 또는 구체적인 사실 유형의 질문 이외에도, UNLV 도서관 디지털화 설문조사는 다음과 같은 몇 가지, 즉 직원지원, 행정지원, 문제점과 혜택 같은 것을 인식하고 질문했다. UNLV는 ARL의 회원이 아니지만 우리는 우리 스스로를 연구도서관으로 생각한다. 그리고 어떻든지 그것은 설문조사에 몇 가지 구조를 제공하는 편리한 방법이었다. 설문조사 응답은 2008년 6월 중순부터 7월 하순까지 45일 동안 수집되었다. 각각의 모든 ARL 도서관의 웹사이트 방문을 통해, 저자는 만일 그들이 스스로 잘못된 것을 식별하였다면 동료에게 메시지를 전달하도록 안내하여 ARL 디지털화 프로그램의 '리더'로 나타나는 개인을 확인했다. 이것은 매우 힘들었고 대신에 다수의 프로그램 구조와 그들의 컬렉션을 증진하는 데 있어서 기관 간의 차이 등등을 밝혔다. 저자가 반드시 ARL의 모든 도서관은 디지털화 프로그램을 가지고 있다는 가정으로 시작하지 않았으나, 그러나 대부분(전부는 아니지만)은 직원을 갖춘 공식적인 디지털화 프로그램 조직을 가진 것 같았고 비록 단 하나의 컬렉션일지라도 적어도 디지털화되었고 무엇인가를 유용할 수 있게 했다. 우리는 이메일로 조사발표와 대상이 되는 개인들에게 설문지를 연결하였고 한 달 후에 상기하는 후속조치를 가졌다. 응답은 익명으로 했고 응답자가 질문을 건너뛸 수 있었다. 이렇게 해서 26개 질문에 응답을 표시한 수는 낮게는 30응답(24.4%)으로부터 높게는 44응답(35.8%)이었다. 각 질문에 대한 평균 응답률은 39.8%이고 전반적인 응답률은 32.4%였다. 질문은 한 답변을 선택하는 선다형, 해당 사항 모두를 표시하는 선다형 및 자유기술형의 세 가지였다. 또한 선다형 질문 중 일부는 자유롭게 기술하는 것을 허용하였다. 설문조사 응답은 [부록 A]에 있다.

::UNLV 도서관 디지털화 프로그램의 내용

UNLV 도서관 디지털화 설문조사의 목적을 위해 "디지털 컬렉션(digital collection)"을 다음과 같이 정의한다.

> 디지털 컬렉션은 전자적인 접근을 제공하거나 보존 목적을 위하여 기계가독 포맷으로 변환된 도서관장서 또는 아카이브 자료이다. 일반적으로 디지털 컬렉션은 도서관에서 만들어 온라인으로 제공되거나 용이하게 검색할 수 있도록 조직된 원본자료의 디지털 사본이다. 그들은 전문(full text) 검색, 훑어보기(browsing), 확대 축소와 수평적 움직임, 개체의 측면 비교 및 프레젠테이션과 재사용을 위해 보내기 등과 같은 특징을 제공할 수도 있다.

설문조사의 한 질문은 "귀하의 도서관은 첫 번째 '주요' 디지털 컬렉션을 몇 년에 발표했다고 생각하십니까?"라고 물었다. 응답은 1990년에서 2007년까지 분포되었고, 모든 응답의 일반적인 평균은 2001년이었다. 이전 ARL 연구에서는 대부분이 디지털화 활동 시작은 2000

년이라고 응답했다.[5] 이 연대기에 비춰볼 때, UNLV 도서관은 1990년 대 후반부터 디지털 프로젝트를 계획하고 도서관장서의 디지털화 작업을 해왔다. 기술적인 웹디자인 전문지식은 편목부서(나중에 이름이 서지 및 메타데이터 서비스로 변경됨)에서 개발되었고, 초기 노력 중 일부는 온라인 미술관과 특별한 컬렉션인 Jeanne Russell Janish(1998) 같은 시각자료의 전시(exhibit)로부터 만들어졌다.[6] 그 뒤에 UNLV 도서관은 디지털 컬렉션을 위해 장치나 프로그램이 프로그램에 의해 이용되고(back-end) 또 사용자가 직접 이용하는(front-end) 기반시설 모두를 제공하는 CONTENTdm 디지털 컬렉션 관리 소프트웨어를 구입하였다. 후에 검색기능을 갖춘 최초의 디지털화 프로젝트가 1999년에 수상한 UNLV 창안상(Planning Initiative Award)의 상금에 의해 특별 컬렉션과 제휴하여 만들어졌다. 2003년 초 라스베이거스 프로젝트는 라스베이거스의 역사적 자료에 초점을 맞춰 CONTENTdm 소프트웨어를 사용하여 데이터베이스에 질문을 하여 결과를 찾고, 검색하며 조작하는 사용자를 안내하기 위해 설계되었다.[7] UNLV의 개발은 "유타 주에서 가장 큰 학술기관이 디지털 이미지 프로젝트를 개발하기 시작한 바로 그때"인 2001년 유타지역 개발과 일치하였다.[8] 12개월 전의 연구발표인 2004년 IMLS 연구의 데이터는 대규모 학술도서관의 대부분은 온라인 제공을 위해 100에서 500 사이의 이미지가 디지털화된 것을 밝혔다.[9]

디지털화 작업은 큰 부서로부터 시작해서 한 명의 자원봉사자에 이르기까지 다양한 크기의 직원들을 통해 이루어졌다. 디지털화 작업을 위한 직원을 따로 두고 있는 도서관도 그런 직원들을 어느 부서에 소속시키는지는 천차만별이다. Boock과 Vondacek의 연구에서는 디지털화, 특수장서, 아카이브, 기술서비스 부서에 포함하였고 거의 대부분은 디지털화 활동을 거행할 디지털 도서관 부서를 새로 만들었다.[10] ARL 연구에서는 응답의 대다수가 디지털화와 관련된 일부 또는 모든 활동이 도서관의 여러 부서에 걸쳐서 분산된 것으로 나타났다.[11] 2003년 UNLV 도서관은 지식접속관리(Knowledge Access Management)부 안에 5명 직원으로 구성된 WDC(Web and Digitization Services) 부서를 공식적으로 만들어서 UNLV 도서관 공개 웹사이트 개발, 정보자원을 효과적으로 제공하고 관리하기 위한 웹 기반 애플리케이션과 데이터베이스 개발, 그리고 UNLV 도서관 장서에서 독특하고 광범위한 이용자에게 관심을 줄 수 있는 도서관 자료를 디지털화하고 온라인으로 제공하였다. 그들은 메타데이터 표준, 콘텐츠 선택 그리고 시스템에 관한 기술지원 활동의 품질을 높이는데 다른 부서 직원의 도움을 얻었다. UNLV 도서관 디지털화 설문조사에서 응답 도서관의 대다수(78%)가 그들이 책임을 갖고 있는 중점적인 업무가 디지털화 활동을 지원하는 정규직원이 적어도 한 명은 있음을 보였다. 이것은 디지털화 프로그램을 전적으로 책임지는 직원이 있음을 의미하는 것은 아니다. 2006 IMLS 연구에서 대규모 학술 도서관의 74.1%가 자신들은 기술과 관련된 활동을 수행하기 위해 충분히 숙련된 기술직원이 부족하다고 설명하는 것으로 나타났다.[12]

어떤 디지털화 프로그램이든 가장 중요한 것은 프로젝트를 어떻게 구상하고 그 후 우선순위를 어떻게 결정하느냐 하는 구조이다. 디지털 프로젝트 자문위원회는 UNLV의 초기 WDS 부서의 우선순위 정하는 것을 돕고, 프로젝트 아이디어를 우선적으로 처리하기 위해 결성되었고, 그리고 그 후 승인된 사업개발을 이끌고 갔다. 이 위원회의 업무는 너무 드물게 일어났고 디지털화에 대한 철학적 사고와 갈등을 갖고 부딪쳤기 때문에 부분적으로 성공이 혼재된 것으로 판단할 수 있다. 그리고 너무 많은 다른 도서관의 우선순위를 빼낼 수 있었기 때문에 승인된 아이디어를 단지 제자리에 두는 것이 아니라 실현하는 데 있어서 직원의 도움이 필요하다는 현실에 직면하였다. 이러한 초기에 얻었던 교훈의 평가는 Brad Eden의 논문[13]에서 찾을 수 있었다. UNLV 도서관 디지털화 설문조사는 디지털 프로젝트를 위한 우선순위와 관리에 대한 몇 가지 질문을 했다. 공식과정에서 누가 프로젝트를 결정하고 누가 산물(products)을 결정하느냐에 대해 위원회 기반의 의사결정구조가 어려움이 있음에도 불구하고 조사응답자의 42.1%는 위원회가, 한 명의 결정권자가 하는 경우는 23.7%였다. 후속 질문은 "궁극적으로 승인된 프로젝트는 어떻게 우선순위를 매기는가?"를 물었다. 가장 대중적인 응답(54.1%)은 "여러 사람으로 구성된 검토 위원회에 의해", 이어서 "공식 절차 없음"(27%)에 표시하였다. 응답자의 18.9%는 "한 명의 결정권자에 의해"를 선택하였다. 이전 ARL 연구에서 이것과 다소 관련이 있는 질문, "디지털화 활동을 위해 지원 직원의 배분은 누가 결정하는가? 해당되는 모두를 체크하시오"를 물었다. 7개의 문항에서 가장 많은 체크를 받은 세 가지 문항은 "중앙 부서의 수장", "디지털화 팀/위원회/작업그룹", 그리고 "다른 사람들"이었다. 여기서 다른 사람들은 대개 학장, 관장, 또는 부서장과 같이 관리 권한을 가졌다.[14]

프로그램에 대한 행정지원은 UNLV 도서관 디지털화 설문조사에서 조사된 또 다른 변수였다. 설문조사는 "귀하는 디지털화에 대한 현재의 도서관 지원을 어떻게 생각하고 있습니까?" 1부터 5까지의 척도에 따른 비율로 응답토록 물었다. 응답자의 40% 이상은 '지속적인 지원'을 표시하였고, 이어서 응답자의 31%가 '최우선으로 전격적인 지원', 14.3%는 '중립', 그리고 14.2%는 '최소한 지원' 또는 '미미한 지원 또는 약간 반대'를 표시하였다. 그것은 학장이나 관장의 지원(또는 비협조)이 디지털화 프로그램에 극적인 효과를 가질 수 있다는 다른 질문들의 응답으로 또한 분명해졌다. 2005년 새로운 학장이 부임하면서 UNLV 도서관은 변화를 가져왔다. 디지털화 프로그램을 위해 매우 적합한 그녀는 캘리포니아에서 왔고, 대규모 학술 환경과 도서관 내부에서 디지털화의 선두에 서서 매우 열심히 참여하였다. 그녀의 전략 중 하나는 UNLV 도서관에서 디지털화 프로그램의 교체였고, 그리고 그녀의 열정은 디지털화의 장점에 대한 대학당국자의 인식을 증대시켰다.

::조직개편, 도서관 직원의 참여 및 의사결정

2006년 디지털화 프로젝트 사서(결원 보충)와 웹 기술지원 관리자(신규 자리)로 2명의 신규 직원이 UNLV 도서관 WDS 부서에 합류했다. 조금 후에 시스템 부서(다른 것들 사이에서 웹 및 디지털화 서버에 대한 기술지원을 제공)와 WDS 부서는 하나의 부서로 결합되어 도서관 기술부(Library Technologies)로 개칭하였다. 전체적으로 이러한 변화는 새로운 것을 가져왔고 직원은 디지털화 프로그램에 바빴으며 디지털 컬렉션을 작성하고 지원하는 것을 담당하는 많은 직원들을 하나의 부서 아래로 통합하였다. 아마도 더 미묘한 것은 이 방식은 또한 디지털 컬렉션 발표의 필요성과 중요성을 공식적으로 인정하였다.

신규직원의 추가와 조직개편에도 불구하고 아직도 부족한 부분은 자금 요청, 우선순위 정하기, 그리고 디지털 컬렉션의 작성과 프로그램을 안내하는 종합적인 비전에 대한 도서관 이해관계자의 환심이었다. 도서관 기술부 직원 가운데는 기술적 전문지식, 메타 데이터와 이미지 표준지식 그리고 디지털화 프로그램과 개념에 대한 뿌리 깊은 지식은 있었지만 주로 UNLV 도서관의 특수장서에 대한 깊이 있는 지식과 대학교수와 교육 커리큘럼과 밀접한 업무에 대한 추적(track)기록에 대한 지식은 없었다. 다른 조직과 마찬가지로 UNLV 도서관은 새로운 부서를 만들었을 뿐만 아니라 또한 부서를 혼합하여 디지털화 활동을 공동으로 작업할 수 있는 프로젝트그룹을 소개할 태세를 갖추고 있었다. ARL과 GWLA(Greater Western Library Association) 도서관들의 연구에서 Boock와 Vondracek는 이것이 가장 일반적으로 사용되는 조직구조임을 발견했다.[15] 디지털화 프로그램의 개념에 대한 지식과 디지털화하여 유지해야 할 컬렉션이 어떤 것인지는 다른 도서관 동료 사이에 널리 퍼지지는 않았다. UNLV 도서관이 나서서 약속한 것은 아니지만 일련의 도서관 이해자 그룹이 도움을 요청하고, 우선순위를 정하며, 그리고 UNLV 도서관 디지털화 프로그램의 개요를 제공하는데 관심을 갖고 참여하여 궁극적으로 개혁해야 하는 것을 인정했다. 여러 가지 이유 때문에 저자들은 직원들의 수를 최대한으로 유지하고 싶어했다. 디지털화 프로그램의 장점에 대해 잘 알지 못하는 동료들이 전산화에 대해 더 배웠으면 하는 바람뿐만 아니라 그런 동료들이 캠퍼스 전역에 걸친 연구 프로그램과 그들의 연락업무를 통해 프로젝트에 대해 관심을 모을 수도 있는 가능성도 있었다. UNLV 도서관 디지털화 설문조사에서 "귀하의 도서관에 디지털화 프로젝트를 위한 콘텐츠를 제공하는 사람들의 디지털화에 대한 지원을 귀하는 어떻게 생각하십니까?"라고 질문했다. 여기에 65.95%의 응답자가 '지속적인 지원'이라고 대답했고 15.9%는 '최우선으로 전폭적인 지원'이라고 대답했으며 13.6%가 '중립'이라고 대답했고 4.6%는 '미미한 지원이거나 약간 반대'라고 대답했다. 직원들의 수를 유지하고 UNLV 도서관 디지털화 작업을 되살리기 위한 무대를 마련하고 우리는 디지털화 프로그램이 가져다주는 이익에 대해 도서관 직원들을 참여시키고 교육하기 위해 준비작업을 시작했다. 이 작업에는 성공적으로 짜여진 UNLV 도서관의 전략적 계획이 들어가 있으며 많은 도서관 이용자에게 이 프로그램의 전략적인 방향성에 대한 흥미로운 질문을 제기한 백서를 저술하였다. 마지막으로 우리는 도서관 직원을 위해 디지털화 워크숍을 두 번에 걸쳐 계획하고 실행에 옮겼다.

::전략계획

UNLV 도서관 디지털화 설문조사에서 "귀하의 도서관 전략계획에 디지털화 프로그램 또는 디지털화 활동에 관한 것이 있습니까?"라고 질문했다. 전체의 63.4%가 그렇다고 응답했고, 응답자의 22%가 명확한 참고사항은 없지만 묵시적인 참고사항은 있다고 답했다. 그리고 단지 7.3% 응답자만이 디지털화 프로그램이 전략계획 속에 어느 정도 언급되어 있지 않다고 응답했지만, 반면 놀랍게도 3명의 응답자들(7.3%)이 그들 도서관에는 전략적 계획이 없다고 했다. UNLV 도서관의 전략계획은 도서관 직원으로부터 폭넓은 피드백을 받는 것으로 인정받는 중요한 문서이며 도서관의 참여적인 의사결정과정의 전형적인 예가 된다. 최근의 전략계획의 반복은 2007-9를 수록하고 전략들과 안건을 지지하는 다양한 목표를 포함한다.[16] 게다가 모든 행동강령은 평가 측정과 관련이 있어 왔으며, 도서관 직원들은 그 행동강령을 수호할 책임이 있다. 부서별 연차보고서는 명확하게 전략계획 목표를 향한 진전을 언급하고 있다. 따라서 만일 디지털화 프로그램과 관련된 목표가 전략계획에 나타나 있다면, 그것이 어느 정도 분명한 언급이라면, 도서관 직원들은 디지털화 프로그램의 중요성을 인정하고 받아들이는 것이라 할 수 있다. 운 좋게도 디지털화를 위한 노력은 다음의 사항을 포함하는 여러 개의 목표, 전략 그리고 행동강령에서 두드러지게 나타나고 있다.

- UNLV 도서관의 인쇄와 미디어 컬렉션에 대한 접근이 향상됨과 동시에 교육, 연구, 그리고 봉사활동을 지원하기 위한 디지털 컬렉션과 서비스의 접근 공급을 지속적으로 증가시켜라.
- 대학의 연구와 교수에서의 요구를 충족하기 위한 모든 유형의 컬렉션에 접근하는 것을 지속적으로 확립하고 개선하는 한편 디지털 컬렉션에 대한 접근을 확대 제공하라. 독특한 UNLV와 지역적·국가적·국제적 연구의 관심사를 디지털화하기 위한 컬렉션을 확인하라. 컬렉션을 활용하고 연결지을 수 있는 디지털 프로젝트를 창조하라. 모든 포맷의 국가적인 표준을 따를 수 있는 메타데이터와 스캐닝 기준을 개발하고 적용하라. 지역적·국가적 디지털 프로젝트를 위한 콘텐츠와 메타데이터를 제공

하라. 디지털 컬렉션과 정보를 창조, 관리하는 데 있어서 전문
지식을 지속적으로 개발하라. 디지털 컬렉션을 개발하고 제시
하는 데 있어서 교수, 학생, 그리고 다른 외부 지역 도서관과 협
력하라.

· 라스베이거스 수도권의 복잡한 현장의 기록과 조사, 해석을 위
한 포괄적인 자원이 되고 그리고 독특한 도시와 문화현상으로
서 라스베이거스 연구를 위한 국제적인 초점을 제공하라. 모든
포맷의 정보 및 자원을 확인, 수집, 보존, 관리함으로써 라스베
이거스의 역사적·문화적·사회적·자연환경적인 배경을 기록
한 자료나 정보에 대한 실제적이며 디지털화된 접근을 가능하
게 하라. 도시의 개발, 디자인, 엔터테인먼트 그리고 건축에 있
어서 국가적·국제적인 중요성을 지닌 최근의 컬렉션을 강화할
만한 독창적인 컬렉션을 확인하라. 물리적인 것과 디지털화된
컬렉션에 접근할 수 있도록 새로운 접근도구를 개발하고 최근
의 서지와 메타데이터 지원프로그램 이용을 고양시켜라. 웹 기
반 디지털 프로젝트를 개발하고 웹 기반 컬렉션을 전시하라.

전략계획의 목록들 몇몇과 관련된 수도권 캠페인 사례 명세서는
UNLV 도서관에 다양한 측면의 이익을 가져다주는 기회가 될 수 있
다. 즉, 이러한 것들을 포함한 몇몇은 자료의 디지털화와 관련된 아이
디어를 준다.

::백서

디지털화 프로그램의 준비 작업이 될 수 있는 또 다른 중요한 단계는 최근 디지털화 프로젝트에 고용된 사서들에 의해 작성된 종합적인 백서였다. 완성된 보고서는 본래 도서관장에게 주어졌고 후에 대학행정 책임자와 결국 모든 도서관 직원들에게 배포되었다. 이 백서의 개요는 [부록 B]에 나와 있다. 백서의 목적은 다면적이다. 주요 역사적인 맥락 이후에, 백서는 디지털화 프로그램의 가장 중요한 한 가지 양상인 프로그램 계획 즉 프로그램의 전략적 목표개발, 공식적인 의사결정 과정을 통한 프로젝트 선정과 우선순위 결정, 그리고 효율적인 프로젝트팀을 통한 아이디어에서부터 실현화까지의 계획 관리를 다루었다. 프로그램의 핵심 가치를 다룬 첫 번째 주제는 전적으로 인쇄자료의 궁극적인 독자인 도서관 직원을 위한 교육적 목적이 강했다. 그 교육적인 목적의 한 부분으로서 백서는 디지털화의 다양한 강점과 기관에서 디지털화 프로그램(독특한 자료에 접근할 수 있는 방대한 웹 제공, 교육 및 연구를 교과과정에 통합할 때 고취와 지원 등)을 유지하기를 원하는 이유를 열거했다. 백서는 또한 짧은 기한의 디지털 전시, 장기적인 발표물, 유지할 컬렉션과의 차이점을 구분하여 정의했다. 그리고 다양한 디지털 컬렉션의 구성요소인 이미지, 멀티미디어, 메타데이터, 색인, 주제별 프레젠테이션(과 편견이 없는 선택), 다른 디지털 컬렉션 및 타 도서관 웹사이트와의 통합 등에 대해서도 논의했다. 유지와 평가에 중요한 질문을 상정하고 장래의 철학적인 논의를 위한 무대를 마련하기 위해 데이터의 신선함(refreshing of data)과 데이터의 이송(migration of data)과 같은 개념을 정의했다.

디지털 컬렉션이 발표되길 원하는 무수히 많은 이유들을 고려하고 어쩌면 실현될 수 없거나 동일한 중요성을 확보하지 못할 가능성이 있는 현실을 점검하여, 백서는 몇몇의 시나리오를 나열하였고 각각의 시나리오에서는 우리의 프로그램을 위한 강력한 근본적인 목표에 대해 요컨대 진실 또는 거짓으로 질문하였다.

- 도서관은 우리의 장서에서 독특한 자료들을 선정하여 디지털화하고 이러한 자료들을 새로운 포맷으로 접근, 제공하는 데 관심이 있다.
- 도서관은 새로운 포맷으로 접근하기 위해 모든 정보 자원의 디지털화에 관심이 있다.
- 도서관은 주요 디지털화 계획을 지원하기 위해 자금조달을 적극적으로 수행해야 한다.
- 도서관은 디지털 프로젝트/프로그램에 의해 제공된 도서관의 독창적인 명성, 홍보, 마케팅의 기회를 활용해야 한다.

신규 프로그램의 경계선을 정의하는 목적을 지속적으로 갖고 있으면서 백서는 이용자, 요구되는 일련의 기술 그리고 자원과 관련된 질문을 하였다.

두 번째 기본적인 주제는 디지털화를 위해 아이템의 선정, 우선순위 및 제안된 아이디어에 대해 소개하였다. 그것은 콘텐츠 기준(이 아이디어를 생각한 이유는 무엇이냐? 복합적이거나 독특한 메타데이터가 주제 전문가로부터 얻어질 수 있는가?)과 관련된 질문을 제기했고 프로젝트 아이디어를 평가하는 다양한 잠재적인 측정방법을 열거했다(만약 이미 다른 도서관에서 매우 유사한 프로젝트를 수행했다면 우리가 반드시 이것을 할 필요가 있는가?). 서로 다른 포맷으로 된 컬렉션 간의 감동적인 상호 운용가능성, 기술적인 사회기반시설 고려 등 기술기준에 대한 고려사항을 열거하였다. 다수의 동시적인 아이디어는 우선순위를 요구하고, 백서는 공식적인 리뷰 절차, 도서관 직원, 어떤 과정을 성공적으로 도와줄 일련의 업무기술을 제안하였다.

세 번째 기본적인 주제는 승인된 아이디어가 현실화되도록 하는 세부사항들과 백서의 교육적인 목적을 강화하는 데 초점을 맞추었다. 승인된 프로젝트를 위한 일반적인 계획단계를 기술하였고 대부분의 디지털 프로젝트에 포함된 전형적인 단계의 리스트인 스캐닝; 메타데이터 생성, 색인 및 어휘 통제; 코딩 및 웹 인터페이스 디자인; UNLV 도서관의 CONTENTdm 시스템으로의 레코드 업 로딩; 프로젝트 시작의 홍보; 완료 후 프로젝트 평가를 포함하였다. UNLV 도서관 설문조사의 한 질문은 UNLV 도서관이 성공적인 디지털화 프로그램을 위해 중요하다고 여기는 13가지의 기술과 관련되었다. 그 질문은 응답자들에게 그들의 도서관에서 개인적으로 지니고 있는 기술의 등급을 5점 척도를 기반으로 하여 평가할 것을 요청하였다(1에서부터 5까지: '전문지식 없음', '매우 제한된 전문지식', '업무지식/그럭저럭 충분', '고도의 지식', '대단한 전문지식'). '전문지식 없음', '매우 제한된 전문지식' 둘 모두 그 어떤 기술에 대한 응답에서도 가장 높은 평가를 얻지 못했다. 13가지 기술 모두의 종합적인 순위 평균은 5점 만점에 3.79점이었다. 가장 높은 평가를 얻은 기술은 '메타데이터 생성/편목' 4.4점, '디지털 화상/문서 스캔/사후 화상 처리/사진' 4.27점과 가장 낮은 평가를 획득한 기술은 3.33점을 획득한 '멀티미디어 포맷'과 2.95

점을 얻은 '마케팅과 홍보'였다.

  UNLV 도서관의 백서에는 가장 생산적인 콘텐츠를 제공할만한 몇 가지의 부록들이 있다. 그 부록들은 백서의 교육적 취지를 완성하면서 "여기에서부터 우리는 어디로 가길 원하는가?"라는 질문에 대한 로드맵을 그려냈다. 이 로드맵은 대단히 중요한 역할을 해낼 디지털화 프로젝트 자문위원회, 위원회의 잠재적 회원들 그리고 위원회의 역할 활성화를 제안했다. 이 위원회는 아이디어 요청과 아이디어의 우선순위 정하기, 발표를 위한 승인된 아이디어의 진행과정에 대한 책임이 있을 것이다. 부록은 또한 프로젝트 팀(각 프로젝트를 위해 존재할 것임), 프로젝트 팀의 그럴듯한 회원들 그리고 매일매일 행해지는 디지털화 활동을 완성하기 위한 프로젝트 팀의 기능을 제안하였다. 디지털화 프로젝트 자문위원회와 프로젝트 팀 사이의 연락업무는 두 팀 모두에서 봉사하게 될 디지털화 프로젝트 사서가 맡게 될 것이다. 백서의 마지막 페이지에는 개념으로부터 현실화하는 것까지 디지털 프로젝트 전 과정에서 제안된 강조할 만한 다양한 단계의 실례를 제공하였다.

::디지털화 워크숍

  백서가 공유된 지 몇 달 후, 다음 단계로 프로그램 재편성과 구축에 탄력이 붙은 것은 디지털화에 대한 두 개의 포럼 후원이었다. 첫 번째 하나는 2006년 11월에 개최했고, 행사를 위해 Roy Tennant(전 캘리포니아 디지털 도서관 이용자 서비스 설계자, 현 OCLC)와 Ann Lally(워싱턴대학교 도서관의 디지털 계획 프로그램의 수장) 두 발표자를 초청하였다. 이 회의는 초청된 모든 도서관 직원에게 두 시간 동안 프레젠테이션과 질의응답으로 이루어졌고, 잇달아 두 개의 소그룹 회의를 가졌다. 세 회의 모두 디지털화 프로젝트 사서에 의해 검토되었다. 이 회의에서 나온 질문은 [부록 C]에 제공되었다. 소그룹 회의는 각각 UNLV 도서관의 특정 부서를 대상으로 했다. 첫 번째는 디지털 컬렉션(디지털 도서관의 정의, 표준, 유용한 메타데이터 설계, 접근가능성과 상호운용성 등)에 접근하여 제공하는 데 초점을 맞추었다. 두 번째는 잘 구축된 디지털 도서관(디지털화 프로그램의 목표, 콘텐츠 선정기준, 공동작업, 평가 등)의 구성요소에 초점을 맞추었다. 네바다에 있는 다른 도서관으로부터 동료들이 초청을 받았으며, 포럼은 출석률이 좋았고 매우 칭찬을 받았다. 회의는 기록되었고, 후에 참석하지 못한 도서관 직원들을 위해 DVD로 이용할 수 있게 만들어졌다. 이러한 초기 포럼은 두 가지 중요한 목표를 달성하였다. 첫째는 만남, 아이디어 강구 그리고 이 분야에서 잘 알려진 두 명의 전문가로부터 배울 수 있는 기회를 제공한 모든 직원의 회의였다. 둘째는 이러한 작업과 관련된 UNLV 도서관 직원을 위해 디지털화 프로그램의 기술적·철학적 측면에 대하여 좀 더 친밀하게 이야기할 기회를 제공했다. 디지털화 프로그램에 박차를 가할 기회로서 포럼은 성공적이었다.

두 번째 워크숍은 2007년 4월에 있었다. 여러 가지 디지털화 질문에 대한 초기 피드백을 얻고, 이 두 번째 워크숍에 집중할 수 있도록 도움을 얻기 위해 우리는 디지털화 프로그램의 어느 시점에 어떤 역할을 할 수 있을 것 같은 수십 명의 도서관 직원에게 설문지를 보냈다. 설문지는 디지털 도서관 정의, 디지털화 프로그램의 범위, 이용자와 독자, 디지털 프로젝트 설계 그리고 잠재적인 프로젝트와 아이디어에 대한 여러 주제 영역에 초점을 맞춘 질문이 포함되었다. 그것은 개방형응답 질문, 5점 척도에 의해 응답자가 항목을 평가하는 질문 및 "해당사항을 모두 선택하십시오"라는 형태의 질문으로 구성된 13개의 질문이 포함되었다. 우리는 두 번째 워크숍에 초대할 약 36명의 인사에게 설문지를 배포하였다. 그중 18명(50%)은 질문에 대부분 응답하였다. 그 설문지는 충실하게 백서로 만들었고, 그 백서로 인해 몇 가지 질문에 대한 초기의 의견을 파악하는 데 의미가 있었다. 첫 번째 워크숍은 몇 가지 공개 질의응답을 포함한 반면에, 두 번째 회의에서는 몇 가지 디지털화 질문에 응답하고 프로젝트 우선순위 정하기의 복잡성을 설명하기 위해 실습위주의 워크숍으로 구성하였다. 두 번째 워크숍은 UNLV 도서관 디지털화 프로그램의 개편에 대해 갱신한 상태로 시작하였다. 이것은 전형적인 디지털화 프로젝트의 세부적인 작업 흐름인 다이어그램과 포함된 사람에 초점을 맞춘 교육적 구성요소에 의해 행하였고 거기에는 아이디어를 현실화하는 데 에는 필요한 많은 계획과 노력이 있다는 사실을 강조하였다. 또한 우리는 프로젝트 형식과 디지털 프로젝트의 범위, 콘텐츠 및 목적에 대해 광범위하게 할 수 있는 방법을 논의하였다. 마지막으로 우리는 직접 해보는 실습을 구성하기 위한 단계를 설정할 수 있도록 앞에서 언급한 조사로부터 일반적인 결과들을 공유하였다. 이 두 번째 워크숍에 대한 개요는 [부록 D]에 제공되었다. UNLV 도서관 디지털화 조사 중 한 가지 질문은 "1에서 5까지의 척도로, 새로운 디지털 컬렉션 프로젝트에 대한 제안을 진행하는 것이든 기존 프로젝트를 강화하는 것이든 각각의 요인들이 얼마나 중요한지?"라고 물었다. 여덟 가지 요인이 나열되었고, 5점 척도(1부터 5까지: '중요하지 않음', '덜 중요', '중립', '중요', '매우 중요')가 사용되었다. 모든 여덟 가지 요인에 대한 평균 점수는 3.66이었다. 가장 중요한 두 요소는 '독특한 항목을 포함한 컬렉션'(평균 점수 4.49)과 '보존을 중시하는 물품이나 대중에게 다가갈수록 손상되기 쉬운 물품을 포함한 컬렉션'(평균 점수 3.95)이었다. 가장 낮은 평균 점수를 가진 요인은 '다양한 미디어를 통합하여 특정한 테마의 분위기를 살린 프레젠테이션을 포함한 컬렉션'(평균 점수 2.54)이었고 이어서 '정보자원의 전반을 포함한 컬렉션(즉, 원고 전체, 신문기사 등)'(평균 점수 3.39)이었다. 이전의 ARL 조사는 다소 관련된 질문 "이런 디지털화 노력의 목적은 무엇입니까? 해당사항 모두를 체크하시오"라고 물었다. 여섯 가지 가능한 응답(UNLV 도서관 디지털화 설문조사와는 약간 다름) 중 가장 빈번한 응답은 '도서관 장서에 대한 향상된 접근', '연구를 위한 지원' 그리고 '보존'이었다.[17] 이전 설문조사는 또한 "디지털화하기 위한 자료선정에 대한 기준은 무엇입니까? 해당사항 모두를 체크하시오"라고 물었다. 가장 빈번한 응답은 '주제', '자료는 디지털화되고 있는 컬렉션의 일부이다' 그리고 '희소성 또는 항목의 특이사항'이었다.[18]

두 번째 디지털화 워크숍의 첫 번째 실습은 디지털 컬렉션에 대한 브레인스토밍에 초점을 맞추었다. 저자는 10개의 프로젝트 예제 목록을 제공하고 여섯 테이블(각각 네 명의 동료들과 함께) 각각에게 아이디어에 우선순위를 정하도록 물었다. 그 후 각 테이블에서 발언자는 우선순위를 제시하고 자신의 순위를 옹호했다. 이 실습은 서로 다른 그룹 사람들은 무엇이 중요하고 디지털화를 위한 주요자료 구성이 무엇인지에 대해 다른 아이디어를 가지고 있다는 것을 참석한 동료에게 성공적으로 설명하였다. 다양한 테이블에서 나온 순위는 아주 달랐다. ARL 도서관들에게 물었던 것과 관련 있는 질문을 UNLV 도서관 디지털화 설문조사에서는 "귀하의 도서관에서 발표하여 현재 사용되는 디지털 컬렉션은 어디에서 아이디어를 얻었습니까?"였고 여섯 가지 선택사항을 제공하였다. 응답자들은 여러 항목을 표시할 수 있다. 가장 많이 선택한 답변(92.7%)은 '특수 장서, 아카이브, 또는 도서관 특성화 장서'이었다. 가장 적게 선택한 답변(51.2%)은 '외부기 증자, 도서관 후원자, 커뮤니티 이용자 등'이었다. 워크숍 실습의 두 번째 부분에서 각 테이블은 자신의 디지털 컬렉션 아이디어를 내놓았고, 독자와 제안의 내용을 정의하고, 그리고 이러한 그들의 생각이 왜 좋은 제안인가를 옹호하고 설명했다. 14가지 독특하고 다양한 아이디어가 제안되었는데 대부분이 '라스베이거스의 역사', 'UNLV 연감', '라스베이거스 도박과 노름꾼' 및 '라스베이거스에 있는 아프리카계 미국인 엔터테이너'같이 라스베이거스와 네바다에 밀접하게 집중된 것이었다. 다른 제안은 '식물학 컬렉션', '영화 포스터', '아동문학', '건축' 및 '연방토지관리'같이 지역과 연관되지 않은 것이었다. 이 실습은 디지털 컬렉션에 대한 아이디어가 자신들의 개인적 아이디어와 마찬가지로 광범위한 스펙트럼에 걸쳐 성공적으로 나타났다.

결국 마지막 디지털화 워크숍 실습에서 각 테이블은 제안된 위원회에 잠재적으로 기여할 수 있는 후보자의 특성, 역할 그리고 기술(skills)을 내놓았고 그들의 근거(rationale), 즉 다른 말로 위원회의 성공요인을 옹호하였다. 이 실습은 그룹 테이블 중 하나 이상에 의해 이익을 볼 열아홉 개의 기술을 만들었다. 워크숍 말미에 우리는 위원회에 제안된 아이디어를 대체할 다른 무엇이 있는지를 물었다. 드러난 것은 없지만 독자들은 그러한 위원회는 재정립되어야 한다고 생각했다. 이 두 번째 워크숍은 다음 단계에 대한 간단한 토론으로 끝냈다. 즉, 위원회의 책임 초안 작성, 회원선발 그리고 캠퍼스에 걸쳐 디지털 프로젝트에 대한 협력을 위해 보다 더 도움이 될 수 있도록 각자의 지역에 대한 주제 연락담당 업무를 홍보하였다.

::미래를 향하여

현재 디지털 프로젝트는 네바다 도서관의 최초 디지털화 노력의 전통 속에 고정된 웹 전시뿐만 아니라 CONTENTdm을 이용하여 검색할 수 있는 몇몇의 컬렉션을 포함하여 UNLV 도서관에 의해 유지되었다. UNLV 도서관은 또한 Western Waters 디지털 도서관 프로젝트(1단계) 파트너로 참여하고 있고 Mountain West 디지털 도서관에서 호스팅 파트너로서 지역 협력을 지속하는 공동노력을 계속 모색하고 있다. 교수와의 동반자 관계가 '디지털 도서관 프로젝트의 성공을 위해 가장 큰 요인'이었다는 한 응답자의 의견과 같이 UNLV 도서관 디지털화 설문조사에서 동반자관계가 프로젝트를 위해 증가되는 비용을 모으기 위한 것이라는 것을 보여주었다. UNLV 도서관에서 기관의 우선순위를 정할 때 '흥미로운 아카이브 컬렉션'이 하나의 성공요인이라는 또 다른 응답자의 의견을 반영했다. 최근 2006년에 시작한 UNLV 컬렉션은 라스베이거스의 엔터테인먼트 역사에 관한 역사자료의 테마 컬렉션에 초점을 맞춘 쇼걸(Showgirls) 컬렉션이다.[19] 2008년에 시작된 또 다른 컬렉션 네바다 테스트 사이트인 구전 역사 프로젝트(Oral History Project)는 네바다 테스트 사이트에 의해 제휴하고 영향을 받은 냉전시대 동안 핵 실험 및 탐색할 수 있는 기록을 포함하여 선정된 오디오 및 비디오 클립 그리고 스캔한 사진 및 이미지 같은 것들의 기억을 이야기한다.[20] 종합적인 도서관 승인에 따라 재구성된 디지털 프로젝트 자문위원회는 일반적으로 도서관 기술부, 특수 장서부, 주제전문가로부터 뽑은 6명으로 2007년 7월에 설립되었다. 자문위원회는 초안을 작성하였고 위원회의 향후 작업을 통치하는 데 도움을 줄 몇 가지 중요 문서에 대해 승인을 얻었다. 이것은 디지털화 프로젝트를 위한 장서개발정책과 디지털 컬렉션에 대한 아이디어를 제안하는 개인 또는 그룹에 의해 완성될 수 있는 프로젝트 제안 양식을 포함하고 있다. 작성할 시기에 즈음하여 위원회는 프로젝트 제안 양식 및 프로세스를 홍보할 시점이고, 시간이 성공적으로 이러한 문서를 증명할 방법을 말해줄 것이다. UNLV 도서관 디지털화 설문조사에서 65.4%가 디지털화 사명 명세서 또는 장서개발정책이 그들의 기관에서 준비되었다고 응답했다. UNLV의 한 가지 목표는 언제든 한 번에 동시 디지털화 프로젝트 진행의 수를 '증가시키는 것'이다. 특수 장서부에 있는 많은 자료가 디지털화에 적합하였다. 이들 중 대부분은 목록이 작성되지 않았고, 이러한 장서의 디지털화는 숨겨진 보물을 홍보하는 데 도움이 될 수 있다. 생산을 끌어올리는 것과 관련하여 UNLV 도서관 디지털화 설문조사의 하나의 질문은 "과거 3년을 평균하여, 매년 새로운 디지털 컬렉션을 대략 얼마큼 발표하였습니까?"라고 물었다. 신규 컬렉션에 대한 응답은 0번부터 60번까지 분포되었다. 새로운 컬렉션의 평균수는 정확한 수치를 대답해준 32명 응답자를 대상으로 6.4번이었다. 이것은 아마도 UNLV 도서관의 현재 생산율이 두 배이긴 하지만, 그것은 증가한 생산이 하나의 달성 목표임을 보여준다.

UNLV 도서관 디지털화 프로그램을 위한 인력과 자금이 지난 몇 년 동안 모두 증가되어왔음을 볼 수 있다. 신규 응용프로그램 개발자가 고용되었고, 새로운 그래픽/멀티미디어 전문가가 기존의 공석을 채웠다. 계속해서 이들 직원은 CONTENTdm 템플릿 수정, 그래픽 디자인, 그리고 디지털 프로젝트와 관련된 멀티미디어 제작과 같은 프로젝트를 도왔고, 이외에 디지털화 프로그램과 관련이 없는 다른 웹기반 프로젝트에 대한 작업도 도왔다. 디지털화 프로젝트를 포함하여 또 다른 일자리는 모든 것을 웹 기반하의 유용성 쪽으로 작업 초점을 옮기는 것이다. 최근에 시작한 네바다 테스트 사이트인 구전 역사 프로젝트는 미국 교육 및 에너지부로부터 받은 두 보조금의 결과였다. 그 후 1900년부터 1925년까지 남부 네바다의 역사에 관한 주요 자료를 디지털화하기 위한 9만 5천 달러 LSTA 보조금 제안은 2009년 5월에 공개적으로 시작된 디지털 컬렉션 결과와 함께 2008-9를 위해 지원되었다. 이 컬렉션은 남부 네바다 신흥도시 시기의 여러 기관에서 1,500개 이상의 자료를 포함하고, 20세기 초 남부 네바다 광산마을 생활의 전성기에 초점을 맞추었다.[21] 이 보조금은 메타데이터 전문가, 아키비스트, 디지털 프로젝트 인턴, 그리고 유치원부터 12학년까지의 교과과정을 디지털 컬렉션에 묶는 것을 도와주는 교육 컨설턴트 4명의 임시직 일자리를 지원하였다.

보조금은 UNLV 도서관의 미래의 디지털화 활동에 큰 역할을 담당할 것이다. UNLV 도서관 디지털화 설문조사는 "귀하의 기관은 특정 컬렉션의 디지털화에 맞춰 설계된 활동을 돕는데 또는 디지털화 프로그램의 전반적인 활동을 지원하는 데에 주된 관심사를 갖고 있는 사람의 보조금이나 기증품을 받았습니까?”라고 물었다. 질문은 만약 보조금이 역할을 하거나 하기 위해서는 그것은 주로 많은 보조금(10만 달러보다 많음으로 정의)이거나, 적은 보조금(10만 달러 미만으로 정의)이거나, 또는 둘 모두를 결정한다고 생각했다. 대다수의 응답(46.2%)은 프로젝트 또는 프로그램을 지원하는 적은, 많은 보조금을 섞어서 받은 것으로 표시했다. 추가로 25.6%는 많은 보조금이 역할을 하였다고 표시했고, 23.1%는 하나 이상의 적은 보조금이 역할을 하였다고 표시했다. 두 응답자(5.1%)는 보조금을 받은 적이 없거나 어떤 역할도 하지 않았다고 표시했다. 이전 ARL의 질문은 “디지털화 활동에 필요한 자금의 원천은 무엇입니까? 해당사항 모두를 체크하시오”라고 물었다. 유효한 응답 중 7개는 ‘보조금’, 두 번째 빈번한 응답은 ‘도서관’이었다.[22]

미래를 향한 안목으로, ARL 도서관 관리 설문조사는 설문 조사의 전반적인 취지를 요약할 수 있는 두 가지 직설적인 질문을 물었다. 최종 개방형 설문조사 질문 중 하나는 “귀하가 귀기관의 디지털화 프로그램의 성공에 기여했다고 느끼는 요인들은 무엇입니까?”라고 물었다. 40명의 응답자가 한 자료부터 여러 자료를 기술한 것까지의 답을 제공하였다. 여러 개의 응답은 유사한 일반적인 테마에 따라 나타낼 수 있을 듯했고 개략적인 무리로 구조화할 수 있을 것 같았다. 일반적으로 도서관행정의 지원에 대해 다수의 응답자가 언급하였는데 ‘높은 지위의 행정파트에 의한 일관된 관심’, ‘처음부터 관리자 수준에서 디지털화 프로그램에 대한 지원을 하는’, ‘도서관 관리자로부터의 좋은 지원' 및 '대학 학장의 지원'과 같이 진술하였으며 정확하게 말하면 '도서관 관리자로부터의 지원'이다. 교수와의 협력과 캠퍼스에 걸친 관심이 10명의 응답자에 의해 언급되었는데 '교수 파트너들과의 강력한 협력', '교수와 다른 파트너의 지원', '교수로부터의 관심', '특히 비중 있는 교수의 참여. … 학장을 로비하여 우리가 계속 자금을 가질 수 있도록 노력' 및 '교수와 협력하여 보조금 신청서 쓰기'와 같이 진술하였다. 10명의 응답자는 '프로그램 관리는 성공을 달성하기 위한 동기이다', '강력한 부서장', '개개 직원의 헌신', '사람들의 헌신적인 참여', '팀워크, 다른 부서 직원과의 협업' 및 '도서관 내에서의 개인 지원'이라는 의견을 갖고 프로그램에 참여한 직원의 열정과 또는 도서관의 다른 직원으로부터의 지원이라고 언급하였다. '좋은 내용', '장서의 강점', '좋은 장서' 및 '독특한 정보자료원의 유용성'과 같이 진술하며 7명의 응답자는 디지털화는 "좋은" 콘텐츠를 가져야 한다고 언급하였다. '전략계획의 강력한 재정적 약속'과 '많은 도서관부서의 전략목표에 디지털 컬렉션 구축 작업의 통합' 같은 전략계획 또는 목표통합이 약간의 응답에서 언급되었다. 성공적인 보조금과 기증자 구축이라고 4명의 응답자가 언급했다. 다른 반응은 더 독특했는데 한 응답자의 답변은 한마디로 '행운', 다른 응답자는 '민첩성, 의지 그리고 창조성' 및 '대규모 생산에 대한 비전과 그것을 달성할 수 있는 능력'이라고 대답했다.

마지막으로 UNLV 도서관 디지털화 설문조사 질문은 "귀기관의 디지털화 프로그램에 대한 가장 큰 도전은 무엇입니까?"라고 물었다. 38명의 응답자가 피드백을 제공했고 다시 테마에 몇 가지 변화가 나타났다. 가장 일반적인 응답은 놀랍지도 않게 '직원 부족'이라고 18명의 응답자에 의해 언급되었고 '필요한 모든 수준에서 인력에 대한 지원의 부족', '진짜 문제는 사람이고 우리는 충분한 직원이 없다', '직원에 대한 제한' 및 '우리는 더 많은 정규직원이 필요하다'와 같은 응답을 했다. 다음으로 이것과 유사한 관련이 있는 응답은 '디지털화에 대한 외부의 자금지원', '충분한 변환을 지원하기 위한 자금 확인', '우리는 항상 더 많은 돈을 필요로 한다' 및 요약해서 말하면 '돈'과 같은 응답을 한 9명이 언급한 "자금"이었다. 직원과 관련해서 'IT(정보기술)직원 더욱 필요', 'IT직원으로부터의 지원 필요', '응용 프로그램 개발 직원이 충분하지 않음' 및 '제한된 기술지식'과 같이 6명의 응답은 특히 기술직원 또는 기술직원으로로부터의 지원에 초점을 맞추었다. '디지털 프로젝트 우선순위를 정하는 작업에 더 많은 요청이 제출됨', '우선순위 정하기', '수요를 감당 할 수 없음' 및 '모든 사람이 모든 것을 디지털화하기 원함'과 같은 우선순위와 수요 문제가 6명의 응답에 나타났다. 4명의 응답은 '작업흐름의 병목현상', '우리는 저장소에서 자료를 받는 과정을 단순화하길 원한다' 그리고 '그것을 디지털화하는 것보다 개체를 설명하는데 훨씬 오래 걸린다. 따라서 병목현상이 생길 수 있다'와 같은 작업의 흐름을 언급하였다. '공간 부족'은 3명의 응답자가 언급을 했고 '프로그램을 지원하기 위한 일반적인 도서관 전체 직원 유지'라고 2명의 응답자가 언급했다. UNLV 도서관은 우리 동료들의 경험을 염두에 두어야 한다. 몇 가지로 어떤 경우, 도서관들은 유사한 문제에 면역 가능성이 있다.

::결론

　UNLV 도서관 디지털화 설문조사는 놀라지 않을 만큼 모든 도서관들은 아니지만 높은 위상을 지닌 도서관조차도 똑같이 만들어진 것으로 밝혀졌다. 그들은 디지털화 프로그램을 어느 정도 성장시키고 유지하기 위해 많은 노력을 했다. 많은 도서관이 방대한 양의 프로젝트를 발표하였으나 적거나 심지어 하나도 없는 도서관도 있었다. 자금을 만들 때 행정적인 지원과 동등한 처지에 있는 동료의 지원은 다양했다. 추가질문은 UNLV 도서관에서 씨름거리로 남아 있다. 디지털화 프로그램에 대한 성공을 우리가 어떻게 정확하게 정의할 것인가? 발표된 컬렉션의 숫자로 할 것인가? 성공적으로 실행된 것을 승인한 숫자로 할 것인가? 이미지 뷰 또는 메타데이터 레코드 접속 숫자로 할 것인가? 발표물의 보도 빈도와 같은 처지에 있는 동료의 구두로 하는 칭찬 빈도로 할 것인가? 아이디어는 많지만, 아직은 정확한 답으로 존재하는 것이 없다. 넓은 견지로는 다른 질문들도 있었다. "도서관이 디지털 시대에도 적절하다고 스스로 계속 홍보해야 하는지? 도서관이 학생 학습에 가장 중요한 파트너라고 스스로 홍보해야 하는지? 교과과정에 연결시키기 위한 도서관들의 디지털 컬렉션의 정도는 얼마큼인지? 그들 자신이 소속된 기관만인지 아니면 그들의 주뿐만 아니라 다른 주에 있는 유치원에서 12학년까지 교육과 관련된 것인지?"이다. 도서관학교(library schools)가 디지털화 과정과 자격증 프로그램을 개설함에 따라 분명히 전문직은 변화하고 있다. 다양한 정보 사일로(silo), 메타데이터 횡단보도 및 학생들이 사용하는 다른 온라인 시스템에서 드러난 자료통합에 대한 논의가 계속되고 있다.

도서관의 디지털 컬렉션은 그와 같은 논의에 포함된 주요자원이다. 이러한 질문들을 계속하는 동안 디지털화 프로그램이 성공적으로 될 수 있기를 바라는 우리의 희망을 발전시키기 위해 UNLV 도서관은 재단을 설립하는 것이 최소한의 희망이었다.

[부록 A] UNLV 도서관 디지털화 조사 응답

1. 귀하의 도서관 전략계획에 디지털화 프로그램 또는 디지털화 활동에 관한 것이 있습니까?

답변 선택(총 41 응답)	응답률	응답수
예	63.4	26
아니오	7.3	3
명확하지는 않지만, 묵시적으로	22.0	9
전략계획 없음	7.3	3

2. 귀하는 디지털화에 대한 현재의 도서관 지원을 어떻게 생각하고 있습니까?

답변 선택(총 42 응답)	응답률	응답수
최우선으로 전폭적인 지원	31.0	13
지속적인 지원	40.5	17
중립	14.3	6
최소한 지원	7.1	3
미미한 지원 또는 약간 반대	7.1	3

3. 귀하의 도서관에 디지털화 프로젝트를 위한 콘텐츠를 제공하는 사람들의 디지털화에 대한 지원을 귀하는 어떻게 생각하십니까?(즉, 디지털화 프로젝트를 위해 콘텐츠를 제공하면서 제공하는 그러한 콘텐츠가 주요한 책임 또는 작은 책임을 가졌는가에 상관없이)

답변 선택(총 44 응답)	응답률	응답수
최우선으로 전폭적인 지원	15.9	7
지속적인 지원	65.9	29
중립	13.6	6
최소한 지원	2.3	1
미미한 지원 또는 약간 반대	2.3	1

4. 귀하는 귀도서관에서 첫 번째 "주요" 디지털 컬렉션을 몇 년에 발표하였다고 생각하십니까? 주요는 영속성을 갖고 계속 지속될 것으로 간주한 첫 번째 프로젝트라고 정의되며, 그것은 메타 데이터 등과 연관을 갖고 있습니다. 만약 귀하가 모른다면, 귀하는 추정되거나 "알 수 없는 것"입니다.

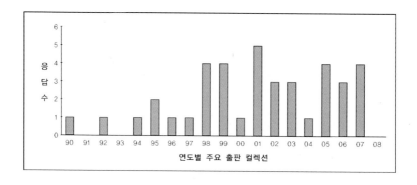

5. 현재까지 귀하의 도서관은 대략 얼마나 많은 디지털 컬렉션을 발표했습니까? (과거에 존재하였으나 현재 또는 더 이상 지속하지 않는 일시적인 전시는 포함하지 마십시오.)

응답은 1번부터 1000번까지 분포되었다. 대다수의 응답은 100번 이내였다. 100과 200 사이에 네 반응이, 한 반응은 "1000번"이었다.

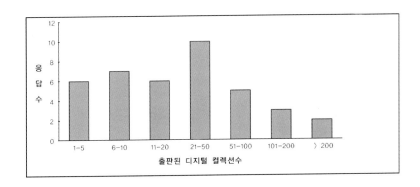

6. 과거 3년을 평균하여, 매년 새로운 디지털 컬렉션을 대략 얼마큼 발표 하였습니까?

두 응답을 제외하고 모두가 0번부터 10번까지 분포되었다. 한 응답은 13 번, 다른 한 응답은 60번이었다.

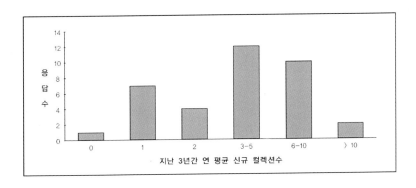

7. 귀하의 디지털 컬렉션을 위해 사용하는 호스팅 플랫폼은 무엇입니까? (예를 들어, CONTENTdm 등)

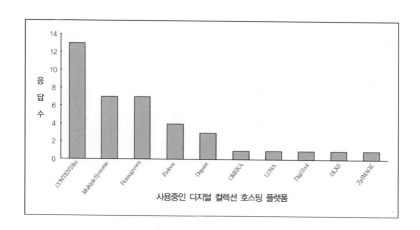

사용중인 디지털 컬렉션 호스팅 플랫폼

8. 귀하의 기관은 콘텐츠 저장소(institutional repository)를 갖고 있습니까?(예
를 들어 DSpace)

답변 선택(총 41 응답)	응답률	응답수
예	73.2	30
아니오	26.8	11

9. 만약 "예"라고 대답하였다면 질문 5에 있는 귀하의 디지털 컬렉션과 같
은 소프트웨어를 사용하는 기관저장소입니까?

답변 선택(총 30 응답)	응답률	응답수
예	26.7	8
아니오	73.3	22

10. 귀하의 도서관은 도서관의 디지털화 프로그램을 개발, 감독 그리고 관
리하는 책임을 중점적으로 맡고 있는 직원이 있습니까? (이 설문조사의 목적

에 따라 책임을 중점적으로 맡고 있다는 것은 근무시간의 50% 이상을 디지털화 활동에 전념하는 것을 의미한다.)

답변 선택(총 38 응답)	응답률	응답수
예	78.9	30
아니오	21.1	8

11. 귀하의 도서관에는 디지털화 프로그램을 주 업무로 하거나 주 업무의 하나가 디지털화 프로그램을 지원하는 책임을 맡고 있는 상근직원이 있습니까? 이 질문에서 주로 책임을 맡고 있다는 것은 최소한 그들의 규정시간의 20%를 직접 디지털화 프로그램이나 디지털 컬렉션의 개발을 지원하기 위해 관련 활동에 보내는 것을 의미합니다(해당 사항 모두 표시).

답변 선택(총 39 응답)	응답률	응답수
디지털 화상/문서 스캔, 사후 화상 처리, 사진	82.1	32
메타데이터 생성/편목	79.5	31
컬렉션에 포함된 문서의 보존 연구	28.2	11
호스팅 서버 운영	53.8	21
인증서 쓰기/기증자 구축/프로그램이나 컬렉션 마케팅	23.1	9
프로젝트 관리	61.5	24
멀티미디어 포맷	25.6	10
데이터베이스 설계와 데이터 처리	53.8	21
유지보수, 이용자 정의 및 디지털 자산관리 소프트웨어 또는 예를 들어, CONTENTdm의 기능의 환경 설정	64.1	25
프로그래밍 언어	30.8	12
웹 설계와 개발	71.8	28
유용성	25.6	10
마케팅과 홍보	28.2	11
위의 해당 사항 없음	2.6	1

12. 현재 디지털화 프로젝트 업무에 정규 도서관 직원 급여 대상자가 아닌 사람들(즉, 학생 도우미, 인턴, 현장 연구자, 자원 봉사자)이 대략 얼마나 있습니까?

응답은 0명부터 "약 46명"까지 분포되었다. 응답(24)의 대다수는 0명과 10명 사이로 나타났고, 열두 응답이 10명 이상으로, 약간의 응답은 "알 수 없음"으로 표시되었다.

13. 귀하의 도서관은 디지털 프로그램과 활동에 직접적으로 관련이 있는 한 명 또는 그 이상의 도서관 직원을 위하여 직원 개발, 훈련 또는 회의 기금이 있습니까?

답변 선택(총 41 응답)	응답률	응답수
예, 자주, 한 명 이상의 직원이 그러한 활동을 위해 도서관 관리자에 의해 기금을 지원받습니다.	48.8	20
예, 가끔, 한 명 이상의 직원이 그러한 활동을 위해 도서관 관리자에 의해 기금을 지원받습니다.	51.2	21
아니오, 내가 아는 한에는, 그러한 활동을 위해 기금을 받은 도서관 직원이 없습니다.	0.0	0

14. 디지털화 작업의 대부분은 어디에서 이루어집니까?

답변 선택(총 41 응답)	응답률	응답수
중앙 도서관(콘텐츠의 대부분은 한 부서에서 도서관 직원과 장비를 이용하여 디지털화함)	48.8	20
분산시켜서(콘텐츠의 대부분은 도서관 여러 부서 또는 다른 대학 단체에 의한 도서관 밖에서)	12.2	5
납품업체 또는 아웃소싱을 통하여	7.3	3
프로젝트에 따라 접근방식을 혼합	31.7	13

15. 1부터 5까지의 척도(1은 최소로 중요, 5는 매우 중요)에 의해, 신규 디지털 컬렉션 프로젝트를 위한 제안을 진행하든 기존 프로젝트를 강화하든 중요도를 잰다면 각 요인들은 얼마나 중요합니까?

답변 선택 (총 41 응답)	중요 안함	덜 중요	중립	중요	매우 중요	응답률	응답수
보존을 중시하는 물품이나 대중에게 다가갈수록 손상되기 쉬운 물품을 포함한 컬렉션	0	1	9	22	9	3.95	41
독특한 자료를 포함한 컬렉션	0	0	1	19	21	4.49	41
정보자원의 전반을 포함한 컬렉션(즉, 원고 전체, 신문 기사 등)	2	5	11	21	2	3.39	41
다양한 미디어(즉, 이미지, 문서, 오디오)를 통합하여 특정한 테마의 분위기를 살린 프레젠테이션을 포함한 컬렉션	7	11	17	6	0	2.54	41
교육 프로그램과 계획(예를 들면, 대학과정, 주 전체의 교육 프로그램, 또는 유치원에서 12학년까지의 교육)에 직접적인 관련이 있는 컬렉션	3	3	6	17	12	3.78	41
학문적인 의사소통 또 는 기관 콘텐츠 관리를 지원하는 컬렉션	1	4	7	21	8	3.76	41
대학 동료들과의 공동 작업을 포함한 컬렉션	1	3	9	18	10	3.83	41
대학 외부 기관(예를 들면, 공공도서관, 역사학회, 박물관)과의 공동 작업을 포함한 컬렉션	2	4	11	19	5	3.51	41

16. 귀하의 도서관에서 발표하여 현재 사용되는 디지털 컬렉션은 어디에서 아이디어를 얻었습니까? 다시 말해서 하나 이상의 디지털 컬렉션은 다음 중 어떤 것으로 창안되었습니까? (해당 사항 모두 표시)

답변 선택(총 41 응답)	응답률	응답수
도서관 주제 연락담당자나 직원이 정기적으로 교수와 작업	75.6	31
도서관 운영자	65.9	27
특수 장서, 아카이브 또는 도서관 특성화 장서	92.7	38
디지털화 프로그램 관리자	63.4	26
도서관 외부의 대학 직원이나 교수진	68.3	28
외부 기증자, 도서관 후원자, 커뮤니티 이용자 등	51.2	21

17. 디지털화 고려를 요하는 처음 제안된 신규 프로젝트는 누구에게 평가
받습니까?

답변 선택(총 38 응답)	응답률	응답수
개별 의사결정권자에	23.7	9
여러 사람이 검토하기 위해 위원회에	42.1	16
공식 절차 없음	34.2	13

18. 궁극적으로 우선순위 프로젝트를 어떻게 승인받습니까?

답변 선택(총 37 응답)	응답률	응답수
단 한 명의 의사결정권자에 의해	18.9	7
여러 사람이 검토하기 위해 위원회에 의해	54.1	20
부서 또는 도서관 외부의 그룹에 의해	0.0	0
공식 절차 없음	27.0	10

19. 디지털화 프로그램 임무명세서, 선택 기준, 또는 사용의 특정 우선순
위 지정 절차가 있습니까?

답변 선택(총 40 응답)	응답률	응답수
예, 자세한 과정을 담은 이러한 형태의 문서가 하나 이상 있음	67.5	27
예, 약간의 기준을 사용하지만 공식적인 문서는 없음	25.0	10
사용 중인 문서화된 과정 없음	7.5	3

20. 귀하가 측정하기 위해 적용하는 일반적인 평가기준은 무엇이며 전형적인 디지털 프로젝트에 얼마나 성공합니까? (해당 사항 모두 표시)

답변 선택(총 39 응답)	응답률	응답수
디지털 컬렉션 자료의 이용/기록 조회를 보여주는 로그 분석	69.2	27
피드백 분석 또는 디지털 컬렉션에 관한 설문조사 응답	38.5	15
인용을 참조하거나 디지털 컬렉션에 의해 생성된 매스컴의 관심	46.2	18
전자상거래 판매 또는 디지털 이미지를 위한 복제 요청	12.8	5
사용 중인 특별한 평가기준 없음	33.3	13

21. 귀하의 기관은 특정 컬렉션의 디지털화에 맞춰 설계된 활동을 돕는데 또는 디지털화 프로그램의 전반적인 활동을 지원하는 데에 주된 관심사를 갖고 있는 사람의 보조금이나 기증품을 받았습니까?

답변 선택(총 39 응답)	응답률	응답수
우리는 디지털 컬렉션/프로그램을 지원하는 적은 보조금이나 기부금(각 10만 달러 이하)을 한 번 이상 받았음	23.1	9
우리는 디지털 컬렉션/프로그램을 지원하는 많은 보조금이나 기부금(각 10만 달러 이상)을 한 번 이상 받았음	25.6	10
우리는 디지털 컬렉션/프로그램을 지원하는 적은, 많은 보조금이나 기부금을 섞어서 받았음	46.2	18
우리는 보조금을 받는데 성공하지 못했거나 어떠한 보조금도 신청하지 않음-보조금 및 또는 기부금은 디지털 컬렉션이나 우리의 디지털화 프로그램을 지원하는 데 어떤 역할도 하지 않음	5.1	2

22. 도서관과 외부 파트너(외부 파트너는 다른 대학 동료나 다른 대학에서 온 동료 등과 같이 정규직 봉급을 받는 도서관 직원이 아닌 사람임) 간의 협업 디지털화 프로젝트를 위해 대가를 치루고 얻은 수준을 귀하는 종합적으로 어떻게 평가하십니까?

답변 선택(총 41 응답)	응답률	응답수
탁월함	41.5	17
좋음	39.0	16
중립	4.9	2
최소의	7.3	3
적거나 없음	0.0	0
해당사항 없음-우리 도서관은 아직 발표하지 않았거나 도서관 외부 사람을 포함한 협업 디지털 프로젝트를 발표하려고 시도하지 않음	7.3	3

23. 디지털화를 위해 구할 수 있는 콘텐츠를 고려할 때, 다음의 서술에서 어떤 것을 적용합니까? (해당 사항 모두 표시)

답변 선택(총 40 응답)	응답률	응답수
나의 기관에서 디지털화를 위한 적합한 도서관의 장서가 부족함	0.0	0
콘텐츠 제공자와 프로젝트 아이디어와 디지털화 프로그램을 정기적으로 접촉함	52.5	21
신규 디지털화 프로젝트를 위한 콘텐츠의 주요 원천은 특수 장서, 아카이브, 다른 도서관과 특성화한 장서(지도, 음악 등), 또는 지역 문화 단체(역사학회, 박물관)로부터 유래	87.5	35
신규 디지털화 프로젝트를 위한 콘텐츠의 주요 원천은 선천적(born) 디지털 자료(박사학위논문, 학습 대상물 또는 교수 연구 자료와 같은)로부터 유래	32.5	13
콘텐츠 디지털화는 주로 사용할 수 있는 자원으로 제한됨(인력, 공간, 설비, 전문 지식 부족)	47.5	19
디지털화를 시도할 수 있는 좋은 콘텐츠 획득	7.	3

24. 다양한 유형의 전문 지식은 협업 디지털화 프로젝트에 중요하다. 다음과 같은 분야에서 귀하의 소속 도서관 직원의 전문성의 수준을 평가하시기 바랍니다(1~5 규모, 1은 전문 지식이 없고 5는 막대한 전문지식을 가짐).

답변 선택 (총 41 응답)	전문지식 없음	매우 제한된 전문지식	업무지식/"그럭저럭 충분"	고도의 지식	대단한 전문지식	해당 없음	평균 점수	응답 수
디지털 화상/문서 스캔, 사후 화상 처리, 사진	0	1	3	21	16	0	4.27	41
메타데이터 생성/편목	0	0	2	20	18	0	4.40	40
컬렉션에 포함된 문서의 보존 연구	0	2	6	15	16	2	4.15	41
호스팅 서버 운영	1	2	7	16	15	0	4.02	41
인증서 쓰기/기증자 구축	1	4	13	13	8	2	3.59	41
프로젝트 관리	0	1	9	23	8	0	3.93	41
멀티미디어 포맷	0	5	21	10	4	1	3.33	41
데이터베이스 설계와 데이터 처리	0	4	9	14	13	1	3.90	41
디지털 자산 관리 소프트웨어 (예 를 들어, CONTENTdm)	3	0	5	21	11	0	3.93	40
프로그래밍 언어	4	3	14	9	11	0	3.49	41
웹 설계와 개발	2	1	13	10	15	0	3.85	41
유용성	1	7	12	13	8	0	3.49	41
마케팅과 홍보	2	11	17	7	3	1	2.95	41

25. 귀하가 귀기관의 디지털화 프로그램의 성공에 기여했다고 느끼는 요인들은 무엇입니까?

설문조사 응답은 응답자 자신들의 인식과 기관의 경험을 말하였기 때문에 아주 다양했다. 응답의 일반적인 경향은 논문의 본문에서 논의하였다.

26. 귀기관의 디지털화 프로그램에 대한 가장 큰 도전은 무엇입니까?

설문조사 응답은 응답자 자신들의 인식과 기관의 경험을 말하였기 때문에 아주 다양했다. 응답의 일반적인 경향은 논문의 본문에서 논의하였다.

[부록 B] 백서 편성

I. 서론

II. UNLV 도서관의 디지털화 프로젝트의 현 상태

III. 주제 1: 프로그램 계획

A. 도서관 디지털화 프로그램의 범위가 있습니까?

어떤 프로그램을 지원해야 합니까?

B. 어떤 자원이 프로그램의 목표를 실현하는 데 필요합니까?

C. 누가 이용자 또는 독자입니까?

D. 언제 미래의 프로젝트를 선정하고 설계하며, 편견 없고 정확한 정보를
제공하면서 어떻게 새로운 기능을 통합하여 고품질의 정보를 온라인
형식으로 제공할 수 있는가?

E. 일반적인 웹사이트와 같은 도서관의 다른 온라인 요소와의 밀접한 통
합에 비해 디지털화 계획을 수행하기 위해 필요한 그들 자신의 정체성
은 어느 정도입니까?

F. 디지털 컬렉션을 유지하고 평가하는 데 대한 도서관 계획은 어떻게 합니까?

G. 프로젝트가 완성됐을 때 확인할 수 있는 지휘권의 유형은 무엇이냐?
프로젝트는 어떻게 평가하고 홍보하는가?

IV. 주제 2: 계획 선정과 우선순위

A. 프로젝트 선정: 디지털화를 고려하기 위해 프로젝트에 떨어진 콘텐츠 기
준은 무엇이며 제안된 자료를 개조하기 위한 타당한 이유는 무엇이냐?

B. 프로젝트 선정: 디지털화를 고려하기 위해 프로젝트에 떨어진 기술적 기준은 무엇이냐?

C. 프로젝트 선정: 프로젝트는 발표된 다른 프로젝트와 어떻게 관계가 되거나 상호작용을 하거나 또는 보완을 하며 컬렉션은 국제적으로, 국가적으로 그리고 지역적으로 이용할 수 있는지?

D. 프로젝트 선정과 우선순위: 프로젝트가 모든 선정기준을 충족한 후, 제안을 최종 승인하기 전에 자원을 평가할 필요가 있습니다. 선정과정과 자격을 갖춘 프로젝트 후보군에서 선정을 완결하기 위하여 그리고 입증된 제안에 대해 우선순위 과정을 시작하기 위하여 논의되어야 할 필요가 있는 정보는 무엇입니까?

E. 프로젝트 우선순위: 우리는 공식적인 검토 과정을 개발해야 합니까?

V. 주제 3: 프로젝트 계획

A. 각 프로젝트가 요구하는 계획 단계는 무엇입니까?

B. 프로젝트 계획에 있어서 각각의 단계와 부서 업무량은 누가 책임을 집니까?

C. 풍부한 메타데이터와 유용한 접근점을 도서관이 어떻게 제공할 수 있습니까?

D. 각각의 프로젝트가 요구하는 웹 디자인의 유형은 무엇입니까?

E. 프로젝트 기간 동안 그룹 사이에 존재할 필요가 있는 의사소통의 유형은 무엇입니까?

VI. 결 론

VII. 관련 링크와 인용 정보원

VIII. 백서 부록

A. 자문위원회 기능과 프로젝트 작업그룹 기능의 작업 목록

B. CONTENTdm 소프트웨어: 역할과 전문지식

C. 프로젝트 팀의 작업 흐름

D. CONTENTdm 요소

[부록 C] 첫 번째 워크숍 질문

일반 질문

1. 귀하는 디지털 도서관을 어떻게 정의합니까? '저장소', '디지털 프로젝트', '전시품' 또는 '온라인 컬렉션'이라는 용어들은 다른 것들을 의미하는지? 만약 그렇다면 각각의 차이점, 유사성 그리고 경계선은 무엇입니까?

2. 귀하의 기관에서 어떤 요인이 성공적인 디지털화 프로그램에 기여하였는가? 크게 잘못된 것은 무엇인가? 어떤 놀라움이 있었는지? 새로운 디지털화 프로그램에서 주의할 것과 알아야 할 것은 무엇입니까?

3. 디지털 컬렉션을 만드는 데 있어서 학술 도서관의 구체적 역할은 무엇인가? 디지털화를 귀 기관의 사명에 어떻게 연계하였습니까?

4. 누구를 위하여 왜 디지털화하였습니까? 디지털 도서관은 물리적 장서와 다르기 때문에 그들 자신의 임무명세서 또는 철학이 필요합니까? 디지털화하는데 무엇을 경계해야 합니까?

5. 이 시기에 어떤 표준(standards)을 가장 광범위하게 사용하였습니까? 앞으로 무엇을 택해야 합니까? 귀하가 관심을 갖고 있는 새로운 표준이 있습니까?

기술적 질문. 메타데이터 질문

1. 디지털화 프로그램을 지원하기 위해 있어야 할 디지털 도서관 인프라의 구성요소(설비, 직원, 계획, 기술 전문성, 콘텐츠 전문성 등)에서 권장할 부분은 무엇입니까?

2. 도서관 디지털화 계획, 도서관 웹사이트, 학교 웹사이트 또는 포털 및 웹 간에는 어떤 관련이 있습니까? 이러한 정보원의 중복, 상호연동(interoperate) 또는 필요한 경계는 무슨 방법으로 할 수 있습니까?

3. 귀하는 무슨 기술을 사용할지를 어떻게 결정하십니까? 새로운 기술을 시행할 때 의사결정 과정은 무엇입니까?

4. 디지털화하는 동안 표준은 여러 가지 방법으로 사용됩니다. 표준을 사용하는 데 무엇이 중요하며 표준이 관대해야 하거나 전혀 사용해서는 안 되는 부분이 있습니까? 진화하는 표준을 디지털화 프로그램에 어떻게 처리합니까?

5. 보존에 대해서는 그것을 사용하는 것만큼 얘기하지 않습니다. 디지털 자료 보존문제에 대한 귀하의 해결책이나 전략은 무엇입니까?

6. 그들과 관련된 메타데이터에 대한 디지털 개체와 링크하기 위하여 이미 일반적인 것이 된 저장된 메타데이터에 의존할 것인지 아니면 CONTENTdm 같은 컬렉션 관리에 의존할 것입니까?

컬렉션과 디자인 질문

1. 디지털 도서관에 무엇을 포함할지를 귀하는 어떻게 결정합니까? 디지털 도서관의 컬렉션 개발정책이 필요한지, 만일 그렇다면 어떤 유형입니까? 귀하의 기관에서 프로젝트의 우선순위는 어떠한지?

2. 귀하의 이용자가 누구인지를 어떻게 결정합니까? 디지털 도서관에서 타깃으로 하는 이용자는 모바일 이용자입니까 아니면 특별한 요구를 갖고 있는 다른 이용자입니까? 디지털 컬렉션의 가치를 높이고 찬사를 받는 부가가치 자료는 무엇입니까(즉, 자료 수준의 메타 데이터 기록, 안내가 있는 조사자료, 서술 또는 학술적인 콘텐츠, 교재자료 등)?

3. 디지털 도서관은 어떻게 사정되고 평가되어야 합니까? 귀하는 디지털 컬렉션, 전시 또는 도서관의 성공을 어떻게 측정합니까? 도서관이 수행한 디

지털 프로젝트를 짧은 시간에 무엇으로 입증하고 반증합니까?

4. 도서관 마케팅에서 디지털 도서관이 수행하는 역할은 무엇입니까? 귀하의 디지털 컬렉션을 귀하는 어떻게 광고합니까? 디지털 도서관의 웹 구현을 위해(디지털 도서관이 도서관 웹사이트, 학교 웹사이트 또는 독특한 모양과 느낌을 가진 것처럼 보이기 위해서) 고려해야 할 설계기준은 어떠한 것이 있습니까?

5. 디지털 컬렉션을 만들기 위해 귀하는 가르치는 교수와의 제휴를 해본 적이 있습니까? 어떻게 협력이 시작되었습니까? 그러한 협력은 우선순위가 있습니까? 귀하는 지금 다른 유형의 어떤 협력에 가담했습니까? 다양한 협력자 그룹과 귀하는 어떻게 의견일치를 이루어냅니까? 집중된 학위는 중요한지 또는 불필요한 것인지?

[부록 D] 두 번째 워크숍 개요

1. 서론-모임에 초점을 맞춘 목적

A. 디지털화 프로그램의 다음 단계에 대한 논의

B. 현재 상태의 빠른 검토와 프로그램을 갖춘 장소

C. 프로젝트 아이디어를 현실화한 단계에서의 참가자 교육지원

D. 참가자 목표: 프로젝트의 유형과 프로젝트 우선순위 이해; 아이디어와
   우선순위 활동 참여; 과정과 토론위원회에 대한 논의; 공개 포럼

2. 디지털화 설문조사에 대한 직원 토론

A. "디지털 도서관의 정의"

B. "디지털화 프로그램의 경계선"

C. "이용자와 독자"

D. "디지털화 프로젝트 설계"

E. "잠재적인 프로젝트와 아이디어"

3. 첫 번째 그룹 과제: 디지털화 프로젝트 아이디어 순위와 순위의 보호

4. 두 번째 그룹 과제: 디지털화 프로젝트 아이디어 브레인스토밍 회의와
   브레인스토밍 회의에서 얻은 아이디어의 보호

5. 디지털화 자문위원회를 위한 개념/제안

6. 결론 및 다음 단계

제7장

학술도서관의 미래를 위한 도전 과제

다양한 요인들이 학술도서관의 지속 가능성을 위협하고 있다는 점에 대하여 염려가 늘어나고 있다. 그 요인들은 다음과 같다. 인쇄물과 디지털 형태의 장서를 발전시키고 보존하는 것, 급격하게 변화하는 기술적이고 네트워크화 된 기반 시설을 공급하고 지원하는 것, 무료 서비스를 제공하는 것, 도서관 건물에 들어가는 계속 늘어나는 비용을 감당하는 것, 그리고 도서관의 생태 학적인 족적을 줄이는 것이다. 이 논문은 학술도서관의 지속 가능성에 대한 다차원적 쟁점들을 논의하고, 학술도서관의 지속 가능성 전략을 세우기 위한 통합된 토대를 설계해야 하는 필요성을 밝힌다. 그 외에, 이 논문은 점점 더 대중적이 되어 가고 있는 "친환경 도서관"이라는 주제에 대한 기존 논문 들을 종합하여 제시하고 학술도서관의 지속 가능성 전략을 위한 토대 개발 에 있어 그 근거를 마련한다.

현대 학술도서관의 모순 중 하나는, 대부분의 도서관이 진화하는 이용자들의 정보 필요에 대응하는 신기술을 도입하기 위하여 애쓰고 있지만 여전히 전통적인 정보형태를 중심으로 조직되어 있다는 것이다. 도서관 건물의 공간 중 큰 부분이 책, 인쇄물 그리고 디지털 자료를 진열하는 데 쓰이고 있다. 도서관에 대한 대중의 주요 인식에 대한 조사는 책이 여전히 도서관을 상징하는 브랜드라는 것을 보여준다.[1] 디지털 시대에서 이러한 인식은 도서관의 경제적 지속 가능성에 있어 도전과제를 던지는데, 브랜드란 바꾸기도 어렵고 바꾸는 데 엄청난 비용이 들기 때문이다. 이용자들이 인쇄된 책과 연구논문에 물리적으로 접근하는 대신 디지털 자료에 가상 접근하는 편리함과 속도를 택하고 있다는 사실 때문에, 책의 가치와 유용성은 점점 더 의문시되고 있다. 디지털 콘텐츠와 소셜 네트워킹 서비스라는 추세를 고려할 때, 핵심 관심사는 (주로 인쇄물 자원에 기초한) 전통적, (인쇄물과 디지털 자원의 혼합인) 하이브리드, 그리고 (소셜 네트워킹 서비스에 기초한) 새로운 Library 2.0 모형을 뒤섞은 모형이 사회적, 경제적, 환경적으로 지속 가능한가 그렇지 않은가 하는 것이다.

디지털 형태 및 네트워킹 서비스는 비용이 많이 들고 광범위한 기술적·인적·재정적 지원을 필요로 한다. 게다가 그것은 그것을 인쇄할 때 드는 다량의 잉크와 종이는 물론, 상당한 에너지와 물을 소비한다. 소셜 네트워킹 서비스로 지원되는 인쇄물과 디지털 자원이 혼합된 모형을 개발하는 것에 대하여, 대다수는 학술도서관의 지속 가능한 성장이 다양한 요인들에 의하여 위협을 받을 수도 있다고 염려하고 있다. 그 요인들은 다음과 같다. 인쇄물과 디지털 형태의 콘텐츠를 발전시키고 보존하는 것, 급격하게 변화하는 기술적이고 네트워크화된 기반시설을 공급하고 지원하는 것, 무료 서비스를 제공하는 것, 도서관 건물에 들어가는 계속 늘어나는 비용을 감당하는 것, 그리고 도서관의 "생태학적인 족적(ecological footprint)"을 줄이는 것이다. 이 논문은 이러한 도전 과제들을 다루는 한편, 학술도서관이 좀 더 지속 가능한 조직이 될 수 있도록 도와주는 지속 가능성 전략을 위한 통합된 토대를 설계해야 하는 필요성을 밝힌다. 이 논문의 목표가 그러한 토대를 개발하는 데 있는 것은 아니다. 그러나 이 논문은 점점 대중적이 되어가고 있는 이 주제에 대한 문헌들을 광범위하게 살펴보고 학술도서관의 지속 가능성 전략을 위한 통합된 토대에 대한 앞으로의 연구들의 근거가 되는 작업을 마련한다.

::도서관의 지속 가능성: 문헌 연구

1987년 국제연합의 '환경과 개발에 대한 세계위원회(WCED)'는 "우리 공동의 미래"라는 제목의 보고서를 발표하였는데, 이는 경제발전에 대한 사회적·환경적 접근을 촉구하는 지속 가능한 발전이라는 생각을 제시하였다. 이 보고서는 지속 가능한 발전을 "미래 세대가 그들의 필요를 충족시킬 수 있는 능력에 피해를 주지 않으면서 현재의 필요를 충족시키는" 사회적 공정성, 경제성장, 그리고 환경 관심사의 균형이라고 정의하였다.[2] 그 이후로, 지속 가능한 발전이라는 쟁점은 국제연합과 환경주의자들의 선언 이상의 것이 되었다. 1990년, 전 세계 22개 대학의 총장은 프랑스에서 '지속 가능한 미래를 위한 대학 지도자 협회(ULSF)'를 창설한다는 탈루아르 선언(Talloires Declaration)에 서명하였다. 서명과 함께 그들은 고등교육기관들로 하여금 연구, 교육, 봉사, 종합대학 및 단과대학 운영에 지속 가능성과 환경교육을 집어넣도록 하였다.[3]

1990년 이후, 지속 가능성의 개념은 경제적·사회적 성장 의제에 스며들었고 350여 개의 고등교육기관에서 학술공동체에 영향을 끼쳤다. '지속 가능한 공동체 네트워크(CONCERN, Inc.)'의 정의에 따르면, 지속 가능한 공동체란 "그 자원을 현재의 필요를 충족시키기 위해 사용하지만 적당량의 자원은 미래 세대가 사용할 수 있도록 남겨두는 것을 보장하는 공동체이다. 그 공동체에서는 환경을 보호하고, 경제적 기회를 확장시키며 사회적 필요를 충족할 수 있도록 모든 구성원이 통합된 장기적 계획 절차에 참여한다."[4] 이러한 맥락에서, 기관과 조직이 번영하고 그들 주위의 공동체에 의미 있는 기여를 하기 위해서는 지속 가능한 성장이 필수적이다. 대학공동체의 일부로서, 학술 도서관은 이러한 노력에 보다 강제적으로 참여시킬 필요가 있다.

1990년대 이후로, 지속 가능성 및 환경적 관심사에 대한 도서관 문헌은 늘어났고 많은 관심을 끌었다. 이 연구는 네 개의 주요 범주를 밝혀낸다.

(1) 학문과 장서의 지속 가능성

(2) 친환경 도서관의 운영과 실천

(3) 친환경 도서관 건물

(4) 지속 가능성의 측정과 향상

학문과 장서의 지속 가능성

이 주제에 대하여 쓴 저자들은 디지털 및 인쇄물 장서에 의한 학문적 의사소통과 정보의 지속 가능성에 초점을 맞춘다. 그들은 지속 가능성을 미래 세대를 위하여 연구 장서를 유지하고 안전하게 지키려는 노력으로 이해하거나, 또는 학문적 의사소통의 경우에서, 장서가 상업적 출판업자로부터 독립적이 될 수 있도록 하는 노력으로 이해한다. 학문적 의사소통에 있어, "지속 가능한 출판(sustainable publication)"이란 다음 형태로 이루어진 새로운 출판의 방법을 가리킨다. 즉, 출판 전후의 인쇄물, 개방된 접근성 및 저자 수익성 모형, 구독에 기반을 둔 전자 저널, 콘텐츠 저장소(institutional repositories), 개인 블로그 및 멀티미디어 출판 등이다. 킹즈 등은 "어떠한 지속 가능한 출판 수단이라도 반드시 (1) 학술 보상체계 및 학문적 가치체계의 인식과 평가 및 (2) 출판 사슬에 관련된 모든 사람들을 위한 지속 가능한 사업모형에 대한 인식을 갖추어야 한다"라고 진술하였다.[5] 종합해보면, 대학 도서관 및 출판부,[6] 기관 및 기록 보존소는 학문적 의사소통을 가능하게 하고 그 것을 보존하며 대중들이 그것을 접하는 여러 경로를 제공하지만, 이 모형이 효율적으로 구현되려면 더 많은 협력이 요구된다.[7]

디지털화와 보존은 도서관 장서와 자료를 미래 세대를 위하여 보존하는 것뿐만 아니라 인쇄 장서를 관리하는 데 관련된 비용을 감축하는 데 있어서도 엄청난 잠재력을 갖는다. 예를 들어, JSTOR 프로젝트는 "학문의 보존"을 의도하였을 뿐 아니라 인쇄물 저널을 관리하는 데 관련된 비용을 감소시켰다.[8] 그러나 디지털화와 보존에 관련된 연구는 아직 초기단계[9]이고 도서관들은 지속 가능한 디지털 콘텐츠를 구축하는 데 있어서의 중대한 복잡한 문제들을 해결할 필요가 있다. 중요한 쟁점으로는 적합한 기술의 사용,[10] 호환성 있는 기준채택,[11] 상업화 방지,[12] 고안한 프로젝트의 경제성 보장,[13] 디지털 콘텐츠의 연속성 및 지속 가능성 획득[14]이 있다.

요컨대 이 부류의 저자들은 학문적 의사소통과 정보의 지속 가능성, 인쇄물과 디지털 콘텐츠를 무기한 유지한다는 도전과제, 그리고 디에나 마컴이 던진 다음 질문에 대한 해답을 찾는 데 주로 초점을 맞추었다. "오늘날 창조된 자원들이 미래에 사용 가능하다는 것을 보장하기 위해서 학자들과 사서들은 어떻게 협력해야 할 것인가?"[15] 확실히 학문의 지속 가능성은 장서와 서비스의 지속 가능성과 본질적으로 연결되어 있다.

친환경 도서관의 운영과 실천

이 부류의 몇몇 저자들은 이미 학술도서관 내에 존재하고 있는 "친환경(green)" 관심사와 실천에 집중했다. 르 베른과 그레고리가 진술한 바와 같이, "친환경화는 마음의 상태인 동시에 절차이며, 그것은 행동을 취할 것을 요구한다. 친환경화는 호혜적 정신을 필요로 한다. 우리는 우리를 돌보아 주는 환경을 돌봐야 하며, 우리를 지속시켜 주는 자연계와의 관계를 깊게 하여야 한다."[16] 미국도서관협회(ALA) 환경전문팀(TFOE)은 도서관학에 "친환경" 개념을 선구적으로 도입하였다. 1990년 이후, TFOE는 도서관 및 대중에 다양한 환경정보의 출처를 알리는 것을 목표로 하고, 도서관의 친환경 관심사 및 실천을 다루면서 해결책을 찾았고, 친환경 ALA 회의를 준비하고, ALA 및 도서관 공동체 내에서 환경 쟁점에 대한 인식을 증진시켰다. 이 팀은 환경에 초점을 둔 프로그램을 조직하고 전자친환경저널을 통해 학문적인 환경적 의사소통을 위한 접근이 개방된 플랫폼을 제공함으로써 사서와 대중을 교육해 왔다.[17] 가장 최근 이 팀은 "사서들이 행성 지구를 위해 건배합니다(Librarians Raise Their Cups for Planet Earth)" 프로젝트를 제안하여, 필라델피아에서 열린 2008 ALA 회의에 사서들이 자신의 커피 머그를 직접 가져오도록 요청하였다.[18] 그 외에, 시애틀에서 열린 제14회 ACRL 회의에서는 "친환경"이 마지막 회의의 주요 주제였고 친환경 쟁점에 초점을 맞추었다.[19]

1990년대 이후에, 친환경 주제의 인기는 꾸준히 상승하여 "친환경 사서"[20], "친환경 도서관학"[21], "친환경 학술 분야"[22], "단과대학 도서관 친환경화"[23], "도서관 친환경화"[24], "친환경 블로그"[25]부터 "친환경으로"[26], "친환경 도서관 운동"[27] 등이 생겨났다. 또한 친환경 도서관 실천을 보고한 문헌들은 재활용[28], 소음[29], 종이 사용[30] 등을 다룬다. 그 외에 문헌들은 환경적 이용자 교육 및 링크[31], 잔코브스카[32], 스토스[33], 와인트라웁[34], 슈로드[35], 롬[36] 등의 기고로 대표되는 환경적 교양에 대한 토론을 제시한다.

이들 문헌의 주된 관심사에는 학술도서관 친환경화를 돕는 조치도 포함되어 있지만, 캐더린 다이크가 결론지은 바와 같이, "특히 재활용 등 많은 도서관 서비스는 친환경 실천을 이행하고 있지만, 제도적인 친환경 정책은 결여되어 있다."[37]

친환경 도서관 건물

친환경 도서관 건물이라는 주제를 다룬 저자들은 도서관을 재건축하거나 건축할 때 지속 가능한 해결책을 고려한 건축적 설계에 대하여 논의한다. 도서관 건물들은 종이를 만들기 위해 없어지는 숲은 물론이려니와 상당량의 전기, 에너지, 물을 사용한다. 또 이 건물들은 상당한 양의 고형 폐기물을 방출한다. 2000년 이후, 에너지 및 환경설계 리더십(LEED)은 미국 친환경건물위원회가 개발한 재건축 및 신규 공사의 친환경 인증을 위한 법령과 기준을 보급하였다. 친환경적이고 지속 가능한 도서관 건물을 지어야 할 필요성은 일찍이 와이너와 보이든,[38] 브라운[39]이 제기하였다.

1990년대 초반 많은 공공도서관은 건물에 친환경 개념을 도입하였다.[40] 친환경 건물은 에너지 효율적이고, 무독성 재활용 소재의 재료와 가구, 자연 채광, 수압이 낮은 수세식 화장실을 도입했으며, 유지

비용을 감축시켰다. 리브리스 디자인 프로젝트(Libris Design Project)는 상세한 디자인 계획 및 도서관 음향학에서 시작하여 도서관 기술 기반시설 디자인을 위한 내부공사 마감재에 이르는 문서자료까지 제공한다.[41] 또 한 가지 두드러지는 것은 전통적인 저장소로서의 역할에 반하는 연구 및 교육의 중심으로서의 도서관의 새로운 역할을 용이하게 만들어주는, 도서관 공간 설계에 관한 문헌이다.[42] 이 문헌은 도서관 건물의 내부와 외부를 위한 지속 가능한 설계를 제시하고, 장서와 서비스에 좋은 조건을 제공하는 한편 도서관 이용자들에게 건강에 좋고 상쾌한 상태를 만들기 위하여 재생 가능한 자원과 재생 불가능한 자원을 책임 있게 사용하도록 장려한다. "도서관이 왜 지속 가능한 건물이어야 합니까?"라는 질문에 대한 대답으로 조안나 샌즈는 이렇게 설명한다.

> "도서관은 그 설립자의 태도와 가치의 상징이며 그 태도와 가치를 미래 세대의 사용자와 방문자에게 전할 수 있어야 합니다. 새 도서관을 짓거나 기존 도서관을 개축할 기회를 갖게 된 공동체는 지속 가능한 설계방법을 우선시해야 합니다."[43]

지속 가능성의 측정과 향상

또 다른 새로 떠오르는 문헌들은 1966년 발표된 국제연합의 권고, 즉, "지속 가능한 발전의 지표: 뼈대와 방법론"[44]에 따라 지속 가능성의 발전을 측정하는 데 초점을 맞추고 있다. 이 권고의 발표 이후, 사회적·경제적·환경적 발전을 측정하는 국가적[45]·지역적·공동체적·제도적 지표에 관한 문헌과 프로젝트는 상당히 발전하였다. 환경적 지속 가능성에 대한 종합대학과 단과대학들의 참여가 늘어나면서 그 결과 대학 캠퍼스의 지속 가능성에 대한 엄청난 양의 문헌이 쏟아져 나왔다.[46] 많은 종합대학과 단과대학(그중에는 웨스턴 미시건 유니버시티, 펜 스테이트, 퍼만, 콘코디아, 미시건 스테이트 등이 있다)에 의해 수행된 평가보고서와 프로젝트는 이러한 면에서 중요한 역할을 하였다.[47]

그러나 종합대학 및 단과대학 캠퍼스의 지속 가능성에 대한 문헌은 도서관을 별개의 실재로 취급하지 않았다. 대체로 학술도서관의 지속 가능한 그리고 환경적인 업무수행에 대해서는 충분한 데이터가 없다. 폰 데펜터와 스나이만[48]은 경제적 지속 가능성에 초점을 맞추어 도서관 및 정보 서비스 토대를 다차원적으로 측정하는 방법을 제안하였는데, 이것은 최근의 이타카 보고서(Ithaka Report)와 유사하다.[49] 학술도서관은 고등교육기관에서 사용되고 있는 이미 잘 만들어진 지속 가능성 평가 도구를 쉽게 채택할 수 있다.[50] 가장 알맞은 평가도구를 캠퍼스로부터 학술도서관에 이식하는 가능성에 대한 연구는 아직 좀 더 이루어져야 하겠다. 2008년 프라이머리 리서치 그룹(Primary Research Group)은 에너지 사용과 보존 실천에 관하여 학술, 공공, 특수 도서관에 대한 국가적 조사를 발표하였다. 이 연구결과로써 도서관의 에너지 사용 및 보존에 관한 조직 간 비교 및 평가가 가능해졌다.[51] 미래에는 에너지 사용 및 보존실천에 관하여 필요한 학술도서관의 정책과 프로그램을 수립하는 데 있어 이 연구의 데이터가 도움이 될 수 있을 것이다.

전반적으로, 이 범주의 문헌은 지속 가능한 성장을 성취하기 위하여 재생 불가능한 자원과 재생 가능한 자원을 어떻게 이용했는지 측정하는 환경 수행 지표에 초점을 맞춘다. 이러한 문헌과 실천에 대해서는 도서관들이 기여할 여지가 상당히 크다고 하겠다.

도서관의 지속 가능성에 관한 문헌의 특징을 다룬, 제시된 네 개의 주제는 각자 초점이 다르다. 결과적으로 서로 다른 실천(도서관 친환경화, 친환경 건물설계, 지속 가능한 장서 지원, 발전측정)은 개별적으로 도서관을 지속 가능한 성장으로 인도하기에 적절하지 못하다. 이 글에서 학술도서관의 지속 가능성 성장이란 재정적으로 책임을 지고, 환경 및 사회적으로 받아들여지는 성장과 동의어로서, 낭비를 막고 그럼으로써 현재와 미래의 이용자가 도서관 서비스와 정보 자원에 평등하고 장기적으로 접근할 수 있는 성장을 말한다. 그러므로 새로 개발된(또는 종합대학과 단과대학 캠퍼스로부터 채택한) 지속 가능한 발전을 나타내는 지표로 측정되는 친환경 도서관 건물에서의 인쇄물과 디지털 자원, 사회적, 환경적으로 책임 있는 네트워킹 서비스 및 실천의 지속 가능성을 다루는 통합되고 종합적인 토대가 필요하다.

::도서관의 지속 가능한 미래에 대한 도전과제

물리적 형태의 정보든 디지털 형태의 정보든 정보의 수집과 보급 그리고 끊임없는 재활용이 일어나는 중심 위치로서 전통적으로 기능해오면서, 도서관은 끊임없이 정보자료를 구입하는 대신 자주 대출함으로써 정보자료의 순환생명이 길어지고 지속 가능성이 높아지는 경제적 체계를 창출했다.[52] 그러나 디지털과 기술혁명의 시대가 도서관의 임무와 방법에 중대한 영향을 주는 것처럼, 이 새로운 시대는 도서관의 지속 가능한 성장에 심각하게 도전하고 있다. 책과 저널들은 더 이상 단순히 대출하고, 읽고, 반납하는 것에 머무르지 않는다. 지금은 다수의 이용자가 다수의 경우에 같은 정보를 다운로드하고, 인쇄하고, 저장할 수 있다. 이제 도서관이 인쇄 장서만 보관해서는 충분치 않다. 대신에 장서 및 서비스의 확대, 창조 및 보존은 새로운 의미를 갖게 되었다. 이 과정에서 소모되는 자원과 일용품(물, 전기, 가스, 땅, 종이)은 도서관 예산에 큰 부담이 되고 있다. 이 부담은 바로 이용자에게 전가되어 약간의 수수료가 계속 오르게 되고 정보에 대한 무료 접근이라는 박물관의 기본개념을 위협한다.[53]

일단의 기본적인 도서관의 원칙들은 지속 가능성의 주요 속성과 잘 맞아 떨어진다. ALA의 환경전문팀은 이렇게 진술한다. "세 개의 E, 즉 경제, 생태, 공정(economy, ecology, equity)은 도서관과 그 공동체에 그들이 지금 내린 선택이 어떻게 미래에 영향을 주는지 탐구하고 기대하는 토대를 제공한다." 이 세 개의 E는 도서관의 운영과 현재와 미래의 도서관 이용자들의 정보 필요를 충족할 수 있는 도서관의 능력에 있어 매우 중요하다.[54] 그러나 세 개의 E가 제공하는 토대와 학술도서관의 현재의 뒤섞인 모형 사이에는 근본적인 모순이 있다. 장서와 서비스가 지속적으로 성장하고 건물에 들어가는 비용이 계속 늘어난다는 가정을 했을 때, 이것은 지속 가능성이 요구하는 바와 정면으로 배치된다. 오늘날 학술도서관이 당면하고 있는 중대한 도전과제는 오늘날의 디지털 환경에서 핵심 지속 가능성의 속성과 계속되는 성장의 전통 그리고 성장이 요구하는 상당한 환경적 소비 사이에서 균형을 맞추는 것이다.

::환경 소비자로서의 도서관

도서관은 이용자를 위한 서비스와 이용자의 편안함, 콘텐츠의 창조와 보존을 위해 엄청난 양의 에너지를 소비한다. 도서관은 특히 에너지, 물, 컴퓨터 용지, 그리고 중고 전자 장비 등에서 상당량의 폐기물을 배출한다.[55] <환경 트렌드와 기후의 영향: 미국 도서 산업으로부터의 발견>이라는 보고서에 따르면, 미국 내에서 팔리는 책의 생산을 위해 연간 3천만 그루의 나무가 잘려 나간다.[56] 이른바 "종이 없는 사회(paperless society)"에서도, 미국인들은 평균적으로 1인당 연간 660파운드 이상의 종이를 사용한다.[57] 마이클 카넬로스의 글에 따르면, "제록스사는 서류의 44.5%가 일회성 사용을 위해 인쇄되며 모든 서류의 25%는 같은 날 재활용된다고 밝혔다. 라이라 리서치는 1년 동안 전 세계적으로 15조 2천억 장이 인쇄되며 이 숫자는 다음 10년간 30% 증가할 것이라고 예상하였다."[58] 또한 도넬라 메도우즈는 "미국인들은 평균적으로 1년에 20달러를 공공 도서관을 위한 세금으로 내고 있고 1년에 한두 권의 책을 사는 대신 빌려 읽는다면 세금만큼의 돈을 절약할 수 있다. 10번 대출된 책은 비용뿐만 아니라 종이 사용도 열 배만큼 절감하는 효과를 가져 온다."[59] 많은 도서관들이 자의적으로 또 양심적으로 재활용을 하고 있지만, 이것만으로는 문제를 완화할 수 없다. 계속되는 도서관의 성장은 그 "생태학적 족적"도 확대한다. 운영비용과 환경 폐기물이 장기적으로 줄어들지 않는다면, 장서와 서비스의 계속되는 팽창 때문에 제한된 수의 사람만 정보에 접근할 수 있게 될 수도 있다.

게다가 전자폐기물과 유해폐기물이 엄청나게 늘어나서 도서관의 지속 가능성이라는 목표와 일상적 운영과 서비스라는 도서관의 현실 사이에 괴리를 일으키고 있다. 모든 도서관의 화물 발송실에는 끊임없이 새 책, 정기 간행물, 도서관들 간의 대출신청, 출판업체의 카탈로그, 승인 계획 명령서, 편지 그리고 다양한 다른 우편물이 도착한다. 그 외에 각 도서관은 유해하거나 불필요한 책, 정부 서류, 잡지, 신문, 정기간행물 묶음, 마이크로필름 카드, 스팸 메일, 사무실용 컴퓨터 용지 그리고 일반 쓰레기를 내버린다. 디지털 프로젝트의 수와 네트워킹 기능이 많아질수록 도서관은 증가하는 에너지 비용과 쓸모없는 장비, 구형 컴퓨터, CD, 디스크 드라이브, 사용한 컴퓨터 용지 등을 재활용해야 하는 필요성에 당면한다.

다 쓴 컴퓨터 용지, 물, 전기 또는 잉크 등을 기준으로 도서관을 환경 소비자로서 측정하는 지표를 이미 존재하고 있는 대학의 실천 내용으로부터 개발하거나 채택하여야만 한다. 도서관들은 고형폐기물과 유해폐기물 및 에너지 사용의 사회적·경제적·환경적 영향을 줄이는 방향으로 그 진보를 평가할 정교한 지표를 개발하지 않고 있다. 지표를 새로 만들거나 이미 개발된 종합대학 캠퍼스 지표[60]를 채택하여 도서관의 경제적·환경적·사회적 업무수행을 평가하고, 예산 절감과 환경적 영향 감소를 이룰 수 있다. 이 지표는 다음 사항들에 대한 데이터를 제공하여야 한다.

- 학술도서관들이 연간 평균적으로 사용하는 물의 양
- 학술도서관들이 연간 평균적으로 방출하는 고형폐기물과 유해폐기물의 양
- 에너지, 물, 종이 이용을 줄임으로써 영향을 받는 비용절감

- 도서관으로 오는 화물 중 매일 그대로 쓰레기통에 버려지는 것들의 백분율
- 도서관 직원과 이용자 1인당 사용하는 컴퓨터 용지의 양
- 도서관 직원과 이용자 1인당 사용하는 에너지의 양
- 환경친화적 잉크, 클리너, 재활용 종이의 사용
- 종이와 장비의 재활용률
- 이용자들이 부담하여야 하는 인쇄 수수료 및 기타 세금(이 방법이 정보에 대한 무료의 개방된 접근이라는 도서관의 임무와 일치하는가?)
- 평균적인 학술도서관의 "생태학적 족적"[61]

학술도서관의 사회적 · 경제적 · 환경적인 업무수행에 관한 보고양식은 도서관 스스로가 그들의 환경적 영향을 이해하는 것을 돕고 사회적, 경제적, 환경적으로 책임 있는 운영과 서비스를 개발하고 향상시킬 수 있도록 고무한다.

::지속적 성장의 필요성

테리 링크는 오직 지속 가능성과 환경교육만이 고등교육기관이 상업화되는 것을 막고 또 상업화가 되었다면 거기에서 탈피하도록 돕는다고 믿는다. 또 그는 지속 가능한 미래 창조에 참여함으로써 도서관이 다시 "교육공동체의 심장"이 될 수 있다고 믿는다.[62] 진화하는 정보통신기술, 늘어나는 이용자들의 정보욕구, 증가하는 도서관 운영

비용 때문에 불균형이 생겨나고, 도서관은 점점 목표 중심적인 상업적 모형으로 내몰리지만 장기적인 지속 가능한 발전계획을 갖고 있지 못하다. 도서관은 그 이용자들의 정보욕구를 충족시킴으로써 계속 번영하는 반면, 그 이면은 이야기가 다르다. 도서관 운영, 건물, 장서, 장비 그리고 공급에 들어가는 숨겨진 비용이 점점 늘어나 더 넓은 의미의 도서관의 목표에 영향을 미치고 있다. 공공학술도서관의 전통적 모형-정보를 모두에게 개방되고 무료로 유지하는 것-이 점점 복잡해지고 있다.

학술도서관은 그 미래의 성장에서 환경적 소비의 영향을 더 이상 무시할 수 없다. 불필요한 중복과 소비보다는 자원공유가 도서관의 경제모형을 형성해왔다. 그러나 이 모형은 늘어나는 환경적 소비와 폐기물을 설명할 수 없다. ACRL이 2007년 제안한 환경 스캔은 주로 지속 가능한 도서관장서와 서비스에 초점을 맞추고 있는데, 이것만으로는 지속 가능한 성장의 조건으로 불충분하다.[63] 게다가 이 주제에 관한 문헌을 장려하고 보급하며 환경정보 문헌을 제공함으로써 글로벌한 지속 가능성을 지원하는 도서관의 역할은 제도화될 필요가 있으며, 그럼으로써 도서관이 이용자의 소유권을 인식하고 도서관의 "생태학적 족적"을 줄이는 경제적 진보의 모형을 채택하여 그 자체가 지속 가능한 기관이 되도록 하여야 한다.

::학술도서관의 지속 가능성 전략

도서관을 현재와 미래의 이용자들에게 더 잘 맞는 조직으로 변화시키는 것은 지속 가능한 도서관의 성장을 성취하는 데 있어서 핵심이다. 학생들에게는 정보를 얻을 수 있다는 것은 매우 중요하다. 교수진에게는 그것은 개인적 연구와 가르침에 대한 지원이다. 불행하게도, 어떤 희생을 치르고서라도 장서를 유지하고 보존하는 데 초점을 맞추다 보면 도서관의 사회적, 경제적, 생태적으로 현명한 성장에 해를 끼치게 된다. 도서관의 혁신과 새로운 환경에의 적응 사이에서 균형을 맞추는 것이 조직적인 지속 가능성에서 중요한 요구사항이다. 오늘날 조직적 혁신은 정보통신기술에 의해 주도되며, 조직의 위계적인 제어보다는 협력과 지식공유를 위한 정교한 네트워크 구축에 더 초점을 맞춘다. 따라서 도서관은 장소라는 의미보다 공간이라는 의미로 인식되게 되었다.[64] 이 공간은 우연한 또는 계획된 모임들을 초대하고 고무하여 공식적이든 비공식적이든 놀고, 탐구하고, 시험하고, 협력하고 배우게 한다.[65] 공간은 실제 공간일 수도 있지만 가상공간도 가능하다. 가상공간은 물리적 공간보다 네트워킹에 더 개방되어 있다. 새로운 열린 체계의 네트워크 우주에서 중심점과 접속점이 나타나고 그것이 지배적이 되면, 경계는 흐려져 사라진다. 보존, 인쇄물 및 디지털 콘텐츠, 네트워킹 서비스에 대한 지금의 주제는 오늘날의 현실에서 도서관은 장서와 서비스를 지속 가능하게 할 책임이 있을 뿐 아니라, 공간 설계와 경제적·사회적·환경적 지속 가능성의 관계도 고려해야 한다는 것을 시사한다.

지속 가능한 조직을 위한 마지막 요구사항은 이용자와 이해당사자들 사이의 평가와 튼튼한 상호관계이다. 도서관은 복잡한 조직이고, 다른 사람들이 요구하는 서비스를 제공함으로써 번성한다. 지속 가능성 목표를 만족하고 있는가에 대한 평가는 어떤 평가라도 경험에 근거한 추측이 아닌 실제의 정확한 데이터를 요구한다. 이것은 다시 일상적 운영에 있어 어떤 양식을 개발하거나 채택하여 구현할 것을 요구한다. 도서관은 제공되는 서비스에 관한 광범위한 데이터를 모으고, 지속 가능한 목표 충족이 얼마나 발전하고 있는가를 감시하는 데 그 데이터를 사용함으로써 상황을 더 잘 알 수가 있다. 장서와 서비스를 지속하는 데 있어서의 도서관의 진보를 추적하기 위하여 새로운 양식을 만들거나 기존의 양식을 채택하는 것은 미래를 위한 "해야 할 일" 목록의 맨 위에 있는 사항이다. 지속 가능성 지표의 범위를 작성하기 위한 계획도 이 목록에 필요하다. 이러한 지표를 사용하여, 학문과 교육을 지원하기 위한 경제적 가능성, 사회적 공정성, 환경적 영향의 의미에서 도서관이 현재 운영모형을 평가할 수 있다. 이러한 모든 측정법은 현재의 평가 관행을 지배하는 이용자의 인식과 만족 수준이나 교육성과 등을 넘어서는 좋은 결과를 낳아야 한다. 장서와 서비스를 지속 가능하게 유지한다는 의미 외에도 건물과 운영을 "친환경화"할 필요성을 인식하고, "생태학적 족적"을 줄이고, 미래의 도전 과제를 만족시킬 전략적 자세를 보증한다는 점에 있어 지속 가능한 기관이 된다는 것은 도서관의 도덕적 규범이다.

:: 결론

학술도서관은 언제나 종합대학의 중심이 되는 구성요소였다. 종합대학과 단과대학들이 지속 가능성 지표를 개발하고 채택하는 동안, 도서관들은 스스로 지속 가능성 지표를 개발하거나 다른 기관이 이미 개발한 지표를 채택하는 데 뒤처져 있었다. 이러한 지표는 종합적인 지속 가능성 토대개발에 기초가 되어 도서관 운영에 미치는 영향과 도서관의 지속 가능한 발전을 위한 미래 프로젝트를 평가하는 데 도움을 준다. 더 자세하게, 이러한 토대는 도서관이 사회적으로 책임이 있는 공급자와 출판업자를 선택하는 데 도움을 주고 운영전략을 평가하는 것을 도와서, 그 결과 환경친화적인 제품을 제공하고, 에너지를 절약하고, 폐기물을 줄이고, 이용자들에게 받는 수수료를 최대한 낮게 유지할 수 있도록 한다. 모든 도서관의 전략적 계획은 지속 가능한 성장의 세 가지 기준의 차원(사회적·경제적·환경적)을 결합한 지배적인 토대에 근거를 둘 필요가 있다. 지속 가능성 전략은 장서, 도서관 건물, 보존의 범위, 디지털화, 장비, 제품, 도서관의 네트워킹 서비스를 위한 노력에 대한 미래의 결정에 지침이 되는 하나의 플랫폼으로 통합될 필요가 있다. 이러한 결정을 할 때는 장서, 장비, 인력에 드는 비용뿐 아니라 도서관 운영과 서비스에 기인한 "생태학적 족적"의 크기로 측정되는 전반적 폐기물의 비용을 고려하여야 한다. 도서관의 지속 가능성은 계속되는 성장과 팽창을 가정하여 균형을 맞춘 전략적인 고려가 필요하다.

제8장

콘텐츠 저장소 JISC 연구

콘텐츠 저장소(institutional repositories, 이하 저장소)에 대한 이해가 증가하면서, JISC는 그들의 서비스를 개발하는 데 있어서 영국 대학들을 계속해서 후원한다. 이 논문은 기관과 국가의 수준에서 일부 중요한 활동 영역에 대해 기술하고 있으며, 효과적으로 네트워크화된 저장소들이 학자들을 돕는 방식을 예를 들어 설명하고, 그리고 JISC의 자금지원을 받는 프로젝트들이 저장소 서비스들의 세계적 성장에 기여하는 점을 소개한다.

::서론

학자들의 지적인 연구는 고등교육기관들의 핵심적인 업무이다. 이러한 연구의 많은 부분은 연구논문으로 기록되고 교육과 학습을 위한 자료들로 사용된다. 경쟁과 협력 양쪽 모두가 증가하고 있는 환경에서, 대학들은 이러한 자산들의 관리에 지대한 관심을 가지고 있다.

대학들은 점점 더 글로벌 경제에서 움직이고 있는 국가들과 상업기업들 그리고 비영리기구들에게 중요한 원천으로 비춰지고 있다. 대학들은 더욱 더 정보 위주의 혁신 지향적인 경제와 사회를 뒷받침한다. 대학들은 또한 이러한 경제와 사회들의 부문이며, 고등교육과 연구는 점점 더 세계화되고 있다. 대학들은 국제적으로 경쟁하고 협력하고 있다. 효과적으로 그렇게 하기 위해서, 대학들은 목적을 위해 적합한 내부관리 시스템과 외부적 커뮤니케이션 시스템을 가질 필요가 있다.[1]

더 넓은 환경에 초점을 맞춰보면, 영국 내에 유럽 고등교육을 위한 Bologna Process(European Commission, 2007)와 Europe Research Area (European

Commission, n.d.)의 설립과 같은 유럽연합(EU) 수준에서 진행 중인 활동에 참여하는 외부정책 운영자들이 있다. 이와 유사하게 Research Assessment Exercise(http://www.rae.ac.uk/)와 여기서 제안된 Research Evaluation Framework (HEFCE, 2008)로의 교체, Transparency Review[2], 그리고 교육을 위한 국가적 e-Strategy[3]와 같은 영국 국가 수준의 정책의제들도 있다. 이러한 그리고 다른 외부정책제도들은 효과적인 정보전략과 시스템을 보여주고 개발할 수 있는 기관들에게 분명한 이익을 줄 것이다.

이 논문의 목적은 영국에서 JISC(Joint Information Systems Committee) (http://www.jisc.ac.uk/)에 의해 자금 지원된 연구가 영국 기관들이 진화하는 환경을 맞이할 때 어떻게 그들의 정보와 커뮤니케이션 기술 인프라를 적절히 구성하는 것을 돕는가를 보여주는 것이다. 이 논문은 저장소에 대한 주요한 투자에 대해 담고 있고 도구들과 서비스들을 연계했다. 저장소들은 대학교와 대학들을 위해 정보전략의 일환으로써 기관들의 자산들을 수집, 관리 그리고 개발하는 것을 돕는 데 있어 중요하다. 디지털 저장소는 다양한 목적들과 사용자들을 위해서 넓은 범위의 자료들을 보유할 수 있다. 그것은 학습, 연구 그리고 행정 처리를 지원할 수 있다. 또한 기관저장소 사용과 관련해서 중요한 보존기회들과 이슈들이 존재한다(예를 들어 이 문제에 대한 McGovern과 McKay를 보라).

::JISC와 정보환경(Information Environment)

JISC는 영국 내의 주요 16개 교육과 연구기관들에서 6백만 이상의 학생들과 스텝에게 봉사하며 기관들을 지원한다. JISC는 학술 네트워크(JISC, 2008, January 11b), 데이터 센터(JISC, 2008, January 11a; JISC, 2008, January 11c)들과 같은 서버들을 제공함으로써 이러한 일을 하며, 효과적이고 혁신적인 ICT의 사용을 촉진하기 위해서 전문적 지식, 독립적 조언, 안내 그리고 자원들을 제공함뿐만 아니라 연구와 개발의 자금지원을 통해서 이러한 일을 해낸다. 더 자세하게 보자면, JISC는 다음의 것들을 제공한다.

- 학습과 교육 그리고 연구를 지원하기 위해서 고품질 자원에 대한 접근
- 디지털 자원의 설립과 보존에 대한 조언
- 법적 그리고 조직의 이슈를 포함해서 ICT를 사용하는 것의 함축에 관한 정보
- 지역지원센터들을 통한 직업교육(further education)(16세~18세) 부문을 위한 전면적인 지원
- 네트워크 서비스와 지원
- ICT의 잠재력을 완벽히 개발하기 위해 원래의 그리고 효과적 솔루션들을 가져올 혁신 프로그램들

JISC의 멤버들과 위원들은 교육 부문 전반의 고위관리자들, 학자들 그리고 기술전문가들이다. 이러한 사실은 지역사회에 강한 연대를 제공하며 JISC가 직업교육과 고등교육의 변화하는 필요에 부응하며 남아 있을 것을 보장한다.

디지털 저장소의 영역 안에서 JISC 혁신작업의 목표는 저장소의 기

술적・사회적 측면의 개발에서 최대한의 조화를 보장하기 위해 다양한 영역(연구, 학습, 정보 서비스, 기관정책, 관리 및 행정, 기록관리 등)에 걸쳐서 사람들과 업무들을 함께 묶는 것이다. JISC의 자금이 지원되는 관련된 업무는 영국고등교육 사회를 위한 저장소들의 상호정보교환이 가능한 네트워크를 설립하는 것이다. 이러한 저장소들이 기관 내 정보관리 이슈들에 초점을 맞춘다는 것과 또한 전 영국과 그 너머에 걸쳐 필요사항에 접근한다는 것을 분명히 하는 것은 JISC 임무에서 필수 불가결한 것이다. 이 분야에서 JISC의 업무는 많은 수의 연구와 보고서 조사에 의해 알려지는데, 그러한 연구와 조사들에 있어 독자는 배경정보를 위해 참조된다.

정보환경은 중요한 JISC의 전략들 중의 하나이다. 그것은 공유되거나 공동의 서비스에 근거한 정보자원들을 관리하고 공유하기 위해서 분산돼 있으나 일관성 있는 국가 인프라를 향한 비전은 그것의 심장부에 가지고 있다. 그것은 대략 십 년 전에, "현재의 독자적 서비스 단위들을 대신해서 그 기본을 제공할 기술적 인프라와 함께, 현재의 관리된 환경을 얻기 위한 전략적 계획"(Russell, 1998)에 초점을 맞추었던 참가자들이 함께했던 지역사회 워크숍에서 처음으로 개발되었다. 이들의 워크숍들로부터 제안된 구조인 Models Information Architecture (MIA)(UKOLN, n.d.)는 이러한 목적들을 감안해 설계되었고, 많은 부분 이후의 계획에 토대를 마련해 주었다.[4]

정보환경구조는 2001년에 Andy Powell과 Liz Lyon(UKOLN, 2008, October 15)에 의해 정보환경의 핵심 기술적 요소를 단순화하여 시각화한 것을 제공하는 도표를 통해 묘사되고 구체화되었다. 이러한 시각은 서비스 지향 접근법과 같은 더 최근의 발전들을 수용하기 위한 능력에 있어 주목할 만한 것이 되어왔다. 그러나 그것은 지금 새로 출현하는 웹 환경의 특성을 잘 기술할 더 큰 시야와 참여적 네트워크 수준의 서비스들을 나타내기 위해서 전체적으로 수정되고 있다. 주안점을 두는 중요한 변화는 학자들, 학생들 그리고 관리자들에게 유용한 서비스를 제공하기 위해 필요하고 서로 사이에 조정을 하는 동등한 서비스들을 함축하는 것과 함께, '관리된' 환경이라는 시각으로부터 '협의된' 환경이라는 시각으로의 변화이다. The e-Framework for Education and Research(http://www.e-framework.org/) 내에서 서술된 도구들과 이러한 개정 사이에는 밀접한 관계가 있다. 예를 들어 eFramework에서 쓰인 방법론들은 정보환경의 부분을 구성하는 공유된 공동의 서비스들을 밝히는 데 도움을 줄 것이고 정보환경과 eFramework 둘 다는 서비스 지향 접근법을 지원할 것이다.

정보환경의 다양한 부분들은 서비스와 정책으로서 이용가능하다. 다음의 the UK Federated Access Management Framework(http:// www. ukfederation.org.uk/), the JANET(UK education network) Acceptable Usage Policy(ja.net, 2008), the Intute Search Service(http:// www.intute.ac.uk/) 그리고 the Jorum repository(http://www.jorum.ac.uk/)들은 단지 몇 개의 예들이다. JISC는 정보환경의 개발에 있어서, 하나의 기관에서 사용가능한 콘텐츠나 서비스들보다 더욱 효과적인 방법으로 외부 콘텐츠나 서비스들과 관련하여 경계협약을 조율하는데 있어서와, 공유된 인프라를 구축하기 위해서 전략적 투자를 집중하도록 중요한 전략적 역할을 담당해왔다.

정보환경이라는 개념은 영국의 JISC가 선도하는 저장소 업무를 위해 전후맥락을 제공한다. 대부분의 연구 분야에서 학자의 의사소통이 글로벌한 활동이라는 것은 분명하다. 즉, 지식이 기관과 국가의 경계들을 가로질러서 또 그 사이에서 개발되고, 많은 학자들이 기관의 동료들에게 보다는 주제(subject) 동료들에게 더 큰 유대감을 가지고 있고, 의사소통의 통로(저널, 회의, 학회)들이 종종 국제적이다. 그러나 이러한 활동들을 지원하는 재정적이고 조직적인 인프라는 대개 기관이거나 국가적이다. 기관과 국가의 인프라는 학자가 공개적으로 사용 가능한 저장소의 가장 안정적·지속적 발전을 약속하는 것 같다.

저장소 활동이 기관과 국가의 경계들 내에 남아 있어야 한다는 말은 아니다. 즉, 공유된 기준과 프로토콜, 커뮤니케이션과 토론 통로, 발견 메커니즘(discovery mechanisms), 그리고 강화된 서비스들은 기관 저장소들의 층(layer) 위에서 작동할 수 있다. JISC가 하고 있는 일은 많은 다른 단체들과 더불어서 다른 형태의 활동이 다른 수준에서 이루어지고 있음을 가정한다. 영국에서 JISC는 기관 내 그리고 기관을 넘어서 가장 효율적이고 효과적인 서비스의 통합을 가능케 하기 위해서, 이 계층화되어 혼합된 서비스들을 운용함에 있어 공개적 기준과 서비스 지향 접근법을 장려한다. 정보환경은 또한 이러한 복합된 서비스들을 위해 새로운 용어들을 제공하며, 이러한 용어들은 이 논문의 다음 부분을 구성하기 위해 사용되어진다.

- 저장소와 같은 콘텐츠 서비스
- 포털과 같은 이용 서비스와 시각화 도구
- 포맷 레지스트리와 같은 보존 서비스
- 레지스트리와 전거 서비스(authority services)와 같은 공유된 인프라 서비스

이 리스트에 주어진 예들은 대개 기술적이지만 자문과 지원 서비스 그리고 정책들은 또한 정보환경의 중요한 부분들이라는 것을 명심하는 것은 중요하다. 이 논문의 다음 부분은, 일부 이용 사례들에 있어서 세부사항을 들여다보기 전에 진행 중인 혁신 업무의 개요를 제시한다.[5]

::저장소에 대한 JISC 자금지원의 혁신

> 영국과 호주는 교수진에 의해 개시되고 교수진에 의해 수행되는 자기주도적인 기록보존(self-archiving)은 저장소의 집단을 위해서는 실행 가능한 모델이 아니라는 것을 받아들였고, 그 나라들은 옮겨 나가기를 시작하고 있다. 우리도 같은 것을 해야만 한다. 저 장소는 만약에 그것이 시스템적이고 광역적이고 잘 지원된 데이터 관리, 학자적 의사소통 또는 디지털 보존 프로그램의 부분이 아니라면 아무 가치 없는 무용지물이다(Salo, 2007).

대학교들과 대학들은 저장소를 설립할 때 종종 상당한 문화적 변화를 관리한다. 여기에서 강조점은 그들 스스로의 활동들로부터의 지적인 산출물을 장기 보존하는 반면에, 기관들은 전통적으로 다른 장소로부터 자료들을 도서관을 통해 장기 보존해왔다. Salo(2007)가 제시하는 바와 같이, 이것은 저장소들이 독립형 존재로서 작동하지 않고(기관의 그리고 다른 시스템들과 함께) 기술 시스템의 통합과 정책 그리고 조직적 경계선을 가로지르는 일상 업무를 포함시킨다는 것을 암시한다. 이것은 도전이고 장기간의 목표이다. JISC는 저장소 관리자에게 지도와 교육을 제공하기 위해서 Repository Support Project(RSP) (http://www.rsp.ac.uk/)에 자금을 지원해왔다. 지적재산권(IPR), 작업흐름, 주장 그리고 다른 이슈들에 관한 JISC의 자금 지원을 받은 프로젝트들에 의해 학습된 교훈들(lessens)은 RSP 웹사이트를 통해서 지역 공동체와 함께 공유된다. JISC는 또한 약 44개의 "신규와 강화" 프로젝트들을 자금 지원해왔는데, 그 프로젝트들은 저장소 서버들과 업무를 설립하고 발전시키는 데에 대한 기술적·조직적 접근방법을 개발하는 기관과 연합의 저장소들이다. 이것들은 JISC가 기관의 기여를 조화시키는 모델에 대해 자금 지원된다. 이 방식에서, 저장소를 유지하는 데 대한 기관의 헌신이 시작부터 짜 맞추어 넣어져 있기를 기대한다. 이 프로젝트들에 관련된 주제 리스트는 그들의 업무의 넓이와 깊이를 보여준다(JISC, 2008, January 11d).

저장소를 위한 주요한 추진요인 중의 하나는 연구논문들에 대한 자유로운 접근(open access)에 대한 요청이었다. 즉, 베를린선언(Berlin Declaration, 2006)에 사인함으로써 JISC가 원칙적으로 지원하는 것이다. JISC는 The Depot(http://depot.edina.ac.uk/)을 지원한다. The Depot은 직접 이용자들에게 적합한 기관저장소로의 (IP 인식을 통해서) 저장소 접점을 제공하고, 또한 공유할 논문들을 가졌으나 해당기관들이 미처 공개적 접근 연구저장소를 가지지 못한 연구자들을 위한 임시 저장소로서의 역할도 한다. The Depot은 세부사항을 저장소가 없는 기관들의 Repository Support Project에 전달하고 이에 따라 정보 고리(intelligence loop)를 완성한다.

물론 연구논문들은 저장소에서 발견될 수 있는 유일한 종류의 자료이다. JISC는 Jorum을 지원하는데, 이는 영국 대학교들과 대학들 사이에 학습 자료들을 공유하기 위한 패스워드로 보호되는 국가저장소이다. 그 서비스는 JorumOpen(http://www.jorum.ac.uk/)을 개발 중인데 이는 인증된 저장소 콘텐츠들과 더불어 공개된 콘텐츠의 공유를 가능케 할 것이다. 저장소들은 이러한 국가자원에 기여할 것이다. JISC 는 EThOS(http://www.ethos.ac.uk/)의 설립을 지원해왔는데 이는 영국 도서관(British Library)과 함께 저장소들의 네트워크에 의하여 올해부터 영국 학위논문들의 자유로운 접근을 제공할 것이다. 게다가 JISC는 연구데이터의 디스플레이 면에서 필요한 부문들을 조사하기 위한 업무에 자금을 지원할 것이다(JISC, Information Environment, n.d.). 이것은 도서관들에 의해 전통적으로 제기된 것보다 대량으로 더 복잡한 문제 공간이고, 그 부문에 대해서 상당한 도전이 될 것이다. 이러한 필요들을 제기하는 것은 예를 들어, National Science Foundation Datanet (National Science Foundation, n.d.), the Australian National Data Service(http://ands.org.au/) 그리고 the Dutch SurfShare (SURFshare, n.d.) 프로그램과 같은 국제적인 수준에서의 중요한 조정 없이는 성공적으로 검토될 수 없을 것이다.

이용 서비스들

JISC는 일정기간 동안 예를 들어 포털(JISC, 2008, March 10) 그리고 프레젠테이션[6] 프로그램들과 같은 이용서비스 영역에 투자해왔다. 중요한 이용 서비스의 하나는 탐색과 발견이다. 구글이 논쟁의 여지는 있지만 이러한 요구사항의 많은 부분을 채우고 있는 반면에, JISC가 영국 기반의 무료접근 저장소 콘텐츠로의 발견 메커니즘을 만들기 위해서 Intute Repositories Search 프로젝트에 자금지원을 해왔다. 중요하게, 이 프로젝트는 검색(예를 들어 정교한 텍스트 찾기와 개인화 기술들을 통해서)과 영국과 더욱 영역을 넘어선 양쪽 모두에서 다른 기술 프로젝트 합작을 강화하기 위한 시험대로서 역할을 한다.[7]

연합된 접근 관리가 전 영국에 걸쳐 양산되면서, 이것이 기술적·실제적 그리고 법적 난관이 없는 것은 아니지만, 이용자 경험을 개인화하는 저장소와 연관 서비스들을 위한 잠재력이 증가된다. 포탈과 프레젠테이션 프로그램들로부터의 경험은 JISC의 저장소들에게 Intute Repository Search 프로젝트와 같은 업무를 알린다. 메타 이슈들, 프레젠테이션 도구들과 시스템 간 상호 운용가능성을 포함하여 다른 유사한 프로젝트의 작은 그룹은 저장소 콘텐츠의 검색과 복구를 가능하게 할 강화책에 초점을 둔다.[8]

물론 자료를 찾고 이에 접근하는 것은 오직 이용자 서비스의 한 종류일 뿐이다. 다른 것은 저장소로 아이템들을 배치하는 것이다. 즉, "두다"(사용자 관점에서 보면), "맡기다"(저장소의 관점에서 보면), 또는 "받아들이다"(보존의 관점에서 보면)이다. 아마도 위에서 언급된 저장소 결합 기능성으로부터 만들고 RepoMMan(JISC, 2008, September 11c)과 Metatools(JISC, 2008, November 3b) 프로젝트들에서 확인된 기술들과 같은 자동 메타데이터 만들기 기술들을 활용한다면 이용자들을 위해 이것을 더 쉽게 만드는 서비스들을 상상하는 것은 가능하다.

보존 서비스들

이용자들은 일반적으로 현재의 접근(이용)과 저장소 자료와의 상호 작용에 관심을 갖고 있는 반면에, 사서들은(그리고 다른 관리인들은) 시간이 지나는 동안 이러한 자료들의 보존에 추가적 관심을 가지고 있다. 저장소들은 장기보존에 중요한 역할을 가지고 있고, JISC는 콘텐츠 라이프 사이클(life cycle)의 효과적 관리에 있어 역할과 책임, 모형과 기술적 접근방법을 예견하는 업무에 자금지원을 한다. JISC는 Digital Curation Centre(http://www.dcc.ac.uk/)에 공동출자하는데, 이는 센터는 디지털 자료를 보존하는 데에 조언과 지원을 하며 예를 들어, Digital Preservation Coalition(Http://www. dpconline.org/)과 같은 국제영역의 업무에서는 영국의 파트너로서의 역할을 한다. 보존에서의 다른 JISC 업무는 원칙적으로 PRESERV(http://preserv.eprints.org/)와 Sherpa DP(http://www.sherpadp.org.uk/) 그리고 Complex Archive Ingest for Repository Objects(CAIRO) 프로젝트를 통해서 (보존을 요하고[9] 위험에 기반을 둔 감사를 할 접근법[10]들을 개발하는) 기관의 관리지원, 디지털 보존 평가 도구, 그리고 기관저장소 인프라 개발을 포함해 왔다(JISC, 2008, April 21a).

::공유된 인프라 서비스들

이용자 그리고 보존 서비스는 종종 레지스트리(registries)와 전거 서비스와 같은 이면 서비스들을 요구할 필요가 있다. 이러한 이면의 또는 공유된 인프라 서비스들은 분산된 정보환경 또는 저장소의 네트워크에서 상호 운용가능성과 일관성을 가능하게 하는 지속적이고 믿을 만한 방식으로 핵심 정보를 제공한다. JISC는 영국에서 다양한 그러한 서비스들에 자금을 지원한다(JISC, 2008, September 19). 예를 들어, Intute Repositories Search는 그것이 산출하고 탐색하는 저장소의 기본 URL들과 정책들을 확인하기 위해서 OpenDOAR(http:www.opendoar.org/)의 오픈액세스(open access) 저장소의 디렉터리를 방문한다. 유사하게 Depot의 저장소 접합도구는 OpenDOAR를 호출하고, (곧) 잠재적 보관자를 위해 효과적인 재전송을 가능하게 하기 위해서 'Where Are You From' WAYF 서비스를 호출한다. Depot 자체는 논문들이 거기에 예치되어질 수 있는가를 체크하기 위해서 SHERPA RoMEO(SHERPA RoMEO, n.d.)를 호출한다. 유사하게 보존 서비스들은 PRONOM과 같은 파일 포맷 레지스트리(National Archives, n.d.)와 대표 정보 레지스트리와 같은 공유 인프라에 종종 의존한다(Representation Information, n.d.).

이름 전거 파일들 같은 전거 서비스들은 이름들이 정확히 그리고 지속적으로 기록되는 것을 확실히 하기 위해서뿐만 아니라 저장소들에게 중요하다. 저장소들이 점증적으로 내부적과 외부적 관리보고에 사용되면서, 거기서 지니게 된 자료는 정당한 사람에게 속하는 것으로 신뢰될 수 있다. JISC는 파일럿 이름 전거 서비스(JISC, 2008, September 18c)에 자금을 지원하는데, 그것은 OCLC Virtual International Authority File(http://viaf.org/)과 the Dutch Digital Author Identifier (SURFfoundation, n.d.) 접근과 같은 다른 곳에서 이미 진행 중인 업무 위에서 만들어야 한다.

물론 많은 그러한 공유된 인프라 서비스들은 글로벌 수준에서 가장 잘 작동할 것이다. 국제적 Global Registries Initiative가 진행 중인데 그것은 저장소 콘텐츠들인 Austrailian ORGA 레지스트리(Australian Partnership for Sustainable Repositories, n.d)와 국립 과학 디지털 도서관의 U.S. OCKHAM 레지스트리(http://www.ockham.org/), 그리고 그것들에 접근을 제공하는 서비스와 콘텐츠를 설명하는 UK JISC Information Environment Service Registry(http://iesr.ac.uk/)를 포함한다. Global Registries Initiative는 앞으로 방안을 짜기 위해 의도되어졌고 그래서 2008년 3월에 그 두 번째 회의를 열었다(Service Registries Blog, 2008).

::실제의 저장소들

이 부분은 어떻게 저장소 활동이 일어나는지와 정보환경 테두리 안에서 공유 서비스, 기준 그리고 절차들에 의해 가장 잘 지원될 수 있는지를 탐구한다. 학문적 커뮤니케이션과 관련하여 일어나는 수많은 실무를 총망라하는 것은 가능하지 않기 때문에, 우리는 저장소와 상호작용하는 과학 연구자와 교원이라는 두 이해관계자들을 위해 단순화되고 이상화된 작업흐름을 상정한다. 작업의 흐름들이 단순화되어 있음에도 불구하고, JISC가 자금을 지원하는 프로젝트들은 이러한 작업의 흐름들을 실감하는 데 도움을 줄 결과물을 산출해왔거나 산출하기 위해 일하고 있다. 우리는 사서들과 정보 관리자들이 분명히 저장소의 또 다른 중요한 이용자임을 주목해야 한다. JISC가 자금 지원하는 일의 관점에서 아주 중요하다고 할지라도, 이 논문은 그들의 요건들을 탐구하지는 않는다.

시나리오 1: 과학 연구자

이용 사례(그림 1)

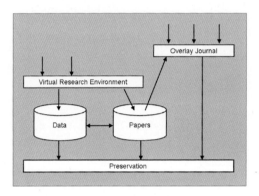

〈그림 1〉 시나리오 1: 과학 연구자 이용 사례

・"가상의 연구 환경[11]"에서 실험을 조직하고 문서화한다 > 저장
소에 데이터를 맡긴다 > 보존
・논문을 쓴다 > 적당한 저장소의 위치를 알아낸다 > 저장소에
맡긴다 > 자동으로 메타데이터가 생성된다 > 데이터에 링크한
다 > 오버레이 저널에 출판한다 > 보존

가상연구환경(virtual research environment: VRE)은 모든 학문의 연구
자들이 연구를 실행할 때 개입되는 매우 복잡한 범위의 과업들을 관
리하는 것을 돕는다. VRE는 연구과정에 생성된 데이터를 저장할 저
장소에 링크되어야 한다. CTREP(JISC, 2008, September 18a) 프로젝트
는 VRE와 케임브리지대학교 저장소, 하이랜즈대학교 및 Islands

Millennium Institute 사이의 상호 운용성 개선에 주목하고 있다. 저장소로의 데이터 보관은 자기 주도적인 보존방법을 취하지는 않을 것이다. 즉, ROAD(JISC, n.d.) 프로젝트는 비슷한 프로젝트인 Repository for the Laboratory(R4L)의 결과를 따르면서 로봇으로 조종되는 실험들로부터 직접 저장소로 데이터를 보관시키는 것을 연구조사하고 있다 (JISC, 2008, September 11d).

한번 데이터가 저장소에 보관되었으면 장기보관은 주의를 요하는 복잡한 어려운 문제이다. 또한 R4L상에서 만들고 있는 eCrystals Federation(JISC, 2008, May6) 프로젝트는 결정학을 위해 데이터 저장소들의 국제 네트워크를 개발하고 있다. 그 프로젝트는 저장소의 활발한 연합 가운데 데이터의 장기보관과 보존의 문제를 짚을 것이다. 그리고 DRAMBORA tookit(http://www.repositoryaudit.eu/download/)을 위한 시험대가 될 것이다. DRAMBORA는 보존서비스들을 제공하기 위한 저장소의 준비성을 측정하기 위해 설계되었다. 유사하게 DISC-UK DataShare(JISC, 2007, December 7) 프로젝트는 기관저장소들의 협력이 연구데이터를 장기보존하고 공유할 수 있는 방법들을 탐구하고 개발하고 있다. DExT(JISC, 2008, April 21b) 프로젝트는 독점적 파일 포맷들을 보존하는 것을 다루는 법과 같은 보존의 다른 면을 짚고 있다. 과학 데이터에 초점이 맞추어진 그 프로젝트는 연구자들이 다른 파일 포맷들 사이에서 데이터를 이동시키고 장기 보전을 위해 데이터를 준비할 수 있도록 허락하는 일련의 도구들을 제공하는 것을 목적으로 한다. Data Audit Framework(JISC, 2008, March 31) 그리고 최근에 개발된 보존 원가계산 방법론은 연구데이터를 장기 보존하는 것을 지불해야 하는 사람들로 하여금 효율적으로 그 일을 계획하고 관리하게 하여줄 것이다. 필요한 경력과 기술들에 대한 연구는 영국과 다른 나라들이 현재 의심할 여지없이 기술 부족의 영역인 것에 대한 전략들을 개발하는 것을 도와야 한다.

이 시나리오의 두 번째 부분에서, 연구자는 다양한 소스로부터 대조된 데이터와 정보에 근거한 연구 논문을 기안한다. 학자는 종종 그가 처리할 수 있는 것보다 훨씬 더 많은 정보를 갖게 된다. 이 문제를 도울 하나의 도구는 Feedforward(JISC, 2008, November 3a)인데, 그것은 개인화될 수 있는 데스크 탑 정보관리 도구이다. 그것은 데스크 탑 파일들과 del.icio.us(http://del.icio.us/)와 같은 서비스에 링크를 관리함은 물론이요 RSS 자료를 관리할 수 있다. 이러한 정보 소스들은 믹서를 사용함으로써 걸러질 수 있는데, 그것은 오디오 그래픽 이퀄라이저와 같은 방식으로 운영된다. 그러나 소리의 톤이 아니라 다양한 대상의 중요성이 조정되는 것이다. 당신이 일하는 방식에 맞도록 하는 방식으로 다양한 정보의 조각들을 분류할 수 있도록 하기 위해서, 그 소프트웨어는 또한 정보를 위한 우리만의 맥락을 설계하게 해준다. 같은 영역에서 일하는 또 다른 도구는 Gold Dust(JISC, 2008, April 12)인데, 이것은 다양한 프레젠테이션 서비스들(Feedforward를 포함해서)로부터 또 그 안에서 학자들에게 매우 관련성 있고 개인화된 현재의 인식 콘텐츠의 전달을 생산하고 시험하고 있다. 연구자들은 Web 2.0 네트워크 수준에서 또한 점점 더 협동하여 일하기를 원하고 있다. Social Networking Extensions for Eprints(SNEEP)(JISC, 2008, February 6) 프로젝트는 인터페이스로의 북마크 표시, 코멘트 하기, 태그 부여를 첨가할 Eprints 저장소 플랫폼을 위한 플러그를 개발하고 있다.

논문이 쓰이고 출간되어지기만 하면 연구자는 그 연구논문을 공유하고 그것이 보존되는 것이 확실하게 되기를 소망한다. 그들이 이것을 언제 어떻게 할 수 있는가 하는 것은 저장소 개발에 있어 중요한 문제이고 기관과 주제학문에 근거해서 다양하다. 연구자들의 작업흐름에서 연구결과의 수집물을 끼워 넣는 데에는 수많은 다른 접근법들이 있다. 아직 사용할 저장소를 가지지 못한 연구자들을 위해서, JISC는 The Depot(JISC, 2008, September 18b)에 자금을 지원했다. 2008년 중반을 기준으로 20개 이상의 JISC의 자금지원을 받은 프로젝트들이 연구 결과물들을 다루기 위해서 새로운 또는 현존하는 저장소들을 개발하기 위해 운영되고 있다. 이러한 다양한 프로젝트들의 산출물들은 또한 Repositories Support Project(http://www.rsp.ac.uk)를 통해서 이용가능도록 만들어져 있다.

의심 많은 이용자들이 제기하는 저장소에 보관하는 것에 대한 종종 있는 반대들의 하나는 메타데이터 필드의 완성이 시간을 낭비한다는 것이다. The Metatools 프로젝트는 메타데이터 생성 도구들이 이용가능한지 시험하고 있고 그것들의 유용성을 측정하고 있으며, 궁극적으로는 웹서비스들로서 가장 좋은 도구들을 이용 가능하게끔 만들고 있다. 가장 최근에 완성된 RepoMMan 프로젝트는 이용자의 자연적 작업흐름 속에서 저장소에 끼워 넣는 도구를 개발하는 것의 부분으로서 자동적으로 문맥적 메타데이터를 생성하는 것을 조사하고 있다. 이름 전거 서비스(JISC, 2008, September 18c), SherpaRoMEO 그리고 OpenDOAR과 같은 공유 인프라 서비스들은 또한 보관 서비스를 간단하게 할 수 있고 메타데이터의 질을 개선할 수 있다.

위에서 제시된 시나리오에서 저장소들에 저장된 연구과정에는 적어도 두 개의 인공물인 데이터와 논문이 있다. 그 데이터와 그 논문이 링크되어져 있는 것은 중요하다. The StORe(JISC, 2008, September 11e) 와 CLADDIER(JISC, 2008, September 11a) 프로젝트들은 이러한 링크를 연구조사했고 양 프로젝트들의 산출물은 Storelink(JISC, 2008, February 7) 프로젝트에 의해서 계속해서 만들어질 것이다. 게다가 StORe에 의해 개발된 미들웨어가 국가 사회 과학 UK Data Archive (http://www.data-archive.ac. uk/)에 의해 일관된 서비스로서 올해 출시되었다. 데이터와 발간물 사이의 링크를 개선시키는 것은 그것이 다른 발행물들이 사용한 데이터를 보는 것을 간단하게 해줌으로써, 그리고 어떻게 발간물들에서 데이터가 사용되고 있는지를 보게끔 해줌으로써, 연구자에게 수혜를 줄 것이다.

OJIMS(JISC, 2007, November 13)와 RIOJA(JISC,2008, May12a) 프로젝트들은 어떻게 저장소들이 오버레이 저널, 다시 말해 오픈액세스 저장소들로부터 후보 논문들을 선택하는 저널을 통해서 콘텐츠의 발행을 지원할 수 있을지를 연구 조사하고 있다. 이러한 프로젝트들 양쪽 모두는 오버레이 저널 모형을 사용하는 저장소 콘텐츠의 발행을 지원하기 위해 필요한 메커니즘, 비즈니스 모델 그리고 동업자 평가 도구들을 시험하고 있다.

연구 데이터와 마찬가지로 작업흐름에서의 다음 단계는 보존이다. JISC가 자금을 지원하는 프로젝트들은 많은 각도에서 보존문제들에 접근하고 있다. Remap(JISC, 2008, September 10a) 프로젝트는 저장소의 기존 작업흐름에 보존을 삽입하는 것을 연구하고 있다. SOAPI(JISC, 2008, September 10b)는 저장소 관리자들이 보존을 다루기 위한 관리 가능한 작업흐름을 만들 툴 킷을 개발하고 있다. CAIRO(JISC, 2008, April 2a)는 특화된 저장소로 타고난 디지털 아이템들을 받아들이기 위한 도구를 개발하고 있다. Sherpa DP2(JISC, 2008, September 10c)는 Sherpa 컨소시엄에 있는 기관들을 위한 보존에 협력적인 분담된 접근법을 개발하고 있다.

시나리오 2: 교원

이용 사례(그림 2)

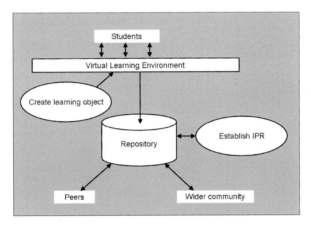

〈그림 2〉 시나리오 2: 교원 연구 사례

· 학습 대상을 만든다 > 가상의 학습 환경에 넣는다(VLE) > 저장소로의 자동화된 보관 > 학습대상을 위한 지적 재산권을 설정한다 > 동료들과 공유한다 > 무료 콘텐츠로 이용가능하게 한다

작업흐름에서의 첫 번째 두 단계는 영국에서의 거의 모든 고등교육기관들에서 흔한 일이고, 기관들이 가상학습 환경(VLE)의 모듈과 같은 공유 파일에 학습대상을 저장하는 것은 더욱 흔해지고 있다. 그

러나 대상이 VLE로부터 저장소로 자동적으로 보관된다는 것은 결코 흔한 것이 아니다. 많은 수의 JISC 프로젝트들은 이 문제를 짚고 있다. MR-CUTE(JISC, 2008, August 29) 프로젝트는 Moodle(http://moodle.org/) 과정들에 저장된 콘텐츠가 Moodle 저장소에 업로드되는 것을 가능하게 하고 이 콘텐츠를 위한 탐색기능을 제공하게 해줄 Moodle을 위한 도구를 만들고 있다. 더 일반화된 접근법은 SWORD(Simple Web Service Offering Repository Deposit, 2008) 프로젝트에 의해서 가능하게 되었는데, 이 프로젝트는 아이템들을 다른 애플리케이션으로부터 저장소나 저장소들로 저장하기 위해 사용될 수 있는 웹서비스를 개발했다. 관련된 프로젝트는 SOURCE(JISC, 2008, November 3c)인데, 그것은 다른 저장소들 사이에서 학습대상들이 이동될 수 있도록 할 대량 이주 도구들을 만들기 위해서 SWORD 웹서비스를 사용하고 있다.

다른 대부분의 저장소 콘텐츠 형태들처럼, 학습대상들을 공유하는 것은 복잡한 영역이다. 모든 선생님들이 그리고 모든 기관들이 그들이 생성한 자료들을 공유하는데 예민한 것은 아니다. 공유에 대한 장벽들과 인센티브들에 대한 요약은 30개 이상의 최근 JISC 프로젝트들에 의해 학습된 교훈들을 다루는 종합보고서(Charlesworth, Ferguson, Schmoller, Smith & Tice, 2007)에서 함께 다루어졌다. 그것은 기술적 난관들이 있는 반면에 아마도 가장 긴급한 일은 조직적·문화적 그리고 법적(또는 적어도 법적으로 인지되는) 공유에 있어서의 장벽들이라고 시사한다. Trust DR project(JISC, 2008, September 11f)는 대학교들과 대학들이 그들의 학습 자료들을 위한 지적재산권을 설정하기 위해 사용할 수 있는 툴 킷(Casey, Proven, & Dripps, 2007)을 만들었다. "권리와 보상" 연구는 강사(tutor)들이 자료를 공유할 것 같은 인센티브들을 기록화하였고, 그들이 그렇게 하기 위해서 보유해야 하는 권리들을 기록화하였다. 저장소 관리자들을 위해서, "Community Dimensions of Learning Object Repositories" 프로젝트는 학습대상 저장소들을 설립하는 사람들을 돕기 위해서, 특별히는 특정한 커뮤니티들을 지원하기 위해 고안한 사람들을 위해서, 구조화된 가이드라인들(Douglas, Margaryan, & Milligan, 2007)을 만들었다.

표준 저장소(사용가능한 저장소 소프트웨어의 기본적 기능만 구현한 것)를 사용하는 것이 학습대상들을 공유하기 위해서 같은 주제 영역에서 일하는 교원들을 위한 가장 쉬운 방법은 아닐 것이다. 그러한 커뮤니티는 특별한 저장소들에는 잘 반영되지 않는 구체적 일하기 방식이나 신임관계를 가지고 있을지는 모른다. Faroes(JISC, 2007, December 6a) 프로젝트는 대상을 공유하는 것을 아주 간단하게 만드는 학습대상들의 경량 저장소들을 개발하는 것으로써 현재 실질적으로 이러한 이슈를 다루고 있다.

개방대학(Open University)은 OpenLearn(http:// openlearn.open.ac.uk/)이라고 불리는 혁신적 플랫폼을 개발했는데, 그것은 대학교에 의해서 생산된 학습자료를 무료로 모두에게 사용가능하도록 만들어준다. 이것은 모든 기관들을 위한 적합한 방식의 작동은 아닐지 모른다. 즉, 개방대학은 이용할 수 있는 강의 자료들에 의해 지원되는 원거리 학습에 의거한 아주 구별되는 임무와 업무 실제를 가지고 있다. 그러나 JISC Pocket(JISC, 2008, May 13) 프로젝트는 개방대학의 모형을 세 개의 다른 대학교에 적용하고 있고 그런 까닭에 OpenLearn으로부터 이용 가능한 콘텐츠를 증가시키고 있다. 이것으로부터 배운 교훈들은 어떻게 공유된 공개 콘텐츠가 영국 고등교육 저장소들 내에서 운용될 수 있는가에 대한 이해를 발전시킬 수 있어야 한다.

Jorum(https://www.jorum.ac.uk) 국가 학습자료 저장소는 계속해서 이 분야에서 영국 전문지식을 개발하고 있다. Jorum Development Bay는 콘텐츠 생성자들과 저장소 개발자들을 위해서 자원들과 아이디어들을 함께 모을 것이다. JorumOpen은 오픈액세스 서비스가 될 것이며, Creative Commons 라이선스(또는 CC 파생물)를 사용해서 영국이 만들어낸 학습자료들을 세계적으로 공유하도록 만들 것이다. 또한 그 서비스는 영국의 더 넓은 스태프들과 더 높은 교육 사이에서의 공유를 지원할 연합된 접근관리를 사용할 것이다.

::결론

저장소에 대한 JISC 투자는 계속해서 진화한다. 위에서 서술된 업무에서, 그 투자가 대학교들과 대학들이 그들의 ICT 시스템들을 교육과 연구라는 핵심사업을 더 잘 지원하도록 변경하도록 돕고 있다는 것은 분명하다. 이것은 다른 국가의 그리고 국제적 조직들에 의한 활동들과 투자들에 비교할 만한 것이고, 그러한 시스템들이 세계적 수준에서 돌아가고 그리고 효과적으로 협력할 수 있도록 가능하게 한다. JISC 정보환경과 그것을 지원하는 저장소 투자들은 대학교들과 대학들이 세계적 지식경제에서 그들의 역할을 다할 수 있도록 하기 위해서 그리고 학습과 연구의 새로운 모형들에 부응하도록 준비가 갖춰지기 위해서 계속해서 혁신할 것이다.

기술은 아주 빠르게 전진하며 그런 까닭에 개선된 연구와 학습으로 이끌 수 있는 기회들은 계속해서 출현하고 있다. 그러나 이것의 이득을 취하기 위해서는 ICT 서비스 공급에 대한 새로운 방식의 일하기와 새로운 접근법들이 요구된다. 이러한 변화를 지원하는 것은 JISC가 자금을 지원하는 혁신사업을 위한 부분적 근거이다.

Lorcan Dempsey(2007)은 중요한 난제를 제기한다.

> 점점 더, 우리는 다양한 작업흐름을 제시하기를 원한다. 이러한 것들은 우리가 RSS 종합웹사이트, 툴바 등 따위에서 우리가 만들어내는 개인적 디지털 환경일 수 있다. 또는 강의 관리 시스템이나 캠퍼스 포털과 같은 미리 만들어진 기관의 환경일 수도 있고, 또는 Facebook이나 iGoogle같은 새로 출현하는 서비스 구성일 수도 있다. 덧붙여 사람들의 행동들에 정말 많은 부분인 Google이나 Amazon과 같은 네트워크 수준의 발견 환경에서도 그렇다. 도서관들은 네트워크 환경을 위해서 도서관 서비스들을 변경하는데 더 많은 주의를 맞출 필요가 있다.

Dempsey는 도서관과 다른 기관 시스템들이 적절한 곳에서 자신들을 적응시키고 웹상에서 점점 더 가동 중인 인프라 네트워크 수준을 이용하는 것을 우려한다. 이것은 JISC가 그것의 투자들을 통해 추구하고 있는 경로이다. 하나의 작은 예로서, JISC는 Fedorazon(JISC, 2007, December 6b)에 자금을 지원했는데, 그것은 "저장소를 시작하고 유지하는 데 수반되는 '하드웨어' 장벽들을 제거하기를 고려한다. 그것은 Amazon의 가상 서버들(EC2 & S3)의 위에다 Fedora Commons 저장소 소프트웨어의 사용을 가능케 함으로써 이것을 처음으로 달성할 것이다." 그러한 지역 네트워크 협력들은 도서관들이 현재의 웹 환경에서 연관되어 있도록 하기 위해서 더욱 흔하게 될 것이라 보며 이것은 아마도 필수적인 것이다. 이것은 고등교육의 업무흐름에서 적절한 자리를 찾기 위해 애써왔던 저장소들에게는 특별히 진실이다.

저장소와 관련해서 지역의 그리고 네트워크 협력들을 뒷받침하는 이 사례에서, 최근의 JISC 투자들로부터의 중요한 발견점 하나는 상호 운용성의 비용이다. PERX(JISC, 2008, September 11b), ASK(JISC, 2008, September 1) 그리고 Intute Repository Search(JISC, 2007, November 1)와 같은 프로젝트들은 McDonough(2008)가 "상호 운용성의 사회적 제한"이라고 일컬었던 것이 전에 가정되었던 것보다 더욱 제한적이라는 것을 보여주었다. 자세한 그리고 정확한 메타데이터의 주목하지 않을 수 없는 사용 사례들이 있는 곳에, 그러면 인간의 말로, 또는 가능하다면 더 좋은데, 발전하는 도구들과 자동화된 서비스들의 말로써, 어떤 수단들이 이 비용을 위해 계획하도록 발견되어야만 한다. 이러한 비용과 할 수만 있다면 그 노력은 메타데이터에 의존하는 이용 서비스들에 의해서 가장 잘 나타나게 될지도 모르며, 보존이나 네트워크 발견 등을 위해서 주요한 과업이 콘텐츠를 다른 서비스들에 효과적으로 이용 가능하도록 만드는 것인 최소의 네트워크화된 콘텐츠 상점으로 저장소들을 남게 할지 모른다. 물론 많은 메타데이터 요건들을 부과하는 것은 보존을 장려하는 것과는 관련이 없었다.

위에서 기술된 저장소 업무는 아직까지는 충분히 합쳐져 오진 않았지만 로컬 작업 흐름과 네트워크화된 발견 및 접근 양쪽 모두에 매우 깊게 관련되어 있다. 2년 전에 JISC는 수정사항이 곧 배포될 "디지털 저장소 로드맵"(Heery and Powell, 2006)을 의뢰했다. 그 2006 로드맵은 "영국에서 현재의 기술적 인프라가 일부 개선의 필요가 있는 반면에, 주로 정책(국가와 기관 양쪽 모두), 문화 그리고 업무관행들에 변화가 만들어질 필요가 있음을 주목했다." 아마도 참여 웹(Web 2.0)이 어떻게 도구들과 서비스들이 변혁의 주도자로서 직접 사용될 수 있는가를 보여줬던 것을 제외하고는 지난 2년 동안 많은 변화가 있었던 것 같지는 않다. 예를 들어, 정보의 관리와 장기보존, 보급과 공유 그리고 지역과 네트워크 수준의 상호작용을 포함한 연구와 학습과정들을 지원하는 저장소 네트워크와 관련된 서비스들의 개발을 통해서 JISC는 계속해서 긍정적 변화를 지원할 것이다.

제9장

도서관의 콘텐츠 저장소
개발전략

도서관 사서직의 전문성 확립을 위한 한 부분으로서, 도서관의 콘텐츠 저장소의 개발은 종전의 시행원칙과 모범사례들을 분석하여 설정하는 과정 중에 있다.

콘텐츠 저장소 개발을 하는 데 있어서는 아직 개발 옵션들과 위험요소에 관하여 배울 수 있는 하나의 길도 없으며 일부나마 확정된 사례들도 거의 없다. 이 사례 연구는 전략들, 선택되어진 것들 그리고 개발이 수행되고 있는 사항들 중에서 골라낸 조건들을 비교하고 3개의 대학도서관에서 접근하여 취한 것에 대한 면밀한 검토를 마친 것을 제출하는 것이다. 가장 명백한 차이점들은 어떻게 계획을 세워 콘텐츠들을 수집하고 서비스 제공을 균형 잡히게 하고 있는가로부터 기인한다. 사례들을 다각적으로 살펴보면, 지적 자산에 대한 일반적인 관심사, 콘텐츠 저장소의 목적과 무조건적인 자료오픈 정책 그리고 교수들과 대학에 최근에 나타나고 있는 다양한 요소들을 위한 콘텐츠 저장소의 가치 등을 내포하고 있다. 콘텐츠 저장소 개발자들에 의한 복합적인 계획화, 경영 그리고 기술적 작업은 점점 더 연락(liason) 담당 사서들과의 공동작업과 교수들과의 현행 관계에 의존하고 있다. 세 도서관의 사례들은 도서관들이 실행을 해봄으로써 보다 완전해지고, 확장되어지고, 더 나아가 통합할 수 있게 되었다. 그리고 학문적 커뮤니케이션에 관하여 계속 변화하는 기획을 하여 학자들이 학문연구에 중요한 공헌을 계속하게 될 때, 도서관의 콘텐츠 저장소 개발을 방해하는 수많은 도전이 있는 속에서도 생산적인 해답이 제시될 수 있게 될 것이다.

::서론

　미국 내와 해외의 대학도서관 수의 증가는 학문의 전달을 위한 도서관 오픈액세스의 경향을 지원하게 되었으며 대학교수들의 지적 산물을 유지 보관하기 위한 도서관 콘텐츠 저장소들(IRs; institutional repositories)을 발전시키게 되었다.

　대학의 IR(institutional repository)계획들은 콘텐츠를 수집하고, 보존하고, 그리고 지속적으로 다양한 학술자료들에 접근하기 쉽도록 작업 중에 있다. 이러한 목적을 위해 IR개발팀은 모든 분야의 학술 커뮤니케이션을 지원할 뿐만 아니라 학술 커뮤니티에서 모두 필요로 하는 차별화된 콘텐츠와 서비스 요구에 적절한 응답을 해야 하는 것에 대해 기술적으로 비용절감을 시키기 위하여 노력하고 있다(Kling, Mckim, & King, 2003; Fry & Talja, 2004; Palmer, 2005).

　이 논문에 나타난 바와 같이, IR의 개발요구들은 매우 다양하며 계속 개발하는 중에 있는데 그러나 아직 진전을 이루는 최선의 방법에 관한 로드맵은 존재하지 않고 있다. 이 IR은 계획과 탄탄한 정보기반 시설 그리고 기능적 시스템들의 시행을 필요로 하는 매우 전문적인 작업이다. 그러나 이것 역시 지속적인 계획과 일의 우선순위를 정할 필요성과 조직화가 매우 관리적으로 되어야 한다. 그리고 이미 전문직으로 인정받고 있는 대학의 사서들과 더불어 교수단, 대학경영자, 출판인 등 다양한 이해당사자들이 기대하는 요구도 함께 조정해야 할 필요가 있다.

　앤드류 W. 멜론 재단(Andrew W. Mellon Foundation)으로부터의 자금지원으로 추진되어 여기 제시하게 된 이 프로젝트는 미국 내 3개의 큰 공립연구대학에 의뢰하여 수행되어진 IR계획들을 조사한 것이다.

이 IRs계획 조사는 추구하는 방향, 선택방법, 조직 내 상황에 따른 목표점을 비교하여 비슷한 대학연구 환경에서 이루어진 개발전략들에 대한 분석적 검토를 끝마친 것이다. 결과들은 IRs개발에서 직면하게 될 많은 과제들과 이러한 과제에 대하여 가능성 있고 결실 있는 범위 내에서의 제안들을 실행시키기 위하여 IR 전문종사자들, 대학사서들, 일반행정직들에게 알려주려고 한다. 다음 항목에서 제시된 배경은 이 연구의 조사결과에 직접적으로 관련된 보고서들에 근거한 것이며 이 연구의 결과들을 확장시켜 세밀한 정보들을 제공하여 이 연구를 하고 있는 대학들이 성공적인 IRs를 달성할 수 있게 되는 것을 우리는 보게 될 것이다.

::연구의 배경

정기간행물 구독의 비용증가, 테크놀로지와 도큐먼트 대출의 급속한 변화, 오픈액세스 움직임 등은 학문의 의사소통과정에 있어서 도서관이 참여하게 되는 기회와 새로운 도전들을 하도록 만들었다.

디지털의 학술자료들을 수집하고 보존하기 위한 방안으로는 그동안 교수들이 출판업자에게 오랫동안 빼앗겼던 지적소유권의 권리를 다시 찾을 수 있도록 돕는 방안과 그리고 예상하는 일인데 시간이 지나면 수집개발 비용이 절감되는 것에 대한 것도 하나의 해답으로 하면서 IRs를 구축하기 시작했다.

2005년에 Lynch와 Lippincott는 미국 내 박사학위 기관들 중의 40퍼

센트 이상이 IR을 운영하고 있다고 밝혔다. 또한 2007년에 일정 수준
에서의 모든 연구기관들을 대상으로 한 조사에서는 47퍼센트 이상의
응답자가 적극적으로 IR을 계획 중, 시험 중 또는 운영 중에 있음을
알렸다(Rieh, Markey, St. Jean, Yakel, & Kim, 2007).

DSpace (http://www.dspace.org/),

EPrints (http://www.eprints.org/),

Digital Commons(http://www.bepress.com/ir/),

Fedora(http://www. fedora-commons.ors/)와 같은 콘텐츠 저장소 관리
소프트웨어의 출현은 콘텐츠 저장소를 완성시키는 데 있어 기술적인
면들을 촉진시키게 하였으며, 많은 도서관들에게 합당한 좋은 전망을
하도록 만들었다.

도서관의 콘텐츠 저장소들에 관한 2005년도 출간 문헌을 분석한
것에 의하면 검토된 기사들의 3분의 1이 "IR개발의 초기단계에는 모
든 관계자들에 의해 IRs의 정의에 대한 세부적 특성을 마련하였지만
사서들이 이에 관련되어 있는 것으로는 보이지 않았다." 즉 주요 저
자들과 도서관들과는 논의를 하지 않았다고 결론을 내었다(Allard, Mack,
& Feltner-Reichert, 2005, p.332).

동시에 IR의 옹호자들은 도서관이 IR개발과 이를 지속시키고 관리
하는 유일한 위치에 있다고 제안하였다. 왜냐하면 도서관들은 현재
활용하고 있는 정보기반 시설과 직업적인 전문지식들을 갖고 있기
때문에(Crow, 2002; Lynch, 2003; Chan, 2004; Gibbons, 2004; Walters, 2007) 크
로우(2002)는 다음과 같이 말했다.

오랜 기간 동안, 디지털 콘텐츠를 조직화하고 유지하는 것-이에 더

하여 정보 제공자들이자 마지막 이용자들인 교수들을 지원하는 것-은 도서관의 책임으로 남아 있어야 한다. 도서관들은 도큐먼트를 준비하는 전문지식들을 많이 제공하고 있으며… 저자들이 자신들의 연구를 도서관의 콘텐츠 저장소에 제공하도록 도움을 주기에 가장 적합한 장소이다. 비슷한 예로, 메타데이터의 태깅에 있어서, 저작권 관리에서, 그리고 데이터 그 자체에 대한 유용성과 액세스를 증가시키는 다른 콘텐츠의 관리 요구들에 있어서도, 도서관들은 가장 효과적으로 전문적인 기술의 대다수를 제공할 수 있다(p. 20).

대학 사서들은 대체로 정보환경과 테크놀로지의 변화를 그때그때 이끌어가고 있는 한편, 교수들과 학생들의 변화하는 요구들에도 언제나 적합하게 대응할 필요가 있다. 이러한 경향이 지속되어 처음부터 '참고질의 서비스, 연락활동 그리고 정보자료 수집개발에 역점을 맞추었던' 도서관 전문직들이 IR개발에 관한 책임을 맡게 되었다(Phillips, Carr, & Teal, 2005, p. 308).

대학 사서들은 소프트웨어 구현에서도 영향력을 미쳐왔으며, 그들의 기술과 지식은 IR프로젝트 관리와 계획화에 걸쳐 전체적으로 효과를 나타내고 있다(Allard et al.. 2005; Walters, 2007).

사서들에게 전통적인 능력이 갖춰졌다는 것은, 사서들이 자료수집 개발과 보존유지 활동에서도 특히 정확히 잘할 수 있는 유리한 입장에 있다고 하겠다(Crow, 2002; Horwood, Sullivan, Young, & Garner, 2004; Allard et al., 2005; Bailey Jr., 2005; Jenkins, Breakstone, & Hixson, 2005; Phillips et. al., 2005).

주장과 홍보는 사서들에게 있어서 필수적인 IR개발에 대한 활동들 이다(Horwood et al., 2004; Bailey, 2005; Bell, Foster, & Gibbons, 2005; Jenkins et al., 2005; Phillips et al., 2005). 또한 "콘텐츠를 수집하고, 그리고 교수

구성원들에게 가능한 한 매력적인 IRs를 만들어서 이 두 가지로 IR 컬렉션을 발전시키는 일도 사서들이 하여야 할 책임이다"(Bell et al., 2005, p. 284).

문헌에서 보면, 사서들은 주제서지사서, 참고사서 그리고 "도서관 연락관"으로서 자신들의 업무를 통하여 교수들과 함께 발전시켰던 기존의 관계들을 활용함으로써(Gibbons, 2004; Foster & Gibbons, 2005; Jenkins et al., 2005) & Boateng, 2005; Phillips et al., 2005), "사회변혁의 주도자들"로 그려지고 있다(Bailey, 2005; Buehler & Boateng, 2005; Phillips et al., 2005).

대학도서관에서 연락담당 사서들은 교수들과 도서관 사이에서 여러 분야의 자료수집 개발, 이용자 지도, 참고질의 그리고 현재의 주요 관심사를 아우르는 책임을 갖는 중재자의 역할을 전통적으로 하고 있다(Reitz, 2007). 그러나 불행하게도 문헌에 의하면 아직 교수단과 그들의 지적자산관리를 함께할 수 있는 "새로운 차원을 다루는 서비스를 제공할 수 있는 준비를 갖춘 사서들이 제공되지" 못하고 있다고 한다(Allard et al., 2005, pp. 332-333).

Gibbons(2004)가 제안한 대로 IRs의 사용법과 IRs가 교수들에게 도움을 줄 기여요인에 대하여 그 누구보다 더 최적화된 설명을 해줄 수가 있으며 도서관이 교수들과 함께 그동안 전통적으로 누리고 있는 믿음과 신뢰성, 합법성을 더욱 확대시키는 데서 사서의 중요성이 입증될 것으로 보인다.

도서관의 오픈액세스 원칙들을 IRs에서의 전문적인 도서관 담론들로 말하자면 매번 이 오픈액세스 원칙이 핵심적인 요소가 되고 있는 반면에, 교수들은 이 이상적인 오픈액세스를 언제나 쾌히 받아들이지 않고 있다(Park & Qin, 2007).

교수들은 또한 IR이 기여하는 개인적 이점들을 언제나 쉽게 확신하지 않는다(Crow, 2002; Bell et al., 2005). 교수들의 콘텐츠 저장소 확보 정착에 대한 인식이 향상될 수 있도록 하기 위하여 어떤 도서관은 교수들과 함께 도서관 연락프로그램을 힘쓰는 데 초점을 두기도 한다(Bell et al.,2005; Jenkins et al., 2005; Phillips et al., 2005). 또 다른 도서관들은 그들의 교수들을 대신하여 콘텐츠를 제출하는 책임을 맡기로 결정한 반면(Jenkins et al., 2005; Devakos, 2006), 교수들의 학술적인 산물들을 기고하도록 하기 위한 것과 교수들을 격려하는 방안으로, 제한된 것이지만 인센티브의 혜택을 제공해주기로 하였다. 그리고 제정지원 기관과 대학들 또는 학과들로부터 기탁금의 사용 위임을 받아서 IRs의 성장을 조성하기 위한 매력적인 전략을 논할 수도 있게 되었다(Harnad et al., 2004; Pinfield, 2004; Harnad, 2005; Sale, 2007).

IR의 옹호와 오픈액세스 간의 반작용과 하버드대학교의 교수기탁 위임권한 승인이 최근에 기정사실화되었기 때문에(Guterman, 2008), 이러한 요구들이 대학 내에서 약간의 견인력을 얻게 되었을 것이다.

최근의 한 보고서는 콘텐츠 저장소 구축의 성공을 다양한 이해관계자 그룹들의 요구들을 충족시키는 것과 연결시켰는데(Jones, 2007; pp.12-23), 다양한 이해관계자 그룹이란 이용자들, 콘텐츠 제공자들 그리고 학술정보의 중재인들로 구성되어 있다.

이 연구에서 조사된 사례에서 보면 IR개발자들에게 있어서는 교수와의 이해관계가 주요한 관심의 초점이지만, 대학과 학술자료출판사 그리고 사서들의 관심은 단지 IR개발의 전체 진행과정에 있어서 영향력을 미치는 데에 있다.

문헌에서는 도서관들이 학술자료의 출판을 활발히 하고 유지 보존하는 역할을 충실히 하는 것 외에 다양한 종류의 디지털 콘텐츠와 학문적인 소통과정의 발전에 많은 참여와 적극적인 활동을 하고 있다고 주장하였다(Horwood et al., 2004, p. 170). 이것은 이 프로젝트를 연구하고 있는 도서관들에 주로 해당된다. 그러나 어떻게 세 도서관의 IRs가 고안되었는지, 어떻게 그들을 잘 진행시키는가 하는 점에서는 중요한 차이가 있다. 모든 IRs는 디지털 콘텐츠의 운영자로서 그 콘텐츠의 사용과 기탁을 용이하게 하는 서비스들을 제공하지만, 목표설정과 정책입안에 있어서는 도서관의 접근이 그 전망과 잠재력에 있어서 큰 영향을 주고 있다(Lynch & Lippincott, 2005).

이 연구는 문헌 속에서는 현재까지 거의 주목을 받지 못하고 있지만 콘텐츠와 서비스가 지향하는 목표에 맞추는 것뿐만 아니라 IR이 이러한 두 핵심적인 도서관 작업들에 투입하는 것과 밀접하게 관련이 되어 있는 정체성과 궤도를 어떻게 정할 것인지, 이러한 모든 것에 성취감을 줄 수 있는 장력이 분명히 내재되어 있음을 보여주고 있다.

이 연구에서는 또한 사서의 연락담당자 역할이 자연적으로 흥미롭게 변화하는 것을 보여준다. 이러한 중재자적인 입장에서의 사서들은 콘텐츠와 서비스들에 대한 도서관의 결정들을 알리고 교수단과 학과들의 이익을 대변하는 일들을 평소 언제나 하고 있다. IRs가 발전하는 이때에, 사서들은 교수들의 학문적인 전달을 실행시키는 것에 영향을 미치기 위해 교수들과 IR개발을 위하여 서로 의사소통하는 것에 관여하고 있다.

::연구방법

　이 연구의 목적은 IR개발을 증진시키고 영향을 미치는 전략들과 조건들을 확인하는 것이다. 세 도서관에서 진행하는 IR계획들은 지역적 배경 안에서 IR활동들에 대한 깊이 있는 데이터를 수집하기 위하여 사례비교연구방법과 적절한 기술을 사용하여 연구되었다.

　데이터로 수집될 여러 site들은 유사한 임무와 이용자를 가진 연구도서관들로 이 연구를 수행하여 IR개발의 다양한 접근들을 보여주기 위한 목적으로 선택되었다. 따라서 분석은 특수한 제도적인 요인들이 아니라 IR 계획에 관계된 사람들에 의해 수행된 각기 다른 우선사항들, 전략들 그리고 활동들을 강조하고 있다.

　이 연구의 의도는 경험 있는 콘텐츠 저장소 개발자들과 IR활동에 관련된 다른 사서들과 지역의 콘텐츠 저장소 활동에 대한 약간의 이해를 가진 교수단의 견해들과 균형을 이루는 관점에서 성공과 도전들에 대하여 배우게 하는 것이었다.

　세 도서관은 서로 다른 발달단계에 있지만, 세 도서관 모두 IR관련 활동들을 비교적 높은 수준으로 계속 진행하고 있었으며 헌신적인 IR 스텝들에 의해 그들의 IR계획이 명시하고 있는 대로 실질적으로 책임을 지면서 잘 수행해주고 있었다. 그러나 이 세 사례들을 무릇 콘텐츠 저장소 계획들의 대표적 대상이라고 정하지는 않겠다. 그 대신에 이 연구는 그들이 그들 자신의 IR활동들에 대한 것을 다른 도서관에 알려줄 정도로의 도움이 되도록 개발구상과 경험을 함께 포함하는 범위 안에서 실제 예가 되도록 만들었다.

　발전할 수 있는 IR전략들을 포착하면서 이 시범 프로젝트를 좀 더 균형 잡힌 사례들로 발전시키기 위하여 1년의 연구기간을 가졌으며, 연구팀은 9개월간의 데이터 수집기간을 갖고 각각의 site에 많은 시간을 소비하며 방문하였다.

사례들은 인터뷰 응답자에 의한 보조자료 제공에 더하여 온라인문서(파일)들과 콘텐츠 저장소 수집품의 조사로부터 추출된 다른 맥락의 데이터에서 나온 것을 가지고 주로 준한정응답식인터뷰(semi structured interviews; 질의에 대한 응답이 yes, no, don't know 3가지의 답변으로 한정되는 취재면접)들을 통해 개발되었다.

인터뷰들은 다음 세 도서관의 주요한 역할들 중 하나를 대표하는 응답자들과 함께 2007년 3월과 12월 사이에 수행되었다: 선두 IR개발자, 연락사서, 또는 교수.

〈표 1〉 각 도서관에서 실시한 인터뷰

도서관	응답자 역할구분	응답자 수	인터뷰 수
A	개발자	3	6
	연락사서	2	2
	교수	3	3
	행정직	3	3
	대학원생	1	1
	계	12	15
B	개발자	2	3
	연락사서	5	5
	교수	3	3
	행정직	2	2
	데이터 문서보관자	1	1
	계	13	14
C	개발자	4	6
	연락사서	5	5
	교수	5	5
	계	14	16
추가인터뷰	개발자	2	2
	총계	41	47

<표 1>은 세 도서관 입장 각각에서 수행된 인터뷰 수와 응답자들의 수를 나타낸 것이다. 선두 개발자들과 다른 핵심적 응답자들은 과정을 모니터하고 경우에 따라 심도 있는 답변을 받기 위해 두 차례 인터뷰를 진행했다. 그리고 일정관리 조정 때문에, 때로는 한 번에 두 명의 참가자를 인터뷰에 응하게도 하였다.

IR개발자와 연락사서는 세 도서관 각각에 포함되어 있는 약간 명의 교수단과 관리자들 그리고 다른 캠퍼스 대표자들을 포함하여 매우 많은 응답자들을 편성할 수 있게 하였다.

프로젝트가 진행됨에 따라 특수한 사례들을 구축하고 분석을 통한 상황정보를 확장하기 위하여 소수의 응답자들이 그 집단에 추가되었다. 특별히 제도적인 비교 지점을 제공하기 위해서는 비슷한 두 도서관의 선두 콘텐츠 저장소 개발자들을 추가하여 포함시켰다. 그리고 또 추가로, 도서관 A로부터는 대학원생 기탁자, 도서관 B로부터 데이터 기록문서담당자가 연구기간동안 나타난 IR개발의 중요한 문제들을 기술하기 위해 그들 각각의 사례들에 투입시켰다.

개발자와 연락사서 사이에서의 역할 차이는 항상 또렷하게 나타나는 것은 아니다. 이 이후에서 보면 개발자들 또한 학과들, 교수들 그리고 다른 콘텐츠 저장소 기여자들에게 연락자로서 이바지하고 있는 경우도 있었기 때문이다. 이 연구에 따르면 IR개발자들은 공식적 입장 표현에서 지적한 바와 같이 IR개발과 관련된 사항에서 그들 시간의 많은 부분을 사용하였다.

연락사서 그룹은 선발위원과 주제참고 사서로의 업무를 함께하고 있으며 그들의 주된 임무는 대학의 학과들과 교수들의 연구하는 일들에 대하여 지원하는 것을 조절하는 일이다. 한편 콘텐츠 저장소 개발에 있어서 그들은 아직 다소 작게 공식적인 역할을 하고 있다.

리서치 팀은 잠재적인 연락사서들과 다른 IR에 관련된 지위의 사람들도 그 집단에서 확인할 수 있도록 하기 위하여 각 도서관의 리더 개발자들에게 부탁하였는데, 모든 핵심적인 IR직원들 전원이 참가하게끔 이끌어내는 결과를 거두었다.

리서치 팀은 교수단 응답자들에 대해서는 각 사이트에서 IR개발자들에 의해 조회가 된 그룹부터 시작했고, 그런 다음에는 IR콘텐츠에 기여했던 추가 교수단도 함께 그 집단에 보충하였다. 모든 응답자가 그들 지역의 IR에 대해 인지하거나 참여했음에도 불구하고, 중요하게 지적할 것은 IR활동들과 개념들에 대한 일반적인 이해 수준에는 상당한 차이가 있음을 언급하고자 한다.

가능한 경우에 리서치 팀은 직접 인터뷰를 수행했지만, 응답자의 스케줄과 선호하는 방법에 맞추기 위하여 전화로 오랜 시간 인터뷰를 하기도 하였다.

별개의 인터뷰 지침들은 개발자, 연락사서 그리고 교수/행정직의 응답자들 그룹에 맞춰 만들어졌다. 45분에서 60분간의 인터뷰는 완전하게 기록되었다.

이 보고서에는 참여자들의 신원을 익명으로 유지하는 데 모든 노력을 기울였다. 인터뷰 기록으로부터의 모든 글이나 말의 인용은 참여자 코드와 인터뷰 날짜에 의해 참조되었다. 추가로 응답자들에 의해 사용되고, 묘사한 것 중에서 서술적 개념들로 되어 있는 표현은 인용으로서 표시하였다.

ATLAS.ti라는 질적 분석 소프트웨어를 사용하여 반복적인 코딩이 수행되었다. 분석은 초기에 구상된 IR개발과 학문적 커뮤니케이션 안에서의 경향에 관한 문헌으로부터 개발되어진 체제에서 시작하였다. 이 체제는 인터뷰 자료의 예비적인 해석에 있어서는 유용하였지만, 새롭고 긴급한 주제들까지 이해를 증대시키고 조사과정을 그려내는 데 도움을 줄 만큼 충분히 융통성을 갖고 있는 것은 아직 아니었다.

코너 간의 신뢰도를 보장하기 위해서 입안자는 지속적인 비교를 통한 접근 속에서 기록들을 해석하였으며, 또한 코딩을 수행한 두 리서치 팀 구성원들에 의해 적용되고 있는 코드들의 정의에 대한 의견을 융합하고, 방해를 제거하면서 구축을 하기 위해 이들은 규칙적으로 만났다.

프로젝트 전체에 관련된 코드의 응용에 있어서 일관성을 확실히 하기 위하여 리서치 팀은 문서의 부호화를 결정하였으며 이론적 근거를 상세히 기록하기 위해 자유롭게 써놓은 글의 메모들도 사용했다.

아래서 제시된 결과들은 세 항목에서 구조화되었다. 첫 번째 항목은 세 도서관의 전략에 관한 분석사례로부터 추출된 IR개발에 대하여 세 도서관의 접근방식을 확인하였다. 다음의 두 가지 항목은 두 가지 초점 영역에서 교차사례분석으로부터 나타나 부각된 주제들을 포함시켰다. 즉, 콘텐츠 균형과 IR개발에 있어서의 서비스, 그리고 IR 계획들을 지원하는 이러한 기관들에서 대학 사서들의 변화하는 역할을 포함하여.

::IR개발 접근방법의 개요

비교사례 연구방법의 사용과 함께 이에 맞추어, 여기에서 보여주는 개요는 각 도서관의 IR개발에서 뚜렷이 구별되는 면들을 강조하고 있다. 각 개요는 주어진 사례에 관한 전체 데이터로부터 대표되는 것을 혼합하여 구성한 것을 설명하였다.

<표 2>는 핵심적인 개발전략들을 구별하도록 하는 더 완전한 서술기법에 의해 이루어졌으며, 따라서 각 IR에 대한 특성들을 기본적인 항목으로 소개하였다.

연구방법 항목에서 지시된 대로, 전체적인(논문 도처에 있는) 목적은 특정한 도서관의 요인들을 자세히 말하려는 것이 아니고 선택과 우선사항을 주기 위한 이유로 전후 상황을 해설과 이해로 제공하는 것이다. 그리고 IR개발자들의 관점에서 IR개발의 결산보고서를 제출하려고 한다.

우리의 목적은 콘텐츠 저장소의 역사와 미묘한 차이들로만 가득 채워진 사례연구를 제공하려는 것이 아니고 IR이 개발옵션의 범위 안에 있는 도큐먼트들을 다른 상황에서도 적용시킬 수 있는 구독자들에 의해서 평가되기를 바라는 것이다.

〈표 2〉 기준 콘텐츠 저장소의 특징

도서관	A	B	C
주요목표	연구자들과 사서들의 협력관계 형성	서비스 출력물 관련 개발과 디지털 학문의 접근점 지속적 제공	대학연구자료의 접근점 제공
콘텐츠 저장소 s/w이용	영리적	자료 공개	자료 공개
자료이용시간	이용요금에 따라	15분	18분
자금출처(원)	도서관/보조금	도서관/학장/ 대학 IT	도서관/학장
저장 도큐먼트 현재 수	7,847	3,207	41,897
정직원	데이터코디네이터 연구원 도서관 사서	주요 개발자 연구원 프로그래머	주요 개발자 연구원 프로그래머
보조직원	연락교수	연락교수	지적자산 소유자 전공자
주요 콘텐츠 범위	교수연구에 관련된 데이터와 정보센터 프로젝트	학과, 초기 기탁자의 선택에 의한 연구자료	대학, 학과의 상호 검토된 문헌
주요 서비스 활동	정보관리문제 해결을 교수와 같이 공동연구	공개자료 s/w 개발과 부가가치 적용	지적자산 향상과 공급

* As of February 22, 2008, the Registry of open Access Repositories

A도서관 접근방법

잘 만들어진 도서관 서비스의 오리엔테이션 안내에 의하면, A도서관의 접근방법은 콘텐츠 저장소 활동들에 있어서 교수단의 연구 프로젝트들에 사서들을 포함시키고 대학 캠퍼스에서의 도서관 서비스들에 대한 인지도를 증가시키기 위한 보다 큰 최신 캠페인의 한 부분이다. 이러한 목적을 위해 리서치 사서들은 연구자의 정보관리와 데이터 큐레이션(curation) 문제들을 해결하는 데 있어서 도움을 주기 위해 기술제공과 자원 그리고 콘텐츠 저장소 서비스를 제공하면서 직접적으로 학과들, 교수단과 상호 유대관계를 갖고 있다.

이 접근방법은 현재 하고 있는 연구가 여러 다른 종류들로 이루어져 있어 본래부터 분산되어 있는 특성을 인정하면서 혁신적인 공동연구와 개개인의 요구에 맞추는 해결방법과 함께 조사원의 요구에 응답하고자 하는 목적을 갖고 있다. 한 개발자가 그들의 관점을 다음과 같이 요약했다: "어떻게 해야 그들이 문제를 해결하도록 도울 수 있을 것인지를 알기 위하여 사서들과 이야기해보자… 아마도 위에서 아래로 전달하는 하향식의 접근법이기보다는, 우리가 하는 식은 아래서부터 위로 전달하는 상향식의 접근법이라고 분류할 수 있을 것이다(Developer 05, March 12)."

또 다른 개발자는 다음과 같이 설명한다.

나는 지금 바로 자료를 정확히 찾아내어 보여주는 것과 저기에 그 자료가 있다. 저곳이 있는 장소라고 말하는 것과는 아주 다른 것이라고 여기므로, 우리가 목표로 두고 있는 것에서도 작은 프로젝트가 잘못될 수 있기 때문에 천천히 세워야 한다고 생각한다. 우리가 어떻게 그것을 향해 움직이는가 하는 방법이 이곳에 있다. 나는 이 연구의 진행을 통하여 그 자체를 보여주는 것을 시작하게 되었다고 생각한다. … 그것은 왜냐하면 보다 서비스 지향적인 방식이 아니라면 우리는 결코 정말로 캠퍼스에서 연구원들과 함께 일할 수 없기 때문이다(Developer 04, November 7).

우선사항으로는 서비스 제공이 됨으로써, 공식적인 정책은 이용자의 필요에 따라 두 번째로 밀려나 중요한 것이 되는 식으로 나타났다: "나는 이러한 식으로 본다면 개발 속에서의 생산에 의해 만들어진 가공자료가 하나 있다고 해서 우리가 지금 진행하고 있는 정책들을 공식화하는 것을 철회해야 하는가를 생각해본다(Developer 05, March 12)."

콘텐츠 수집은 지금까지 계속 쉽지 않았으며, 자료도 종류별로 다양하여, 데이터 세트, 회색문헌(정부, 학계, 기업, 사회단체 등 기관에서 판매를 목적으로 하지 않고 제한된 부수로 출판한 문헌으로 보고서, 회의록, 조사서 등)과 기록보관소의 장서들이 포함되어 있다. 이들은 디지털데이터, 문헌, 그리고 특수한 자료수집들을 위한 개별적인 소프트웨어 패키지와 접근점을 가진 "광범위한(다수의 컴퓨터로 분산처리 되는)" 콘텐츠 저장소 체제에서 관리되면서 처리되고 있다.

정책입안과정에서 소급되는 접근은 실은 부분적으로 초기에는 기술적 자문단이 적합한 소프트웨어를 지지해주었을 때 바로 신속히 콘텐츠 저장소에서는 일을 착수하라는 압박으로 여겨지는 결과를 초래하였었다. 실행 후에는 기술적 문의들에 대해 관리자와 소프트웨어 판매자의 접근을 도서관 내에 즉시 반영시키고 과학기술이 이끌어 나가는데 따라 특수데이터 관련 저장소 계획에 집중되는 것으로 변경이 되었다.

데이터의 수집활동들을 계속하면서, IR개발자들은 실시간 연구를 진행하는 속에서 더 많은 "상급부분"의 정보와 관계하게 되었으며 따라서 학술적인 논문들과 관련되어 IP의 허용이 되지 않는 것에 의한 부담은 적게 받았다. 그들의 연구계획들과 공동연구들이 자리를 잡으면서, 개발자들은 그 영역에서 증가하는 서비스 요구에 부응하여 도큐먼트저장소를 강화하는 것에 시선을 돌렸다.

콘텐츠 저장소의 도큐먼트 수집을 위해서는 콘텐츠 저장소 작업흐름을 능률화시키고 데이터 큐레이션 활동들에 초점을 맞춘 연구사서들의 지키려는 노력이 있어야 하며 이제 남은 문제는 새로 임명되는 협회장에 속한 교수직 사서와 함께해야 하는 것뿐이다.

도서관 안팎에서의 더 넓은 지원을 권장하면서 콘텐츠 저장소의 관심을 불러일으키기 위해, 콘텐츠 저장소는 독자적으로 브랜드화했고 그리고 대내외적으로도 홍보하였다. 콘텐츠 저장소 개발자들은 주로 도서관 내부에서 회의를 열었고 대언론 공식발표를 통해 캠퍼스에 알렸다.

개발자들은 이러한 구성단위 안에서 직면하게 되는 정보문제들을 해결하기 위한 것과 콘텐츠 저장소를 어떻게 사용할 것인지를 검토하기 위해서 여러 전문분야에 연결되어 있는 리서치 센터들과의 광범위한 토의를 시작하였다. 반면에 도서관 관리자들은 각 학과장들에게 프레젠테이션을 통하여 더 지원해줄 것을 요청하게 되었다. 개발자들은 캠퍼스에서 어떻게 하면 더 광범위하게 캠퍼스 연구자들이 도서관의 계획들로 이익을 얻을 수 있는지를 확인시키기 위해 "파견사서" 제의 기능을 시행하였다.

이것은 실제로 리서치 하는 것이 무엇인지를 알아내기 위해 출장 서비스와 세미나에 가는 것과 같으며 데이터 문제들, 큐레이션 문제들, 기록보관 문제들과 관련된 일들에 대해 자신들의 귀로 듣는 것과도 같다. 그리고 만약 찾아야 할 방법들이 있는지를 알아보는 것과도 같다(Developer 04, November 7).

캠퍼스를 넘어서 콘텐츠 저장소 서비스를 더 광범위하게 출시하는 것을 예상하면서, 개발자들은 도큐먼트 저장소의 사용을 지원하기 위한 도구들을 설치하는 중에 있다[URL(SRU)(Library of Congress, 2007)].

인터페이스를 경유하여 검색하게 되는, 이것은 콘텐츠 저장소 문의에 하이퍼링크들을 습관적으로 사용하게 하고 있는데, 이 검색은 저장소 콘텐츠를 알기 쉽게 분류하여 검색을 가능하게 하기 위해 실행되었다. 예를 들어, 몇몇 교수는 이용 가능한 "분류되어 있는 박사학위" 목록으로 바로 갈 수 있게 그들의 학과 웹페이지에 링크를 추가하는데 콘텐츠 저장소를 사용할 수 있다. 그러나 아직도 콘텐츠 저장소 서비스에 우려의 관심을 표현했던 사람들과 학과들 모두가 그 가치에 대해 확신을 갖지는 못하고 있다. 그러므로 개발자들은 그들과의 공동연구 접근으로부터 나타난 '회의의 성과'에 대하여 계속해서 초점을 맞추고 있다.

B도서관 접근방법

B도서관의 개발 접근방법은 대학의 학과들과 교수단이 면밀히 협의하여 콘텐츠와 서비스를 구축하려는 단기목적들을 성취하는 것을 목표로 하고 있다. 개발자들과 적은 규모의 연락사서들과의 공동연구

에서는 콘텐츠를 모으고 사항별로 반드시 기준을 정하기 위하여 학과장들과 개개의 교수들과 상호협력을 하였다.

그들 자신이 일관성 있게 도서관 운영을 제공하지 못하는 이유는 힘 있는 학과 전공들과 함께, 대학도서관의 조직구성도 복잡하기 때문이다. 이러한 조건들은 자매기관들에서와 콘텐츠 저장소 커뮤니티의 최선의 실행들에 의해 IR개발을 꾸준히 체계적으로 잘 알도록 하는 데에 기여했다.

개발팀은 기술적 유연성을 가능하게 하기 위하여 콘텐츠 저장소 계획의 최적화와 교수들의 요구와 관심을 모니터하는 팀의 작업을 보완하는 기능의 향상을 시키기 위하여 풀타임으로 일할 콘텐츠 저장소 소프트웨어 전문가도 포함시켰다.

도서관과 대학 행정부서와 그리고 캠퍼스 IT부서로부터 구성된 멤버들인 자문그룹은 개발 목표와 우선순위를 정하는 중요한 역할을 수행해왔으며 정책개선은 진행 중에 있다. 몇 년간의 조정작업에 기초하여 콘텐츠 습득과 보유, 보존, 접근의 영역에서 정책들은 개발되어 왔으며, 콘텐츠에 포함시키는 것에 대한 표준과 한도를 정하였고 공적으로 이용할 수도 있도록 만들었다. 또한 개발팀은 정책지침과 사회기반시설에 의해 지원되는 다양한 종류의 습득 자료들을 얻기 위한 조치도 취하였다.

> 우리는 파일을 되찾기 위해 신속히 작동하게 하는 데 많은 노력을 하였다. 우리는 교수들의 CVs(curriculum vitaes)를 분석 중이고 그것들에 접촉시키려고 시도 중에 있다. …그리고 우리가 또한 하려고 했던 일 중의 하나는 학과들에서 출판되고 있는 회색문헌에 초점을 맞추는 것이다: … 특별한 때 발간되는 보고서, 기술보고서들,

조사보고서, 그리고 다른 종류의 보고서들(Developer 02, April 5).

IRs가 보존 역할에 대하여 충실히 하고 있다는 것은 계속 진행되고 있는 TRAC(trustworthy repositoryaudit certification: 신뢰할 수 있는 저장소 회계감사 증서)의 증명에 의해 어느 정도 인정되었으며(http://bibpurl. oclc.org/web/16712), 그것은 충분한 기술적 구성, 진행 그리고 가능성을 확인하고 지키기 위하여서 전문지식과 꽤 많은 시간이 요구되었으며 조직구성 요인에서 필요한 대규모의 리스트를 조사하였다. 그렇지만 아무리 한 번 증명서를 수여받았더라도 TRAC은 IR이 현장에서 계속 디지털 콘텐츠를 보존하고 접근 가능한 기준들과 최적의 실행을 고수하기 위하여 보호와 절차를 가져야 한다고 주장하고 있다.

학과별로 정보를 전달하는 역할을 하고 있는 많은 사서들은 IR활동에 대해 알고 있으며, 또한 이(IR) 개발팀은 다른 도서관 종사자들과도 협조하여 도서관 내 자료보관과 관련한 도서관 내부 의사소통과 학술적인 의사소통의 문제들을 확대시키기 위한 계획을 세우고 있었다.

자료보관에 관한 대외적인 홍보에 있어서는 사서 및 교수들에게는 이메일 리스트를 공유하는 정도의 소규모로 자제하고 있었고, 가능성 있는 초기의 기탁자들과는 연락을, 학과별, 교수별로는 더 많이 직접적으로 접촉하고 있는 것이 확인되었다.

개발자들은 이 선택된 그룹들과 함께 열심히 연구를 하였으며 새로운 컬렉션을 육성하는데 있어서는 곧 있게 되는 보편적인 마케팅 캠페인으로 준비하고 있었다. 앞으로의 홍보활동정책은 앞으로 있을 인터페이스에 성형적인 변화를 포함한 IR프로그램 소프트웨어의 업그레이드에 전적으로 달려 있다. 한편으로 이 개발자들은 도서관 연락사서들과의 관계강화를 계속해서 노력할 것이며, 또한 부가가치 있는 개발활동들을 진전시킬 것이다.

교수들의 콘텐츠에 대한 제공을 장려하기 위해, 개발자들은 그 이용자들의 부가가치와 기탁하는 데 있을 장애물을 제거하는 데 힘을 쏟았다. 예를 들어 웹 저장소의 인터페이스 유용성 테스트에 입각하여, 저작권에 대한 허락단계를 이전에는 자료제공의 맨 마지막 단계에서 하였으나, 이제는 처음 과정에서 시행되도록 소프트웨어의 수정을 실시하였다. 그밖에 개발자들은 어떤 경우에 있어서는 "이 오픈액세스 부분이 교수들에게는 매력적이지 않다는 것을 알고 있었다 (Developer 02, April 5). 이에 앞서 대책을 강구하자면 교수들에게는 기탁하는데 용기를 북돋워주는 부가가치 있는 방법이 필요하였다. 이와 관련된 한 가지 중요한 실적으로는 다른 대학과 IR에 대하여 공동의 협의로 인용구 분석 도구를 정립하였다는 것이다.

그것은 SHERPA/RoMEO라는 저작권 정보센터(http://www.sherpa.ac.uk/romeo/)를 이용하여 저작권 승인과 수집할 수 있는 콘텐츠를 인지 식별하는 기능을 간소화시킨 것이다. 이에 대한 의도는 궁극적으로는 출판 분석연구, 시각화 도구 및 사회적 네트워킹을 지원하며, 향후에는 고성능의 "사용자가 직접 이용하는" 도구로서 강력한 지원을 하게 될 것이다.

C도서관 접근방법

C도서관의 접근방법은 획기적인 전자출판 및 학회 커뮤니케이션

프로젝트와 관련된 역사를 가진 대학도서관 안에서 진전되었다. 이러한 활동의 하나로 IR개발은 출판업자와의 상호유대와 IP문제 처리에 중점을 두면서, 콘텐츠 보충에 초점을 맞추었다. 이는 콘텐츠 저장소를 상품화하고 더 나아가 대학캠퍼스의 밖에서도 IR이 우선사항이 되는 것을 인식할 수 있게 되었다. IR에 대한 대학 차원의 강한 전념은 IP 전문직을 정립시키고 저작권 문제를 관리하고, 교수 연구활동에 대하여 기탁금으로 격려하기 위한 자금을 얻는 결과를 낳았다. 이 IP전문가들은 IP에 대한 관심과 법학학위를 갖고 있는 사람들이므로 저작권의 질문들에 대해 서 그동안 대학교의 일반적인 상담실을 통하던 이전의 방법에 있어서 많은 도움을 주게 되었다.

콘텐츠 수집은 개발단계 방안에 있어 주요한 목적이다. 대학교는 교수들에 의해 저술된 학술지 논문들을 출판사에서 저작권을 획득하여 직접 준비하여 중재하였다. 개인별 교수 회원들과 함께 신축성 있는 수집정책으로 상호영향을 주고 대학 단위로 부수되는 다른 자료들, 예고출판(preprints), 사후출판(postprints), 회색문헌 및 비인쇄자료를 포함한 자료들의 수집 기회들을 제공하였으며, 개발자들은 부서 확장을 하고자 하는 사서들과 공동작업을 할 수 있었다. 추가적으로 대학의 교무처장들은 교수들이 본인의 커리큘럼표를 IR개발자들에게 보낼 것을 장려하고, 그 자료들이 어떠한 자료인지를 알아내어 기탁금을 받을 수 있게 하였다.

이와 같은 실험적인 전략에 대하여 어느 한 개발자는 다음과 같이 말을 하였다. "사람과 사람 사이에서 하는 일은 비용효과가 그다지 좋지 않다. 그것은 가망이 없는 일이다(Developer 09, March 19)." 그는 이처럼 지속 불가능하다는 것을 입증하였다. 그러나 이 경험은 유익

한 것이었고 박차를 가한 계획들은 추가로 타결되었다. 또한 이는 더 나아가서 출판사들이 저자의 동의사인을 복사하여 저작권을 대신하는 것을 허용하는 저자들과의 합의를 이루어내어 저자 자신들이 저술을 자유롭게 콘텐츠 저장소에 맡겨둘 수 있도록 하였다.

출판업자들이 공식적으로 출판된 그들의 자료들을 사용하는 IR의 접속에 대하여 잠재적인 영향력을 평가하고 측정하기 위해서, 콘텐츠 저장소의 사용빈도에 대한 통계가 몇몇 출판업자들에게 공유되도록 IR콘텐츠가 그들에게 제공될 수 있도록 지원하였다. 그다음 단계는 아마도 대학교가 저술한 저자들의 IP권리에 대해 대행인으로서 대리하여, 정기간행물 구독료 패키지를 갱신하면서 저자들의 기탁금 권리에 대한 협의를 시작하는 것이다.

개발자들은 또한 대학 내에서 교수 및 박사학생들의 저작권 및 IP에 대한 권리의식을 조사하기 위해서 포커스그룹 연구를 수행하였다. 이로 인해 IP전문가들이 대학 내에서 세미나를 하거나 저작권에 대한 인터넷 웹사이트를 개발하는 것을 유발시키는 결과가 되었다. 콘텐츠 저장소 개발자들이 IR계획에 대하여 대학 부서들에게 요청을 말하는 것도 매우 일상적인 일이 되었으며, 학과의 중요한 캠페인의 특징을 브로슈어 및 엽서들로 제작할 수 있도록 하여 대학 교수들의 의식을 고양시키는 계기도 되었다. 엽서와 관련한 부분을 통해서는 사업과 관련된 독창적인 로고 도입 및 저장소의 브랜드화 그리고 IP전문가들이 접근을 용이하게 만들어놓은 저작권 자료들을 홍보할 수 있게 해주었다. 홍보와 관련한 다양한 과정들은 교수 및 교직원들 간의 직접적인 교류를 뛰어넘는 성공적인 것이었다.

개발자들은 주제별 사서 역할의 중요성을 잘 알고 있었다. 따라서 이들은 개발에 앞서 가능하면 한 저장소 콘텐츠에서 초기 콘텐츠 저장소의 원형을 확인하고 이 초기 저장소의 보존요구와 유연성 있는 구성형태의 범위 및 각종 요구사항들을 파악하기 위해서 약 90명의 도서관 사서들을 면담하였다. 이와 같은 과정은 초기단계에서 사서들의 관심을 불러일으킬 수 있도록 하였으며, 개발자 팀과 연락사서들 사이에 관계를 결정적으로 발전시켰다. 그 이후로 연락사서들은 전담반을 제공받았으며, 정책개발을 돕고 학내 및 대학 캠퍼스 간의 교수진들 사이에서 가능한 빨리 저장시켜야 할 자료 기탁자를 파악하는데 특히 영향을 주었다.

::IR개발 접근방법에 대한 결론

세 개의 도서관에서의 IR개발 접근에 대한 이 섹션을 마무리함에 있어서, 각 도서관들은 각각 독특한 활동을 하며 IR개발에 몰두하고 있었다. 이러한 활동들은 자체 내부의 목표를 달성하고 해당기관의 우선순위에 따라서 보완적이면서 임시방편적인 방법으로 전개되었음을 강조하는 것이 중요하다.

A도서관의 접근방법의 전략들은 광범위한 아키텍처를 저장하고 다른 종류의 자료들을 액세스시키며 교수들과 함께 문제를 해결하고 상향식의 수집방법에 기반을 둔 공동연구에 매우 중요한 전략이 되고 있다. B도서관의 접근방법에서 맡은 전략들은 이해관계자들에 의하여 추진된 정책수립과 콘텐츠 보충과 관련한 연락사서들과 각 학과들과의 의도된 관계 그리고 부가가치가 있는 기술적 요소들에 대

한 각 도서관들 간의 협동에 대한 전략이었다.

C도서관의 접근방법은 차별화된 전략으로 IP주소지정 문제에서 그들의 투자와 관련된 것이며 이는 IP전문가와 출판업자가 결합하여 교수들과 연구를 진행하여 상호작용을 한 것을 포함하면서 더욱 확장된 연락관계 및 마케팅 캠페인을 포함하는 문제들을 연구한 것이 특징이었다.

이와 같은 접근방법들은 IR개발과 관련된 전체를 대표하는 것이라고는 할 수 없으며, 또한 반드시 가장 유망한 것이라고 할 수도 없으나, 이들은 성공적으로 적용된 전략들의 전체적인 범위를 보여주고 있다고는 할 수 있다. 한편 IR개발과 관련한 노력들이 어떻게 상호 시너지 효과를 가져올 수 있는지를 보여주고 있다고 하겠다.

다음의 섹션에서는 사례기반분석연구, 교차사례분석연구의 두 가지 핵심을 발표하는 것과 콘텐츠와 서비스 개발 그리고 사서의 역할 변화 사이의 긴장감을 해소시키기 위하여 발췌한 기사들을 갖고 이 주제들에 대해 검토를 할 것이다.

::콘텐츠 수집 및 서비스 제공의 균형화

대부분의 도서관들은 정보수집과 서비스 요구수준의 부응이라는 문제 사이에서 균형을 계속해서 찾으려고 노력한다. 아울러 모든 대학도서관들은 특히 최근 10여 년간 도서관 운영에 필요한 이 요소들을 적절히 배분할 필요성에 대하여 대단히 큰 도전들을 경험하였다.

A도서관의 접근방법은 매우 강력하게 서비스 측면을 강조하는 것

에 그 특징이 있다. 따라서 이는 정보관리 및 수집된 데이터 큐레이션의 문제를 해결하기 위해서 연구원들과 연구를 진행하는 것을 긍정적으로 생각하는 접근방법으로 나타난다.

B도서관의 접근방법의 경우는 정책수립 및 실행에 의하여 학교 내부를 초월하여 영향력을 끼칠 수 있는 몇몇 선별적인 서비스 개선에 의한 콘텐츠 개발이 이루어질 것을 강조한다.

C도서관의 접근방법에서 개발자들은 IP 문제에 대한 해결을 직접적으로 다루면서 강력한 콘텐츠를 구축할 것을 주장한다.

이와 같이 다양한 관점에서의 콘텐츠 및 서비스 개선문제들 사이의 균형이라는 주제 안에서, IR개발의 세 가지 관점은 앞의 인터뷰 데이터에 나타나 있다.

목표 및 정책, 지적재산권 및 가치. 우리는 이들을 각각의 관점에서 개발자, 연락사서 및 교수진 모두의 시각을 검토할 것이다. 이 사례연구에서 포함된 교수 멤버들은 매우 제한된 수인데, 이 검토에 포함된 그들은 IR과 관련한 문제에 있어서 매우 상당한 수준의 문제의식을 가지고 있으며, 또한 그들은 경험과 그들의 지식 분야의 모습을 인식시키거나 연구 범위가 더욱 일반적이라는 것을 자주 설명하려고 하였다.

목표 및 정책

각 접근방법들은 우선순위의 목표를 어디에 두고 있는지의 측면에서 보면 매우 다양하며, 그리고 각 정책활동들은 다음과 같은 차이점과 연관이 있다. 각 목표들은 IR개발 커뮤니티의 지식수준에 의하여 어느 정도 알려졌다. B도서관과 C도서관의 접근방법의 경우에는 문학가들이 콘텐츠 저장소 개발제안안(案)의 윤곽을 잡는 데 도움을 주었다. A도서관의 접근방법의 경우에는 현재의 현장(IR)에 대한 집중적인 연구가 그들의 서비스 중점의 접근방법에 영향을 주었고, 이는 다음 개발자가 지적한 바와 같다: "콘텐츠 저장소에 대한 우리의 견해는 Clifford Lynch 및 다른 사람들이 말한 것들에 잘 반영이 되어 있다. 우리의 견해는 소프트웨어 및 시스템이 중요한 것이 아니라 일련의 서비스가 중요한 것이다(Developer 05, March 12)." 하지만 각 지역도서관의 제도적인 우선순위, 환경 및 도서관 문화가 목표 및 정책수립에 더 큰 영향을 주어왔다. 예를 들어, A기관 접근방법에서는 연구원들과의 협동을 증진시키기 위해서 도서관의 제도적인 관심이 중요하다고 보는 견해와 B기관의 접근방법은 도서관 부서별 목표와 일관성 있게 추진하려는 경향이며, 그리고 C도서관의 접근방법에서는 출판업자와 상호 협조하여 기존의 도서관 연구 자료를 확충하고, 디지털 콘텐츠를 개발하려는 방법들이 그러하다고 볼 수 있다.

A도서관의 접근방법에서, 연구원들이 주도하는 진행에서 강조한 경향은 일반화된 콘텐츠 저장소 서비스와 병행하여 데이터세트들에 대한 기반시설을 설계하는데 중점을 두도록 하는 결과를 가져왔다. 도서관 차원에서 더욱 높은 차원의 학문적인 교류를 목표로 하는 것과 병행하여, B도서관과 C도서관의 접근방법은 다양한 범주의 디지털대상물을 지원할 수 있는 단 하나의 콘텐츠 저장소 시스템 설계에 집중하게 되었다.

이와 같이 차이가 나는 우선순위는 각 연구원들이 각기 다른 단계에서 활동에 참여할 것을 필요로 하는데, 예를 들어 A도서관 접근방법의 경우에는 연구를 수행하는 단계에 집중이 될 것을 필요로 하였고, C도서관의 접근방법의 경우에는 연구 자료를 분배·공유하는 단계에서 그 역할이 중시되었고, B도서관 접근방법의 경우에는 IR의 기본적 역할을 지키면서 정보배분을 지원하고 있다.

A도서관 접근방법에서 볼 수 있는 데이터와 연구의 필요성 강조는 B도서관, C도서관의 접근방법보다는 적은 숫자로 정책결정을 하게 되었다. 하지만 최근에 그들은 도큐먼트 저장소를 강화하는 것에 관심을 두게 되어 정책수립 특별팀을 만들게 되었다.

B도서관과 C도서관 접근방법 모두 자료저장과 관련한 기술적 문제 및 저작권에 관련한 분야를 포함하는 정책들을 조직화하였다. B도서관 접근방법의 경우에는 각종 정책들이 초기 이해당사자들 간에 대한 대응 및 연구관계를 정의하면서 도입되었다. 공식적인 임무역할에도 문서적으로 명시되어 있듯이 콘텐츠 저장소는 콘텐츠 및 서비스 측면에서 그 역할들의 책임이 있으며 각각 개별의 정책들을 수반하게 된다. 콘텐츠 저장소가 입안단계에서 운영단계로 이행되었으므로 각종 정책들이 초기 보관자들의 시행착오를 반영하면서 더욱더 진화하게 되었다.

C도서관 접근방법에서 개발된, 더욱더 일반화된 자료수집과 관련한 정책들은 일관성 있게 교수진들의 자료에 대한 접근성을 제공해야 한다는 점에 중점을 두고 있다.

콘텐츠 저장소는 연구원들이 "Director's Cut"(어느 정도 기간이 지난 후 원래 의도대로 재편집해서 발표하는 판)을 그들 스스로 제공하고 또한 자신의 연구 자료에 대한 "글의 문맥"을 제공하는 방편으로서 촉진이 되었다. 이는 출판된 연구논문 및 컨퍼런스에서 프레젠테이션 자료로 사용되었던 슬라이드 자료에 포함되어 있지 않던 부수적 보조 연구자료 및 차트 등에 대한 (만약 해당 교수진이 계속해서 그 연구 중에 있음에도 불구하고) 접근을 허용할 수 있게 될 수도 있다. 이와 관련해서는 콘텐츠 저장소의 자료수집과 관련한 정책은 권위적이지 않게 되며 그 대신 "당연히 포함되어야 하고, 제공되어야 하는 사항들이 대부분 개인 그리고 대학의 커뮤니티 위원회에 의해서 만들어진 결정들인데 이를 최적화"할 수 있게 되었다. 자료수집 정책은 개발자들이 더욱더 잠재적인 콘텐츠 저장소들을 모집함에 따라서 광범위한 자료수집망을 구축할 수 있도록 해준다. 또한 교수들의 요구와 기관의 우선순위 간의 변화를 동시에 입안할 수도 있게 해주었다.

각각의 접근이 캠퍼스의 핵심적인 행정직들로부터 지지를 받는 반면, 강요된 그 어떤 기탁 명령은 없었다. 콘텐츠 저장소 개발자들은 기탁명령의 유용성과 실행가능성에 관한 전망들을 제공했고, 더 큰 IR개발 커뮤니티에 의해 표명된 수많은 논쟁들-그 명령에 응하거나 반대하는-과 마찬가지로 그들의 조직과 그들이 함께 일하는 대학 학과들의 문화에도 영향을 받았다. 한 개발자는 "우리는 그와 같은 일들을 한다는 점에서 보면 혁신자가 아니다. 나는 우리가 여타의 자매 기관들이 그것을 하기 위해 시작하는 것이었다면, 우리는 그것을 따라할 뿐이라고 생각한다(Developer 02, April 05)." 이 개발자는 기탁명령들은 이익보다는 손해가 날것이며 캠퍼스에 콘텐츠 저장소를 설립하는 데 있어서 콘텐츠의 품질보증보다 기탁자의 매입이 더 중요사항이라고 믿고 있다.

우리는 교수들이 바로 출판물을 기탁하는 것 외에도 다른 어떤 관련성을 만들려고 시도하고 있다. 정말로 기탁은 일종의 아주 큰 서비스이다. 그리고 나는 그것이 핵심일 것이라고 생각한다. 왜냐하면 나는 그것이 위임권한의 하나라고 생각하기 때문이다.-교수들이 정말로 그 가치를 알고 그것을 원하는 때 외에는-그러나 그것은 IR을 대중적으로 만들지는 못할 것이다(Developer 02, April 5).

어떤 교수들, 특히 콘텐츠 저장소들의 실현 가능성을 보기를 희망하는 교수들은 기탁 권한의 전망에는 관심이 없다. 또 다른 교수들은 더 신중하다. 공인된 과학 분야의 한 교수 구성원이 언급한 대로, "만약 그들이 기탁을 의무적으로 만든다면, 그때 나는 내가 그것을 할 것이라고 예상한다. 여분의 노력의 하나가 바로 기탁하는 일들일 것이다. 만약 당신이 그것을 하도록 요청받지 않는다면, 늘 그렇듯이 당신은 그 일을 하지 않을 것이다(Faculty 24, May 22)."

또 다른 과학 분야 교수 멤버는 위임권한이 무의미하다고 제안했다: "과학 분야에는 위임권한이 주어져 많은 일들이 이루어지기도 했지만 캠퍼스 안에서는 어떠한 일도 발생하지 않고 있다(Faculty 01, April 4)."

지적 자산

지적 자산에 관한 사례들을 살펴보면 개발자들과 연락사서들에게 관련된 일들이 많이 있었다. A도서관 접근방법에서의 IP문제는 데이터 활동들에 더 역점을 두었기 때문에 적게 천명되었다. 한 개발자는 "저작권은 어느 것 하나에도 바로 영향을 미친다. 그것은 내가 해온 모든 직업에 영향을 미쳐왔으며, 더 간단해지거나 더 쉬워지거나 또는 더 저렴해지지 않았다(Developer 06, March 12)"라고 외쳤다.

A도서관과 B도서관 접근방법은 저작권 문제를 당연한 일로 여기는 경향이 있었다. C도서관 접근방법에 의해 이용된 콘텐츠 전략들은 직원들을 교차시켜 IP책임을 효과적으로 분산시키었고, 특별히 IP장애에는 합심하여 노력들을 하도록 요구하였다.

출판업자들과 협상하는 일을 맡은 개발자들은 기탁 방법을 완화시키게 하는 다른 시스템의 솔루션을 허용하였고, IP전문가들 입장은 짧은 기간 동안만 지원하여 얻을 수 있는 교육적인 효과-훈련과 온라인 자원들의 공급-에만 집중되어 있다.

B도서관 접근방법에서 개발자들은 출판업자들과 직접적인 협의를 하지 않고, 기탁순서의 제출 흐름을 재고하여 저작권 정보의 배치를 조정하고 기탁에 적합한 자료를 식별하는 데 도움이 되는 소프트웨어를 제공함으로써 저작권 장애물들을 약화시키는 방향으로 그들의 임무 노력을 돌려서 하였다.

IP의 쟁점들은 교수단과 IR 사이에서 중요한 중재자로서 자주 기여하고 있는 연락사서들의 관심 있는 리스트에서 앞쪽에 있었다. 몇몇의 연락사서들은 자신들이 저작권의 법률적인 면에 대하여 충분한 지식을 갖고 있지 못하다고 느끼고 있거나 또는 일반적으로 IP 질문에 불안하게 대답하고 있다. 어느 연락사서가 언급했듯이, "내가 관심을 갖고 있는 유일한 일은 저작권과 같은 문제들이지만 나는 개인적으로 저작권에 대하여 판단하는 것을 좋아하지 않고 있다(Liaison 14, April 5)."

B도서관 접근방법은 도서관을 위하여 저작권 변호사의 서비스를 보장하려는 미래의 계획을 가지고 문제들에 대응해왔다. 더 일반적으로 말하자면 개발팀은 그들의 캠퍼스에 IP와 관련된 쟁점들을 더 확

대시키고 인지도를 높이기 위해서는 도서관에서 다른 학술적 커뮤니케이션 활동들에 맞춰 콘텐츠 저장소를 조정해야만 하는 중요성을 알게 되었다.

이 세 도서관의 모든 사례에서 보면, 교수단 사이에서의 IP옵션들에 대한 영향과 이해 부족은 IR계획을 진전하는 데에 심각한 장벽이 되었다. C도서관 접근방법은 교수들에게 캠퍼스 자원들로 도움을 주고 동시에 학술자료도 제공하면서 그 상황의 가치를 평가하게 하여 상당한 투자를 하도록 만들어낸 반면에, 다른 접근법들은 기탁을 위한 자료를 모집하는 과정에서 교수단과의 상호작용에만 주로 의존했기 때문에 조직적이지 못하였다.

확실한 출판기록과 편집경험을 가지고 있는 교수단은 IP이슈들에 대해 높은 인식을 갖고 있는 경향이 있지만, 그 지식은 그들의 출판업자들에게 전체 저작권을 자유롭게 넘겨주는 것에 대하여 아직 그들은 전통적인 보급관행에 젖어 있어 확실히 방어를 못하고 있다. 동시에 몇몇 교수 구성원들은 저작권 제한을 통하여서도 저지시키지 못하였다. 어느 사회과학자가 다음과 같이 언급했다. "만약 단지 내가 쓴 논문을 (컴퓨터에) 바로 게시한 것이 위법이라고 하여도 … 나는 내가 잘못된 일을 행했다는 생각이 없을 것이며, 따라서 나는 그것에 대해 매우 편안하게 생각할 것이다(Faculty 40, October 26)." 그 유틸리티와 자가 파일보관에 관련된 이익들은 합법성에 관한 사항들보다 더 중요하다. 한 공학 교수 구성원은 재임 중에 진행과정과 그들의 가시성에 대한 사전준비를 증가시키기 위하여, 저작권 제한규정에 개의치 않고 컴퓨터로 그들의 논문들을 게시하는 것은 신임교수들을 위한 통상적인 관례일 뿐이라고 설명했다.

IR은 그러한 논문들을 접근가능하게 만들기 위한 몇 가지 좋은 선택들 중의 하나이다(Faculty 39, October 25). 이러한 실행들은 개발자들이 어떻게 기존의 저작권 동의를 고수하기 위하여 저장소 콘텐츠를 면밀하게 모니터하고 있는지에 대하여 조사하게 하였다.

가치(유용성)

개발자들이 IRs가 그들의 도서관에 제공할 수 있는 가치에 대해 의심하지 않는데 반하여, 개발을 추진시키는 원칙들과 가능성에 대한 핵심계획에 문외한인 사람들에게는 그 가치가 쉽게 의사소통이 되지 않았다. 개발자들은 교수들이 스스로 파일보관을 하도록 양성하는 것이 오픈액세스의 이점들을 알리는 것 이상 더 시간이 걸린다는 사실을 발견했다. 또한 IR의 가치를 도서관 사서들과 관리직에게 언제나 분명하게 알리지도 못하였다. 어느 개발자는 그 논점을 다음과 같이 간결하게 표현했다: "도서관의 콘텐츠 저장소들은 곤란에 처해 있다. 개발자들이 IRs의 가치를 교수들에게 증명하지 못했기 때문과 그들을 후원하는 도서관에 대해서도 IRs의 가치를 입증하지 못했기 때문이다 (Developer 36, October 16)."

IRs에 대한 가치는, 이전에는 이용할 수 없었던 회색문헌 등을 웹상에서 자유롭게 접근이 가능하게 되었을 때 비교적 분명하게 나타난다. 그러한 것은 콘텐츠에 초점을 맞춘 시각으로부터 나온 견해이다. 이 가치는 도서관, 교수 구성원 그리고 대학의 오픈액세스를 통하여 더 많은 학문의 코퍼스(corpus)들이 보급되는 것과 비슷하게 만들어진다.

가치의 다른 유형들은 상업적 출판사에 의해 영향을 받는 사업 모델의 대안요소의 한 부분으로 IRs에 내재하는 것이어서 비교적 덜 가시적이다. 무엇보다도 교수연구시간 절약과 간편성의 가치가 모든 IR 개발자들에 의해 인지되었지만, 각각의 접근방법은 전략을 달리하는 것으로 대응하였다.

A도서관 접근방법에 있어서의 가치는 광범위한 도서관 서비스를 통해 공동연구를 조성하고 정보관리 요구를 지원하기 위한 책무에 연결되어 있다.

B도서관 접근방법은 기탁자들을 위한 기본적인 부가 가치적 서비스들을 제공하는 동안, 가치의 문제들을 관리당국과 학과들은 어떻게 서로 다르게 반응하는지를 알려고 노력했다.

C도서관의 접근방법은 IP문제를 해결하는 데 있어서 다양한 투자를 하여 대학에서의 교수 학술연구 자료에 더 높은 가치를 강조하려고 하였다.

가치가 정의되었다고 해도, 몇몇의 교수들은 아직도 가치가 더 입증되어야만 한다고 제안한다. 많은 사람들은 다른 사람들과 도서관들처럼 비용이 많이 드는 학술적인 출판물에 접근할 방법이 없었기에 오픈액세스의 콘텐츠 저장소의 가치를 인정했다. 하지만 또 다른 사람들은 만약 그것이 학술연구 진행과정에서 지나치게 일찍 드러내놓고 접근이 가능하게 된다면 그 연구의 진실성이 위태로워지거나 파헤쳐지게 될 수 있다고 염려한다. 어느 인문학 연구원이 다음처럼 털어놓았다. "나는 이제 내가 아이디어를 가졌기 때문에 더 조심스럽다 … 나는 원하는 자료를 마음대로 취할 수가 없었다(Faculty 35, September 18)."

또 다른 사회과학 교수단 구성원은 자료를 공개하는 데 있어서 단계적이고 전략적인 시기 선택의 중요성을 지적하면서, "나는 우리의 리서치팀이 자료들을 최초로 사용할 수 있음을 확인하기를 원하고 있다(Faculty 32, June 11)"고 진술했다.

대개의 저작권 동의가 마지막으로 출판된 판본의 논문을 기탁하는 것을 금지하기 때문에 개발자와 도서관 연락사서의 참여를 얻어내는 어려움들이 있음을 보고했다. 어느 연락사서는 한 원로 과학교수단 구성원과 다음과 같이 대화를 했다고 말했다: "기본적으로 그가 말한 것은, '왜 그런 상황들이 있는가? 그들은 기록을 새로 버전 업 시키지 못하게 하고 있지 않나? 그리고 그는 나에게 그것은 거의 연구에 대하여 죽음의 종이 울리는 것 같았다"고 하였다(Liaison 23, May 29).

놀라운 일도 아니게, 교수 구성원의 대다수는 같은 학문을 연구하는 다른 교수들의 평가도 없었고 또 진행과정에서 검열을 통하지 않은 저장소 콘텐츠의 신뢰도에 의문을 갖고 있다. 또한 어느 IR에 자료가 소장되어 있다는 것이 그 학술가치에 대해 그 도서관이 보증을 한다고 의미하는 것으로 여겨지는 것에 대한 염려도 있었다.

개별적인 업무실행과 학문 보급의 규율 문화가 이 시점에서는 IRs에 그동안 존재해온 제도적 가치보다 더 크게 나타난다. 학자들은 콘텐츠 저장소가 구현하는 많은 이상들에 동의는 하고 있지만, 그러나 그들이 표준으로 정한 방법들이 실패했을 때 대부분 그들을 콘텐츠 저장소로 다시 돌아오도록 하는 것은 그들의 개별적인 필요성들 때문이다.

교수들은 예를 들어, 비전통적인 학술작업들을 가능하게 만들고, 학회발표 슬라이드 또는 출판으로부터 삭제된 보충적인 자료들에 접근할 수 있도록 제공되고, 그리고 콘텐츠 저장소를 콘텐츠 관리시스템으로서 사용할 수 있는 능력에서 큰 가치를 찾았다. 그들은 또한 연차보고서를 간소화하고, 학과목들을 복합하여 연구한 잠재적인 공동연구를 확인하고, 리서치 프로젝트를 위한 기술적 기반시설로서 서비스하고 있는 콘텐츠 저장소의 제안서 제출과정의 잠재력을 인지했다.

::사서 역할의 변화

전문직 대학 사서들은 그들의 도서관에서의 IR개발을 지원하며 수많은 역할들을 수행한다. IR계획화, 관리 그리고 기술적 개발을 하고, 더 존경받도록 하고, 약간의 새롭게 정의된 직위들을 요구하는 것도 그들의 새로운 책임이다.

이 연구에서 조사된 사례들을 보면, 이러한 직위들은 다음의 내용을 포함하고 있다. 콘텐츠 저장소 조정자, 리서치 프로그래머, 지적자산전문가, 문서저장소코디네이터 그리고 데이터조사사서. 이 외에도 연락사서들은 이제 교수들과 IR개발 활동들 사이에서 중재자로서의 책임들이 더 부각되고 있어서 많은 대학도서관에서 그 직위를 인정받고 있다. 연락관계, 마케팅 활동들 그리고 기술적 실력을 겸비한 역할은 응답자들에 의해 새로운 역할로 논의되게 되어 매우 중요하다.

Liaison(연락)과의 관계

이 연구에서 연락사서들은 모든 도서관의 접근방법에서 이루어진 발전 중에 핵심사항이 되었다.

다양한 연락사서의 참여도는 부분적으로 볼 때, IR팀에 의해서 사용되었으며 또한 이는 그들 의무의 핵심적인 부분인 IR지원에 대한 연락사서 자신의 관점에서 기인한 조정방식에 근거하고 있다. 그들은 콘텐츠 저장소 계획을 세우는 일과 그동안 그들이 계속하고 있는 교수지원 역할과 함께 교수들의 학술자료 수집을 지속적으로 하는 일들을 매우 중요하게 여겼다. 사실상, 약간의 연락사서들은 오픈액세스 원칙에 의한 그들의 개인적 신념이 계기가 되어 그들의 도서관 IR계획의 하나인 자원봉사활동도 하고 있다. 대체로 연락 사서들은 참여하는 데에 대해 열의를 가지고 있으며, IRs의 목적과 사업실적들이 완전하고 명확하게 말할 수 있게 되기까지에는 아마도 약간의 시간이 필요할 것이라는 것도 인지하고 있었다. 여전히 IR 연락사서의 의무는 전문적인 사서직의 방향설정에서 중요한 변화처럼 보일 수가 있다.

수집 자료가 일치하는지와 연구에 필요한 자료들의 서비스만 주로 하던 연락사서들의 전통적인 역할에서 "필요한 것과 기탁하는 사람들의 요구들과 소프트웨어는 무엇이 발전성이 있는가 하는 것과 이에 대한 기술의 공급을 배후에서 지원해주는 역할의 사이에서(Liaison 07, March 30)" 이에 더하여 중재하는 역할까지 포함하기에 이르렀다. 예를 들면 A도서관 접근방법에서 보면, 콘텐츠 저장소는 교수들과의 연락관계와 사서의 역할을 확장하기 위한 기회를 살피기 위한 자극제로써 제공되었다.

> 과학자들이 분류, 서술, 보존, 접근의 이러한 전문적인 기술들과 리서치에서 나온 자료의 사용과 리서치 프로세스에 대한 지원의 가치를 인정하게 된 데에는, 사서들이 co-PLs 같은 연구의 제안을 지금까지는 하지 못했던 것을 현재는 많은 수의 사서들이 하고 있는

것을 그들이 알았기 때문이다(Developer 05, March 12).

게다가 공동연구자로서의 역할을 맡은 사서들은 리서치의 최전방에 더 가까이 있으며, 따라서 데이터 또는 도큐먼트들의 기탁에 관계된 작업 흐름의 문제들을 더 직접적으로 지원하고 제공해줄 뿐 아니라 리서치 프로세스의 다른 단계들에서도 콘텐츠 저장소의 가치를 입증하는 데 있어 사서들은 더 좋은 위치에 있다.

C도서관 접근방법은 잠재적인 기탁자들을 확인하기 위해서뿐만 아니라 교수들의 요구를 확인하고 콘텐츠 저장소에 관한 정보를 전파하기 위해 사서들이 필요하여서, 초기부터 연락사서들을 참여시켰다. 이러한 접근방법은 교수들과의 전통적 방법의 상호작용을 계속하게 했으며 리서치 분야에 맞춘 IR에 관한 정보를 받아들이는 교수들도 있게 만들었다.

접근방법 B는 여전히 실험단계로 안에서 밖으로 변화하는 중이며 선발된 연락사서들은 목표로 하는 대상 학과들의 모집을 돕기 위한 것 같은 작은 부분에서도 아직까지 필요로 되고 있다.

연락사서의 더 넓은 관여는 관련 있는 학술적 커뮤니케이션 논점들에 관하여도 인식하게 되었고 하나의 IR이 교수들에게 제공해줄 수 있는 가치를 구축하기 위해서도 더 많은 지원활동들을 협력하여 전개해 나갈 것이다.

마케팅

기탁권한 위임 또는 여타의 강한 외부적 동기부여가 없을 때일수록, 사서들은 교수들이 그들의 학술연구물들을 기고하도록 장려하는 방법을 찾는 것에 노력해야 한다. 기획자의 역할은 대중적 서비스를 지향하는 사서들에 대하여 잘 알고 있어야 한다. 어느 연락사서가 언급하기를, "마케터로서 사서는 언제나 의무의 일부이다.… 이용자들에게 다가가고 그들이 사서가 제공하는 서비스를 알게 하는 것은 일종의 기본적 자격요건이다(Liaison 08, March 12)."

마케팅이 새로운 지원활동의 일부라 해도, 또한 바라던 IR의 서비스가 아니라 해도, 이 마케팅이 대학 내에서 도서관에 새롭게 생겨난 역할이라는 것을 알리도록 목표로 정해야 한다.

> [나는] 무엇이 도서관의 마케팅인지 추측하고 있다. 그도 그럴 것이 우리는 변화하고 있고, 우리는 어떻게 우리가 변화하는지를 그들에게 알려주어야 하기 때문이다. 도서관의 콘텐츠 저장소는 대학도서관들을 위한 새로운 정체성의 하나가 확실한 것이지만, 도서관 사람들은 그것에 관해 잘 인식하지 못하고 있다(Liaison 26, June 13).

다른 사서들은 IR에 대해 관심을 갖도록 하기 위해 어려운 설득을 해야 하는 것으로 인해 불편해하고 있다. "나는 내가 다소 세일즈맨 같다고 느끼고 있습니다.… 우리는 정말로 어느 정도는 효과적으로 도서관을 홍보해왔다고 여기지만, 그러나 나는 내가 '저, 당신과 거래하고 싶은데요'라고 하러 가는 것같이 느껴지고 있어요(Liaison 15., April 12)." 더욱이 일부의 사서들은 IR서비스가 그동안 도서관에서 제공하던 것-사서들이 조언하고 행동해야 할 필요와 이용자에 의한 위험 요소-과 본래부터 다르다는 점을 특별히 염두에 두고 있었다. "마케팅의 모든 문제들은 개개인 교수들의 학문연구물로 책임을 져야 한다.… 우리에게는 전혀 위험요인을 만들 일이 없다, 모든 위험요인은 그들 교수에게 있다(Developer 00, March 01)."

몇 명의 연락사서들에게 있어서는, IR에 대한 사례를 만드는 것이 쉽지 않고 또한 간단하지도 않다. 그들은 교수들과 전문적이고 신뢰-기반의 관계를 구축해왔으나 필요성이 불분명하며 이익이 입증되지 않은 데에 관한 활동을 홍보하는 것을 마지못해 하고 있다.

> 나의 후원자인 가까운 동료들과 외부의 나의 후원자들 중 몇 분이 내게 매우 기분 나쁘지 않게 말했다. "우리는 좀 혼란스러워요. 우리는 당신이 해결하려고 하는 문제가 무엇인지 이해할 수가 없어요." … 정말로 그것에 관해 답을 한다면 … 나는 아직까지 사실은 실제로 하나의 답도 가지고 있지 않네요(Developer 00, March 01).

따라서 대부분의 사서들은 도서관의 가치에 대해서는 IR과 관련해서 사례를 수립할 수 있는데 반하여, 그들의 고객층이 매력적이라고 알게 될 IR개발에 대해서는 가장 강조해야 하는 점들과 그것의 메시지를 조절하기가 어렵기 때문에 몇몇 사서들은 그들이 강조해야 하는 마케팅 행동을 자신 있게 하지 못했다.

개발자들과 연락사서들 양측 모두 학문적 커뮤니케이션의 실행과 학문적 공동체의 요구를 균형 있게 조화하여 콘텐츠 저장소 개발의 제도적 목표들을 보여주는 일을 한다.

정부지원 연구의 보급을 위한 PubMed Central(NIH: 미국 국립보건원이

*운영하는 생명공학, 생명과학, 의학 등의 디지털 정보자료 제공*을 과학자들이 활용하도록 요청하는 최근의 NIH정책(http:// publicaccess. nih.gov/)과 마찬가지로, 지식분야 영역의 한 부분인 생체의학과 같은 분야는 이미 재정지원 단체로부터 지원들을 받았다. 그러나 다른 영역들에 있어서는, 특히 인문학 분야에는 하나의 IR에서도 그 연구자들에게 연구지원금이 주어지지 않아 그들에게 연구 동기부여가 되도록 한 것이 거의 또는 아예 없다고 볼 수 있다.

> 우리와 함께하고 있는, 가장 열심히 활동하고 있는 디지털도서관 학자들의 몇몇은 나에게 "나는 결코 나의 분야에 있는 학생들에게 학위논문을 오픈액세스 콘텐츠 저장소에 올리도록 권고하지 않는다. 그것은 그들의 직업(수입)에 손해가 되게 하는 일이 된다." 그러므로 당신도 아는 바와 같이, 그것은 분별 있는 대응이었다-그 학문분야 안에서 학문적 커뮤니케이션 환경과 서비스에 대해서 가장 잘 알고 한 대응-이다(Developer 00, March 01).

다수의 개발자들은 연락사서들이 그들의 고객들과 어떻게 정보를 공유하면서 의사소통을 하고 있는지 또 그들이 선호하는 업무의 습관들을 어떻게 이해해야 하는지의 중요성을 강조하고 있다. 그리고 교수들의 전문지식과 도메인의 특수한 요구들에 관해서와, IR을 홍보하고 촉진시키는 것의 어려움에 대하여서도 언급하였다. 한 예로, 순수예술 연락사서가 언급하기를, "예술가들은 다른 학문의 연구자들과는 조금 다르다"고 하였는데, 이는 예를 들어 그들은 다른 포맷의 지원을 요구하면서 이미 그들의 작품을 전파하기 위하여 다른 방안을 마련해놓고 있기 때문이다(Liaison 38, October 26). 심지어 특정한 학과 사이에서도, 기본적으로 연구를 수행하고 연구결과를 보고하는 방식들이 서로 다른 것이 자주 존재하고 있는데, 이는 물리학 교수단의 구성멤버가 다음과 같이 서술한 것과 같다: "여기의 모두는 옆 실험실의 사람과는 모든 것을 다르게 하려고 하는, 일종의 프리랜스 사업가이다(Faculty 21, May 16)."

어떤 점에서 IR마케팅은 다른 도서관 주위에서 활동하는 교수들과 약속을 하는 것과 매우 비슷하다. 신중하면서 생산적인 커뮤니케이션에 관한 끊임없는 요구도 있다: "나는 그들이 나로부터 도착한 이메일을 보는 바로 그 순간에 삭제키를 누르는 것을 원하지 않는다(Liaison 23, May 29)." 그 커뮤니케이션은 또한 명백하고 의미가 있어야만 한다. "도서관의 저장소에 관하여 이야기를 할 때에 사용되는 엄청나게 많은 사서(도서관)의 언어가 있다. 그리고 사서의 단어들, 사서 언어를 도서관에 있지 않은 사람들에게 번역할 수 있도록 하는 것은 매우 중요하다(Developer 06, March 12)."

> 도서관의 콘텐츠 저장소의 논란거리는 일반사람들에게는 중요하지 않을 것이다. 그러므로 IR과 다른 일들에 관해 사서들이-언어를 사용하지 말아야 한다. 일반사람들이 이해할 수준으로 말을 하자. 그리고 나는 이것이 도서관에서 가장 큰 교육 포인트라고 여기며 아직도 이것은 연락사서들을 위한 것이라고 생각한다-어떻게 지나치게 많은 전문용어를 쓰지 않고 이해할 수준으로 알려 줄 것인가(Developer 30, June 11)?

C도서관 접근방법에서 보면, 가장 오래 운용되고 있는 IR를 가진 캠퍼스 도서관들에서의 발표와 콘텐츠 저장소에서 앞으로 실시할 행사를 알리는 두 가지 홍보방법은 엽서 캠페인과 이에 관련된 서비스를 한 것만이 지금까지 수행한 가장 넓은 마케팅 방법이었다. 그러나

이러한 PR 캠페인도 약간의 영향을 주고 있다는 것을 언급할 필요는 있다. 그 도서관에서 인터뷰한 다섯 명의 교수단 구성원 중 두 명은 그들이 처음 엽서 캠페인을 통해 콘텐츠 저장소에 관하여 알게 되었다고 했다.

A도서관 접근방법은 기본적으로 특정한 데이터에 집중하여 보다 많은 지원활동의 노력들을 하였었는데 필요한 이득을 얻지 못했기 때문에 주로 제한된 마케팅으로 수행되었으며, B도서관 접근방법에 있어서는 교수들과 함께 공개적인 마케팅 접근으로, 목표가 된 주요 이메일 리스트들을 사용한 후에, 다음 단계를 결정짓는 과정이 진행 중에 있다.

기술의 숙달

IR계획은 웹 개발, 데이터베이스 관리 그리고 컴퓨터 프로그래밍과 같은 영역에서 도서관 내부에 기술적 능력의 필요를 확대시켰다. 사례들을 다각적으로 살펴보면 이러한 기술들은 하나 또는 그 이상의 테크놀로지 지원 업무에 포함되어 있다. 몇몇의 운용들은 개인적인 문서를 수집하는 문제들을 해결하는 것과 같이 반드시 반응을 보인다. 최적화된 콘텐츠 저장소 인터페이스 개발과 마찬가지로 일부는 보다 더 사전대책을 마련하고 있다.

개발자들은 현재와 미래의 계획들에 대한 기술적 지원을 진행하는 것에 대한 필요를 언급했다. 한 예를 보면, 콘텐츠 저장소를 생산-레벨 시스템으로 업그레이드하기 위해서 예비로 시간제 기술지원사서가 팀에 추가되었고, 비슷한 요구사항들이 여러 사례에서 발생하고 있다.

"우리가 필요한 데이터 세트와 그들에게 확장될 수 있기를 원하는 서비스가 무엇인지 확인하는 대로… 수많은 소프트웨어 개발이 일어나고 있다(Developer 05, November 7)." "특별히 솔직하게 말하자면 만약 우리가 콘텐츠 저장소 접근에다가 서비스 접근이라는 더 넓은 세트를 포함하여 검토하는 것으로 변화한다면, 나는 우리가 또 다른 풀타임 프로그래머를 채용해야 한다고 생각한다(Developer 02, December 5)."

IR팀 멤버들의 기술적 전문지식은 일반적으로 그들의 전문적인 도서관 교육이 완료된 이후부터나 갖추게 되는 것이다. "나는 CSS, HTML 그리고 XSLT라는 … 저장소를 다시 디자인하는 업무를 하고 있다. 그 모든 것을 나는 스스로 배웠으며, 도서관 학교(사서양성학교)에서는 배우지 않았다(Developer 36, October 16)." 한 사서는 도서관에서 IT전문가로서 일하는 데 몇 년이 걸렸다. 또 다른 콘텐츠 저장소 프로그래머는 전문적으로 훈련된 사서가 아니었지만, 학술출판 프로그래밍 프로젝트에서 작업하면서 폭넓은 경력을 갖추게 되었다.

모든 사례에서 보면, 도서관 내에서의 성공적인 실행을 하기 위해서는 기술적인 기능들을 다룰 수 있는 내부의 전문적 직원이 약간은 필요하다. 한 저장소 매니저의 경험은 이러한 추가적인 능숙함에 대한 요구를 예를 들어 보여준다. "나는 '콘텐츠 저장소 구축'의 기술적인 측면들에 관해 배울 수 있는 더 많은 시간이 있었으면 한다. 나는 모든 기술적인 일을 배우는 것과 싸우고 있다(Developer 06, March 12)."

한 연락사서는 기술적 난관들이 개인적 성장의 기회를 준다고 제시하면서 보다 낙관적인 관점을 피력했다.

TEI를 알지 못하고, SHTML도 알지 못하기 때문에, 나는 조금 더 전통적인 사서로서의 경향을 보이고 있다. 나는 XML도 모른다. 하지만 이 모른다는 것이 내가 조금 더 이에 대해 잘 알게 하도록 강하게 밀어붙여 준다. … 하지만 무슨 일이 있었는지 알겠다. … 실제로 도서관 자체 내에서, 정보에 접속을 원하는 사람들에게는 어떻게 그것을 사용할 수 있는지 알려주고, 그 다음으로는 그 코드를 해석하고, 정보의 구조를 분석하여서 훌륭한 조합이 되게 한다. 나는 우리가 조화로운, 또는 복합적인 사서에 관하여 말할 때 사용했던 것, 이제 그 일들을 하는 사람들이 사서라고 생각한다. 대개 사서는 테크놀로지로부터 떠날 수 없다. 왜냐하면 우리들은 이 테크놀로지로 우리의 메시지를 전하고 있으며, 그것을 사용하는 사람들에게 정보를 전하기 위해 얼마나 중요한 역할을 하는지를 점점 더 깨닫고 있기 때문이다(Liaison 15, April 12).

::결론

이 연구의 목적은 IR개발에 영향을 미치고 IR개발을 진전시키는 전략들과 조건들을 확인하는 것이다. 위에서 논의되었던 것처럼, 하나의 혁신적인 서비스 모델에 관한 추진과 다른 데서 수행하는 것과 동일한 혁신적인 콘텐츠 모델 그리고 더 혼합된 모델, 이와 같이 3가지 기능으로 정책과 최선의 실행들에 더 많은 역점을 함께 두면서도 세 도서관에서 수행된 접근들은 그들의 콘텐츠와 서비스 방향에서 상당히 달랐다.

개발팀들은 도서관의 영향력들과 요구들에 대하여 각각 다른 해석들을 하고 있으며 교수들의 관심과 그리고 더 큰 대학교에 대해서는 개별적인 전략들로 밀고 나갔다. 전체적으로 이러한 전략들은 학술 자료수집과 관련하여 서비스 제공의 중심으로서의 대학도서관의 전통적인 입지를 확장하려는 강하고도 절대적인 목적을 입증해준다.

IR계획들은 자료 수집과 데이터집합들에 관련한 서비스와 많은 다른 종류의 학술적 생산 자료들을 포함하여 도서관 활동의 범위를 확장시켰다. 그러나 이것은 단지 전통적으로 출판된 학술지, 논문 또는 책이 변화되는 것의 일부일 뿐이기도 하다. 예를 들어 개발자는 학과들과 다른 연구단체에 의해 생산된 기술적인 리포트, 회색문헌 그리고 학위논문과 박사논문들이라는 성장하는 로컬베이스에 접근을 제공하면서, 저작권 제약에 의해 지장을 받지 않는 학술자료들을 점유하기 위해 신속하게 일을 수행하고 있다.

세 도서관의 IR접근방법 중 그 어느 것도 그들 계획들을 위하여 확실하게 명시된 장기적인 목표 또는 성공 대상을 갖지는 못하였다. 개발자들은 특별한 기준점도 없이 계획을 입안하였으며, 수집하는 전략들은 자문위원회로부터의 추천과 초기 기탁자들과의 상호작용에 열의를 갖는 것으로만 유지하면서 지역조건들에 적절히 대응할 수 있는 생각들이 보다 신속하여 아직도 남아 있는 것이다. 이러한 변하기 쉬움(변덕)은 때로는 필요할 수도 있다. 성공이 아직 정의되지 않았을 때에도 그렇다.

이 사례들은 진행된 것과 같이 많이 구체적이다. 그러나 또한 이 상호거래들은 분명한 기준선과 목표도 없이 개발하는 것에만 적극적으로 참여하고 있다. 예를 들면, 하나의 잘 표현된 수집 정책은 IR을 근거로 삼아 잠재적 기탁자들과 이용자들에게 알아듣기 쉽게 표현하는 방법을 개발자들과 연락사서들에게 제공한다. 동시에 그것은 또한 기탁활동을 불필요하게 억제시킬지도 모른다. 또 다른 가능한 시나리오에서는, 만약 콘텐츠를 저자들의 개입 없이 출판업자들로부터 직접적 조직적으로 얻을 수 있게 된다면, IR은 약간의 덜 중요한 것과 확실하지 않은 해결책들을 결코 노출시키지 않으면서 교수들에게 제공하게 될 것이다. 이러한 거래를 협상하고 결과를 평가하는 일들은 IR의 역량을 계속 증진시키게 되면서 자료들의 수집이 필수적이라는 것의 타당함을 보여주려고 점점 더 요구하게 될 것이다.

콘텐츠 저장소 매니저는 IRs의 오픈액세스의 혜택이 그것 자체로는 교수들의 습성을 변화시키지 못할 것이라는 사실을 잘 알고 있다. 학술 연구들과 대학의 보상 시스템은 깊이 있게 확립되어 있으나, 그러나 몇몇 분야들에서는 아직도 인쇄나 구독료 기반의 출판의 보급이 지배적이어서 이를 지지하고 있다.

개발전략들은 이러한 복잡한 학문적 커뮤니케이션의 세계를 반영하며 만들어졌다. 사례들을 살펴보면, 회색문헌, 학생-생산의 자료들 그리고 가공되지 않은 데이터세트의 보급을 향상시키면서, 그다음으로는 그 콘텐츠를 더 유용하게 활용시키기 위해 도구들과 서비스를 구축하고 더 나아가서는 학자들이 출판사의 통제로 들어가야 하는 것을 대안으로 권하면서 우리는 IRs가 대망을 갖고 모든 일에 분투하는 것을 본다.

교수들과 다른 이해당사자들을 위한 부가가치적인 기능들을 우선적으로 처리하는 것이 먼저 긴요한 일처럼 보인다. 이에 대한 실제적인 영향은 IRs가 구체적인 보급, 가시성 또는 교수들이 경험하고 있는 액세스 문제들을 해결하도록 도와주는 사례들에서 증명되었다. 게다가 직접적으로 출판업자를 포함시키는 창의적인 IP전략은 모든 대학들이 직면하고 있는, 외견상으로 아주 다루기 힘든 이러한 문제들에 관하여 실질적인 진전을 이루게 하였다. 그렇지만 특별히 이 분야에서 도서관들은 장기적으로 해결을 얻기 위해서는 이들과 함께 일해야 할 필요가 있다고 하겠다. 고립된 성과는 대체적으로 IR 커뮤니티에 대한 전략상으로 보아 다음 단계에서 제시하는 것이 무엇인지 명확히 알 수 없게 한다.

이해당사자들의 나누어져 있는 관심들은 "그 모두를 하려고 시도하는 것"의 문제에 모두 반영되어 있다. 교수들은 그들의 독립적인 경력과 그들 연구 분야에 집중하고 있으며, 대학은 그 학문적 자산을 유지하고 다루는 데에 관계하고 있다. 또한 출판업자들은 계속해서 학술자료 시장에서 갖게 될 콘텐츠와 서비스의 생산에 투자해왔다. 하지만 주장하건대 기관으로서의 도서관과 특히 IR개발자들은 이러한 위험하고 전례 없는 사업으로 단기간에 얻거나 잃을 것이 많을 것이다. 도서관의 시각으로 보면 현재 지나치게 많이 고려해야 할 지지층과 지나치게 많이 대표해야 할 새로운 의무들이 있고, 지나치게 많은 예산이 들어가야 할 무기한의 기반시설이 있으며, 계속적으로 실패하는 것의 결과에 관해서는 알려진 게 너무나도 적다. 이렇게 알려지지 않은 모든 것들이 현재 견고한 목표를 설립하거나 구체적인 결과를 평가하는 것을 아주 복잡하게 만든다. 여기에서 나타난 접근들은 아무리 어떤 종합적인 IR 구축 프로그램에서 알려진 것이라 해도 세부적인 견해에 관한 쟁점들과 다른 전략들을 그들에게 어떻게 말해야 하는지와 다양한 도서관의 조건들하에서도 어떻게 대비해야 하는지를 알려주고 있다. 이러한 대비는 개발자들에게 그들의 선택들을 살펴보고 어떻게 최선을 다하여 계획들의 우선순위를 정할지에 관한 기준치를 제공한다.

가까운 미래에서의 핵심적 도전은, 아마도 계획된 기탁 업무절차들을 완성시켜서 콘텐츠 저장소들을 채우고 부가가치적인 서비스층을 개발하기 위한 조직적인 기술을 시행하는 것이 될 것이다.

이 연구에서 콘텐츠 저장소들은 다양한 방법으로 이러한 도전들을 위한 준비가 된 상태임을 보여주었다. IR커뮤니티와 공유할 수 있는 공동의 기술적 해결책들을 구축하면서 그리고 IP전문가들을 프로로 만들면서, 그들은 문제-해결 접근법들을 그들의 교수들과 함께 지원하고 있는 중이다. 만약 IRs가 기본적인 콘텐츠 저장소 이상으로 기능하고 즉석에서 디지털 자료들에 접근할 수 있다면, 이러한 종류의 발전은 대단히 중요한 것이 된다.

IRs가 대학도서관에서 운용되는 현 시점에서의 순조로운 통합을 위해서, 사서 입장에서는 IR활동을 수용하기 위한 개선이 있어야 할 것이며, 연락사서의 역할들은 계속 갱신되어야 하며, 충분한 기술적 교육은 도서관 교육 프로그램에 의해 제공되어야 할 필요가 있다.

학술적인 정보 문제를 해결하기 위해 적극적으로 작업하는 IR사서들을 위한 기회들은 모든 대학들에서 지금부터 시행되어야 하며 연구도서관들에 있어서도 그 기회가 합리적으로 확대되어야 한다.

학술적 커뮤니케이션의 더 큰 관점에서 보면, 출판사 단체와 함께 대학 콘텐츠 저장소에 대한 실현 가능성에 관해, 그리고 학자들의 커뮤니케이션 패러다임에서 오픈액세스의 효과에 관하여도 아직까지 알아야 할 것이 많다. 이러한 역동성은 대학 내에서 끝까지 계속될 것이며 어떻게 해서든지 IR에 대한 이러한 경향이 항상 전개될 수 있도록 만들어 나가야 할 것이다.

이와 동시에, 이 연구사례에서 입증된 것처럼 통합되어진 도서관의 활동들과 지역 콘텐츠 저장소가 성공할 수 있는 제도적 장치를 마련해야 할 필요성이 있을 뿐만 아니라 교수들의 수준에서 볼 때에 더

할 나위 없이 더 나은 편리성이 갖춰진 IRs가 만들어져 대학 학문연구에 필수적인 장소로써 보다 크게 인식되어졌으면 한다. 한편 사서들은 학문적 커뮤니케이션이 끊임없이 변화되는 곡선처럼 보다 앞서 나아가기를 제의하면서 앞으로 IRs가 계속적으로 만들어지기를 희망하고 있다.

제10장

정보화 시대의 전략적 정보관리

지난 20년 동안, 인터넷은 정보의 생산방식, 저장방식, 접근방식을 변화시켜왔다. 우리들은 너나없이 현재 전 세계에서 생산되는 '데이터의 홍수' 속에 살아가고 있다. 우리가 찾고자 하는 필요정보(Needles)는 이전과 같은 규모일지 모르지만 그 정보를 검색해 내야 하는 원천정보(Haystacks)는 무한히 증가해왔고 앞으로도 계속 증가할 것이다. 정보가 성공의 열쇠가 되는 세상에서 우리는 어떻게 대처해야 할 것인가? 이 글에서는 전략적 정보관리라는 주제와 훈련법에 대해서 살펴보고자 한다. 따라서 우선 디지털 도서관의 발전배경과 콘텐츠 접근방법을 알아본 다음 본 주제에 대한 주요 개념 및 용어를 소개하고 전략적 정보관리의 발전과정, 관리기법 및 접근방법에 대해 기술하고자 한다. 그리고 더 깊은 연구를 위해 정보관리의 미래의 잠재적 가능성과 주요 영역에 대한 개인적인 견해를 밝히고자 한다.

키워드

디지털도서관, 학술도서관, 정보관리

::시작하며

필자는 한없이 복잡해지는 세상에서 정보검색에 대한 도전이라는 특별한 계기로 인해 대학도서관 사서로서 사회에 첫 발을 내디뎠다. 학부생 시절 나는 세계 최고의 도서관 중 하나인 케임브리지대학 도서관을 이용하는 특권을 누렸다. 그 도서관은 문자기록이 시작된 고대의 인쇄자료에서부터 최근에 집필된 저작권의 보호를 받는 저작물까지, 그리고 국내자료와 그보다 몇 배 많은 국외 자료들을 수장하고 있는 거대한 보물창고였다. 그처럼 방대한 서고에 수장된 수백만 권의 장서들 중에서 특정 도서의 위치를 정확하게 찾아낼 수 있는 방법에 필자는 매료되었다. 우리들은 실제로 건초더미 같이 거대한 서지정보(bibliographic haystack) 속에서 연구에 필요한 바늘 같은 조그마한 연구정보(research needles)를 찾아낼 수 있었다. 필자의 연구에 대한 애정과 참여는 바로 그러한 옛 경험들로부터 나온 결과이다. 1973년 필자는 음악학을 전공하는 대학원생이었다. 그런데 영국 국립도서관에서 처음으로 필자의 연구에 실질적으로 도움이 될 만한 중요한 자료를 찾게 되었다. 필자가 발견한 자료는 1776년에 출판된 이후로 잠자고 있던 매우 희귀한 18세기의 팸플릿(pamphlet)이었다. 필자는 당시 조지왕조시대(1714~1830) 영국 북부교구의 본당교회 오르간 음악에 대해 연구하고 있었는데 그 자료는 나로 하여금 새로운 시각을 갖도록 해주었다. 그렇기 때문에 그 자료를 찾았을 때의 흥분과 성취감은 필자의 기억에 지금도 생생하게 남아 있다.

::정보의 바다(Haystacks)와 정보의 선택(Needles)

인터넷 기반의 설비와 콘텐츠를 광범위하게 활용함으로써 최근 대학도서관의 서비스 제공방식과 사람들이 정보에 접근하고 이용하는 방식에 큰 변화가 있어 왔다. 우리가 실제로 선택하여 이용하는 필요정보(Needles)의 양은 예전의 수준이지만 그 필요정보를 찾기 위한 원천정보(Haystacks)는 10년 전보다 기하급수적으로 증가하였다. 그 이유는 전 세계에 존재하는 모든 정보가 원천정보가 되었기 때문이다.

이처럼 우리는 '데이터의 홍수' 속에 살고 있는 것이다. 재미있는 예를 하나 들자면, 만약 단순히 '18세기의 팸플릿'을 구글을 이용하여 검색한다면 3억 8천1백만 건의 검색 결과를 얻게 된다. 반면에 영국 국립박물관의 온라인 도서목록에서는 곧바로 정확한 서지목록을 검색할 수 있다. 다만 정확한 서지정보를 얻기 위해서는 우선 찾고자 하는 것이 무엇인지 정확히 알아야 하고, 그리고 정확한 시대와 검색어를 입력해야 한다는 것이다. 인터넷의 잠재력은 전 세계의 모든 정보에 접속하는 것이 가능하다는 것이다. 예를 들어 유럽연합의 비전은 '인터넷의 다양한 도구를 이용함으로써 공간, 언어, 문화의 장벽을 극복하고 누구라도 시간과 장소에 구애됨이 없이 효율적이고 효과적인 방법으로 모든 인간의 지식에 친숙하고 다양하게 접근할 수 있도록 한다'는 것이다.

극단적으로 말한다면 인터넷이 등장하기 전의 정보검색은 자료를 손으로 하나하나 뒤져서 필요한 정보를 찾아내는 원시적 작업과정이라 할 수 있었다. 도서 검색을 일례로 든다면 케임브리지대학의 기본 목록은 색인카드로 되어 있지 않고 낡은 '책자목록(guard books)'으로 되어 있었다. 이는 영국국립도서관과 같은 큰 도서관들의 경우에도 별반 다르지 않았다. 원하는 자료를 찾아보면 그 자료들은 도서, 학술지, 영인본, 필사본 등 인쇄자료의 형태로만 존재했었다. 이는 그리 오래 전의 일이 아니다. 현재 우리는 흔히 '마티니 접근(martini approach)'* 이라고 일컫는 시간과 장소에 구애받지 않는 인터넷 접속에 익숙해져 있다. 이미 많은 영국 가정이 고속 인터넷망에 연결되어 있다. 뿐

---

* martini approach: 여러 재료를 조합해 각자 입맛대로 칵테일을 만들어 언제 어디서나 마실 수 있는 마티니처럼, 인터넷을 이용해 시간과 공간에 구애됨이 없이 각자 필요한 정보를 다양하게 검색할 수 있음을 비유함-역자 주

만 아니라 사람들은 이 인터넷을 이용하여 특정 지역의 포장전문 중국음식점의 개점 시간을 알아내기도 하고, 고급 학술논문을 찾아내기도 하며, 일생의 반려자를 찾기도 하고, 기차표를 예매하거나 선임연구원으로서의 자질을 평가받기도 한다. 그 외에도 신용카드 명세서를 조회해보는 등 다양한 목적으로 정보검색에 인터넷을 사용한다. 이처럼 우리는 구글 없이는 살 수 없는 사람이 되어가고 있는 것이다.

::대기업(Elephants)과 개인기업(Fleas)

오늘날 우리가 사는 사회에는 만인을 평등하게 하는 두 가지가 있다고 말한다. 첫째는 술인데 이는 마지막에는 결국 모든 사람들이 의식을 잃고 마루에 눕게 만들기 때문이다. 둘째는 인터넷이다. 인터넷은 일반대중 누구에게나 평등하게 제공되는 자유로운 표현의 광장이기 때문이다. 누구라도 이 광장을 이용해 자신의 글을 공표하기도 하고, 남의 주목을 끌기도 하며, 자신의 지위를 높이기도 한다. 블로그와 위키(blog & wiki)가 이를 가능케 하는 매체들이다. 인터넷은 사람들이 노는 방법을 변화시킨 것만큼이나 일하는 방법도 혁신적으로 변화시킬 수 있는 힘을 가졌다. '업무 패턴 자체가 변화하는 사실도 중요하지만, 업무 본질의 변화 역시 이에 못지않게 중요하다.' 왜냐하면 이러한 본질적 변화를 통해서 정보가 조직 전체에 전파되는 방식이 변화하기 때문이다. 전자메일의 영향을 예로 들어보자. 전자메일로 인해 직원들은 더 많은 재량권을 가지게 되었다고 느낀다. 그리고 직원들 상호 간에 미치는 영향력의 정도가 평준화됨으로써 전통적

계급구조 역시 점점 평준화되고 있는 것이다. 따라서 정보통신기술 시스템(ICT system: Information and Communication Technology system)은 재택근무를 가능케 하고, 기존의 경영의 범주를 넘어 가상의 조직 (virtual organization)도 만들 수 있는 무한한 변화의 가능성을 열어준다. 변화의 대상은 물리적인 것, 구조적인 것 혹은 문화적인 것, 공간적인 것 등 그 어느 것일 수도 있다. 또 인터넷은 지식과 학문의 관계를 변화시키고 있다. 다시 말해 인터넷은 지식의 발달을 기하급수적으로 증대시키는 반면 그 지식의 유효기간을 단축시키고 있다. 또한 인터넷은 간단한 훈련과 기술이 필요한 일반영역과 비행기 조정이나 환자 진단, 그리고 전문시스템 또는 정보처리 에이전트(intelligent agent)의 소프트웨어 운영과 같이 복잡하고 고도의 기술을 필요로 하는 특수영역의 간극을 좁히고 있다.

인터넷은 이처럼 강력한 힘을 가지고 있다. 왜냐하면 인터넷은 콘텐츠 제작자들로 하여금 그들이 하는 일의 가시성을 높일 수 있는 능력을 주고, 이용자가 전자적으로 정보를 검색하는 것을 도울 수 있는 능력을 주기 때문이다. 또 무엇보다 인터넷은 거대한 변화의 촉매역할을 한다. 그 이유는 고수익 소량판매 사업에서 저수익 다량판매 사업으로의 전환을 가능하게 하기 때문이다. 인터넷은 찰스 핸디(Charles Handy)가 그의 저서의 타이틀로 처음 사용한 '코끼리와 벼룩(Elephants & Fleas, 2001)'이라고 하는 양자 모두에게 도움을 준다. '코끼리'는 규모가 매우 크거나 다국적의 거대 기업을 말한다. '벼룩(Fleas)'은 독창적 개인이나 소규모의 독립사업체 혹은 지역사회의 벤처기업을 말한다. 소기업들은 규모가 작고 민첩하기 때문에 순발력 있고 창의력 있게 움직일 수 있다. 소기업들은 진취적이고 혁신적인 반면 대기업들은 현상유지를 강조하는 보수적 경향이 있다. 인터넷은 우리가 비록 대기업에서 일하고 있을지라도 개인 창업자가 될 수 있도록 도와준다. 대부분의 경우 골방이나 조그만 연구실에서 보잘것없이 시작했지만 단기간에 도약해서 엄청난 각광을 받는 인터넷 기반의 회사들과 단체들이 얼마나 많은가 살펴보라. 'e-Bay'가 5년 전 어디에 있었는가? 결정된 정책을 뒤집기 위해 인터넷을 이용해 캠페인을 벌이는 단체들의 힘을 보라. '인터넷 캠페인'을 구글로 검색해보면 필자가 말하고자 하는 뜻을 이해할 수 있을 것이다. 우리들은 아마 4백만이 넘는 관련 사이트를 볼 수 있을 것이다.

::디지털 도서관

한편에는 거대하고 무한한 세계가 있고 다른 한편에는 철저하게 개인적이고 개인화가 가능한 세계가 있다. 정보라는 거대한 코끼리와 이용자라는 조그마한 벼룩이 그것이다. 단체 또는 개인들은 어떻게 이러한 환경에 대응하는가? 우리는 어떻게 인터넷이라고 하는 거대한 정보의 건초더미 속에서 바늘이라고 하는 우리가 원하거나 필요로 하는 정보의 조각들을 찾아낼 수 있을까? 전략적 정보관리의 방법을 소개하기 전에 먼저 디지털 도서관의 발전사를 간단히 살펴보고자 한다.

최근까지도 도서관이 준비할 시설로는 인쇄자료의 보존시설, 접근시설, 배송시설이라고 하는 유일하고 절대적인 시설의 설계도밖에 없었다. 지난 30여 년간 과학기술이 점점 더 많이 응용되면서 도서관

시설이 변화하고 혁신되어 왔다. 1960년대에는 비용절감과 효율증대의 방편으로 대출, 목록, 수서 등 관리업무에 컴퓨터를 도입하는 방안이 연구개발(R&D)되었다. 이러한 정보기술을 이용한 통합정보 덕분에 도서관은 이용자에게 도서관자료와 도서관서비스에 관한 정보를 좀 더 광범위하게 제공할 수 있게 되었다. 현금 자동 인출기가 은행에 도입된 시기와 거의 같은 시기에 영국 대학도서관들은 도서관 내에서 도서목록을 온라인으로 독자들에게 제공하기 시작했다. 그리고 얼마 지나지 않아 지역 컴퓨터 네트워크, 국가 컴퓨터 네트워크, 국제 컴퓨터 네트워크를 통해 도서관 건물 밖에서도 하루 24시간 동안 원격으로 정보에 접근할 수 있게 되었다. 혁명이 시작된 것이었다. "새로운 기술과학은 더 풍성하고, 더 완전하고 순간적 상호작용을 가능케 한다." 인터넷의 출현으로 도서관은 현재까지 의미 있는 변화를 해왔으며, 도서관에 오지 않고 주로 집이나 사무실에서 자료를 이용하는 사람들에게 자료를 제공해 주는 기능도 갖추게 되었다. 예를 들어 워윅대학교(University of Warwick)의 경우 도서관을 찾는 이용자가 전체 이용자의 겨우 2.7%에 불과하다. 그러함에도 불구하고 이 대학의 연구실적 등급은 매우 높다. 그 까닭은 도서관에 오지 않는 97.3%의 이용자도 인터넷을 이용하여 연구와 학문 활동을 활발히 해왔기 때문이다. 궁극적으로 대부분의 도서관들은 디지털화될 것이고, 물리적 공간의 중요성은 감소할 것이며, 상호 협력하지 않는 외부와 단절된 조직은 살아남을 수 없게 될 것이다. 콘텐츠와 서비스는 많은 공급자들(영리 또는 비영리)에 의해 다양하게 제공될 것이다. 반면에 물리적인 장소는 사라지게 되고 자료의 형식 또한 다양해질 것이다.

1980년경 이후 도서관 발전기에 필자가 주장해온 것은 바로 고전적인 "대체품 주기(reverse product cycle)"이다. "주기(cycle)"에서 강조되는 키포인트는 새로운 제품이나 서비스는 주기의 초기보다는 마지막에 나타난다는 사실이다. 제품이 생산되어 주기가 시작되면 계속해서 그 제품이 개선돼 가고, 언젠가는 이들 개선된 사항들을 모두 통합한 새로운 개념의 신제품 또는 서비스가 탄생하게 된다. 그렇게 되면 이전의 제품이나 서비스들은 모두 폐기되고 이전과는 단절되는 극단적인 전환점을 맞게 되는 것이다. 다시 말해서 컴퓨터가 처음 도서관과 은행 혹은 다른 서비스 산업에서 단순히 기계적으로 사용되었을 때 극단적인 혁신은 예상하지 못하였다. 그러나 서비스 산업에서 컴퓨터를 사용하기 시작한 것이 결국 점진적으로 단절의 변화를 초래하는 혁신의 과정으로 진행되었던 것이다.

대학도서관 시설에 있어서 이런 주요한 변화는 결코 우연히 일어난 것이 아니었다. 1990년대에 영국 고등교육분과(UK Higher Education section)는 도서관 시설 및 배송체계의 새로운 방식을 연구하기 위해 약 6천만 파운드를 사용하였으며, 이는 1993년 폴렛 보고서(Follett Report of 1993)가 시발점이 되었다. 필자는 "폴렛(ESYS consulting, 2001)"을 기초로 시작된 전자도서관 프로그램(Electronic Libraries Programme, 1995~2001)에 참여한 것을 자랑스럽게 여겨왔다. 정보통신기술이 주로 인쇄자료의 정보검색에 응용되어왔기 때문에 콘텐츠 자체를 스캔하고, 저장하고 결국은 디지털화를 하지 않으면 안 되었으며 이는 지극히 자연스러운 것이었다. 현재 학문적 커뮤니케이션은 제1차 데이터로부터 여러 단계의 버전을 거쳐 최종 전산 데이터에 이르기까지 다양하게 분포되어 있다. 1990년 이후로(최소한 논픽션 출판에 있어서는) 텍스트북 시장의 주요한 돌파구로 예견된 전자도서가 결국에는 전통적인 종이 출판물의 현실적인 대안으로 여겨지기 시작했고, 그로 인해 저널 단위가 아닌 기사(article)나 그 저널의 일부분이 출판의 단위가 되었다. JISC(Joint Information System Committee)로부터 많은 자금을 지원받고 있고, JISC의 관리 감독하에 있으며 현재 필자가 회장으로 있는 JISC 콘텐츠 서비스 위원회(Content Service Committee)는 대량의 디지털화 프로그램을 추진해오고 있다. 이 프로그램은 기존자료와 연구결과물의 보존 및 제공을 목적으로 매우 풍부한 양의 자료들을 만들어내는 데 기여하고 있다.

::전략적 정보관리의 필요성

그렇다면 무엇이 문제인가? 단절적인 변화라는 것은 인위적으로 관리할 수 있는 문제가 아니라고 주장하는 사람들이 있다. 그러나 만일 우리가 일어나고 있는 모든 변화를 파악하려는 시도를 하지 않는다면 어떻게 될까? 그렇게 되면 많은 위험이 따르게 된다. '최소의 만족화 현상(the phenomenon of satisficing)'*을 생각해보자. 우리는 회의 자료나 강의자료 또는 개강자료를 마무리할 시간(또는 착수할 시간)이 없어 쫓기고 있을 때, 반드시 완벽한 자료를 만들려고 고집하는 것만이 최선이라 할 수는 없다. 정보검색에 있어서 '우리 스스로 만들어가는 사전(위키피디아)'을 첫 번째 정보검색원으로서 찾아가도록 하는 정보검색작업(구글)의 품질관리는 어떠한가? '만족'이라고 하는

---

* the phenomenon of satisficing: 최소만족을 위한 최소한의 필요조건. 또는 최소한의 성과에도 만족하는 현상-역자 주

것은 새로운 것이 아니다. 필자가 온라인 목록으로 여러 번 실험해본 결과, 대학생들뿐 아니라 교직원들까지도 고급검색기술을 이용하여 고급정보를 얻을 수 있음에도 불구하고 그보다는 최대한 빨리 검색 결과를 얻을 수 있다는 것에 가장 만족한다는 사실을 알 수 있었다.

인터넷을 이용해 자료들을 업로드하고 접근하는 것이 쉬워지면서 지적재산이 중요한 화두로 등장하고 있다. 이는 단지 텍스트에 관한 이야기만은 아니다. 메시지 또는 의견은 텍스트 기반의 미디어가 아니라 시청각 미디어를 통해서도 전달이 가능하다. 지적재산권은 보호되어야 하는 반면 공개된 자료는 이용이 장려되어야 한다. 그러나 기술적 · 문화적 · 경제적 · 법률적 · 사회적 심지어 (환자 기록의 경우와 같이) 도덕적인 측면에서 또 다른 많은 문제점들이 생겨나기 시작했다. "정보와 문서에 접근함에 있어 전반적 문제점은 전략적 · 금전적 · 기술적 그리고 운용상의 다양한 이슈들이 계속해서 관리자들을 괴롭힌다는 것이다. 기회와 선택은 도전하는 만큼, 그리고 의사결정에 어려움을 겪는 만큼 늘어난다."

지금까지 필자가 인터넷의 발전이 촉진제의 역할을 해왔다고 설명했지만, 사실 필자는 인터넷의 발전은 변화의 촉진제라기보다는 훨씬 더 근원적인 원동력이라고 생각한다. "세계적 규모의 인터넷은 현재의 산업구조와 유통망 그리고 접근방식에 많은 변화를 가져왔다. 인터넷으로의 중심화 현상은 사회적 변화 및 상업적 변화에 있어 혁명적인 전환점을 보여준다. 공정(工程)과 시스템의 자동화 그리고 디지털화, 시스템의 통합, 혁신적 개선을 위한 투자, 직원 재교육 등 미래의 기술들이 요구하는 것들에 대해서 조직들은 잘 대응하여야 한다. 이러한 현실에서 가장 중요한 것은 단순히 단체 또는 개인, 지역사회 또는 국가가 정보의 생산이나 접근 및 이용에 관한 문제에 단순히 대응하는 것에 그치지 말고 미리 사전대책을 강구하여 창의적으로 관리의 수준을 높여주는 일이라 할 것이다. 인터넷이 근원적 동력으로서의 기능을 다하기 위해서는 좀 더 광범위한 전략적 접근이 필요하다. 따라서 본 논문에서 강조하고자 하는 것은 전략적 정보관리이다.

::전략적 정보관리의 요소들

전략적 정보관리란 무엇인가? 필자는 앞에서 일상생활에서 이용되는 여러 가지 종류의 정보에 대해 언급하였다. 특히 필자는 전통적으로 도서관에 존재하는 조직화된 정보에 초점을 두었다. 디지털 도서관에는 메타데이터, 도서목록, 1차 자료, 학습자료, 데이터 꾸러미 및 콘텐츠 저장소(digital repository) 등이 계속 존재할 것이라고 생각한다. 또한 필자는 정확한 시간에 정확한 자료를 꼭 필요한 사람이 취득하도록 해야 한다는 정보관리 분야에서의 발전된 개념과 접근법 그리고 기술이 정보를 필요로 하는 모든 조직들에 적용될 수 있다고 생각한다.

> [전략은] 특히 주변 여건을 예측하고, 대응책을 세우며, 변화에 대해 책임을 지고, 활동의 일관성 및 방향성을 미리 준비하는 것과 관련이 있다. 그것은 예측이 어려운 미래의 작업환경에 대해 사람들이 예측할 수 있도록 지침을 정해준다(Corrall, 1994).

위의 주장은 주변 환경들을 강조한 것이다. 같은 맥락에서 필자는 전략적 정보관리의 세부사항에 초점을 맞추고자 한다.

필자는 기술관리와 함께 전략적 정보관리에 대한 나의 견해를 기술하고자 한다. 인터넷을 이용해 정보를 보급하는 기술은 최종 이용자가 충분히 투명하게 알 수 있어야 한다. 우리는 기술개발에 대한 도전을 과소평가해서도 안 되며, '보이지 않는 이면(under the bonnet)'에서 진행되고 있는 것들이 제대로 되고 있는가에 대한 감독의 필요성을 과소평가해서도 안 된다. 영국의 고등교육에서는 학술단체들과 기관들을 모두 전자적으로 연결해주는 JANET(the Joint Academic Network)을 오랫동안 활용해 왔다. 이 JANET으로 인해 십년 전에는 상상도 할 수 없었던 방법으로 전자메일을 주고받을 뿐만이 아니라 대용량의 데이터를 송수신하고, 정보를 창조해내고 접근할 수 있게 되었다. 이는 영국 고등교육의 행운이라고 할 수 있다. 기술관리는 우리가 일반적으로 생각하는 것 이상으로 긴 역사를 가지고 있으며 그 자체로서 하나의 독립된 연구대상이다. 우리는 현대적 개념으로 기술을 생각하는 경향이 있으나, 기술이라는 개념을 이해하기 위해서는 사실 18세기의 산업혁명까지 거슬러 올라가야 한다. 기술은, 첫째, 특정한 문제를 해결하기 위해 고안된 시스템이며, 둘째, 인공적인 방법을 이용하여 설정된 목표를 달성하기 위해 고안된 시스템라고 정의할 수 있다. 이렇게 본다면 '방적기' 같은 것들뿐만 아니라 운하 같은 것 역시 기술의 한 부분이라고 할 수 있다.

현대의 전략적 정보관리와 관련해서 심사숙고해야 할 점은 기술동향과 발전방향 그리고 가능성이라는 것이다. 지금의 기술이 미래에는 어떻게 인식될 것인가? 향후 5년간의 기술 동향이나 발전 방향의 범위는 이미 확실해졌다고 볼 수 있으며, 정보보급과 관련되지 않은 기술도 확실하다고 할 수 있다. 향후 5년간은 시스템과 콘텐츠 그리고 서비스를 준비하고 제공하고 이용함에 있어 완결성, 투명성, 통일성이 훨씬 더 고도화될 것이며 주문형 디지털 원문자료의 이용률이 증가할 것이다. 그리고 무엇보다도 다양한 기술들의 융합이 촉진될 것이다. 우리는 이러한 융합이 얼마만큼 가능할지를 살펴보아야 한다. 예를 들어 일상적인 '개인 웹 공간'과 사업적 또는 교육적 관심과 요구가 혼재한 '사회 웹 공간'을 통합한다면 그 가능성은 어디까지인가? 하지만 여기에는 풀어야 할 큰 과제가 있다. 그것은 앞으로 국제적 범주에서 개발수준이 비슷해야 하고, 공통기준이 제정되어야 하며, 기기의 상호작동성이 있어야 하고, 동일개념 및 동일용어를 사용하는 오픈액세스(open access)가 보장되어야 한다는 것이다.

능력(capability)이란 개인이나 집단이 그 기술을 최대치로 사용할 수 있게 하는 상태를 의미한다. 기술을 발전시키기 위한 많은 프로젝트들이 실패로 돌아가긴 하지만 실패는 많은 교훈들을 남긴다. 실제로 "이미 제대로 작동하는 기술에서는 연구할 것이 없다"고 말하는 사람들도 있다. 하지 말아야 할 것이 무엇인지 깨닫는 것은 매우 값진 일이다. 필자는 오랜 기간 동안 연구에 매진해온 결과, 기술관리에 있어서 정말로 중요한 것은 기술자체가 아니라 사람이라는 사실을 알게 되었다. 이는 기술을 개발하는 사람과 기술을 사용하는 사람 모두를 포함한 문제이다. 우리는 많은 실패한 기술의 예와(영국 사이버 대학교의 경우를 살펴보라) 충분한 검증 절차와 사용법의 훈련 없이 시행된 시스템들의 예를 이미 알고 있다. 가장 큰 잘못은 정보관리의 기술을 개발하고 발전시키는 데 사람들의 숙련도, 습관, 행동양식 그리고 문화적인 여건들을 고려하지 않는다는 점이다.

전략적 정보관리를 위해 내가 강조하고 싶은 것은 사람들, 즉 이용자들이다. 구글처럼 간소하고 효과적이면서 수요자 중심적인 설계방식 덕분에 인터넷의 중심은 정보제공자에서 최종이용자에게로 넘어갔고, 장기적 안목의 시장조사를 위해서는 최종이용자들을 지금보다더 면밀하게 연구할 필요가 생겼다. 이용자들로 하여금 조직적인 시스템을 이용하고 있다는 느낌을 받도록 해야 하고, 이용자 개개인의취향을 맞춰주는 방식으로 기술이 발전해가야 한다. 여기서 개인화란홀로 있거나 혼자서 일하는 것을 의미하는 것이 아니다. 때문에 좋은정보 시스템을 설계하기 위해서는 집단작업(group work)과 사회적 상호작용(social interaction)(그것이 물리적이든 가상적이든)이 용이하고편리하게 되도록 해야 한다는 점을 염두에 두어야 한다.

따라서 이제 필자는 핵심 영역인 인터페이스 및 콘텐츠를 다루어보고자 한다. 최근의 연구(Brophy, Fisher, Jones, and Markland, 2004)에따르면 정보 검색경로가 단순한 것이 가장 효과적이며, 복잡한 것들은 미들웨어(middle ware) 최종이용자들에게 제작 및 기술개발 단계에서 알기 쉽게 설명되어야 한다는 것을 알 수 있다. "작동하면 된다.어떻게 작동하느냐는 상관없다(Baker, 2006, pp.4-8)." 이것이 바로 구글과 같은 검색 엔진이 대단한 인기를 누리는 이유이다. 필자는 질좋은 관련 정보에 쉽고 편하게 접근할 수 있는 도구로, 그리고 정보(코끼리)와 이용자(벼룩)를 더욱 가깝게 할 수 있는 미래의 도구로서포털사이트가 발전가능성이 가장 크다고 생각한다. 포털사이트가 개인의 것이든, 기관의 것이든, 국가의 것이든 또는 국제적인 것이든 그러할 것이다. 그러나 중간 수준(level)의 정보를 제공하기 위해서는 모든 주제의 자료를 철저히 검증한 관련 콘텐츠가 있어야 하고, 실질적 실행 수준(activity levels)에 대한 철저한 검증이 있어야 한다. 그렇기 때문에 사서 혹은 정보관리자의 핵심 업무인 콘텐츠와 장서관리는 전략적 정보관리에 있어 중요하다고 할 수 있다. 도서관은 물리적 형태이든, 전자적 형태이든 혹은 그 둘의 혼합 형태이든 품질이 인증된 양질의 자료들을 체계적이고 의미 있는 방식으로 한데 모아 조직해 놓은 곳이다.

정보화시대의 콘텐츠 관리에서는 저작권관리와 함께 디지털저작권관리(DRM, Digital Rights Management)에서 생겨나는 문제들의 해결책들도 강구되어야 한다. 많은 것들이 디지털화되기 때문이다. 디지털 도서관들의 자료들이 최적의 상태로 제공되고 사용되기 위해서 이는 반드시 해결해야 할 과제이다. 제3자의 자료가 포함된 특수한 저작물의 경우, 자신도 모르는 사이에 저작권을 침해하는 것을 막아주는 철저한 이용자 보호 시스템이 마련되어야 한다. 또한 특별히 개인적으로 학업이나 연구 혹은 그 이외의 창작활동을 위해 만든 디지털 '컬렉션'을 보관하는 데에도 문제가 있을 수 있다. 그 외에도 여전히 인쇄물의 형태로만 존재하는 자료들의 문제는 어떠한가? 게다가 국가적 차원 또는 국제적 차원의 콘텐츠 및 장서관리 전략과 프로그램에 의해 중요한 장서들이 디지털화되고 있으며, 이것들을 학술단체와 그 밖의 단체들이 이용할 수 있도록 하고 있다. 합동정보시스템위원회(JISC)의 정보화 프로그램은 최근 이윤을 창출하는 방법을 연구하는 프로젝트에 대해서 1천2백만 파운드의 돈을 투자했다. 자금지원을 위한 입찰 심사위원 중 한 사람인 나에게 있어서 돈을 창출해내는 문제는 수많은 판단기준 중 하나에 불과했다. 그러나 돈 문제는 항상 중요하고, 콘텐츠와 장서관리는 재정적인 문제와 항상 불가분의 관계에 있다.

재정의 중요한 점은 비전과 전략을 실질적으로 구현하는 밑거름이 된다는 것이며, 성공 또는 실패의 중요한 요소가 된다는 것이다. 우리 에게는 정보관리의 전략적 계획을 수립하는 데 참고할 만한 경제적 인 모델들이 많지 않다. 현재와 미래의 디지털 및 그와 관련된 기술 개발의 현황을 살펴볼 때 최고의 수익이 되돌아오게 하고 높은 비용 효율을 가능케 하는 새로운 모델들이 만들어질 필요가 있다. 디지털 화의 보급과 관련한 비용편익, 장기적 지속성, 지방과 국가 사이의 역 할을 보완해줄 수 있는 가장 실용적인 모델, 우리는 이런 것들에 대 한 진정한 경제학적인 이해력을 가지고 있는가? 비용효율성과 투자 대비수익성은 매우 중요하다. 중요한 문제 중 하나는 어디에 자본을 투자할 것인가 하는 문제이다. 가령 예를 들어, 연구평가의 결과, 영리 적 부산물, 미래의 최첨단 사회기반시설 등의 경우에 자본이 어디에 투자되어야 하는가? '*디지털도서관경제학(Digital Library Economics)*'은 필 자가 플리머스대학(UCP Marjon) 도서관의 관장인 웬디 에반스(Wendy Evans)와 함께 2009년 초반 출판을 위해 작업하고 있는 에세이 모음집 이다. 이 모음집은 현재까지의 평론으로 판단하자면, 연구와 그에 수 반되는 보고서에서 나타나는 커다란 간극을 다루고 있으며, 이 분야 의 사람들은 이 책이 출판되기를 기다리고 있다.

필자가 이 책에서 이야기하고 있는 가장 중요한 주제가 '전략적 정 보관리의 핵심 요소'이다. 그러나 필자가 생각하는 또 다른 중요한 한 가지는 환경적 조건인데, 그것은 바로 무엇인가에 도전하고 해결 해 나가는 의지이다. "디지털 격차(the digital divide)란, 기술을 적절히 이용해 일상적인 활동을 하고 의사결정을 하며, 학습이나 취미를 위해 기술을 이용하는 것이 어려운 사람들의 상황을 설명하는 말이다."
도서관의 경우 특히 전자도서관의 경우에 개발도상국과 선진국 사이에 인터넷 접속능력이 벌어지고 있다. 우리는 정보를 가진 자를 만들어왔고 동시에 가지지 못한 자도 만들어왔다. 세계 온라인 사용 인구의 41%는 미국과 캐나다에 있고, 27%는 유럽, 중동 및 아프리카에 있다. 20%는 아시아, 태평양에서 접속한다. 나머지 4%는 남미에 있다. 이러한 수치만 놓고 보면 세계의 많은 사람들이 인터넷에 접속하지 못한다는 사실을 알 수가 없다. 필자는 에티오피아, 나이지리아 그리고 수단에서의 개인적인 경험을 통해서 그 사실을 확신하고 있다. 이들 나라에서도 디지털 도서관 개발에 대한 고무적인 징후가 있다. 그것은 관심을 끌고 장려할만한 전문가의 의견을 모니터링해보는 방법으로써 전자도서관 개발에 있어 토착적인 콘텐츠를 낮은 비용으로 디지털화한다는 데 근거하고 있다. 필자는 개발도상국들이 문화를 발달시키는 과정의 하나로써 디지털 사용 능력의 증진, 개선된 전자도서관 관리의 필요성을 인식하는 것이 가장 중요하다고 생각한다.

::전략적 정보관리의 테크닉

이제 나를 포함해서 많은 사람들이 주장해온 전략적 정보관리의 두 가지 주요 테크닉인 예측과 전략적 평가에 초점을 맞추고자 한다. 그밖에도 사용할 수 있는 전략적 계획 수립 및 개발이라는 관점에서 많은 총괄적인 테크닉이 있다. 이전에 나는 전략의 정의에 대해 "환경적 요소에 대해 예측하고 대응하며… 어떤 사람이 결정한 미래 환경에 대해 누군가의 견해를 주문하는 것"이라고 설명하였다. 따라서 예측은 기본적인 테크닉이다. 미래에 대한 예측은 복잡하다. 왜냐하면 5년 후에는 디지털상에 훨씬 더 많은 이용자들과 공급자들이 있을 것이며, 또한 인터넷이 널리 이용됨으로써 이용자들 간의 수요와 기대 그리고 사용방식 등이 다양화될 것이기 때문이다. 그 결과 예측이라는 개념은 점점 더 중요해지고 있다. 융합기술의 예측은 더 광범위한 차원에서 환경문제분석에 의해 뒷받침되어야 한다. 그렇게 함으로써 전략적 결정자들이 이 예측을 통해 라이프스타일, 기술, 인적통계, 지리적 여건의 흐름을 깊이 관찰함으로써 정보를 얻을 수 있다. 주변 여건을 지속적으로 검토하면 조치할 필요가 있는 뜻밖의 사건이나 전략적 문제들을 찾아낼 수 있다. 그러나 이것이 단지 현재의 상태를 분석하는 것이 아니며, 오히려 현재에서 미래로 이어지는 흐름을 연구하는 것에 가깝다. 큰 변화의 초기 징후가 항상 확실한 원인에 의해 나타나는 것이 아니기 때문에, 예측 작업은 반드시 최대한 광범위하게 이루어져야 한다.

필자는 델파이 기법(Delphi technique)을 전적으로 지지한다. 그 이유는, 내 경험으로 미루어보아, 델파이기법은 소스 데이터를 통합하여 하나의 중요한 완성체가 되도록 도와주기 때문이다. 델파이기법은 그룹접근법(group approach)을 이용하는 고도의 기술적인 예측방법이다. 이 방법은 하나의 주제에 대해 반복적으로 질문함으로써 주제에 대해 손쉽게 합의에 도달할 수 있도록 한다. 질문을 받는 사람들을 굳이 한 장소에 모을 필요가 없다. 진정으로 정확한 미래 예측을 하기 위해서는 더 광범위하게 분포한 사람들이 참여하는 것이 좋다. 델파이는 하나 또는 그 이상의 시나리오가 기준이 된다. 그 시나리오는 계획된 기간 내에 발생 가능한 모든 것들에 대해 대체적인 합의에 도달할 때까지 전문가 그룹이 심사숙고해서 다듬은 것들이다. 1995년에 필자는 미래의 대학도서관과 관련된 중요한 작업에 델파이기법을 적용한 적이 있다. 그리고 2005년에도 동일한 작업을 반복하였다. 최근 그때의 연구결과를 다시 검토해본 결과 특정한 부분들이 매우 정확하게 예측되었다는 사실을 알게 되었다. 예측이 잘못된 경우는 그전에는 생각도 못했던 기술들이 개발되고, 비용이 저렴해짐으로써 현재는 사회에서 보편적으로 사용되는 기술들 때문이었다. 비록 실제 이용자(end user)의 최종 행동이 예상되었다 하더라도, 경제적 변수와 기술적 변수가 작용함으로써 정보의 보급은 예전에 생각했던 것들과는 다른 방향으로 이루어지기 시작했다.

예측을 실시함에 있어서 가장 중요한 것은 기술, 서비스, 행동양식 등의 표준모형 제작단계 또는 전문가 연구단계에서 최종종합단계로 넘어갈 때 그 "정점(tipping point)"을 알아내는 것이다. 인터넷이 이 나라에서 언제 이렇게 보편적인 것이 되었으며 그 이유는 무엇인가? 절대적 디자인(dominant design) 또는 대체품 주기(reverse product cycle)와 같은 용어들과 개념들을 정보의 보급에 응용함으로써 나타났던 지난 20년간의 일들을 통해 우리는 많은 것들을 배울 수 있을 것이다. 인간의 변화무쌍한 사고와 행동을 예측하는 것은 힘들다. 그리고 지금은 비싼 것들이 미래에는 값싼 것이 되어버릴지, 지금은 상상에 불과한 것이 미래에는 흔한 제품이 되어 버릴지 알 수가 없기 때문에 예측이라는 것이 과학이라기보다는 일종의 기술이라 할 수 있다.

우리는 미래에 대비할 준비가 되어 있는가? 2000년대 초기, 필자는 SCAITS(Staff Computing and IT Skills)라는 연구 프로젝트를 이끌었다.

그 연구를 통해 우리는 전략적인 플래닝 웹(planning web)을 만들어낼 수가 있었는데, 이 웹을 통해서 그룹이나 단체 또는 개인들이 정보와 기술개발의 미래를 준비할 수 있었다. 간단히 말해 이 기술은 조직(단체나 기관)들이 주어진 여건에서 업무처리를 얼마나 잘해낼 수 있는가, 그리고 정보와 기술의 보급에 대해 얼마나 대비하고 있는가 하는 점을 판단하는 주요 지표에 대해 논의를 활발하게 해주었다. 재정적 요소, 경제적 요소, 인간적 요소, 사회적 요소, 기술적 요소 그리고 그 외의 환경적 요소와 관련된 광범위한 기술들을 고려한 웹 창작물들은 프로세스에 참가하는 많은 사람들의 합리적 사고나 아주 사소한 분석에 의해 보완될 수 있다. 강조하고 싶은 것은 중요한 전략적 결정을 하고 나아가 기회를 얻는데 사용할 결과물을 준비하기 위해서는, 그리고 다른 기술과 접근법을 폭넓게 이용하기 위해서는 절대적으로 신뢰할 수 있는 데이터에 근거하지 않으면 안 된다는 점이다. 이러한 경우에만 그 과제가 의미를 갖는다 할 수 있다. 웹은 본질적으로는 원인분석의 도구이다. 그것은 잘 다듬어진 과학적 도구가 아니다. 전략적 핵심 요소들의 목표를 달성하는 것도 중요하지만, 추진과정의 증거를 남겨두는 것도 중요하다. 그리고 전략단계와 실행단계의 간극이 실제로 어떻게 나타나는가를 알아내는 것 역시 중요하다.

::결론

본 논문은 전략적 정보관리의 개념에 대한 소개에 초점을 맞추었다. 전략적 정보관리 분야는 더욱 새롭고 체계적으로 정보를 보급하는 데

현존하는 많은 기술과 지식을 응용하도록 하고 있다. 이 논문에서는 특히 도서관의 경우를 중심으로 살펴보았다. 도서관에 대한 정의가 앞으로 또 어떻게 변해갈지는 모르는 일이다. 그러나 전문사서들이 관리 운영하는 '컬렉션(collection)'이 물리적인 공간을 차지하는가 여부를 떠나 전문사서는 여전히 필요할 것이다. 도서관 사서들의 업무의 영역이 변화해왔고, 그와 함께 전문적인 역할을 수행하기 위한 기술적 접근법들 역시 일부 변화해왔다. 개인화되고 인터넷이 일상생활의 일부가 된 환경에서 일반 사람들에게는 사서가 하는 일이 불필요해 보일 수도 있다. 그러나 우수하고 시의적절하고 손쉽게 정보를 제공해주는 일은 21세기에 가장 중요한 일이 될 것이라 생각한다.

제11장

학술도서관의 서비스 혁신

목적

이 논문의 목적은 학술도서관에서 서비스 혁신이란 운영인지, 아니면 이용자를 포함한 직원인지와 이 경우 이용자의 역할이 무엇인지를 조사하기 위한 것이다.

설계/방법/접근

우선 혁신에 초점을 둔 신상품 개발, 신규 서비스 개발 및 특히 이용자와 운영에 초점을 둔 문헌정보학 문헌을 검토하였다. 그 후에 덴마크의 학술도서관에서 운영과 고객이 포함된 것을 조사하기 위해 사례연구 접근방식을 사용하였다.

결과

이 사례연구로부터 얻은 결과는 학술도서관들은 운영과 종업원들에게 의존하는 것만이 아니라 고객들로부터 서비스 혁신을 얻어내기 위한 여러 가지를 시도한다는 것을 보았다. 주요 결론은 도서관의 서비스 혁신에 고객 참여의 가능성이 검토되지 않았다는 것이다.

연구의 한계/함의

하나의 한계는 덴마크의 다른 도서관의 결과와 특히 다른 국가의 맥락과의 관계를 일반화하기가 어렵다는 것이다. 또 다른 하나는 도서관 운영과 문헌정보학 이외의 분야로부터 얻은 문헌이 수적으로 더 많았다는 것이다. 따라서 도서관 관리자는 이 연구의 결과를 사용함에 신중을 기해야 한다.

실제적인 의미

이 논문은 도서관 관리자, 직원, 문헌정보학 및 혁신연구자에게 똑같은 실제적인 의미가 있다.

독창성/가치

이 논제는 운영에 새로운 통찰력을 도입하고 특히 덴마크 학술도서관의 면밀한 사례연구에 근거하여 학술도서관 서비스 혁신에 고객을 참여시켰기 때문에 독창적이다.

키워드

상품개발, 혁신, 도서관, 고객서비스 관리, 월드 와이드 웹, 덴마크

::서론

인쇄 잡지에서 얻는 것으로부터 전자적으로 접근하여 제공하는 이와 같이 가상도서관을 향하여 변화 중인 도서관들을 고려할 때, 혁신과 변혁은 오늘날의 도서관에서 중요한 개념이 되었다(Carr, 2009). 도서관이 그들의 고객으로부터 의미 있게 인정받기 위해서는, 도서관은 비즈니스의 근본적인 규칙을 준수해야 한다. 즉, 그들의 시장에서 요구되는 것을 제공해야 한다. 도서관직원은 기량이 있어야 하고 도서관 서비스는 도서 중심에서 이용자 중심으로 바뀌어야 한다. 학술도서관은 디지털 환경에서 그 역할을 계속적으로 재정의하여 그들의 영향력을 강화하고, 요구에 즉각적으로 대응하며 편리한 서비스를 제공하기

위하여 혁신할 필요가 있다(Li, 2009). 디지털 시대에 도서관이 직면하고 있는 도전과제를 탐험함으로써 Brindley(2006)는 그들의 서비스를 개조하고 재고하기 위한 방법과 그들의 타당성과 기여를 유지하기 위한 기술을 생각하였다. Brindley(2006)에 의해 확인된 중심 테마는 이용자를 알고 그들과 가깝게 지내기, 조직에 마케팅을 통합시키기, 혁신과 디지털 활동에 더 많은 투자 및 인력들을 개발하고 적절한 기술의 보장을 포함하고 있다. 이용자와의 상호작용에 대해서 Rutherford(2008b)는 도서관서비스의 모든 측면에 대한 이용자들의 피드백이 이용자를 위해 소셜 소프트웨어를 쉽게 만들며, 이러한 소셜 소프트웨어의 참여 요소가 도서관 혁신과정에 기여한다는 것을 밝혔다.

경영학 문헌에서 서비스 혁신과 개발에 있어서 고객 참여의 중요성은 지난 10여 년간에 걸쳐서 혁신이론의 대상이 되어 왔다(예를 들면 Alam and Perry, 2002; Alam, 2002). Bitner 등(2000)의 예를 보면 기술 기반 서비스의 설계 과정에 고객의 참여를 가까이하는 것이 좋다. Von Hippel(1986, 1989)은 제품 및 서비스 혁신을 선도하는 사용자 중심의 혁신의 많은 예를 들었다. 고객이 서비스 혁신을 감당해야 하는 것과 그들의 서비스를 혁신하기 위한 학술도서관의 역할을 감안할 때, 이 논문의 목적은 도서관 고객이 학술도서관의 전통적인 서비스와 전자적인 서비스 혁신과정에 있어서 자발적으로 참여하는지 아니면 요청에 의해서인지를 조사하기 위한 것이다. 여기에 언급된 연구 질문은 다음과 같다. 학술도서관 운영과 서비스 혁신에 개입하는 고객을 포함한 직원이 어떤 범위까지 하는지? 서비스 혁신과정에 있어서 고객의 역할은 무엇인지? Piller and Walcher(2006)의 유사한 연구에서 이용자 혁신을, 이용자가 해결책을 유도하는 문제해결 과정에 기여하는 하나의 혁신으로 정의하였다. 이용자는 혁신을 소비하거나 이용하여 그것으로부터 이익을 기대하는 일종의 배우이다.

본 논문은 특히 이용자 역할에 초점을 두어 도서관의 혁신에 대한 논의에 기여하는 것이다. 다른 연구들은 도서관의 혁신에 초점을 맞추고 있으나 그들은 직원의 창조성과 같은 다른 관점(Castiglione, 2008), 도서관의 개발지식 혁신 문화(Sheng and Sun, 2007) 또는 변화하는 고객의 요구와 도서관의 능력을 혁신하고 그들에게 응답(Brindley, 2006; Li, 2006)하는 것에 초점을 두었다.

본 논문은 다음과 같은 구조로 되어 있다. 서론에서는 배경과 연구 질문을, 두 번째 과정에서는 이론적 배경을 제시하였고, 다음 과정에서는 연구방법과 도서관 사례를 소개하였으며 마지막 과정에서는 토론과 결론뿐만 아니라 결과를 제시하였다.

::이론적 배경

혁신에 있어서 고객 참여의 중요성(예를 들면 Chesbrough, 2003; Christensen, 1997)과 신규 서비스 개발(예를 들면 Alam and Perry, 2002; Alam, 2002)은 지난 10여 년간에 걸쳐서 혁신이론의 주제가 되어왔다. 제공자와 고객과의 협력은 기술적 기회의 이해뿐만 아니라 고객의 필요와 희망의 상호이해로 이어질 수 있다(Hennestad, 1999). Bitner 등 (2000)은 기술기반 서비스의 설계과정에 고객의 밀접한 참여를 권고하였다. Von Hippel(1986, 1989)은 제품 및 서비스 혁신을 선도하는 이용자 중심의 혁신의 수많은 사례를 보여주었다. 최근에 Chesbrough(2003,

2006)는 혁신과정이 회사 내부의 폐쇄시스템으로부터 외부전문가를 포함하는 새로운 개방시스템으로 옮겨갔다고 주장했다. 이것이 "열린 혁신" 개념을 알린 새로운 지식기반경제에 대해 Chesbrough가 강조한 것이다. 그러나 수많은 연구가 또한 제품이나 서비스 개발에 이용자가 개입하여 얻은 혜택에 관하여 반대의 견해를 보이고 있다. 예를 들면 Leonard and Rayport(1997)는 고객은 혁신을 만들기에 충분한 기술적인 지식이 결핍되었고 그들의 요구를 분명히 표현할 수 없다고 믿고 있다. 그러나 이러한 연구결과는 고객의 개입이 새로운 지식을 이끌어내는 창조성과 생각을 발산하는 불꽃일 수 있다고 주장하는 새로운 연구에 의해 또다시 의문을 제기하였다(Rutherford, 2008b; Kristensson 등, 2003). 일반적으로 거기에는 아이디어를 얻고 그것을 새로운 서비스로 개발하는 체계적인 과정에서 보편적인 결함이 있다. 지난 10여 년 이래 서비스 제공자와 고객과의 커뮤니케이션은 인터넷과 관련된 통신기술로 인해 용이해졌다(Aharony, 2009; Rutherford, 2008a, b). 그러나 도서관서비스 혁신에 도서관 고객이 개입할 수 있는 방안은 약간의 연구가 행해졌다(예를 들면 Aharony, 2009).

혁신, 신규 서비스 및 신상품 개발에 있어서 고객의 참여

혁신 문헌 가운데서 지난 이삼십 년간에는 신상품 개발(NSD)과 신규 서비스 개발(NSD)에 초점을 많이 두었다(Nambisan, 2002; Alam and Perry, 2002). 예를 들면 Alam and Perry는 새로운 서비스 개발 단계 모델을 개발하였다<표 1>. 이 개념적 틀은 참여의 목적/목표를 강조하면서 신규 서비스 개발에 있어서 이용자 개입의 중요 요소, 조직 혁신과정에서 참여의 단계, 참여의 강도와 참여의 방식을 참작하였다. 그들은 서비스 혁신의 가장 중요한 입력요소로서 아이디어 창출과 아이디어 심사에 고객의 개입을 제시했다. 전략계획 및 직원훈련에 이용자 개입이 최소한 중요하다. Nambisan(2002)은 마찬가지로 신제품 개발 단계의 과정을 확인하였고 신제품 개발에서의 고객의 역할을 검토하였다. 그는 자원으로서의 고객, 공동제작자로서의 고객 및 이용자로서의 고객으로의 3가지 역할을 만들었다. 최근에는 이러한 역할이 확장되었고 고객 참여가 발전되어야 하는 이유를 조장하였다 (Nambisan and Nambisan, 2008).

마침내 혁신과정의 많은 모델들이 문헌에서 발전되었다(예를 들면 Zaltman et al., 1973). Rogers의 모델(1995, p. 392)은 조직 혁신과정은 2개의 광범위한 활동, 즉 시작과 실행 과정으로 구성된다고 정의하였다. 각각의 활동은 몇 단계의 과정으로 세분화되었으며 그것은 Alam과 Perry(2002) 및 Nambisan(2002)에 의해 확인된 과정과 거의 유사하다<표 1>. 고객은 그들의 요구사항, 문제점이나 해결책을 진술하거나 기존의 서비스를 비난하는 것을 포함하여 여러 가지 방법으로 참여할 수 있다(Alam and Perry, 2002). 그들은 또한 개념에 반응하여 아이디어 심사에 도움을 줄 수 있거나 또는 싫어함, 좋아함과 같은 그들의 생각에 관한 선택 가능한 해결책으로도 도움을 줄 수 있다.

〈표 1〉 혁신과정 단계, NSD와 NPD 단계 및 각 단계에서의 고객 역할 요약

혁신과정 단계 (Rogers, 1995)	신규 서비스개발 10단계 (Alam and Perry, 2002)	NPD 단계 (Nambisan, 2002)	NPD에서의 고객 역할 (Nambisan, 2002)
입문 단계 1: 의제 설정 혁신을 위해 인지된 요구를 수용해야 할는지도 모르는 일반적인 조직의 문제점	(a) 전략계획		
입문 단계 2: 짜 맞추기 혁신에 대한 조직 의제로부 터 문제를 일치시키기	(b) 아이디어 발생 (c) 아이디어 보호	관념화	자원으로서의 고객
실행 단계 1: 재정립 또는 구 조조정 조직에 적합하도록 혁신이 수정되고 재창조되는 시기/ 조직구조 변경 시기	(d) 비즈니스 분석 (e) 교차 기능적 팀 형성 (f) 서비스와 과정 (g) 직원 훈련	디자인과 개발	공동제작자로서의 고객
실행 단계 2: 명확화 조직과 혁신과의 관계를 좀 더 분명히 함	(h) 서비스 테스트 및 파 일럿 실험 (i) 테스트 마케팅	제품 테스트	이용자로서의 고객
실행 단계 3: 일상화 혁신이 조직 활동의 지속적 인 요소가 되는 시기	(j) 상용화	제품 지원	이용자로서의 고객

　　이러한 고객들의 식견을 얻기 위해서는 일대일 회의, 고객 방문이나 회의, 워크숍, 고객 관찰이나 직접적인 커뮤니케이션의 유형이 있을 수 있다(Alam, 2002). 더 나아가 Nambisan(2002)은 고객의 경험과 인식에 관한 간접적인 식견을 얻기 위해 전자포럼 조사와 같은 간접적인 정보까지도 주장한다. 그것은 이러한 개념적 틀 <표 1>에 따라 이용자는 신제품 개발에서와 같이 신규 서비스 개발에서도 동일한 역할을 할 수 있다는 주장이 있을 수 있다. 그러나 Alam and Perry는 고객은 아이디어를 갖고 기여할 뿐만 아니라 아이디어를 보호하는데도 도움을 주며 Nambisan(2002)이 다루지 않은 초기 전략계획 수립에도 참여할 수 있다고 주장한다. <표 1>은 혁신과정 단계, 신규 서비

스와 신제품 개발 단계의 요약이고 비교이다. 또한 <표 1>은 고객이
다른 단계에서 할 수 있는 다른 역할을 설명하고 있다.

혁신과정에 있어서 고객의 역할

이미 Nambisan(2002)은 신제품 개발에서 고객은 자원으로서의 고
객, 공동제작자로서의 고객 및 이용자로서의 고객의 세 가지 역할을
발견했다고 말했다. 그들은 다음과 같이 언급하였다. 이전의 논의를
감안할 때, 그러한 역할은 일반적으로 혁신뿐만 아니라 학술도서관
서비스 혁신에도 사용될 수 있다고 생각한다.

자원으로서의 고객

아이디어 창출 면에서 자원으로서의 고객 역할은 혁신 문헌에 의
해 광범위하게 조사되었다(예를 들면 Von-Hippel, 1986, 2001; Christensen,
1997). Nambisan(2002)에 의하면 자원으로서의 고객의 기여는 문제에 대
한 기술의 성숙에 따라 다르다. 지속적인 혁신에 대해 고객은 일반적
으로 소극적이고 그들의 견해는 시장 실태조사나 포커스 그룹을 통
해 얻는다. 그러나 Matthing(2004)과 Magnusson(2003)은 잠재적인 고객들
로부터 혁신적이고 근원적인 아이디어를 얻을 수 있다고 분명히 밝
혔다. 아이디어 창출에 자원으로서의 고객이 개입되어야 한다는 것에
대하여 반대하는 다수의 의견도 있다(Nambisan, 2002). 그들은 고객의
선정, 참여를 높이기 위한 장려책과 지식의 습득을 포함시킨다. 이것
은 어떤 사소한 일이 아니라 아이디어를 서비스로 변환시키는 능력

을 발휘하기 위해 필요한 것이다(Panesar and Markeset, 2008).

공동제작자로서의 고객

고객은 신제품이나 서비스의 공동제작자로서의 중요 역할을 담당할 수 있다. 공동제작자로서 고객은 예를 들어 서비스 디자인 활동으로부터 서비스 개발활동에 이르기까지 가지각색의 수많은 활동에 참여할 수 있다. 이러한 활동에는 건축의 선택 검증 또는 컴퓨터 인터페이스 요구사항의 명세를 포함할 수 있다. 고객이 공동제작자 또는 공동생산자로서 자신을 참여시키는 동기를 유발하는 몇 가지 잠재적인 장려책을 확인하였다. 이런 것에는 자부심을 향상시키는 것과 선택할 더 많은 기회가 포함된다(Schneider and Bowen, 1995).

이용자로서의 고객

Nambisan(2002)이 확인한 마지막 역할은 이용자로서의 고객이다. 이러한 역할에서 고객은 제품 또는 서비스 테스트와 제품 또는 서비스 지원이라는 두 가지 방법으로 가치를 제공할 수 있다. 예를 들면 소프트웨어 산업에서 많은 기업들은 그들의 고객을 베타 제품 테스트에 활용하여서 내부 제품 테스트 부서의 투자를 줄일 수 있었다(Nambisan, 2002). 제품 테스트에서의 고객참여는 개발 차원에서 초기에 문제를 확인할 수 있어서 재설계와 재개발 비용을 최소화할 수 있다. 제품이나 서비스 지원에 대하여 고객은 중요한 지식이나 다방면으로 활용할 수 있는 전문지식을 얻을 수 있다. 그리하여 그들이 사용하는데 도움이 되거나 다른 고객을 지원할 수 있다. 더구나 "전문가 고객은 제품을 사용하는 새로운 방법을 발견할 수 있을 뿐만 아니라 손쉬운 방법은 제품의 전반적인 가치를 향상시킨다(Nambisan, 2002, p.396)."

::연구방법

로스킬레대학 도서관의 사례연구(Yin, 1994)는 전통적인 서비스와 전자서비스의 혁신과 개발에 고객이 어떻게 참여하는지를 조사하기 위하여 실시되었다. 이 도서관은 서비스 제공과 이용에 있어서 덴마크 학술도서관의 대표이다. 이것은 덴마크에서 전자서비스 개발과 확산을 조성하기 위하여 도서관국(Library Authority)에 의해 설립된 덴마크 학술도서관 협업 프로젝트로 이루어진 것이다(www.deff.dk). Rogers(1995, p.390)는 "혁신 과정에 대한 데이터는 혁신 과정에서 주요 역할자의 인식을 기억해내고, 조직이 채택한 서면 기록과 기타 데이터 정보원들의 재집성에 의해 얻을 수 있었다"고 명시하였다. 그래서 이 연구는 도서관직원과의 질적이고 탐색적인 광고회의를 하는 것 같은 자유스러운 인터뷰를 통해 얻은 기본적인 데이터와 보고서와 도서관직원에 의해 제공되었거나 연구논문, 도서뿐만이 아니라 웹에서 검색된 자료와 같은 부차적인 데이터로 구성되었다. 질적인 일대일 인터뷰와 몇 시간에 걸친 도서관 관리자와의 회합을 가졌다. 또한 도서관 관리자와 다른 직원들과의 워크숍도 마련되었다. 인터뷰는 각각 약 1시간 30분에서 2시간 지속되었고 그 모두를 테이프에 녹음하고 저자에 의해 완벽하게 기록형태로 바꿨다. 워크숍과 회합은 녹음은 하였으나 기록형태로 바꾸지 않았다. 처음에는 도서관의 최고 관리자와 접촉하였다. 그 후 이 연구 참여에 관심을 가지고 있는 다른 도서관직원이 있는지 여부를 조사하였다. 약간의 관리자와 직원이 참여에 관심이 있음을 표명했다. 그 뒤에 최고경영자가 회의와 워크숍에 참여할 다른 직원들을 초청하였다. 지원자 중 의도적인 방법으로 인터뷰 대상자를 선정하였다(Patton, 1990). 응답자들은 최고 관리수준, 관리수준이거나 실제로 서비스를 이용하는 사서로 나뉘어져 서비스 혁신과 개발과정에 참여되었다. 그리고 채팅과 같은 서비스를 통하여 고객들과 직접적인 접촉을 가졌다. 도서관 서비스 계획, 개발 및 이용을 한 응답자의 핵심 역할은 연구결과에 대해 신뢰성과 타당성의 수준을 높인 것이다. Yin(1994)에 의존하여 데이터는 사례연구의 "이론적 지향에 의거한 일반적인 전략"에 따라 분석되었다. 연구의 부분적인 보고서는 두 명의 도서관 관리자와 논의되어 제시되었다.

로스킬레대학 도서관

로스킬레대학 도서관(이하 RUB)은 로스킬레대학의 학생과 직원을 지원하는 연구도서관이다. 로스킬레대학은 덴마크의 수도 코펜하겐으로부터 약 35km 떨어진 도시 로스킬레에 위치한 소규모 대학이다. 도서관 직원은 약 46명이다. 도서관은 수많은 인쇄도서, 인쇄저널 및 예를 들어 비디오, 다량의 전자책과 1만 8,000종의 전자저널과 같은 광범위한 매체를 소장하고 있다. 지난 몇 년 동안 RUB는 도서관 운영 방법의 여러 측면에 변화를 가져 온 수많은 전자서비스와 셀프서비스를 개발하였다. 예를 들면 전자저널에 대한 접근, 모든 학생 프로젝트의 디지털 저장 및 사서와의 채팅이다. 조직의 관점에서 볼 때 도서관 구조는 지난 몇 년 동안 하나의 조직에서 조직의 매트릭스 형태인 서로 다른 부서로 나누어져 재조직되었다. 현재 도서관 조직은 도서관장, 기획의 수장, 열람서비스의 수장으로 구성되어 RUB의 최고관리를 담당한다. 5개의 부서가 계선으로 설립되었고 그 각각에는 계선관리자로 명명되는 부서의 수장과 수많은 직원이 있다. 또한 3명의 경영진, 5명의 계선관리자와 1명의 비서로 구성된 "조정위원회"가 설립되었다. 이 논문에서 우리가 이 5명의 부서장에게 문의할 때, 우리는 계선관리자와 부서장과 의견을 교환하여 단어를 사용하였다.

::분석 및 결과

여기에서 우리는 RUB의 실증적 조사로 수집된 데이터의 분석을 수행하고 서론에서 제시한 연구 질문에 대한 답변을 제공한다.

RUB의 서비스 혁신을 위한 도서관 고객의 기여 정도

RUB의 관리자에 따르면, RUB에서 서비스 혁신은 주로 경영진과 도서관 직원에 의해 이루어지며 도서관 고객들에 의한 정도는 적다. 예를 들어 운영 면과 동향을 받아들여야 할 때 RUB의 최고경영진은 RUB의 다른 직원에게는 전혀 언급을 하지 않고 덴마크의 전자연구도서관(도서관 컨소시엄) 또는 OCLC에서 영감을 얻을 수 있다. IT부서의 관리자는 다음과 같이 말한다.

아이디어는 조직의 서로 다른 층으로부터 나온다. 아이디어는 다른 직원들과 떨어져 있는 최고경영진으로부터 나올 수 있다. 그러나 아이디어는 관리책임이 없는 직원동료로부터 나올 수도 있다. 많은 아이디어는 사람이 서로 다른 많은 네트워크에 참여하기 때문에 나온다.

이런 결과는 도서관은 그들의 활동을 개발하기 위해 다른 기관 및 도서관과 협력 네트워크를 개발한다는 것을 밝힌 Kettunen(2007)의 연구에도 나온다. 이와 같이 RUB의 많은 혁신은 도서관 관리팀과 외향적인 직원에 의존하였고 일어나는 변화를 그들의 네트워크에 알린다. 또한 아이디어는 다른 도서관이나 기업의 관행으로부터 얻을 수 있고 그것을 경영진과 직원에 의해 도서관 상황에 적용시킬 수 있기 때문에 RUB에서 직원의 창의성은 중요한 역할을 한다. 마찬가지로 Castiglione(2008)은 직원의 창의성은 도서관 관리자에게 중요한 경영 관심사가 된다는 것을 규명하였다.

그러나 RUB의 고객도 또한 적극적인 역할을 한다. 우리는 고객이 가진 아이디어가 주로 점진적인 혁신에 기여하는 것을 찾았다. 예를 들어 Leonard와 Rayport가 주장하는 것과 같이 고객참여에 대해 고객은 조심성이 있거나 기본적인 제안에 기여할만한 충분한 지식이 결핍된 것처럼 보인다는 접근은 전통적인 접근이다. 열람서비스의 수장은 아래와 같이 매우 직설적으로 말한다.

고객이 아이디어를 가지고 기여할 수 있는 방안은 제한적이다. 고객은 상당히 조심성이 있다고 나는 확신한다. … 그들이 대단치 않은 것이 아니라 적당한 작은 제안을 정당화할 수 있지만 그들은 발설하지 않는다.

IT부서 관리자도 RUB가 얻은 아이디어의 약 20%가 고객의 아이디어라며 같은 견해를 피력했다. 이용자 혁신은 도서관 내부혁신 과정의 보완요소이지 내부관행을 대신하는 것이 아닌 것으로 여겨진다. 반면에 열람서비스의 수장은 이용자를 인도하는 그룹으로 분류할 수 있는 약간의 고객들에게 감사한다(예를 들면 von Hippel, 1989). 이러한 이용자는 다음의 진술에서 밝히듯이 도서관에게 혜택을 주는 누군가로 여겨진다.

> 나는 도서관이 붙잡으려 하는 약간을 제외하고는 이용자가 너무 보수적이라고 믿는다. 이들은 도서관이 이미 포기하였거나 또는 열람서비스의 수장이 다른 의미를 부여한 사람들이다(열람서비스 수장).

그러나 계선관리자는 아이디어를 수집하고 보호하는 과정에서 존재하는 문제를 지적한다. 그의 주장은 고객은 떠오르는 아이디어를 가지고 행동하지만 경험에 비추어볼 때 고객들로부터 좀 더 타당성 있는 그와 같은 아이디어를 RUB의 최고경영진에게 주기 위해서는 직접적으로 전달되는 이용자 투입이 중요하다고 한다.

> 우리는 가끔 "내가 당신이 이것을 제안해야 한다고 생각하는 것을 당신은 알고 있지"라고 위임자에게 말한다. … 이것은 경영이라는 것은 극단적으로 개방되어야 한다는 것을 우리가 알기 때문이다 (계선관리자).

Aharony(2009)가 지적한 것과 같이, 전자서비스의 집중적인 이용을 향한 움직임이 이용자행동에 대한 지식을 구축하기 위한 새로운 가능성을 열었다. 예를 들면 도서관은 온라인 기간으로부터 새로운 일과 최적의 서비스 및 전자서비스를 찾는 데 이용할 수 있는 이용통계 및 이용패턴을 알기까지 로그 데이터를 이용할 수 있다. 그러나 약간의 윤리적인 문제를 여기에 제시한다. "온라인 채팅" 서비스를 이용하는 사서는 만약 채팅 기간의 문서가 미래의 채팅서비스를 개선하는데 사용된다면 약간의 통제를 느낄 수 있을는지 모른다.

> ⋯ 그러면 우리는 내용을 보려고 하지만 직원은 감시당하는 느낌을 ⋯ (IT부서 관리자).

마지막으로 RUB는 서로 다른 수준의 고객요구를 조사하기 위해 온라인 설문조사와 같은 방법을 사용하고 제공된 서비스의 품질을 확보하기 위해 성과측정을 사용한다.

우리는 혁신을 RUB에서 중요한 것으로 고려하여 고객의 직접적이고 간접적인 참여를 포함하여 다양한 계획이 시도되었다고 결론을 내릴 수 있다. 그러나 고객의 직접 참여가 중요하지만 기본적인 제안에는 기여하지 못하는 것으로 생각된다. 다음 세션에서 우리는 RUB에서 고객이 실제로 서비스 혁신에 참여한 방법에 대해 자세히 살펴볼 것이다.

서비스 혁신에 있어서 고객의 역할

Nambisan(2002)에 의해 기술된 세 가지 역할 중 RUB에서 우리가 발견한 것은 자원으로서의 역할과 이용자로서의 고객 두 가지 역할이다. 공동제작자로서의 고객 역할은 주로 도서관 이용자를 포함하는 도전적인 일이기 때문에 초기 단계에 있다.

자원으로서의 고객

RUB는 자원으로서의 고객을 참여하기 위해 여러 가지 기법을 이용했고 여러 가지를 실행하였다. 설문조사, 제안함 및 피드백과 같은 기법은 아이디어 창출 및 보호 차원에서 사용되는 것으로 잘 알려져 있다(Alam, 2002; Nambisan, 2002). 예를 들면, RUB는 도서관 시설을 캠퍼스에 재배치하기 전과 재배치한 후에 제공한 서비스에 대해 고객만족과 불만족을 이해하기 위해 두 가지 주요 설문조사를 인터넷을 기반으로 하여 실시하였고, 그 결과에 의해 변화를 도모하기 위해 노력하고 있다. 재배치 후 고객은 도서관 사서에 의해 제공된 상담서비스와 참고지원에 대해 덜 만족하였기 때문에, 일상적인 연구 과제를 작성하는 학생들의 그룹이 그들의 특정 연구과제에 대해 도서관의 지원을 받을 목적으로 몇 번이고 상담일정을 잡을 수 있는 새로운 형태의 상담서비스가 도입되었다.

> 우리는 매우 포괄적인 것과 좀 더 작게 만든 두 가지의 고객 설문을 만들었다. 우리는 하나는 시도하기 전에 만들었고 또 다른 하나는 시도한 1년 후에 만들었다. … 새로운 시도에는 커다란 만족이 있었으나 우리의 조언과 교육에서는 만족이 낮게 나타났다. 우리는 그 이유를 찾기 원했다. 우리는 이들 사이에 프로젝트 사서로 명명되는 사서를 도입했다. 나는 이것이 하나의 혁신인지는 모르지만, 그것은 우리가 본 반응 패턴에 대한 하나의 답변이다. 그것은 몇 가지 구체적인 경험으로부터 얻은 것이다. 우리는 사실에 근거를 둔 테스트를 선호하며 우리는 찾고자 하는 것에 대한 답을 얻기 위해 노력한다(열람서비스 수장).

RUB는 또한 고객들이 지속적으로 자신의 의견을 제공할 수 있도록 온라인 고객함(praise/complaint box)을 두었다. 예를 들면 고객은 RUB에서 제공한 도서관서비스가 얼마나 좋은지 또는 도서관 내에서 마시고 먹는 것을 금지하는 것에 대한 불만을 쓰게 한다. RUB는 또한 고객으로부터 서비스 혁신에 유용할 수 있는 피드백을 얻기 위해 상담서비스나 참고지원 회의를 활용한다. 때때로 여기에서 다음의 언급에서 볼 수 있는 것과 같은 뜻하지 않은 방법이 생겨난다.

아이디어는 감독회의로부터 일어날 수 있다. 가끔 당신이 어떤 일에 대해 이야기할 때 그들은 개발한다(계선관리자).

새로운 아이디어는 또한 사서들과 학생, 특히 신입생 사이의 정보 활용능력 교육기간 중에도 얻을 수 있다. 사서는 다음과 같이 언급한다.

네, 나는 교육과 관련하여 그때 당신은 아이디어를 얻을 수 있다고 분명히 말할 수 있다. 나는 또 다른 방법으로 일을 하거나 이리이리 일을 개발하라고 말을 하면서 아이디어를 얻는다. 그것은 학생들이 묻기 때문에 종종 있다. … 그것은 새로운 일을 하는 것에 대한 질문뿐만 아니라 잘 알고 있는 질문도 있다(계선관리자).

결론적으로 말하자면 자원으로서의 고객 역할에서 아이디어는 다양한 방법으로 창출할 수 있다. 아이디어와 조언은 종종 서비스를 받는 것의 일부로 주어지고 따라서 비공식적인 방식으로 형성된다. 이러한 아이디어 중 어떤 것이 어떤 혁신을 이끌어내야 하는 경우 직원이 매우 중요하다. 많은 조언은 도서관을 매일 이용하는 기존의 이용자로부터 발생되었다. 따라서 이러한 조언과 이용자로서 고객의 역할에서 얻은 조언과는 중복될 가능성이 있을 수 있다. 고객은 가끔 조언을 제공하기 위한 공식적인 방법이나 또는 잠재적인 도서관서비스 혁신에 대해 다르게 생각하게 하는 질문을 했다. 그러나 고객함은 일반적으로 조언과 비판의 통로가 되었다. 제공된 조언은 일상적인 업무의 평가와 밀접하게 관련되었지만 고객이 작은 점증적인 혁신을 위해 단지 아이디어로 기여하는 이유를 설명과 함께 우리에게 제공하였다.

공동제작자로서의 고객

공동제작자로서의 고객은 우리와 마찬가지로 실제로 콘텐츠의 일부를 제공하여 공동제작자가 되든가, 또는 서비스의 새로운 유형을 개발하는 데 도움이 되는 고객일 수 있다. 실제로 RUB는 고객이 책이나 잡지와 같은 도서관자료를 추천하거나 논평을 할 때 전자서비스를 하고 있다. 고객이 이와 같은 조언을 제공할 때 서비스의 내용에 기여함으로써 공동제작자의 역할을 수행한다. 이용자가 콘텐츠를 생성하는 새로운 추세에 웹 2.0과 소셜 네트워킹이 공간을 부여했다. 그러나 IT부서 관리자는 얼마나 많은 고객이 실제로 이러한 종류의 전자서비스에 참여를 원하는지에 대하여 관심을 갖는다. 이런 서비스는 고객의 콘텐츠 제공에 의존하기 때문에 고객에게 콘텐츠 제공자로서의 역할을 하도록 동기를 부여하는 것이 하나의 큰 도전으로 여겨진다. 그러나 만약 이런 시도가 '콘텐츠 소비자'의 역할에서 고객의 가치부여를 볼 수 없다면 이 또한 문제일 수 있다.

분명히 추천서를 작성하고 논평을 볼 수 있는 가능성을 가진 것 같은 많은 고객들이 있지만 그러나 나는 또한 그들은 단추 하나만 누르면 모든 것이 종료되는 간단한 해결책을 좋아한다고 사람들이 말하는 것을 들었다(IT부서 관리자).

마지막으로 고객은 예를 들어, 아이디어를 보호하거나 설계에 조언을 제공하는 보다 적극적인 역할을 함으로써 서비스의 공동제작에 더욱 통합될 수 있다. 그러나 RUB에서의 현재 관행은 먼저 거의 완성된 서비스를 생각해내고 다음에 이용자들에게 그것을 시험한다. 이러한 결과는 소셜 소프트웨어가 현재 공공도서관에서는 충분히 이용되지 않지만 공공도서관 사서는 이러한 신기술의 의미와 가능성을 모색하고 있다는 것을 보여준 Rutherford(2008b)가 공공도서관에서 얻은 결과와 비슷하다.

이용자로서의 고객

<표 1>에서 보여주는 것처럼 가끔 파일럿 실험이나 테스트 과정에서 나타나는 이용자로서의 고객 역할은 실행단계에서는 아주 흔하다(예를 들면 Alam and Perry, 2002; Nambisan, 2002). 우리는 이 역할이 RUB의 서비스 혁신에 가장 적절하다는 것을 발견했다. 우리는 고객이 이 역할에서 서비스 혁신에 기여할 수 있다는 것을 여러 가지 다른 방법으로 확인하였다.

- 기존의 서비스에 대하여 불만과 같은 피드백을 제공함으로써
- 전자서비스의 테스트에 기여함으로써
- 온라인 시스템에서 고객 행동의 흔적을 추적함으로써

・ 가용성 문제를 밝히기 위해 여러 관측 기법으로 관찰함으로써

이미 이전의 문헌에서 찾은 것처럼(예를 들면 Alam and Perry, 2002; Alam, 2002) 도서관 고객은 시스템에서 방법을 찾기가 어렵다거나 기존 서비스의 개선요구와 같은 불만족 때문에 피드백을 줄 수 있다. 이것이 RUB의 고객함에 자주 접수된 것이다. 온라인 예약을 하기 위해 새로 소개된 웹기반 양식에 대한 이야기에서 열람서비스의 수장은 다음과 같이 말한다.

> 고객들은 우리의 웹기반 양식을 통용되고 있는 "상호대차"와 같은 단어로 비판하며 … 양식은 분명히 오해될 수 있고 … 그런 생각을 심으며 … 그것을 우리의 웹 회의로 보며 … 때때로 그것에 만족하지 않으며 그들은 이것은 좋은 기능이 아닌데 왜 그것을 바꾸지 않는지 등을 … 말하는 그런 고객들도 있다(열람서비스 수장).

고객은 또한 개발단계에서 초기에 노출된 서비스에 대해 사전대책을 강구할 수 있게 하거나 이전 연구(예를 들면 Nambisan, 2002; Alam and Perry, 2002)에서 발견된 것과 같은 단계에서 도서관 직원에 의해 피드백을 달라는 요청을 받을 수도 있다. 고객은 RUB의 직원에 의해 직접적으로 접근될 수 있거나 또는 서비스는 소수의 고객만이 그것을 찾고 이용하도록 부분적으로 숨기게 만들 수 있다. 때로는 고객들은 질문에 대한 피드백을 제공하기 위해 초대되어 개발팀과 접촉한다. 이 피드백이 결국 테스트 단계에서부터 실행의 시작 단계에 이르기까지 전자서비스의 가동여부와 시기 결정에 영향을 끼친다. IT부서 관리자는 다음과 같이 말한다.

이것이 전자서비스는 테스트 단계에서 이용자에게 잘 보이게 만들어야 한다는 확신을 우리에게 주었고 그래서 우리는 전자서비스의 단계에서부터 실행의 시작 단계에 이르기까지 이 말을 되새겼으며 프로젝트를 완성하였다. 다양한 데이터베이스에 걸쳐 전문을 탐색하기 위한 서비스 … 우리는 이것이 실제로 존재하지만 그것을 찾아내는데 오랜 시간이 걸린다는 고객의 소리를 들었다. … 그리고 우리가 그것을 아무도 모르게 숨긴 것은 잘한 것이구나. … (IT 부서 관리자).

이용자는 또한 그들이 주어진 서비스를 어떻게 이용하는지와 이전의 문헌(예를 들면 Alam, 2002)에서 발견한 것과 같이 그들이 그것을 이용하면서 어떠한 장벽과 어려움이 있는지를 찾아내는 유용성 연구를 하는데 관찰될 수 있다. "빠른 검색"으로 명명되는 전자서비스의 개발 및 테스트를 예로 들면 RUB 직원은 개선을 위한 적절한 해결책을 찾기 위해 이용자 피드백뿐만 아니라 관찰 기법도 사용하였다.

"빠른 검색"에서 그들은 문제가 어디에 있고 그것을 개선하는 방법을 이해하기 위해 관찰 기법과 이용자로부터 피드백을 이용하였고 … 우리는 간단한 방법을 만들 수 있었다(IT 부서 관리자).

전자서비스를 이용함으로써, 고객은 전자서비스 이용 패턴에 대한 통계치를 얻는데 사용될 수 있는 중요한 로그 데이터를 도서관 직원에게 간접적으로 제공한다. 이러한 데이터는 설문조사, 관찰 또는 포커스 그룹과 같은 자세한 요구를 위한 기본적인 수치 자료가 될 수 있다. 이 정보는 결국 전자서비스의 몇 가지 유형을 중지하거나 그들의 예상대로 사용되지 않는 이유를 조사하는데 사용될 수 있다. 고객은 또한 도서관 직원에게 이메일이나 채팅 형태로 콘텐츠를 제공한다. IT부서 관리자는 다음과 같이 말한다.

> 우리는 이 데이터를 가지고 통계자료를 만들 수 있고 얼마나 많은
> 사람이 접촉했나를 알아볼 수 있고 … 그리고 우리는 이러한 것들
> 의 내용을 살펴볼 수 있다(IT 부서 관리자).

"사서와 채팅"이라는 전자서비스에서 고객은 테스트 단계에 있는 새롭게 시도하려는 서비스에 직접적으로 참여하였다. 이러한 고객과의 채팅을 통하여 도서관은 많은 비판적인 이용자에게 다가가기 위해서는 시스템이 변경되어야 하고 개선되어야 한다는 것을 인식하였다. 학생과 채팅서비스를 나눈 계선 관리자는 다음과 같이 말한다.

> 처음엔 … 우리는 두 손가락으로 "당신도 나와 같이 보느냐"라고
> 치며 많은 시간을 채팅에 보내며 능숙해졌다 … 그러나 당신도 우
> 리가 이용한 것과 같이 채팅에 … 능숙해졌다고 말할 수 있다. 이
> 러한 기능이 적절한 방법이라고 말하고 우리가 실제로 원격으로
> 통제할 수 있어야 했고 그런 다음 이러이러한 기능성을 가진 시스
> 템을 갖추어야만 했다(계선관리자).

그러나 채팅시스템은 또한 테스트 단계에서 이용자에 의해 직접 평가되었다. 채팅을 끝낼 때마다 이용자에게 그들이 충분한 응답을 얻었는지 여부를 묻는 여섯 개의 문항으로 된 간단한 웹기반 설문지가 주어졌다. 채팅서비스가 영구적으로 될 수 있는지 여부를 결정하기 위해 로그 파일, 설문지 및 채팅 내용의 데이터가 사용되었다.

> … 그들이 답변에 만족하였는지 여부를 말할 수 있는 간단한 설문
> 지이다. 나는 현재 여섯 문항을 기억할 수 없다. 우리는 실험을 잘
> 알고 있었다(열람서비스 수장).

도서관은 또한 기타 전자서비스를 개발하거나 기존의 서비스를 개선하기 위해 로그 된 데이터를 어떻게 사용할지에 대한 몇 가지 다른 비전을 갖고 있었다. 채팅에서 제공된 정보와 특히 고객설문은 "사서와 채팅" 또는 사서 대신 고객에게 응답하는 자주 묻는 질문(FAQ)이나 채팅보트와 같은 것을 신규 개발하는 데 사용될 수 있다. 결론적으로 말하면 "이용자로서 고객" 역할은 RUB에 많은 유형을 제공한다. 종종 이것은 고객조차도 그것을 알지 못하고 간접적으로 이루어진다.

도서관서비스 혁신에 대한 고객 참여 요약

다음의 <표 2>에서 우리는 도서관 고객이 취할 수 있거나 도서관 서비스 혁신에서 얻기를 기대하는 다른 역할들을 요약했다. 고객의 참여가 지원하는 유형은 많다. 이미 언급한 바와 같이 고객이 서비스를 실제로 이용함으로써 예를 들어, 디지털 흔적을 남기거나 실험에 의거하여 직원의 일원이 됨으로써 얻어진 이러한 것들은 간접적인 투입요소를 제공한다. 그러나 그들은 설문조사에 응함으로써, 직원과의 일대일이나 이메일을 통해 피드백을 제공함으로써 보다 적극적으로 참여할 수 있다.

::논의, 실제적인 의미 및 결론

비록 제한적인 방법일지라도, 전체적으로 우리는 RUB 서비스 혁신에 있어서 고객 개입을 발견했다. 전통적으로 이것은 일대일 서비스 제공, 도서관 서비스에 대한 고객의 의견을 구하는 대규모 설문조사 실행 또는 불만함에서 얻어진 이용자 요구에 대한 직원의 이해를 통하여 일어난다. 지난 몇 년 동안 가상 도서관의 개발은 새로운 기회를 제공하고 있다. 예를 들어 디지털 정보원을 제공하는 전자서비스와 같은 혁신은 로그 파일과 다른 디지털 데이터를 근거로 하여 온라인 고객 행동을 분석하는데 사용할 수 있다.

〈표 2〉 도서관에서의 서비스 혁신

역할	투입요소 구득 방법	아이디어를 창출하는 이용자의 예
"자원으로서의 고객"	온라인 고객함	도서관에서 커피와 음식 식음 개관시간 변경 제의
	웹 설문조사	설문사항에 대한 고객의 호/불호 표현
	상담서비스/참고지원 시	솔직한 제안/신규서비스나 기존서비스의 변경 요청
	정보 활용 교육 시	위와 같이 주어진 서비스의 조정 및 참여 학생들로부터의 반응에 기인하는 미래의 교육
"공동제작자로서의 고객" "이용자로서의 고객"	웹 2.0	추천서의 콘텐츠 제작
	전자서비스의 이용	시스템
	온라인 불만함	웹 양식에 대한 비판
	부서 팀에게 이메일	테스트 중인 전자서비스에 대한 직접 피드백
	관찰연구 기법의 유용성	테스트 중인 전자서비스에 대한 간접 피드백
	회의 종료 후의 직접적인 간단한 설문지 로그 파일 통계자료 회의 시 얻은 결과물	보통 테스트 중인 전자서비스
	회의 동안의 피드백 의사소통서비스(예를 들면 채팅)	미래 시스템 요구사항

RUB에서 제공하는 "사서와 채팅" 같은 전자서비스를 통한 도서관

직원과 도서관 고객과의 상호작용은 고객 요구와 희망에 대한 간접적인 정보를 제공할 수 있다. 일반적으로 고객과의 대화는 예를 들어 온라인 불만함과 같은 몇 가지를 제외하고는 직접 초청이 아니라 제안이나 건의를 위해 주어진 적절한 채널을 통해 매우 제한된 대화가 추구된다. 우리는 또한 RUB 운영에서 고객의 참여에 대한 체계적인 접근이 부족한 것을 발견했다. 혁신을 위한 조직 내부 과정에 대해서, 우리는 두 가지 동향을 구분할 수 있다. 급진적 또는 의미 있는 점증적 혁신은 경영자 그룹의 지원과 승인에 의존하였다. 작은 점증적인 혁신은 도서관의 여러 장소와 다른 수준에서 대부분 그때그때 상황에 맞추어 부분적으로 발생한다(Gallouj and Weinstein, 1997). 서비스 혁신에 있어서 고객의 역할에 대한 우리의 연구결과는 고객은 가장 중요한 역할인 "이용자로서의 고객"과 "자원으로서의 고객" 역할을 통해 주로 서비스 혁신에 참여하는 것을 보여주었다. "공동제작자로서의 고객" 역할은 단지 콘텐츠 제공자의 형태로 소개되는 것이지 서비스 디자이너가 아니다. 이것은 고객이 주로 혁신의 이행단계에 참여한다는 것과 혁신과정에서는 아주 작은 힘과 영향력이 주어지는 것을 의미한다. 이러한 접근방식은 오히려 전통적이며 주로 기존의 서비스에 대한 고객의 이용을 이해하는 데 도움이 되는 설문조사와 같은 전통적인 방법을 이용하는 데 달려 있다(예를 들면 Nambisan, 2002). 반면에 도서관 전자서비스는 상당히 새로운 것이고 예를 들어 웹 2.0과 같은 신기술이 가치 있는 전자서비스를 초래할 수 있다는 것을 고객이 약간은 인지하고 있다는 사실(예를 들면 Bitner 등, 2000)에 의해 고객은 초기화 단계보다 실행 단계에서 보다 더 중요한 역할을 하고 있다는 사실 또한 설명될 수 있었다. RUB는 창조적 워크숍이나 선도적

이용자나 이용자 툴 키트(von Hippel, 2001) 또는 아이디어 경쟁(Piller와 Walcher, 2006)과 같은 잘 알려진 이용자 참여방법을 채택하지 않았다. 대신 RUB는 설문지 조사, 유용성 연구 및 온라인 메일함과 같은 잘 알려진 기법에 의존하였다. 이러한 방법은 RUB에서 여러 번 사용되었고 그것은 도서관 직원에게 익숙한 것이다. 게다가 RUB 관리자는 고객은 관찰하기가 어렵고 독창적으로 생각할 수 없다는 것을 안다. 적용된 접근방법은 적어도 두 가지 이유로 인해 제한적이고 자기 충족적이라고 주장할 수 있다.

(1) 고객은 무엇을 할 수 있을까가 아니라 단지 무엇인가에 대해 물었고,

(2) 고객의 투입은 주로 간접적인 데이터와 고객에게 그 경우의 이유를 묻지 않고 디지털 데이터와 설문조사에 의해 얻어진 고객행동을 보고 도서관 직원이 대체적인 의미를 이해함으로써 이루어지기 때문이다.

그러므로 그것은 고객이 나타낸 자신의 설명이라기보다는 이용 패턴에 대한 직원의 이해이다.

서비스 혁신에 있어서 고객참여에 대한 문헌과 우리의 분석을 반영함으로써 RUB의 관리자는 고객을 다르게, 보다 적극적으로 그리고 다른 역할에 참여시킴으로써 그들로부터 더 많은 투입요소를 얻을 수 있는 가능성이 보인다. 예를 들어 고객을 서로 다른 고객역할을 수행하는 창조적 워크숍에 참가하도록 초청을 하고 도서관이 선도적 이용자를 구별하고 참여시킴으로써 이것을 추구할 수 있었다. 그러한 접근은 다른 문헌들(Magnusson, 2003; Magnusson 등, 2003; Matthing 등, 2004; Kristensson 등, 2003)에서도 볼 수 있듯이 RUB 혁신과정의 초기화 단계

에서 고객을 적극적으로 참여하게 하였다. 그러나 우리는 RUB 관리자가 혁신을 위해 가치 있는 통찰력을 제공할 수 있고 그들을 장악할 수 있을 것 같은 소수의 선도적 이용자(von Hippel, 1986)가 존재하는 것을 알고 있다는 것을 발견했다. 또한 우리는 RUB가 고객을 직접적 또는 간접적 방법으로 참여시키기 위해 정보통신기술에 기반을 둔 온라인 조사, 온라인 메일함, 채팅 및 로그 데이터와 같은 방법을 사용하는 것을 발견했다. 다른 한편으로는 정보통신기술과 소셜 네트워킹 도구가 또한 도전을 제기한다. 예를 들면 온라인 논평의 경우에는 공동제작자로서 고객의 역할에 대하여 거기에는 고객이 논평을 쓰고 읽게 하는 동기부여의 문제가 있거나 또는 만약 채팅 데이터 콘텐츠를 분석할 때 직원이 감시당한다고 느끼는 "사서와 채팅"의 경우에는 질적 데이터의 콘텐츠 분석에 대하여 윤리적인 문제가 있다.

한계 및 추가 연구

이 연구는 무제한이 아니다. 우선 이 연구에서 사용된 문헌의 대부분은 비즈니스 문헌에서 나왔고 그것을 도서관 문헌에 적용하였다. 방법론의 관점에서 우리는 하나의 학술도서관에서 심층 인터뷰를 실시하였다. 비록 덴마크 학술도서관의 형상일지라도 매우 동질화가 돼가고 있으며 그래서 어느 정도 다른 덴마크 학술도서관의 대표로 간주하여 도서관을 조사하였지만, 우리는 아직까지 이러한 결과를 덴마크 국가 문헌과 특히 국제적으로 일반화시킬 수는 없다. 또한 고객의 관점을 조사하는 것에 관심을 가질 수 있었다. 우리는 연구의 두 번째 단계에서 그들을 참여시킬 계획이다.

그럼에도 불구하고 이 연구는 특정 대학도서관의 서비스 혁신에 고객의 개입 관행에 대한 흥미로운 통찰력을 제공하고 그리하여 혁신과 특히 대학도서관에서의 이용자 중심의 혁신에 대한 논의에 기여한다. 우리의 연구는 오히려 특정 사례조사에도 불구하고 우리는 일반적으로 고객의 참여를 최대한 고심한 몇 가지 이론적 통찰력을 이끌어 낼 수 있었다. 이러한 통찰력의 첫째는 도서관 접근방식과 고객의 일부가 되는 것을 허용하고 고객으로부터 얻은 투입요소의 형태에 영향을 미칠 수 있는 혁신과정에 기여하는 것이다. 둘째는, 자원으로서와 이용자로서의 고객으로부터 회사가치 투입이 가장 중요하다는 Alam과 Perry(2002)의 주장이다. 그러나 우리 연구에 근거하여 우리는 다시 말해 이러한 역할은 덜 힘들고 또한 적은 비용과 가담하는 데 덜 위험한 방법으로 가능하다는 또 다른 설명을 제시한다. 공동제작자로서 고객 포함은 개발과정을 복잡하게 하기 때문에 보다 더 많은 요구를 수반하고 그러한 과정을 관리하기 위해 직원의 다른 자격증을 요구한다.

제12장

학술도서관에서의 여성 관리자: 30년간의 변화

1960년대로부터 1990년대에 이르기까지 성별평등은 도서관 직원에 대한 연구에 있어서 가장 큰 관심을 끄는 주제였다. 차별철폐조치가 고등교육기관에 대하여 적용할 수 있도록 된 이래로 거의 40년간 학술도서관에서의 여성 관리자의 수를 증가시키려는 노력들이 기울여져 왔으며 현재 추정되고 있는 바는 여성들이 동등성을 이루었다는 것이다. 하지만 모든 유형과 수준의 학술도서관에서 그들이 대표권(representation)을 갖고 있음에 대한 증거는 거의 볼 수가 없다. 한 후속 연구가 학술도서관에서의 여성 지위에 대한 2건의 초기 연구에 대하여 이루어졌다. American Library Directory(미국 도서관 디렉터리)를 출처로 이용하여 1972년, 1982년, 1994년 그리고 2004년도에 ARL과 인문(Liberal Arts) I 도서관에서 관장(director), 부관장(associate or assistant director) 혹은 부서장(department head)으로서의 지위를 갖고 있는 개인들의 성별이 연구되었다. 비록 여성들이 아직은 동등성을 모든 수준에서 이루지는 못하였지만 여성 관리자들의 비율은 해가 감에 따라 크게 증가하였다. 아직은 인문 I에서의 관장 급에는 상당한 차이가 있고 ARL도서관에서는 더 적은 수준이기는 하지만, 그럼에도 불구하고 그 결과가 보여주고 있는 바는 1970년대 이래로 여성들은 학술도서관 관리직에서의 성별 차이를 거의 제거하는 데 성공을 하였다는 것이다.

::서론

사서직은 여성들에게 개방이 된 가장 초기 직업들 중의 하나였다. 19세기 말에 도서관들의 수가 증가하면서 새롭게 창출되고 있는 증가 일로의 일자리 수를 채우기 위해 교육을 받은 여성들이 필요하게 되었다. 즉, 1900년 즈음에는 미국 내 모든 사서의 거의 75%가 여성들이었다. 여성사서의 비율은 20세기 들어 계속 증가하여 1930년에 최고조에 달하였는데 이때 이 직업은 91%가 여성이었다(Williams, 1995). 심지어 여성들이 매우 다양한 직업에 입문할 수 있는 기회들이 가능한 오늘날에도 사서직은 여전히 대개 여성들의 분야이다. 즉, 미국 내의 전문 사서들 중 82%가 여성이다(Davis & Hall, 2007, p.9).

비록 여성들이 거의 100년간 계속하여 사서의 대다수를 구성하여 왔음에도 불구하고 그들은 그 시대에 있어서 대부분 간과된 다수였다. 1974년이 되어서야 Anita Schiller(1974)가 여성사서의 지위에 대한 자신의 중요한 연구를 발표하였는데 여기서 그녀는 성별 사이의 임금 격차와 상위급 일자리에 있어서의 여성에 대한 과소평가를 초래하였던 도서관들, 특히 대형의 그리고 명망 있는 도서관들에서의 여성에 대한 거듭되는 차별에 주목하였다. Schiller의 연구는 미국 내에서 모든 유형의 차별에 대한 인식이 커져가고 있었던 기간 동안에 발표가 되었다. 시민권 운동과 남녀평등주의에 대한 새로워진 관심은 대부분의 사회 부문을 재편하고 있는 중이었다. 광범위한 법적 개선안들이 직장에서의 불평등을 개선하기 위한 시도를 가지고 준비가 되어가고 있는 중이었다. 1936년의 균등임금법(Equal Pay Act)은 모든 사용자들에게 기술, 노력 그리고 책임에 있어서 유사한 일을 수행하는 남성 및 여성에 대하여 균등한 임금을 제공할 것을 요구하였으며, 1964년의 공민권법(Civil Rights Act)은 모든 고용 관행에서 인종, 피부색, 종교, 성별 혹은 출신국가를 근거로 한 차별을 금지하였다. 대통령령 11246에 의해 1965년에 만들어진 차별철폐조치는 정부의 계약자들로 하여금 과거 차별의 영향을 해결할 수 있는 서면계획을 준비하도록 요구하였다. 1972년에는 연방 균등기회 제정법이 고등교육 기관으로까지 확대되었다.

Schiller의 연구는 처음으로 사서직에 있는 여성들을 체계적으로 보았지만 그것은 분명히 마지막은 아니었다. 1970년대 중반 이래로 도서관 직업을 갖고 있는 여성들의 지위와 그녀들의 고위관리직 획득에 대한 성공을 알아보려는 많은 시도들이 있었다. 비록 공공 및 특수 도서관에서의 여성 지위에 초점을 맞추는 연구들은 있었지만 그러한 연구의 대다수는 전통적으로 여성을 가장 낮은 비율로 채용하였던 직업 부문인 학술도서관 사서를 살펴본 것이었다. 현재 미국 내 유자격 학술도서관 사서의 약 70%는 여성이다(Davis & Hall, 2007, p.20). 초대형 연구도서관에서는 그 비율이 오히려 더 낮다. 즉, 연구도서관협회(ARL) 전문직원 중 2/3 조금 이하가 여성이다(Association of Research Libraries, 2008, p.10).

차별철폐조치와 EEO(Equal Employment Opportunity: 고용균등기회)법이 학술도서관에까지 적용되도록 된 이래로 거의 40년간 여성 관리자의 수를 늘리려는 실질적인 노력들이 기울여져 왔으며 그리하여 의심할 바 없이 여성들은 학술도서관에서 관리직을 얻는데 있어 커다란 진보를 이루어왔다. 이들 변화는 특히 미국 및 캐나다 내의 초대형이고 가장 명망이 높은 도서관들인 ARL도서관에서 극적으로 이루어졌다. 1972년 균등기회법이 학술도서관에 적용이 가능하게 되었을 때에는 2명의 여성 ARL책임자가 있었다. 2007~2008년에는 111명의 보고된 ARL책임자들 중에서 여성들이 69명(거의 56%) 차지하고 있었다 (Association of Research Libraries, 2008, p.13).

비슷한 방식으로 여성들은 비록 여전히 급료에서는 성별 차이가

존재하고는 있지만 그들의 남성 동료들과 임금 형평을 이루는 데에
서도 진보를 이루었다. 매년 발간되는 Library Journal의 초임급 직원에
대한 설문조사가 보여주고 있는 바는 초임 여성사서의 급료는 초임
남성사서의 급료보다 평균적으로 거의 8% 낮다는 것이다(Maatta,
2008). 이러한 남성과 여성사서 사이의 급료 차이는 학술도서관을 포
함한 모든 유형의 도서관에서 확인되고 있다. 가장 최근의 ARL 급료
설문조사가 보여주고 있는 바는 ARL 대학도서관에서 일하는 여성들
의 전체 급료가 남성들에게 지급된 것의 95%였다는 것이다. 이것은
하지만 장기간에 걸친 성별 사이 급료 차이의 '명백한 종식'이다.
1980~1981년에 ARL도서관의 여성들은 그들의 남성 동료들에게 지
급이 되는 것의 약 87%만을 지급받았다(Association of Research Libraries,
2008, p.10). 따라서 여성들은 갖게 된 직위 및 벌어들인 급료 양쪽 모
두에 있어서의 더 큰 평등을 향해 전진하고 있는 것으로 보인다.

　많은 사서들이 변화된 행정 전망을 살펴보고 있으며 성별 평등의
문제가 수정이 되어왔다고 생각하고 있다. 하지만 여성 관장들의 증
가된 수를 보여주고 있는 통계에도 불구하고 모든 유형과 수준의 학
술도서관에서 그들이 대표권을 갖고 있음에 대한, 그리고 여성들이
계속하여 동등함으로 이끄는데 필요한 것을 얻고 있는지의 여부에
대한 증거는 거의 볼 수가 없다.

　이제 성별평등을 다르게 바라보아야 할 시점이다. 본 연구는 지난
30년 동안 학술도서관에서의 관리직을 맡는데 있어서 여성들이 이룩
해온 과정의 자취를 추적해서 보여준다. 그것은 모든 유형의 학술도
서관에서 모든 수준의 관리직에 있는 여성들의 수가 증가하게 된 차
별철폐조치의 영향을 조사하였던 1980년대에 시작이 된 초기연구를

바탕으로 하고 있다. 학술도서관에서의 다양성을 이룩하려는 최근의 노력들이 주로 인종과 민족을 대상으로 삼고 있기 때문에 성별평등이 성취되었다는 생각이 있는 것으로 보인다. 본 연구는 그러한 생각을 알아보고 여성들이 지금 그러한 직업에서 그들이 갖고 있는 대표권에 비례하여 학술도서관에서 관장, 부관장 그리고 부서장의 직위를 갖고 있는지의 여부에 대한 질문에 답변을 제공한다.

::문헌적 고찰

많은 부분이 학술도서관에서의 여성 지위에 대하여는 1974년 이래로 저술되었지만 단지 그러한 문헌 중 적은 부분만이 여성 관리자들의 경력상 진전을 살펴보았을 뿐이었다. 그 직업이 인종 및 민족에 대한 다양성을 추구하는 것으로 움직였기 때문에 그 주제에 대하여는 오히려 더 적은 수의 문헌만이 최근에는 발표되었을 뿐이다. 넓은 의미에서 보면 다양성을 강조하는 것이 환영할 만한 일이기는 하지만 이는 학술도서관 사서로 있는 여성들의 진전에 쏠리는 관심을 줄어들게 하는 결과를 초래하게 되었다.

최근의 소수 연구들은 특정한 유형의 학술도서관에서 관장직을 갖고 있는 여성들의 비율을 살펴보았다. Hatcher(1997)는 주립대학도서관협의회(COSUL)의 그룹에 대한 설문조사에서 여성들이 비록 내부 채용을 통해 도서관 관장의 직위를 얻는 일이 더 쉬워지고 있음을 확인하고 있기는 하지만 단지 28%만이 이들 도서관에서 관장직을 갖고 있음을 확인하였다. Fisher(1997)는 남성들이 사서직에서 관리직 서열을 지배함에 대한 인지도를 질문하였다. 그는 '1993~1994 American Library Directory'의 리스트를 사용하여 학술, 공공 그리고 특수도서관에 있는 관장직 아니면 분관 관리자에 상관없이 관리자급 직위를 갖고 있는 남성 및 여성들의 수를 확인하였다. 특히 학술도서관을 살펴보면서 그가 확인한 것은 여성 관장들이 중형 및 소형의 학술도서관에서 더 흔하였지만 대형의 64% 그리고 중대형 학술도서관의 58%는 남성들이 장을 하고 있다는 것이었다(Fisher, 1997). Deborah Hollis(1999)는 1986~1987에서 1997~1998에 걸치는 American Library Directory를 이용하여 미국대학체육협회(NCAA) 대학교 회원들의 도서관 학장 및 관장들을 확인하였다. 1986년에는 88개 도서관들의 18%가 여성 관장이었다; 1997년 즈음에는 43%가 여성을 장으로 갖고 있었다. 남부 및 중서부의 대학교들은 서부 및 남서부의 대학교들보다 여성을 관장으로 승진시키는 데 더 느렸다. 하지만 미국의 모든 부분에서 유색인 남성 및 여성은 관장들 가운데 매우 적은 수만 있는 것이 계속되었다(Hollis, 1999). McCracken(2000)의 학술도서관 관장의 박사학위 중요성에 대한 연구는 선별된 인문대학교의 도서관들에 초점을 맞추었다. 그가 확인한 바는 이들 도서관에서 60명 관장직 중 33명(41%)이 여성이 차지하고 있다는 것이었다. 이들 가장 최근 연구들의 어느 것도 여성들이 그들이 갖고 있는 학술도서관 사서의 대표권에 비례하여 관장의 직위를 갖고 있음을 보여주지 않았다.

최근의 여러 논문들은 여성 학술도서관 사서들의 행정적 성공과 이들 성공과 종종 관련된 여러 요인들 사이의 관계를 탐구하였다. Zemon과 Bahr(2005)는 어머니로서의 의무가 학술도서관의 관장이 되는 데 미치는 영향을 살펴보았으며 그것이 여성으로 하여금 관장직을 얻는 일을 방해하는 중요한 요인이 아니었음을 확인하였다. Kirkland(1997)는 멘토링이 관리직을 성공적으로 얻게 되는데 미치는 영향을 살펴보았다. 그녀는 그것이 중요한 요인이 됨을 확인하였고 멘토링에 대한 좀 더 적극적인 접근방법이 사서직으로 하여금 가지고 있는 '사라지고 있는 여성도서관장'을 양성하는 일을 가능하게 해줄 것이라는 결론을 내렸다.

흔히 갖고 있는 여성들이 학술도서관의 행정에 있어 동등성을 성취하였다는 견해에도 불구하고 그 목적이 성취된 것이 아닐 수도 있음을 우리에게 상기시켜주는 일부 저자들이 있다. Journal of Academic Libraries에 실린 한 논설에서 Martell(1995)은 미국의 차별철폐조치 프로그램이 늘어가고 있는 다양성 속에서 그러한 프로그램들이 가졌던 성공을 사실상 약화시키면서 서서히 폐지될 것이라는 그의 우려를 밝히고 있다. Martell은 가장 넓은 의미에서의 다양성에 대하여 우려를 하고 있는 것이지만 그가 주시하고 있는 바는 비록 여성들을 위한 진전이 특히 관장급에서는 성공적이었던 것으로 보임에도 불구하고 그 결과는 다른 급에서는 분명함이 덜하다는 것이다. "여전히 동등하지 않다: 도서관의 성차별을 종식하기"에서 Hildenbrand(1997)는 여성들에 의해 사서직에서 이루어진 진전을 다루고 있지만 여전히 존재하고 있는 거의 모든 유형의 도서관들에 있어서의 남성과 여성 사이의 급료 차이 그리고 도서관학 및 정보과학 학부에서의 남성과 여성 교수 사이의 불공평 등을 포함한 불공평한 일들에 대한 우려를 표명하고 있다. Hildenbrand가 결론짓고 있는 바는 통계적 자료는 지난 20년간 계속하여 여성들을 위한 약간의 결실들이 있음을 보여주고 있는 반면에 전통적인 방침은 지속되고 있으며 성별 평등에 충실한 자료 수집 및 발표에 대한 그 직업의 관심이 '고위직에서의 과소표시를 포함하여 여성들이 80% 이상인 한 직업에 있어서 불평등의 수수께끼 같은 지속성'에도 불구하고 줄어들고 있는 것으로 보인다는 것이다 (Hildenbrand, 1997, p.45).

2004년에 Marta Maestrovic Deyrup은 "개혁은 종료되었는가? 학술도서관 지도자 직위에 있어서의 성적(gender)·경제적 그리고 직업적 동등성"이라는 질문을 한다. 그녀는 카네기 박사학위 연구로 2002년 12월과 2003년 1월 사이에 광범위한 기관들을 조사하였는데 이 당시 발견한 것은 여성들이 이들 기관의 관장직 55%를 차지하고 있었다는 것이다. 그녀가 결론지은 것은 '학술도서관 분야에서의 동등성에 대한 여성들의 진전에 관한 사안은 만족할만한 결론에 도달 하였다'는 것이며 이제 채용과 유지는 성의 장벽을 헤치고 나온 여성 관장들의 세대가 은퇴를 시작하고 있다고 언급되는 것이 필요한 사안들이라고 제시하고 있다(Deyrup, 2004). 채용과 유지가 중요한 사안이기는 하지만 정말로 학술도서관에 있는 여성들을 위한 개혁은 승리를 거둔 것이라고 선언해야 할 시간일까? 여성들은 의심할 바 없이 그들이 사서직에 있어서의 성별평등을 위해 투쟁을 시작하기 이전보다는 모든 유형에 대해 더 많은 관리직을 얻고 있다. 하지만 동등성이 도달된 것일까라는 질문은 여전히 답변이 되지 않은 것으로 보이며 승리에 대한 선언은 아직 이른 것일 수도 있다.

::방법론

학술도서관 관리직에 있는 여성들의 신분에 대한 개요를 제공하기 위해 한 후속연구가 동일한 주제에 대한 2편의 이전 조사에 대하여 진행되었다. 학술도서관에 있는 여성들에 대한 차별철폐조치법의 영향을 평가하려는 노력에서 Moran은 1985년에 1972년과 1982년의 학술도서관에 있는 여성들의 지위를 비교한 조사를 발표하였다. 비록 차별철폐조치법이 여성과 소수민족 양쪽 모두에게 적용된 것이기는 하였지만 이 연구에서는 여성만을 살펴보았다. American Library Directory 를 자료 출처로 사용하여 1972년과 1982년에 3가지 유형의 학술도서관에서 관장, 부관장 혹은 부서장의 직위를 갖고 있는 개인들의 이름이 모아졌다. 연구의 결과가 보여준 바는 차별철폐조치법이 고등교육기관에 적용이 되었던 1972년 이후 10년간 여성들은 관리직에 임명이 되는 일에 있어서 약간의 진전을 이루었다는 것이었다. 여성들에 대한 가장 큰 숫자적 진보는 중간급 관리직에 있어서 발견되었는데 특히 ARL이 아닌 연구 및 박사학위 수여 대학교에 있는 도서관 부관장의 직위와 ARL대학교들에 있는 부서장급에서 있었다. 더 많은 여성 관장들이 존재하였지만 그 직급에서의 진보는 실망스러운 것이었다. 여성 관장들은 항상 가장 많은 여성 관장들을 가졌던 그룹 중의 하나인 인문대학교들에서 34%에서 39%로 증가하였다. 하지만 여성들은 여전히 대형의 연구도서관 관장들 중 20% 이하를 구성하고 있었는데 ARL이 아닌 연구 및 박사학위 수여 대학교들에서는 6%에서 18%까지, 그리고 ARL도서관들에서는 2%에서 14%까지였다. 하지만 가장 고무적인 데이터는 부관장 및 부서장직에 있는 더 많은 수의 여성들이 제공된 증거였는데, 왜냐하면 이들 여성은 이제 그들이 가능하게 되었을 때에 관장으로 이동할 수 있는 자격을 가지게 될 경험을 얻게 될 직에 있는 것이었기 때문이다. Moran이 제시하고 있는 바는 시간이 지남에 따라 이들 중 많은 여성들이 관장으로 승진을 하게 될 것이라는 것이다.

1990년대 중반에 Sullivan(1996)은 Moran에 의해 이루어진 작업을 반복하였다. 그 앞서의 연구와 동일한 그룹의 도서관들을 살피면서 그녀가 발견한 것은 1982년에 중간급 관리직을 성취하였던 그 여성들이 관장으로 이동할 준비가 될 것이라는 그러한 기대가 옳았다는 사실이었다. 흥미롭게도 여성 관장들에 있어서의 가장 극적인 증가는 ARL도서관들에서였는데 여기는 여성들이 이전에는 관장을 획득하는 일이 가장 어려웠던 곳이었다. 1994년에 여성들은 인문 I 대학교의 관장들 중 42%를 차지하였고 ARL이 아닌 연구도서관들에서는 45% 그리고 ARL 도서관들에서는 38%였다. 비록 이 연구가 나타낸 바가 여성들이 아직 도서관 인력에서의 그들 대표권에 비례하여 관장직을 갖지 못하였다는 것이기는 하였지만 그럼에도 불구하고 10년 전으로부터 여성 관리자들의 증가는 고무적인 것이었으며 평등을 향한 전진이 계속되고 있다는 증거를 제공해주었다.

1985년에 Moran이 언급하였던 바는 비록 여성을 위한 전진이 차별철폐조치로부터 기인한 것이며 좀 더 많은 것이 기대되어야 한다는 것이기는 하였지만 "우리는 자기만족에 빠지지 않아야 하며 이들 전진이 자동적으로 발생할 것이라는 가정은 하지 말아야 한다"는 것이었다(p.215). 비록 여성들이 EEO법이 학술도서관에 적용이 된 이후 30년 이상 동안 학술도서관에서는 동등성을 성취한 것으로 보이기는 하지만 정확하게 얼마나 많은 관리직을 여성들이 성취하였는지 그리고 그들이 그러한 지위들을 유지하고 있는지를 분석함이 없이 승리를 선언하는 것은 시기상조이다. 이러한 연구는 Moran과 Sullivan의 이전 작업을 바탕으로 하고 있으며 학술도서관에 있는 여성들에 대한 차별철폐조치의 영향을 다시 논의하고 있다.

Moran의 1982년 연구 결과들을 오늘날 상황의 현실과 비교해 보기 위해 동일한 방법론이 3가지 계층의 관리직에 있는 남성과 여성의 분포를 분석하기 위해 사용되었다. 1994년과 2004년의 American Library Directory가 2가지 유형의 도서관들에서 이들 지위에 있는 사람들에 대한 정보를 모으기 위해 이용되었다. 즉, ARL도서관과 이전에는 카네기 분류법에서 "인문 I" 기관으로 분류되었던 인문대학교들에서 발견된 도서관들이다. 이들 도서관은 미국에서 가장 큰 학술연구 도서관들이다. 카네기 분류의 인문 I 기관들은 선별성 지수(selectivity index)에서 매우 높은 점수를 얻었으며 나중에 일류대학교로부터 박사학위를 가장 많이 받게 되는 대학원 기관들 가운데에서도 매우 선별적인 엘리트 대학원 기관들로 이루어진 소수 그룹이었다. ARL 및 인문 I 도서관들이 선정되었는데 왜냐하면 이들은 여성들이 유리천장(glass ceiling: 여성에 대한 장벽)과 마주치게 될 가능성이 가장 높은 대표적 기관들이었기 때문이다. 일관성을 제공하기 위해 이전의 연구에서 검토되었던 동일한 ARL 도서관들과 동일한 113개의 카네기 인문 I 학술도서관들이 이러한 새로운 연구의 초점이 되었다.

인문 I 학술 분류법은 카네기에 의해 더 이상 사용이 되지 않고 있다. 1994년에 고등교육기관에 대한 카네기 분류법 내의 범주들은 재작업이 되었으며 그리하여 범주들이 변경되었다. 하지만 카네기 분류법이 그들을 어떻게 분류하는지와 상관없이 1984년에 이용이 되었던 동일한 ARL 및 인문 I 기관들이 본 연구에서는 이용되었다.

3가지 계층의 관리직에는 관장(계층 1), 부관장(계층 2), 그리고 부서장(계층 3)이 포함되었다. 부관장들은 그들 계층이 기부자 관계, 홍보, 혹은 인간적 관계이었음이 나타나는 경우 우리 연구에서 삭제되었다. 그 근거는 이들 개인은 다른 부관장들과 다른 경력상의 자취를 가질 수도 있으며 흔히 이들 직들이 도서관 학위가 없는 사람들에 의해 보유되고 있기 때문이었다. 우리 연구에서 빠진 것은 분관 도서관의 장들이었는데 왜냐하면 이들 개인은 대규모 도서관 시스템에 대하여 독특하며 따라서 그보다 작은 도서관들에서는 비교가 될 만한 직을 가지고 있지 않기 때문이다. 3가지 계층에서 어떠한 역할을 하는 재직자는 포함이 되었다. 만약 어떤 직이 1년간 공석이었다면 비록 그것이 다른 해에는 채워져 있었다 해도 그 직은 분석에 포함시키지 않았다.

American Library Directory의 데이터는 종종 어떤 판을 다음 판과 비교할 수가 없었는데 그 이유는 그들의 직에 대하여 보고한 도서관들이 항상 동일한 것은 아니었기 때문이었다. 예를 들면 때때로 직함의 명칭이 변경되었으며 때로는 단지 관장만 올라 있기도 하였다. 데이터가 없거나 애매모호한 것들의 경우는 그 기관들과 접촉을 하여 그 데이터를 제공하도록 요청을 하였고 1993년, 1995년, 2003년 그리고 2005년의 American Library Directory는 혹시 다른 판이 더 많은 정보를 제공해줄지를 확인하기 위해 살펴보았다. 만약 그래도 데이터가 없는 경우 그 기관은 연구에서 삭제를 하였다. 만약 한 지위에 있는 재직자의 성별이 이름에서 즉시 분명하지 않거나 혹은 만약 약자가 사용되었다면 인명학 사전, 인터넷, 그리고 American Library Directory 의 다른 판들을 확인함으로써 성별을 확인하려는 시도가 이루어졌다. 성별이 확인될 수 없었던 소수의 경우 그 개인들은 분석에서 제외하였다. 마지막으로 한 기관은 다른 기관에 흡수되었고 따라서 연구에서 삭제가 되었다. 이들 모든 이유가 있는 기관들을 제외한 후에는 99개의 ARL도서관과 112개의 카네기 인문 I 도서관을 합하여 총 211개 도서관들이 본 연구에 남게 되었다.

동향을 밝히기 위해 1972년, 1982년, 1994년 그리고 2004년의 데이터를 분석하는 것에 더하여 결과 데이터에 대한 인력 분석이 수행되었다. 이것은 도서관에 있는 남성과 여성들 숫자를 고려하여 분석이 되는 학술도서관 관리직의 인력에 대한 짤막한 정보를 가능하게 하는데 그 데이터를 미국에서 경영직에 있는 여성들의 비율과 비교해 보는 것과 아울러 도서관 관리직에 있는 여성들과 학술도서관 노동 시장에서의 일반적인 여성 유효성 사이의 비율에 대한 차이점을 살펴보게 된다.

: : 결과

학술도서관 관리직의 최고위급에 있어서 여성들은 여전히 동등성을 성취하지 못하였다. 관장의 지위를 갖고 있는 여성들의 비율은 학술도서관에서 일하고 있는 여성들의 전체 비율보다 여전히 낮다. 하지만 ARL과 카네기 인문 I 도서관 양쪽 모두에 있어서 관리직에 있는 여성들의 숫자는 크게 증가해왔다. <표 1>에서 볼 수 있듯이 여성 관장들의 비율은 ARL도서관에서 1994년의 39%에서 2004년에는 거의 61%로 증가하였다; 카네기 인문 I 도서관에 있어서 여성 관장의 비율은 1994년의 40%에서 2004년에는 거의 51%로 증가하였다. 양쪽 유형의 도서관들에 있어서 2004년에는 모든 경영진급에서 남성보다 여성이 더 많았다. 이 숫자들은 특히 ARL도서관들에서 두드러졌는데 1972년에는 단지 2%의 관장만이 여성이었던 것으로 믿어지고 있다.

앞서의 연구들이 부서장 혹은 부관장의 직급을 갖고 있는 여성들의 비율이 증가하고 있음을 보여주었기 때문에 혹시 성차별이 없다면 여성 관장의 숫자가 증가하게 되리라는 기대를 할 수도 있었을 것이다. 도서관의 관장이 되기 위해서는 후보자들은 그들이 요구되는 자격을 보유하고 있음을 보여주어야 한다. 이들 자격 중의 하나가 유사한 기관에서의 계속해서 늘어가는 관리적 경험에 대한 입증된 기록이다. 이전의 연구들이 보여준 바는 하위급 관리직에서의 경험을 얻어가고 있으며 더 높은 직을 위해 자격을 갖게 되는 이미 많은 수의 여성들이 그 시스템 내에서 존재하였다는 것이었다. 어느 정도의 여성 관리자들이 데이터가 수집되던 당시에 있었던 유형의 도서관에 남아 있었는지는 알려지지 않고 있다. 하지만 비록 ARL과 카네기 도서관들 사이에 약간의 교류가 있었다고 가정을 하더라도 매 10년 동안에는 ARL과 인문 I 도서관 양쪽 모두에는 부서장급에 부관장급의 개방된 직을, 그리고 양쪽 유형의 도서관 양쪽 모두에게 그리고 유사하게 양쪽 모두의 관장직에 대한 후보자들을 공급해 줄만큼 충분한 여성들이 존재하고 있다.

〈표 1〉 학술도서관의 여성, 1972~2004

	ARL			Carnegie(인문 I)		
	관장	부관장	부서장	관장	부관장	부서장
1972*	n=2 (2.2%)	n=40 (19.6%)	n=381 (50.7%)	n=38 (33.9%)	n=31 (59.6%)	n=317 (78.3%)
1982*	n=12 (13.5%)	n=63 (38.4%)	n=458 (56.9%)	n=44 (38.9%)	n=22 (59.5%)	n=340 (73.9%)
1994	n=39 (39.4%)	n=132 (51.2%)	n=455 (61.8%)	n=45 (40.2%)	n=355 (71.6%)	n=407 (76.6%)
2004	n=52 (60.6%)	n=124 (58.2%)	n=281 (63.6%)	n=57 (50.9%)	n=366 (73.9%)	n=428 (74.6%)

* 1972년과 1982년의 자료는 Moran의 "차별철폐조치가 학술도서관에 미친 영향"에서 인용함.

1972년에는 ARL 도서관 부서장의 거의 51% 그리고 카네기 인문 I 도서관 부서장의 78%가 여성들이었다. 이들 숫자는 매 10년 동안 약 간씩 증가되었는데 2004년도의 부서장급에 있는 여성들의 숫자는 ARL 도서관의 경우 거의 64%로 그리고 인문 I 도서관의 경우 75%가 되었다. 이렇게 동일한 양식은 부관장급에서도 계속되고 있는데 여기 에서는 가장 극적인 결과를 얻었다. 1972년에는 ARL 부관장의 20%가 여성이었는데 2004년에는 ARL 부관장의 58%가 여성이 되어 이 관리 직급에 있어서의 여성 대표권이 2배 이상 증가되었다. 1994년부터 2004년까지만 해도 ARL 도서관에 있는 여성 부관장의 대표권은 부관 장의 전체 여성 숫자는 감소되었음에도 불구하고 7% 증가되었다(이 러한 감소는 전체 몫은 더 적어지는 데 일조하였지만 이들 직에 있는 여성들의 비율을 더 줄게 하지는 않았다).

관장직으로의 "흐름"에 대한 분석은 1994년과 2004년으로부터 이 들 직에 있어서의 이직률의 크기와 얼마나 자주 남성들이 그리고 얼 마나 자주 여성들이 비어 있는 직으로 움직였는지를 흥미를 가지고 살펴보는 것을 가능하게 한다. 비록 이들 직이 분석에 의해 나타난 것보다 더욱 빈번히 변경되었을 수도 있지만 이것은 연구가 된 10년 동안에 얼마나 많은 관장직이 공석이 되었는지 그리고 재충원되었는지에 대한 대략의 근사치를 제공해준다. <표 2>에서 볼 수 있는 바와 같이 연구된 99개의 ARL도서관에 대하여 단지 10명의 남성 관장과 11명의 여성 관장만이 1994년부터 2004년 사이에 그들의 직을 유지하고 있었다. 성별이 다른 신임 관장이 채용이 된 42개의 도서관들이 있었다. 여성이 차지하고 있던 14개의 직에서 남성들이 그들의 후임으로 채용되었다. 하지만 1994년에 남성들이 차지하고 있던 28개의 직들은 2004년에는 여성들로 교체가 되었다. 1994년도의 여성 관장 13명은 2004년에는 다른 여성들로 교체되었으며, 1994년도의 남성 관장 23명은 2004년도에는 다른 남성 관장들로 교체가 되었다.

〈표 2〉 ARL과 인문 I 도서관의 관장, 1994~2004

	ARL	인문 I
동일한 직무의 남성 관장 수	10	26
동일한 직무의 여성 관장 수	11	14
여성에서 남성으로 바뀐 관장 수	14	13
남성에서 여성으로 바뀐 관장 수	28	20
여성에서 여성으로 바뀐 관장 수	13	17
남성에서 남성으로 바뀐 관장 수	23	21
관장 총 수	99	111

연구가 된 112개의 인문 I 도서관들에서는 단지 26명의 남성 관장들과 14명의 여성 관장들만이 그들의 직을 유지하였다. 관장의 성별이 새로운 채용으로 바뀐 31개의 직이 있었다. 여성이 차지하고 있었던 13개의 직에서 남성들이 그들과 교체되어 채용이 되었다. 하지만 1994년에 남성들이 차지하고 있었던 직들 중 12개는 2004년에는 여성들이 차지하게 되었다. 1994년 17명의 여성 관장들은 2004년에 다른 여성 관장으로 교체가 되었으며 1994년 21명의 남성 관장들은 2004년에 남성 관장들로 교체가 되었다.

이들 숫자는 ARL 및 인문 I 도서관 양쪽 모두에서의 1994년과 2004년 사이 관장직에 있어서의 높은 이직률을 예증하고 있을 뿐만 아니라 여성 관장들에 있어서의 증가가 어떻게 얻어졌는지에 대하여도 설명하고 있다. 연구된 10년의 기간 동안에 인문 I 도서관들의 64%가 신임 관장을 가졌고 ARL 도서관들의 79%가 신임 관장을 가졌으며 따라서 더 많은 여성들이 관장직을 맡을 수 있는 기회를 제공하고 있는 것이다. 여성 관장들의 숫자는 ARL 도서관에서 33% 증가하였고 인문 I 도서관에서는 26% 증가하였는데 이는 여성들이 그들 직에 남아 있었거나 다른 여성들로 교체가 되었을 뿐만 아니라 그 관장직에 남성들과 교체되어 채용이 되었기 때문이다. 불행히도 이러한 동일한 분석은 연구된 ARL 및 인문 I 도서관에 있는 다른 관리직급에 대하여는 가능하지 않은데 이는 직함이 변경되었을 뿐만 아니라 일부 직들은 없어졌고 새로운 직들이 추가되었기 때문이다.

모든 형태의 학술도서관에서 채용된 여성들의 높은 비율을 감안하면 학술도서관의 관리직에 있는 여성들의 비율을 전국의 관리직에 있는 여성들의 비율과 비교해보는 일은 흥미로운 일이 될 것이다.

<표 3>에서 보이는 것과 같이 1994~2004년부터 학술도서관 관리직의 상급직에 있는 여성들의 비율이 증가하고 있는 것과 마찬가지로 역시 모든 유형의 관리직에 있는 여성들의 비율도 증가하고 있었다. 사서직은 여성들이 집중된 직업이며 따라서 아마도 도서관 관리직에 있는 여성들의 비율이 마침내 여성 관리자들의 전국 평균을 초과한다고 해서 놀라운 일이 아닐 수도 있다. 미국노동통계국에 따르면 미국에서 관리직에 있는 여성들의 평균 숫자는 1994년(1999)에는 32%였다가 2004년(2005)에는 50%로 증가하였다. 우리가 갖고 있는 데이터를 기준으로 여성들이 차지하고 있는 인문 I 및 ARL 도서관의 관리직 전체의 평균은 1994년에는 64%였고 2004년에는 67%였다. 양쪽 해 모두에 있어서 관리직에 있는 여성 학술도서관 사서들은 여성 관리자들의 전국 평균을 훨씬 초과하고 있었다.

〈표 3〉 관리직의 여성, 1994와 2004

	1994	2004
전체 인구 중 관리자	32%	50%
학술도서관의 관리자	64%	67%

::토의

1960년대부터 1990년대까지 성별평등은 도서관 인력의 연구에 있어서 커다란 중요성을 가지는 주제였다. 여성들은 명확하게 그들이 이전에 가지고 있었던 보다 더 많은 수의 관리직을 성취하는 진전을 이루었으며 대부분의 사서들은 성별평등을 성취하려는 투쟁은 승리를 거두었다고 생각하였다. 이러한 연구가 제시하고 있는 바는 비록 여성들이 아직 학술도서관 관리직의 모든 부분에서는 그들의 전체 학술도서관 인력에서 그들의 대표권에 비례하는 대표성을 갖고 있지 못하고 있기는 하지만 그들은 커다란 진전을 이룩하였으며 따라서 실제로 관리직의 일부 부분에서는 평등을 성취하였다.

ARL도서관들에서 사서들의 64%는 여성이다(Association of Research Libraries, 2008, p.10). 비록 연구된 카네기 도서관들에서의 여성사서 비율에 대하여 이용 가능한 어떠한 정확한 통계치도 없기는 하지만, 그들이 전반적으로 학술도서관에 대하여도 비슷할 것이라는 기대하는 것은 타당한 일일 것인데 여기서 자격증을 가지고 있는 사서들의 약 70%는 여성이었다(Davis & Hall, 2007, p.20). 노동력의 평등에 대한 연구들에 있어서 흔히 이용이 된 기준은 그 노동력에서 가능한 그룹의 비율과 대비해본 관련직에서 일을 하고 있는 특정한 그룹(성별, 연령 등) 개인들의 비율이다. 일부 임의적인 차이를 피할 수 없기는 하지만 시간이 흐름에 따라 논리가 제시하는 바는 편향되지 않은 채용/승진 시스템이 개인들에 대하여 자격을 갖춘 노동력의 이용이 가능한 전체적인 시스템을 통하여 동일한 비율을 반영하게 될 것이라는 사실이다.

이러한 연구로부터의 결과는 고무적이며 여성들이 차별철폐조치법이 고등교육기관에 대하여 적용 가능하게 된 1972년 이래로 관리직에서 성취한 진전을 보여주고 있다.

1972년 이래로 ARL의 사서들은 여성들이 차지한 관리직의 비율에서 가장 큰 전진을 이룩하였다. 1972년에는 관장의 2%, 부관장의 20% 그리고 부서장의 51%가 여성이었다. 이들 비율은 그 당시 ARL 노동력에서 이용 가능했던 여성들의 비율보다 훨씬 뒤처진 것이었다.

2004년에는 이 수치가 극적으로 개선이 되었는데 관장의 61%, 부관장의 58%, 그리고 부서장의 64%가 여성이었다. 즉, 이들 비율은 64%가 여성인 전체 노동력보다 훨씬 더 나은 반영률이다.

1972년에 인문 I 도서관에 있는 관리직 지위 여성들은 더 높은 비율을 갖고 있었다(관장의 거의 34%, 부관장의 거의 60%, 그리고 부서장의 78%). 이들 도서관도 역시 여성 관리자들의 비율에 있어서 이루어졌는데 2004년에는 관장의 51%, 부관장의 74% 그리고 부서장의 75%가 여성들이었다. 노동력의 70%에 여성이 반영되게 됨으로써 여성들은 부관장 및 부서장직에 있어서는 약간 과대반영이 되었다. 하지만 그들은 여전히 관장급에서는 과소반영 됨을 유지하고 있다.

이들 비율이 의미하고 있는 바가 여성들이 학술도서관 관리직에서의 평등을 이룩하였다는 것일까? 단지 인문 I 도서관들에 있어서의 관장급만이 우려를 일으키기에 충분한 격차이다. 다른 모든 경우들에 있어서 여성의 대표권은 동등하거나 아니면 평등을 이룩하는 데 있어 5% 혹은 6% 이내에 있으며 2가지 유형의 관리직에 있어서는 여성들이 약간 과대 반영되어 있다.

이들 결과는 고무적이다. 그들은 여성들이 연구가 된 30년 동안 모든 급의 관리직에서의 그들 채용능력에 있어서 이룩한 엄청난 진전을 보여주고 있으며 오히려 좀 더 중요한 사실은 여성들이 그들의 남성 동료들과 거의 평등을 이룩하였음을 그들이 보여주고 있다는 것이다. 여전히 카네기 도서관들에 있어서는 커다란 격차가 그리고 ARL도서관들에 있어서는 그보다 적은 격차가 존재하고 있지만, 카네기 도서관들에서의 관장급을 제외하고는 모든 경우에 있어서 이러한 격차는 특정한 해의 채용방침에 있어서의 임의적인 변수로 설명이 될 수가 있을 것이다. 비록 관리자들의 비율이 학술도서관 인력에 있어서의 남성 및 여성들의 비율을 정확히 반영하는 것이 상당히 이례적인 일이기는 하지만 유일한 과대반영이 소형의 ARL이 아닌 도서관들의 하위급 관리직에서 발견이 되었다는 것은 약간은 골치가 아픈 일이다.

하지만 전체적으로 학술도서관에 있는 여성들은 대학에 있는 그들의 다른 여성 동료들보다 더 큰 평등을 이룩하였다. 최근의 미국대학교수협의회(AAUP: American Association of University Professors) 연구에 따르면 여성들은 비록 여성들이 미국에서 수여된 박사학위의 반 이상을 받고 있음에도 불구하고 여전히 종신직 및 종신예정 교수들에 있어서는 소수이다(West & Curtis, 2006). 보고서에 따르면 "여성들은 그들이 미국 기업에서 관리자 및 관장으로 일을 하는 것보다 고등교육에서의 교수로서는 더 많은 장애물에 직면하고 있다"라고 이야기하고 있다(p.7). 여성들은 "교수 지위에서는 환영을 받지 못했다"라고 그 보고서는 말하고 있으며 그들은 종신직이 적용되는 시점이 되면 "불평등한 장애물"에 맞서게 된다(p.9). 여성들은 교수 지위에서뿐만이 아니라 고등교육기관의 관리직에서도 과소반영이 되고 있다. 예를 들면 전체 4년제 대학 중 겨우 20%만이 여성학장을 보유하고 있다(American Council on Education, 2007).

학술도서관 사서는 고등교육기관의 다른 분야보다 여성에 대한 평등에 거의 도달하는 데 있어 앞서 나갔다. 물론 기억해야 할 사실은 대부분의 사서들이 여성이며 사서직은 자연스럽게 여성들을 상위급직으로 전진시키는 데 그렇게 높은 여성 비율을 갖지 못한 다른 부분보다 더 많은 성공을 거두었다. 그럼에도 불구하고 여전히 아동과 노인 보호 및 제한된 직업상의 유동성(mobility)과 같은 남성들보다 여성들에 더 많은 영향을 미치는 사회적 분야들이 있기 때문에 학술도서관들에서 관리직을 성취하는데 있어서 여성사서들에 의해 이루어진 진전은 특히 인상적이다. 여성들은 아마도 아직은 완전한 평등을 달성하지 못하였을 수도 있지만 그들은 분명히 쉽게 가닿을 수 있는 거리 내에 있다.

하지만 사서들에게 중요한 것은 그들이 그들의 이미 얻은 승리에 만족할 수는 없다는 사실을 인식해야 하는 일이다. 여성들이 성취한 순수가치는 지켜져야 하며 그것을 바탕으로 향상되어야 한다. 인종 및 민족에 대한 새로운 채용 시의 강조는 비록 전체적인 직업에는 매우 중요한 일이기는 하지만 그것들이 전체적으로 분명히 여성들에게 불리한 일이 되지 않도록 주시해야만 한다. 게다가 남성과 여성사서 사이의 계속되고 있는 급료 격차도 골치 아픈 일이며 왜 여성사서들이 그들의 남성동료들보다 낮은 급료를 받고 있는지를 알아내기 위한 추가적인 연구가 착수되어야 한다.

균등기회 제정법이 고등교육기관에까지 확장된 이후 어언 35년이 지났다. 이 1/3세기 동안에 여성사서들은 학술도서관 관리직에서의 성별 격차를 거의 없애는 데 성공하였다. 그것은 모든 사서들이 축하해야 할 성취이다. 우리는 분명히 비교적 단시간에 먼 길을 온 것이다.

참고문헌 및 미주

제1장 21세기 학술미디어센터

Notes

1. 여러 협회에서 21세기 미디어센터의 나아갈 방향을 제시한 것에 있어서, 그
협회들의 리스트가 특별하다거나 혹은 대표되는 것을 완전히 의미하지 않
는다는 것을 강조한다. 더 정확히 말하면, 예를 들어 나는 내가 알고 있는
것들 중에서 작은 정보라도 여기서 같이 공유하였다(워싱턴대학으로부터의
정보를 포함하여).
2. 2008년도 Villier의 강의계획서의 내용이다.

References

Association of Research Libraries (ARL). (February 2009). Transformational Times; An
environmental scan prepared. for the ARL strategic plan review task force.
Retrieved August1, 2009, from http://www.arl.org/bm-doc/ transforma-mational
-times.pdf

Besser, H. (March 2009). Circulating video collection encompass rare material that may
need preservation. Poster presented at the Association of College and Research
Libraries 14th National Conference.

Council on Library and Information Resources(CLIR). (2008. August) No brief candle:
Reconceiving research libraries for the 21st century. CLIR pub 142. Retrieved
August 1, 2009. from http://www.clir.org/pubs/reports/ pub142/pub142.pdf

Florida State University Subject Guides-Multimedia Services: Production & Resources.
(n.d.). Retrieved August 3, 2009, from http://guides.lib.fsu.edu/ multimedia

Kaufman, P., & Mohan, J. (2009, June). Video use and higher education: Options for
the future. Retrieved August 15, 2009. from http://library.nyu.edu/ about/Video_
Use_in_Higher_Education.pdf

Seattle Metblogs. (2009, August 7). Live from the Croc: Listen on Aug 11. Retrieved August 7, 2009. from http://seattle.metblogs.com/2009/08/07 /live-from-the-croc-listen-on-aug-11/

University of Berkeley Library, Media Resources Center. (2009,July 21). (Blog). Retrieved August 7. 2009. from http://blogs.lib.berkeley.edu/mrc.php

University of Maryland, Baltimore County. Albin O. Kuhn Library & Gallery (n.d.). Library media tutorials and Web tour. Retrieved August 7, 2009. from http://aok.lib.umbc.edu/media/tutorials/

University of Washington, Learning and Scholarly Technologies. (n.d.). Technology spaces. Retrieved August 7, 2009. from http://www.washington.edu/ 1st/technology_ spaces

_____, University Libraries. (n.d.). UW Chamber Dance Company archive. Retrieved August 7, 2009. from ttp://www.lib. washington.edu/media/ cdc.html

_____, University Libraries. (n.d.). Libraries+radio=LibRodio. Retrieved August 7, 2009. from http://www.lib.washington.edu/media/ libradio.html

_____, University Libraries. (n.d.). Netflix for instructors. Retrieved August 7, 2009. from http://www.lib.washington.edu/media/ netflix.html

_____, University Libraries. (n.d.). Online media. Retrieved August 7, 2009. from http://www.lib.washington.edu/media/online_av.html

_____, Libraries Media Center. (n.d.). (YouTube channel) Retrieved August 7, 2009. http://www.youtube.com/user/uwmediacenter

Villier, John. (2008, January 8). Puget Sounds-Documenting music cultures close to home. Retrieved August 7, 2009. from http://faculty.washington.edu/ vallier/ps_ syllabus.html

Widzinski, L. (2001). The Evolution of media Librarianship: a tangled history of change and constancy. Simile, 1(3)

제2장 사서 블로그의 탐색적 분석

Adamic, L. and Glance, N. (2005), "The political blogosphere and the 2004 US election: divided they blog", paper presented at the WWW 2005 Blog Workshop, available at: www.blogpulse.com/papers/2005/ AdamicGlance BlogWWW.pdf (accessed 24 March 2008).

Aharony, N. (2009), "Librarians and information scientists blogsphere: an exploratory analysis", Library and Information Science Research, Vol. 31, pp.174-81.

_____. and Bronstein, J. (2008), "The educational technology blogosphere: an exploratory analysis", paper presented at the ASMI Conference, Haifa.

Alcock, M. (2003), "Blogs-what are they and how do we use them?", Quill, Vol. 103 No. 8, available at: alia.org.au/groups/quill/issues/2003.8/blogs.html (accessed 24 March 2008).

Babbie, E. and Mouton, J. (2001), The Practice of Social Research, Oxford University Press, Oxford.

Bar-Ilan, J. (2000), "The web as an information source on informetrics? A content analysis", Journal of the American Society for Information Science, Vol. 51 No. 5, pp.432-43.

_____. (2005), "Information hub blogs", Journal of Information Science, Vol. 31 No. 4, pp.297-307.

_____. (2007), "The use of Weblogs (blogs) by librarians and libraries to disseminate information", Information Research, Vol. 12 No. 4, paper 323, available at: http://InformationR.net/ir/12-4/paper323.html (accessed 2 March 2008).

Benkler, Y. (2006), The Wealth of Networks: How Social Production Transforms Markets and Freedom, Yale University Press, New Haven, CT. Blood, R. (2004), "How blogging software reshapes the online community", Communications of the ACM, Vol. 47 No. 12, pp.53-5.

Doctorow, C., Dornfest, F., Johnson, J. and Powers, S. (2002), Essential Blogging, O'Reilly and Associates, Sebastopol, CA.

Dvorak, J. C. (2002), "The blog phenomenon", PC Magazine, available at: www.pcmag.com/article2/0,1759,81500,00 (accessed 21 March 2008).

Farkas, M. (2008), "Information wants to be free", available at: http:// meredith. wolfwater.

com/wordpress/2008/09/08/how-i-got-started-blogging/ (accessed 22 September 2008).

Gossett, J. L. and Byrne, S. (2002), "Click here: a content analysis of internet rape sites", Gender and Society, Vol. 16 No. 5, pp.689-709.

Graham, B. L. (2002), "Why I weblog: a rumination on where the hell I'm going with this website", in Rodzvilla, J. (Ed.), We've Got Blog: How Weblogs are Changing our Culture, available at: www.bradlands.com/words/maybe/ maybe02.html (accessed 22 May 2008).

Haberman, J. (2005), "Analysis of the usage and value of weblogs as a source of business news and information", available at: http://blog.jackvinson.com/ documents /Report (accessed 20 May 2008).

Hall, A. and Davison, B. (2007), "Social software as support in hybrid learning environments: the value of the blog as a tool for reflective learning and peer support", Library and Information Science Research, Vol. 29 No. 2, pp.163-87.

Hargittai, E. (2003), "Blog types", available at: http://campuscgi.princeton.edu/, eszter/ weblog/archives/00000191.html (accessed 2 March 2008).

Herring, S. C., Scheidt, L. A., Kouper, I. and Wright, E. (2006), "A longitudinal content analysis of weblogs: 2003-2004", in Tremayne, M. (Ed.), Blogging, Citizenship, and the Future of Media, Routledge, London, pp.3-20.

Kabanoff, B. (1996), "Computers can read as well as count: how computer-aided text analysis can benefit organizational research", Journal of Organizational Behavior, Vol. 3, pp.1-21.

Kelly, B. (2008), "Exploiting the potential of blogs and social networks", available at: www.ukoln.ac.uk/web-focus/events/seminars/museum-heritage-show-2008/(accessed 10 February 2009).

King, D. L. (2008), "David Lee King", available at: www.davidleeking.com/ (accessed 26 September 2008).

Krippendorff, K. (1980), Content Analysis: An Introduction to its Methodology, Sage Publications, Thousand Oaks, CA.

Lasica, J. D. (2005), "Blogging as a new form of journalism: weblogs offer vital, creative outlet for alternative voices", in Rodzilla, J. (Ed.), We've Got Blog: How Weblogs are Changing our Culture, available at: www.ojr.org/ ojr/workplace /1060217106.php (accessed 26 May 2008).

McMillan, S. (2000), "The microscope and the moving target: the challenge of applying content analysis to the World Wide Web", Journalism and Mass Communication Quarterly, Vol. 77 No. 1, pp.80-98.

Maness, J. (2006), "Library 2.0 theory: Web 2.0 and its implications for libraries", available at: www.webology.ir/2006/v3n2/a25.html (accessed 26 September 2008).

Marketingterms.com (2007), "Blogs", available at: www.marketingterms.com/ dictionary/ blog/(accessed 26 April 2008).

Mernit, S. (2003), "Blogger classifications: some thoughts", available at: http://susanmernit. blogspot.com/archives/2003_10_05_susanmernit_archive.html#1065547426350 66352 (accessed 26 May 2008).

Merriam Webster Online (2004), "Blogs", available at: www.merriam-webster.com/ dictionary/blogs (accessed 26 April 2008).

Murphy, J. (2008), "Better practices from the field: micro-blogging for science and technology libraries", Science and Technology Libraries, Vol. 28 No. 4, pp.375-8.

Nardi, B. A., Schiano, D. J., Gumbrecht, M. and Swartz, L. (2004), "Why we blog", Communications of the ACM, Vol. 47 No. 12, pp.41-6.

Neuendorf, K. A. (2002), The Content Analysis Guidebook, Sage Publications, Thousand Oaks, CA.

Notess, G. R. (2008), "Searching the Twitter realm", Searcher, Vol. 32 No. 4, pp.43-5.

Paul, M. J. (2001), "Interactive disaster communication on the internet: a content analysis of sixty-four disaster relief home pages", Journalism and Mass Communication Quarterly, Vol. 78 No. 4, pp.739-53.

Prescott, L. (2007), "Hitwise US consumer generated media report", available at: www.hitwise.com/ (accessed 10 February 2009).

Salant, A. (2006), "Evaluation of information on the web: new perspectives", available at: http://portal.macam.ac.il/ArticlePage.aspx?id¼1231&referer¼Default.aspx? (accessed 26 September 2008).

Stephens, M. (2007a), "Web 2.0, Library 2.0, and the hyperlinked library", Serials Review, Vol. 33 No. 1, pp.253-6.

_____. (2007b), "Messaging in a 2.0 world: Twitter and SMS", Library Technology Reports, Vol. 43 No. 5, pp.62-6.

Still, J. (2001), "A content analysis of university library web sites in English speaking countries", Online Information Review, Vol. 25 No. 3, pp.160-4.

Technorati (2008), "State of the Blogosphere/2008", available at: www.technorati. com/blogging/state-of-the-blogosphere/ (accessed 2 October 2008).

Thompson, G. (2003), "Weblogs, warblogs, the public sphere, and bubbles", Transformations, Vol. 7, available at: http://transformations.cqu.edu.au/ journal/issue_2007/article_ 2002 (accessed 22 May 2008).

Turgeon, M. C. (2004), "10 reasons why blogging is good for you", available at: http://mcturgeon.com/blog/2004/11/24/10reasonstoblog/ (accessed 25 May 2008).

Webopedia (2004), "Blog", available at: webopedia.com/TERM/b/blog.html (accessed 28 May 2008).

Further reading

Kirschner, P. A. (2001), "Using integrated electronic environments for collaborative teaching/learning", Learning and Instruction, Vol. 10 No. 1, pp.1-9.

제3장 도서관 정보시스템의 웹서비스와 위젯

1. 위젯(widget)의 사전적 의미는 '소형 장치' 또는 '부품'이다. 컴퓨터 분야에서 사용되는 위젯이라는 용어는 이용자와 응용프로그램·운영체계와의 상호 작용을 보다 원활하게 지원해주는 그래픽 유저 인터페이스(GUI: 그래픽을 통해 작업할 수 있는 환경을 뜻하는 말로, 마우스를 이용하여 화면의 메뉴 중 하나를 선택하여 작업하는 형태)의 하나인 미니 응용프로그램(응용프로 그램, 소프트웨어)을 의미한다. 다시 말하면 날씨·계산기·시계와 같은 유용한 기능과 각종 정보(콘텐츠)를 담고 있는 작은 크기의 응용프로그램으로, 바로가기(단축) 아이콘 형태로 만들어 PC 또는 모바일(휴대폰)이나 블로그·카페·개인 홈페이지 등으로 퍼가거나 다운로드할 수 있게 만듦으로써 웹브라우저를 통하지 않고도 이를 클릭만 하면 해당 서비스를 바로 이용할 수 있도록 만든 것이다. 일종의 모음 유틸리티 프로그램으로 사용자가 정보를 얻기 위하여 여러 웹페이지를 방문하지 않아도 되며, PC 또는 웹에서 독립적인 구동이 가능하다.

다음 위젯뱅크, 야후 위젯, 구글 데스크톱, 위자드 팩토리 등의 서비스에서 제공하는 다양한 위젯 중 자신에게 필요한 것을 퍼오거나 다운로드하여 사용할 수 있다. 위젯의 종류는 달력·계산기·시계·날씨·일정관리·메모장 등 유용한 기능에서부터 게임음악 등의 엔터테인먼트 분야, 주식·환율·도서·채용·생활정보 등 각종 정보, 지도·뉴스 서비스 등으로 아주 다양하다. 위젯은 설치환경에 따라 데스크톱 위젯, 웹 위젯, 모바일 위젯으로 나뉜다.

데스크톱 위젯은 PC에서 구동되는 위젯을 뜻하는 말로, 특별히 가젯(Gadget)이라고 불린다. 가젯은 PC의 바탕화면에 배치되는데 윈도비스타와 XP에서 제공하는 데스크톱 사이드바 가젯, 구글 데스크톱을 깔면 제공되는 구글 가젯 등이 있다. 웹페이지 접속 없이 PC 구동과 함께 정보를 실시간으로 제공받을 수 있지만 서비스 제공자마다 고유의 위젯 엔진을 제공하기 때문에 위젯 상호 간의 호환이 불가능하다는 단점이 있다.

웹 위젯은 HTML 기반의 웹 페이지나 블로그·카페 등에서 사용할 수 있는데 DB가 웹에 있어 데이터 동기화가 필요 없고, 위젯이 설치된 블로그에 방문하는 사용자들에게 노출되어 '퍼가기' 기능을 통해 쉽게 전파될 수 있다. 모바일 위젯은 단말기 대기화면에서 바로가기 기능을 수행할 수 있으며, 애플사의 앱스토어(Appstore), SK 텔레콤의 티스토어(Tstore) 등을 통해 원하는 위젯 즉 모바일 응용프로그램을 다운로드하여 사용할 수 있다. (출처: 네이버 백과사전)

2. Nicole Engard, ed., Library Mashups-.Exploring New Ways to Deliver Library Data(Medford, N.J.: Information Today, 2009); Andrew Darby and Ron Gilmour, "Adding Delicious Data to Your Library Website," Information Technology & Libraries 28, no.2 (2009): 100-03.

3. 매시 업은 웹서비스나 공개 API를 제공하는 업체들에서 데이터를 받아 전혀 다른 새로운 서비스나 융합 응용프로그램을 만들어내는 것. 구글이 공개한 검색 관련 응용 프로그램 인터페이스(API)와 지도 관련 API, 그리고 기타 여러 웹 서비스 정보들을 혼합하여 부동산 매매에 응용(예: HousingMaps.com)한 것처럼 다수의 정보원으로부터 제공되는 콘텐츠를 조합하여 하나의 서비스로 제공하는 웹 사이트 또는 응용프로그램을 가리킨다. 팝 뮤직에서 처음 사용되기 시작한 매쉬업은 아티스트나 디스크자키가 두 곡 또는 그 이상의 곡을 섞어 하나의 곡으로 연주하는 것을 의미한다.

4. Monica Brown-Sica, "Playing Tag in the Dark: Diagnosing Slowness in Library Response Time," Information Technologies & Libraries 27, no. 4 (2008): 29-2.

5. Dapper, "Dapper Dynamic Ads," http://www.dapper.net/ (accessed June 19, 2009); Yahoo!, "Pipes," http://pipes.yahoo.com/pipes/ (accessed June 19, 2009).

6. Jennifer Bowen, "Metadata to Support Next-Generation Library Resource Discovery: Lessons from the Extensible Catalog, Phase 1," Information Technology & Libraries 27, no. 2 (2008): 6-9; John Blyberg, "ILS Customer Bill-of-Rights," online posting,

Blyberg.net, Nov. 20, 2005, http://www.bly berg.net/2005/11/ 20/ils-customer-bill-of-rights/ (accessed June 18, 2009).

7. Douglas Crockford, "The Application/JSON Media Type for JavaScript Object Notation (JSON)," memo, The Internet Society, July 2006, http://www.ietf.org/rfc/rfc4627.txt (accessed Mar. 30, 2010).

8. Google, "Who's Using the Book Search APIs?" http://code.google.com/apis/books/casestudies/ (accessed June 16, 2009).

9. 정보기술에서, 레거시 프로그램과 데이터는 프로그래밍 언어, 플랫폼 그리고 기술 등에 있어, 과거로부터 물려 내려온 것들을 의미한다. 컴퓨터를 사용하는 대부분의 기업들은 중요한 업무를 처리하는 레거시 응용프로그램들과 데이터베이스를 가지고 있다. 문제는, 대체로 새로운 기술과 프로그래머의 솜씨를 사용한 새롭고 보다 효율적인 코드로 변환하는 동안, 레거시 프로그램을 계속 운영시켜야 하는데 있다. 과거에는 많은 프로그램들이 특정 업체의 운영체계에 맞게 작성되어왔다. 현재 많은 회사들이 자신들의 레거시 프로그램들을 개방형이나 표준 프로그래밍 인터페이스를 따르는 새로운 프로그래밍 언어와 운영체계에 맞게 변환하고 있다. 미래에는 응용프로그램들을 재작성하지 않고 새롭게 갱신하는 일이 보다 쉬워질 것이며, 기업들은 어떤 회사의 운영체계에서도 자신들의 응용프로그램을 그대로 사용할 수 있게 될 것이다. 새로운 언어로 바꾸는 것 외에도, 기업들은 응용 프로그램과 데이터의 위치를 재배치하고 있다. 일반적으로 레거시 시스템들은 그것들을 개발했던 플랫폼에서만 운영될 수 있었다. 대체로 새로운 개발환경은 레거시 시스템과 데이터를 계속 지원해야할 필요에 대해 책임을 진다. 많은 새로운 도구들을 이용하여, 새로운 프로그램이 레거시 데이터베이스들을 액세스할 수 있다.

10. Innovative Interfaces, "Millennium ILS," http://www.iii.com/products/millennium_ils.shtml (accessed June 19, 2009).

11. 스크린 스크래핑은 인터넷 스크린에 보이는 데이터 중에서 필요한 데이터만을 추출하도록 만들어진 프로그램으로 웹 스크래핑이라고도 한다. 각 사이트로부터 데이터를 수집해 오는 기술, 일정 포맷으로 변환하는 기술, 스크래핑 구동 기술이 핵심이다. 구조 형태에 따라 서버 의존형, 클라이언트 의존형, 혼합형으로 구분된다. 이용 분야로는 계좌 통합 관리 분야(각 금융기관에 흩어져 있는 금융 자산을 통합해 한 번에 조회, 이체 등의 거래를 하고 관리함), 이메일 통합 조회(여러 웹 메일을 사용하는 경우 한 번에 종합 확인), 호텔, 항공사, 렌터카, 주유소 마일리지 등 각종 보상 프로그램

활용, 전자 상거래에서 경매 진행상황 추적, 물류 서비스의 배송 정보 추
적, 뉴스, 날씨 등이 있다.

12. Joint Information Systems Committee, "TicTOCs Journal Tables of Contents Service," http://www.t ictocs.ac.uk/ (accessed June 18, 2009).

13. 크론 잡은 주기적으로 반복되는 일을 자동적으로 실행될 수 있도록 설정해 놓는 것이다.

14. Mark Dahl, Kyle Banarjee, and Michael Spalti, Digital Libraries: Integrating Content and Systems (Oxford, United Kingdom: Chandos, 2006).

15. John Ockerbloom et al., "DLF ILS Discovery Interface Task Group (ILS-DI) Technical Recommendation," (Dec. 8, 2008), http://diglib.org/architectures/ ilsdi/DLF_ILS_Discovery_1.1.pdf (accessed June 18, 2009).

16. International Organization for Standardization, "Information and Documentation-chema for Holdings Information," http://www.iso.org/iso/catalogue_detail.htm? csnumber=39735 (accessed June 18, 2009)

17. National Information Standards Organization, "ANSI/NISO Z39.50-nformation Retrieval: Application Service Definition and Protocol Specification," (Bethesda, Md.: NISO Pr., 2003), http://www.loc.gov/z3950/agency/Z39-50-2003.pdf (accessed May 31, 2010).

18. Ross Singer and James Farrugia, "Unveiling Jangle: Untangling Library Resources and Exposing Them through the Atom Publishing Protocol," The Code4Lib Journal no. 4 (Sept. 22, 2008), http://journal.code4lib.org/articles/109 (accessed Apr. 21, 2010); Roy Fielding, "Architectural Styles and the Design of Network-Based Software Architectures" (PhD diss., University of California, Irvine, 2000); J. C. Gregorio, ed., "The Atom Publishing Protocol," memo, The Internet Engineering Task Force, Oct. 2007, http://bitworking.org/projects/ atom/rfc5023.html (accessed June 18, 2009).

19. 근원 상호 간의 자원공유(cross-origin resource sharing): 브라우저 기술사양으로 웹서비스가 인터페이스를 제공하는 방식을 의미한다.

20. World Wide Web Consortium, "Cross-Origin Resource Sharing: W3C Working Draft 17 March 2009," http://www.w3.org/TR/access-control/ (accessed June 18, 2009).

21. OCLC Online Computer Library Center, "Worldcat and Cataloging Documentation," http://www. oclc.org/support/documentation/worldcat/default.htm (accessed June 18, 2009).

22. F. Curbera et al., "Unraveling the Web Services Web: An Introduction to SOAP, WSDL, and UDDI," IEEE Internet Computing 6, no. 2 (2002): 86-3.

23. OCLC Online Computer Library Center, "OCLC Web Services," http://www.worldcat. org/ devnet/wiki/Services (accessed June 18, 2009); International Federation of Library Associations and Institutions Study Group on the Functional Requirements for Bibliographic Records, "Functional Requirements for Bibliographic Records: Final Report," http://www.ifla.org/ files/cataloguing/frbr/ frbr_2008.pdf (accessed Mar. 31, 2010).

24. Yahoo!, "The Yahoo! User Interface Library(YUI)," http://developer.yahoo. com/yui/ (accessed June 18, 2009); Dojo Foundation, "Dojo-he JavaScript Toolkit," http://www.dojotoolkit.org/ (accessed June 18, 2009).

25. Google, "Gadgets.* API Developer's Guide," http://code.google.com/apis/ gadgets/docs/ dev_guide.html (accessed June 18, 2009).

26. Daniel Chudnov, "COinS for the Link Trail," Library Journal 131 (2006): 8-0.

27. LibraryThing, "LibraryThing," http://www.librarything.com/widget.php (accessed June 19, 2009).

28. Robert Wallis, "Juice-avaScript User Interface Componentised Extensions," http:// code.google.com/ p/juice-project/ (accessed June 18, 2009).

29. Jeffrey Wong and Jason Hong, "Making Mashups with Marmite: Towards End-User Programming for the Web" Conference on Human Factors in Computing Systems, San Jose, California, April 28-ay 3, 2007: Conference Proceedings, Volume 2 (New York: Association for Computing Machinery, 2007): 1435-4; Guiling Wang, Shaohua Yang, and Yanbo Han, "Mashroom: End-User Mashup Programming Using Nested Tables" (paper presented at the International World Wide Web Conference, Madrid, Spain, 2009): 861-0; Nan Zang, "Mashups for the Web-Active User" (paper presented at the IEEE Symposium on Visual Languages and Human-Centric Computing, Herrshing am Ammersee, Germany, 2008): 276-7.

제4장 MyLibrary의 구조와 도구

1. Keith Morgan and Tripp Reade, "ioneering Portals: MyLibrary@NCState," Information Technology and Libraries 19, no. 4 (Dec. 2000): 191-8.

2. The author has identified at least four MyLibrary@NCState implementations still up and running from across the world, including The Wellington City Libraries in New Zealand, www.wcl.govt.nz/ mylibrary (accessed Feb. 19, 2008); the Buswell Library

Electronic Access Center of Wheaton College, http://libweb. wheaton.edu/mylibrary (accessed Feb. 19, 2008); the Biblioteca Mario Rostoni at the Universita Carlo Cattaneo, http://mylibrary.liuc.it/mylibrary (accessed Feb. 19, 2008); and Auburn University, http://mylibrary.auburn.edu (accessed Feb. 19, 2008).

3. Anne Ramsden, James McNulty, Fiona Durham, Helen Clough, and Nicola Dowson created MyOpenLibrary for the OpenUniversity in the United Kingdom. "yOpenLibrary is an online personalised library system developed for Open University students and staff. Every individual user can have a virtual library 'helf'or space which is tailored to meet their particular needs. The system is based on the MyLibrary software originally developed at North Carolina State University and now supported at Notre Dame University. The software has a simple basic interface, groups resources under clear headings, and provides a tick box facility for selecting and removing resources. Users sign in because it is a personalised service, but then they can customise the colour and settings of their page according to need, and if they are familiar with the Internet, they add their own personal favourite links. There is a quick search facility for searching individual databases and Internet search engines. The system is currently being used by 20 Open University courses and this is expected to increase year on year. For more information see http://myopenlibrary. open.ac.uk/." MyOpenLibrary includes 80,768patrons(79% of the total student population of OpenUniversity), 111disciplines, 12,731e-books, 500databases, and 38,708journals. From personal correspondence between the author and James McNulty (Feb. 19, 2008).

4. "he LANL implementation of MyLibrary@LANL is an object oriented redesign of the Mylibrary source code created by Eric Lease Morgan of North Carolina State University. The code was designed by two summer students Andres Monroy-Hernandez and Cesar Ruiz-Meraz from Monterrey, Mexico. The code is currently maintained by Mariella di Giacomo and Ming Yu." From http:// library.lanl.gov/lww/mylibweb.htm (accessed Feb. 19, 2008).

5. A search against Google for "ylibrary" returns myriad results, many of which are MyLibrary-like applications and services. Representative samples include MyLib of Malaysia' National Digital Library, www.mylib.com.my (accessed Feb. 19, 2008); My Library of Hennepin County Library, www.hclib.org/ pub/ipac/MyLibrary.cfm (accessed Feb. 19, 2008); and MyLibrary of Coastal Carolina University, www.coastal. edu/library/ mylibrary.html (accessed Feb. 19, 2008).

6. Susan Gibbons, "uilding Upon the MyLibrary Concept to Better Meet the Information

Needs of College Students," D-Lib Magazine 9, no. 3 (Mar. 2003), www.dlib.org/ dlib/march03/gibbons/03gibbons.html (accessed Feb. 19, 2008).

7. Steve Brantley, Annie Armstrong, and Krystal M. Lewis, "sability Testing of a Customizable Library Web Portal," College and Research Libraries 67, no. 2 (Mar. 2006): 146-3, www.ala.org/ala/acrl/acrlpubs/ crljournal/backissues2006a/ marcha/Brantley06.pdf (accessed Feb. 19, 2008).

8. Udi Manber, Ash Patel, and John Robison, "xperience with personalization on Yahoo!" Communications of the ACM 43, no. 8 (Aug. 2000): 35-9.

9. Net::OAI::Harvester, http://search.cpan.org/dist/OAI-Harvester (accessed Feb. 19, 2008).

10. MARC::Record, http://search.cpan.org/dist/MARC-Record (accessed Feb. 19, 2008).

11. Search is a function best supported by an indexer, not a relational database. Relational databases are tools for organizing and maintaining data. Through the process of normalization, relational databases store data unambiguously and efficiently. Because relational databases store their information in tables, records, and fields, it is necessary to specify the tables, records, and fields when querying a database. This requires the user to know the structure of the database. Moreover, standard relational databases do not support full-text searching nor relevance-ranked output. Indexers excel at search. Given a stream of documents, indexers parse tokens (words) and associate them with document identifiers. Searches against indexes return document identifiers and provide the means to retrieve the documents without the necessary knowledge of the index' structure. Indexers are weak at data maintenance. In a welldesigned database, authority terms can be updated in a single location and reflected throughout the database. Indexers do not support such functionality. Databases and indexers are two sides of the same information retrieval coin. Together they form the technological core of library automation. 20 IN FORMATION ECHNOLOGY AND LIBRARIES september 2008.

12. There are a growing number of open-source indexers available on the Web, including Swish-e, http://swish-e.org (accessed Feb. 19, 2008); KinoSearch, www.kinosearch.com/ kinosearch (accessed Feb. 2008); Zebra, http://indexdata.com/zebra (accessed Feb. 19, 2008); and Lucene, http://lucene .apache .org (accessed Feb. 19, 2008).

13. The canonical home page for MyLibrary version 3.x is http://mylibrary.library.nd.edu (accessed Feb. 19, 2008).

Bilder, G. W. "In Google We Trust?" Journal of Electronic Publishing 9.1 (2006). Web. 1 May 2009. http://hdl.handle.net/2027/spo.3336451.0009.101

Campbell, J. "Changing a Cultural Icon: The Academic Library as a Virtual Destination."EDUCAUSE Review 41.1 (2006): 16-31. Print.

Childwise (2009). "ChildWise Monitor Trends Report 2008 Norwich: Childwise, 2008" as described in The Guardian for 19th January 2009. Web. 1 May 2009. http://www.guardian.co.uk/media/2009/jan/19/ internetgeneration-parents

CIBER. Information Behaviour of the Researcher of the Future. London: CIBER, 2007. Web. 1 May 2009. http://www.bl.uk/news/pdf/googlegen.pdf

CLIR. No Brief Candle: reconceiving research libraries for the 21st Century. Washington: Council on Library and Information Resources, 2008. Print. del.icio.us. 2009. Web. 1 July 2009. http://delicious.com/derek law

Emory University. The Trans-Atlantic Slave Trade Database Project. 2008. Web. 1 July 2009. http://metascholar.org/TASTD-Voyages/

Gantz, J. F. The diverse and expanding digital universe: An Updated Forecast of Worldwide Information Growth Through 2011. Framingham, MA: IDC, 2008. Web. 1 May 2009. http://www.emc.com/collateral/analyst-reports/ diverseexploding -digital-universe.pdf

Globe and Mail. 2008. Web 1 May 2009. For a recent Canadian example see http://www.theglobeandmail.com/servlet/story/RTGAM.20080324.wrgoogle24/ BNStory/incubator

Lowry, C. Transformational Times: An Environmental Scan Prepared for the ARL Strategic Plan Review Task Force. Washington, DC: Association of Research Libraries, 2009. Print.

Milne, R. A description coined by Ronald Milne of the British Library. Personal communication, 19 June 2008.

OCLC. College Students' Perceptions of Libraries and Information Resources: A Report to the OCLC Membership. Dublin, OH: OCLC, 2006. Print.

Prensky, M. "Digital Natives, Digital Immigrants." On the Horizon 9.5 (2001a): 1-6. Print.

_____. "Digital Natives, Digital Immigrants Part 2: Do they really think differently?" On the Horizon 9.6 (2001b): 1-6. Print.

Raw Story, 2006. Web. 1 July 2009. One case is described at http:// www.rawstory. com/news/2006/Gagged_librarians_break_silence_on_Patriot_0531.html

SCONUL. Information skills in higher education. Briefing Paper. London: SCONUL, 1999. Web 1 May 2009. http://www.sconul.ac.uk/groups/ information_literacy/ papers/Seven_pillars2.pdf

_____. Learning Outcomes and information literacy. London: SCONUL, 2004. Web. 1 May 2009. http://www.sconul.ac.uk/groups/information_literacy/ papers/ outcomes.pdf

University Grants Committee. Report of the Committee on Libraries [The Parry Report] London: HMSO, 1967. Print.

_____. Report, 3 February. (Cmd. 1163) London: HMSO, 1921. Print.

University of Virginia. Valley of the Shadow, 2007. Web. 1 July 2009 http://valley.vcdh. virginia.edu/

Winiata, Whatarangi. Repositories of R̈op̈u Tuku Iho: A Contribution to the Survival of M̈aori as a People. Keynote address, LIANZA Conference, Wellington, 2002. Web. http://www.lianza.org.nz/library/files/store_019/ WhatarangiWiniata.pdf

제6장 디지털화 프로그램 재구성의 성공요인과 전략계획

1. Institute for Museum and Library Services, "Status of Technology and Digitization in the Nation's Museums and Libraries 2002 Report," May 23, 2002, www.imls.gov/publications/TechDig02/ 2002Report.pdf (accessed Mar. 1, 2009).

2. Institute for Museum and Library Services, "Status of Technology and Digitization in the Nation's Museums and Libraries 2006 Report," Jan. 2006, www.imls.gov/ resources/TechDig05/ Technology%2BDigitization. pdf (accessed Mar. 1, 2009).

3. Rebecca Mugridge, Managing Digitization Activities, SPEC Kit 294 (Washington, D.C.: Association of Research Libraries, 2006): 11.

4. Ross Housewright and Roger Schonfeld, "Ithaka's 2006 Studies of Key Stakeholders in the Digital Transformation in Higher Education," Aug.18,2008, www.ithaka.org /research/Ithakas%202006% 20Studies% 20of%20Key%20Stakeholders% 20in%20the%20 Digital%20Transformation%20in%20Higher%20Education.pdf (accessed Mar 1, 2009).

5. Ibid.

6. University of Nevada, Las Vegas University Libraries, "Jeanne Russell Janish, Botanical Illustrator: Landscapes of China and the Southwest," Oct. 17, 2006, http://library. unlv.edu/speccol/ janish/ index.html (accessed Mar. 1, 2009).

7. University of Nevada, Las Vegas University Libraries, "Early Las Vegas," http:// digital.library. unlv.edu/early_las_vegas/earlylasvegas/earlylasvegas.html (accessed Mar. 1, 2009).

8. Arlitsch, Kenning, and Jeff Jonsson, "Aggregating Distributed Digital Collections in the Mountain West Digital Library with the CONTENTdm Multi-site Server," Library Hi Tech 23, no. 2 (2005): 221.

9. Institute for Museum and Library Services, "Status of Technology and Digitization in the Nation's Museums and Libraries 2006 Report."

10. Michael Boock and Ruth Vondracek, "Organizing for Digitization: A Survey," portal: Libraries and the Academy 6, no. 2 (2006), http://muse.jhu.edu/ journals/ portal_libraries_and_the_academy/v006/ 6.2boock.pdf (accessed Mar. 1, 2009).

11. Mugridge, Managing Digitization Activities, 12.

12. Institute for Museum and Library Services, "Status of Technology and Digitization in the Nation's Museums and Libraries 2006 Report."

13. Brad Eden, "Managing and Directing a Digital Project," Online Information Review 25, no. 6 (2001), www.emeraldinsight.com/Insight/viewPDF.jsp?content Type=Article&Filename =html/Output/Published/ EmeraldFullTextArticle/Pdf/ 2640250607.pdf (accessed Mar. 1, 2009).

14. Mugridge, Managing Digitization Activities, 32-3.

15. Boock and Vondracek, "Organizing for Digitization: A Survey."

16. University of Nevada, Las Vegas University Libraries, "University Libraries Strategic Goals and Objectives," June 1, 2005, www.library.unlv.edu/about/ strategic_goals. pdf (accessed Mar. 1, 2009).

17. Mugridge, Managing Digitization Activities, 20.

18. Ibid, 48.

19. University of Nevada, Las Vegas University Libraries, "Showgirls," http://digital.library.unlv.edu/ showgirls/ (accessed Mar. 1, 2009).

20. University of Nevada, Las Vegas University Libraries, "Nevada Test Site Oral History Project," http://digital.library.unlv.edu/ntsohp/ (accessed Mar. 1, 2009).

21. University of Nevada, Las Vegas University Libraries, "Southern Nevada: The

Boomtown Years," http://digital.library.unlv.edu/boomtown/ (accessed May 15, 2009).

22. Mugridge, Managing Digitization Activities, 40.

제7장 학술도서관의 미래를 위한 도전 과제

1. OCLC. Membership Report, "OCLC. Perceptions of Libraries and Information Resources." Available online at www.oclc.org/reports/2005perceptions.htm. (accessed 1 February 2010).

2. World Commission on Environment and Development, Our Common Future (New York: Oxford University Press, 1987), 43.

3. University Leaders for Sustainable Future, Talloires Declaration (Talloires: ULSF, 1990. Available online at www.ulsf.org/programs_talloires_td.html. (accessed 1 February 2010).

4. CONCERN, Inc. and American Library Association Social Responsibilities Round Table. Task Force on the Environment, "Libraries Build Sustainable Communities," in Three Dynamics of Sustainable Communities: Economy, Ecology, and Equity. Available online at www.ala.org/ala/srrt/tfoe/ lbsc/ librariesbuildsustainablecom-munitiesthree.htm. (accessed 1 February 2010).

5. C. Judson King, Harley, S. Earl-Novell, J. Arter, S. Lawrence, and I. Perciali, Scholarly Communication: Academic Values and Sustainable Models. (Center for Studies in Higher Education, Paper CSHE-16-06, 2005-006), 2. Available online at http://cshe.berkeley.edu//researchscholarly communication/scholarlycomm_ proposal.pdf. (accessed 1 February 2010).

6. Laura Brown, Rebecca Griffiths, and Matthew Rascoff, University Publishing in a Digital Age. Ithaka Report (July 2007). Available online at www.ithaka.org/ strategic-services/Ithaka%20University% 20Publishing%20Report.pdf. (accessed 1 February 2010).

7. Robert Schroeder and Gretta E. Siegel, "A Collaborative Publishing Model for Sustainable Scholarship," Journal of Scholarly Publishing 37, no. 2 (Jan. 2006): 86-8.

8. Kevin Guthrie and Wendy Lougee, "The JSTOR Solution: Accessing and Preserving the Past,"Library Journal 122, no. 2 (Feb. 1997): 42-4.

9. Seamus Ross and Margaret Hedstrom, "reservation Research and Sustainable Digital Libraries,"International Journal of Digital Libraries 5 (Aug. 2005): 317-4.

10. Institute of Museum and Library Services, "Status of Technology and Digitization in the Nation' Museums and Libraries"(2006). Available online at www.imls.gov/resources/TechDig05Technology% 2BDigitization.pdf. (accessed 1 February 2010).

11. Howard Besser, "The Next Stage: Moving from Isolated Digital Collections to Interoperable Digital Libraries," First Monday 7, no. 6 (June 2002). Available online at http://firstmonday.org/ htbin/cgiwrap/bin/ojs/index.php/fm/article/view/ 958/0. (accessed 1 February 2010).

12. Lawrence Lessig, The Future of Ideas: The Fate of the Commons in a Connected World (New York: Vintage, 2002); Don Schiller, How to Think About Information (Urbana, Ill.: University of Illinois Press, 2007).

13. Brian Lavoie, "The Fifth Blackbird: Some Thoughts on Economically Sustainable Digital Preservation," D-Lib Magazine 14, no. 3/4 (Mar./Apr. 2008). Available online at www.dlib.org/dlib/ march08/lavoie/03lavoie.html. (accessed 1 February 2010).

14. Margaret Henty, "Ten Major Issues in Providing a Repository Service in Australian Universities,"D-Lib Magazine 13, no. 5/6 (2007). Available online at www.dlib.org/dlib/may07/henty/05henty.html. (accessed 1 February 2010).

15. Deanna Marcum, "Preservation of Scholarship: The Digital Dilemma," The Internet and the University: Forum 2002 (Boulder, Colo.: Educause, 2002): 200. Available online at http:// net.educause.edu/ir/library/pdf/ffpiu028.pdf. (accessed 1 February 2010).

16. Jeanne M. Le Ber and Joan M. Gregory, "ecoming Green and Sustainable: A Spencer S. Eccles Health Science Library Case Study," Journal of Medical Library Association 92, no. 2 (2004): 266-8.

17. Maria A. Jankowska, "The Need for Environmental Information Quality," Issues in Science and Technology Librarianship 26 (Spring 2000). Available online at www.istl.org/00-spring/article5.html. (accessed 1 February 2010).

18. Monika Antonelli, Fred Stoss, and Elaine Harger, "Cup by Cup: Librarians Raise Their Cups for Planet Earth" (press release, 2008). Available online at http://wikis.ala.org/midwinter2008/index.php/ Cup_by_Cup. (accessed 1 February 2010).

19. Greening ACRL 2009. ACRL 14th National Conference in Seattle, 2009. Available online at www.ala.org/ala/mgrps/divs/acrl/events/seattle/green.cfm. (accessed 1 February 2010).

20. James LeRue and Susan LeRue, "The Green Librarian," Wilson Library Bulletin 65 (Feb. 1991): 27-3.

21. C. Atton, "Green Librarianship: A Revolt against Change," Assistant Librarian 86 (Nov. 1993): 166-7.

22. Katherine Dike, "ow Green Is the Academic Sector?" Library plus Information Update 6, no. 7. (July/Aug. 2007): 57-9.

23. Kathleen Rickert, "Greening Our College Libraries: Complete the Cycle of the Three Rs," College & Research Libraries News 62, no. 8 (2001): 825-8.

24. Philip E. Ephraim, "The Greening of Libraries," Library Management 24, no. 3 (2003):160-4; Jennifer Pinkowski, "Keeping Track of Green Libraries," Library Journal 15 (Sept. 15, 2007), available online at www.libraryjournal.com/ article/CA6475365. html (accessed 1 February 2010); Francine Fialkoff, "Green Libraries Are Local," Library Journal 11 (June 15, 2008), available online at www.libraryjournal.com/article /CA6566439.html (accessed 1 February 2010).

25. Going Green @Your Library: Environmentally Friendly Practices for Libraries and Beyond!, available online at http://greeningyourlibrary.wordpress.com/ (accessed 1 February 2010); The Green Library, available online at http://thegreenlibraryblog. blogspot.com/ (accessed 1 February 2010).

26. Jane Neale, "o Green!"Library Journal 2 (Feb. 1, 2008), available online at www.libraryjournal.com/ article/CA6523443.html (accessed 1 February 2010); Dorothy W. Trotter, "Going for the Green," American Libraries 39 (Apr. 2008): 40-3.

27. Monika Antonelli, "The Green Library Movement: An Overview and Beyond," Electronic Green Journal 1, no. 27 (2008). Available online at egj/vol1/ http://repositories. cdlib.org/uclalib/iss27/art1/. (accessed 1 February 2010).

28. Georgia Briscoe, "ecycling: What' in It for Libraries?" American Libraries 87, no. 18 (Dec. 1987): 954-6; Georgia Briscoe, "euse, Reduce, Recycle," Library Journal 116, no. 17 (Oct. 15, 1991): 43-4.

29. Ann Eagan, "Noise in the Library: Effects and Control," Wilson Library Bulletin, 65 (Feb. 1991): 44-7.

30. Michele Calloway, "aper Use and Recycling in Academic Libraries," Electronic Journal of Academic and Special Librarianship 4, no. 2-(Fall 2003); Tom Moothart and Linsey Wess, "Popularity Has Its Costs: Charging for Public Printing,"Colorado Libraries 25, no. 1 (1991): 15-8; Beth Ashmore and Sara Morris, "rom Scraps to Reams: A Survey of Printing Services in Academic Libraries,"College & Research Libraries 63, no. 4 (2002): 342-2.

31. Terry Link and The Task Force on the Environment, "Sources for a Small Planet: Environmental Bibliographies Reflect a Question of Values," Library Journal 115, no. 10 (1990): 81-8.

32. Maria A. Jankowska, "ibrarian' Contribution to Scholarly Communication and Environmental Literacy," The Serials Librarian 49, no. 4 (2006): 117-4.

33. Frederick W. Stoss, "f We Are So Smart, Why Do We Need Environmental Education," Electronic Green Journal 1, no. 26 (2008). Available online at http://repositories.cdlib.org/uclalib/egj/vol1/iss26/ art1/. (accessed 1 February 2010).

34. Irwin Weintraub, "ighting Environmnental Racism: A Selected Annotated Bibliography," Electronic Green Journal 1, no. 1 (1994).

35. Flora Shored is publishing a regular column in Environmental Information Resources in Electronic Green Journal since 1996. The latest one is available at http://repositories. cdlib.org/uclalib/ egj/vol1/iss27/art4/. (accessed 1 February 2010).

36. Linda Rome, "elebrating Earth Day All Year Long," Wilson Library Bulletin 65 (Feb. 1991): 40-3.

37. Dike, "ow Green Is the Academic Sector?" 57.

38. James Weiner and Lynn Boyden, "reating Sustainable Libraries," Library Journal 126, no. 20 (supplement, Dec. 2001): 8-0.

39. Bill Brown, "The New Green Standard," Library Journal 128, no. 20 (Dec. 2003): 61-6.

40. Michael Dewe, Planning Public Library Buildings: Concepts and Issues for the Librarian (Burlington: Ashgate, 2006), 24-3.

41. Johanna Sands, Sustainable Library Design (Santa Monica: Libris Design, 2007). Available online at www.librisdesign.org/docs/SustainableLibDesign.pdf. (accessed 1 February 2010).

42. S. Bennett, Libraries Designed for Learning, CLIR Report (2003). Available online at www.clir.org/ PUBS/abstract/pub122abst.html (accessed 1 February 2010); J. V. Boettcher, "Ten Core Principales for Designing Effective Learning Environnements: Insights From Braine Research and Pedagogical Theory," Innovate: Journal of Online Education 3, no 3 (Feb./Mar. 2007), available online at http://innovateonline. info/index.php?view=article&id=54&highlight= boettcher (accessed 1 February 2010).

43. Sands, Sustainable Library Design.

44. United Nations, Indicators of Sustainable Development: Framework and Methodologies (1996). Available online at www.un.org/esa/sustdev/natlinfo/ indicators/indisd/english/

english.htm. (accessed 1 February 2010).

45. Yale University, Environmental Sustainability Index (2005). Available online at www.yale.edu/esi/. (accessed 1 February 2010).

46. David J. Eagan and David W. Orr, eds., "The Campus and Environmental Responsibility," New Directions for Higher Education 77 (Spring 1992); Sarah Hommond Creighton, Greening the Ivory Tower: Improving the Track Record of Universities, Colleges, and Other Institutions (Boston: MIT Press, 1998); Michael M'onigle and Justin Starke, Planet U: Sustaining the World, Reinventing the University (Gabriola Island: New Society Publisher, 2006); and Larry H. Litten and David Geronimo Terkla, eds., "dvancing Sustainability in Higher Education," New Direction for Institutional Research, 134 (Summer 2007).

47. The College Sustainability Report Card. Available online at www.green reportcard.org (accessed 1 February 2010).

48. Martie J Von Deventer and Retha Snyman, "easuring for Sustainability: A Multi-dimensional Measurement Framework for Library and Information Services," Libri 54 (2004): 1-8.

49. Kevin R. Guthrie, Rebecca Griffiths, and Nancy Maron, Suitability and Revenue Model for Online Academic Resources: An Ithaka Report (May 2008). Available online at www.ithaka.org/ strategic-services/sca_ithaka_ sustain-ability_report-final.pdf. (accessed 1 February 2010).

50. "dvancement of Sustainability in Higher Education," AASHE Digest: An Annual Review of Campus Sustainability (2008). Available online at www.aashe.org/publications/digest.php. (accessed 1 February 2010).

51. Primary Research Group (2008). Available online at www.primaryresearch.com. (accessed 1 February 2010).

52. Maria A. Jankowska, "Model for Environmentally Sustainable Library Operations and Services," Proposal to Librarians Association of the University of California (LAUC) University Wide Research Funds (Jan. 2008): 4. 53. Ibid., 5.

54. ALA Social Responsibilities Round Table, Three Dynamics.

55. Electronic Waste (e-waste) in Libraries and Archives (2007). Available online at http://srhkim.com/ ewaste/index.html. (accessed 1 February 2010).

56. Eco-Libris, How We Do It (2007). Available online at www.ecolibris.net/how.asp. (accessed 1 February 2010).

57. WorldWatch Institute, Painless Paper Cuts (2008). Available online at www.worldwatch.

org/node/1497. (accessed 1 February 2010).

58. Michael Kanellos, "ew Way to Save Energy: Disappearing Ink," CNET News (Apr. 29, 2008). Available online at http://news.cnet.com/8301-11128_3-9930674- 54.html?tag =mncol;txt. (accessed 1 February 2010).

59. Donella H. Meadows, "even-plus Wonders of Sustainability," Grist (Aug. 30, 1999). Available online at www.grist.org/comments/citizen/1999/08/30/of/index.html. (accessed 1 February 2010).

60. Campus Sustainability Assessment (CSA) database. Available online at http://csap.envs.wmich.edu/ pages/res_csa.html. (accessed 1 February 2010).

61. Ibid., 8.

62. Terry Link, "Transforming Higher Education through Sustainability and Environmental Education," Issues in Science and Technology Librarianship (Spring 2000). Available online at www.istl.org/ 00-spring/article4.html. (accessed 1 February 2010).

63. Maria A. Jankowska, "Call for Sustainable Library Operations and Services," C&RL News 69, no. 6 (June 2008): 323-4.

64. Kevin Kelly, New Rules for the New Economy (New York: Viking, 1999).

65. Xin Li, "ibrary as Incubating Space for Innovations: Practices, Trends and Skill Sets," Library Management 27, no. 6/7 (2006): 370-8.

제8장 콘텐츠 저장소 JISC 연구

Notes

1. This is widely discussed and advocated; among many other examples, see Charles Vest's presentation "Globalization and Higher Education: Competition and Cooperation," available from the MIT site at:
http://mitworld.mit.edu/video/433/

2. See http://hefce.ac.uk/Pubs/Circlets/2000/cl17_00.htm for Transparency Review reporting requirements.

3. See http://www.dfes.gov.uk/publications/e-strategy/ for the UK government's e-Strategy report, "Harnessing Technology: Transforming Learning and Children's Services."

4. The reports, with a commentary, are available from http://www.jisc.ac.uk/ whatwedo/ programmes/ programme_rep_pres/rep_pres_keydocs.aspx

5. Much of this is described or linked from the webpage for the current innovation

program, at http://www.jisc.ac.uk/reppres

6. See JISC Presentation Programme at http://www.jisc.ac.uk/whatwedo/programmes/ programme_presentation.aspx. A key recent project is "Developing Personalisation in the Information Environment," accessed at http://www.jisc.ac.uk/whatwedo/ programmes/ resourcediscovery/ Personalisation.aspx

7. Examples include the OAIster service and the DRIVER project.

8. Projects include those within the "Tools and Innovation" strand of the current program found at http://www.jisc.ac.uk/whatwedo/programmes/programme_rep_ pres/tools.aspx. Also, see projects such as "Rich tags: Supporting better exploration of digital repositories with semantic social tagging," accessed at http://www.jisc.ac.uk/whatwedo /programmes/programme_rep_pres/rich_tags.aspx

9. See, for example, the LIFE projects at http://www.life.ac.uk/ and the report on costing the preservation of research data at http://www.jisc.ac.uk/publications/ publications/keepingresearchdatasafe.aspx.

10. Relevant audit tools developed include DRAMBORA at http://www.repositoryaudit. eu/.And, soon, the Data Audit Framework found at http://www.jisc.ac.uk/ whatwedo/ programmes/ digitalrepositories2007/ dataauditframework.aspx.

11. For more detail on virtual research environments, see JISC's Virtual Research Environment program at http://www.jisc.ac.uk/whatwedo/programmes/vre2.aspx.

References

Australian Partnership for Sustainable Repositories. (n.d.). Online Research Collections Australia (ORCA). Retrieved October 31, 2008, from http://www.apsr.edu.au/ orca/index.htm

Berlin Declaration. (2006, December 20). Open Access to Knowledge in the Sciences and Humanities. Retrieved November 1, 2008, from http:// oa.mpg.de/openaccess-berlin/berlindeclaration.html

Casey, J., Proven, J., & Dripps, D. (2007). Managing IPR in digital learning materials: A development pack for institutional repositories. Trust In Digital Repositories. Retrieved October 31, 2008, from http://trustdr. ulster.ac.uk/outputs.php

Charlesworth, A., Ferguson, N., Schmoller, S., Smith, N., & Tice, R. (2007). Sharing eLearning content: A synthesis and commentary. Retrieved October 31, 2008, from http://ie-repository.jisc.ac.uk/46/

Dempsey, L. (2007, July 7). The network reconfigures the library systems environment. Message posted to http://orweblog.oclc.org/

Douglas, P., Margaryan, A., & Milligan, C. (2007). Structured guidelines for setting up learning object repositories. Retrieved October 31, 2008, from http://ie-repository. jisc.ac.uk/106/

European Commission. (2007, August 13). The Bologna Process: Towards the European higher education area. Retrieved November 1, 2008, from http://ec.europa.eu/ education/policies/educ/bologna/bologna_en.html

_____. (n.d.). European Research Area. Retrieved November 1, 2008, from http://ec.europa.eu/research/era/index_en. html

Heery, R., & Powell, A. (2006) Digital Repositories Roadmap: looking forward. Retrieved October 13, 2008, from http://www.jisc.ac.uk/uploaded_ documents /rep-roadmap-v15.doc

HEFCE(Higher Education Funding Council for England). (2008, October 3). Research funding. Retrieved November 1, 2008, from http://www. hefce.ac.uk/research/ funding/resfund/ja.net. (2008, April). Acceptable Use Policy. Retrieved November 1, 2008, from http://www.ja.net/documents/ publications/policy/aup.pdf

JISC. (2007, November 1). Intute Repository Search. Retrieved October 31, 2008, from http://www.jisc.ac.uk/whatwedo/programmes/reppres/irs.aspx

____. (2007, November 13). Overlay journal infrastructure for Meteorological Sciences (OJIMS). Retrieved October 31, 2008, from http://www.jisc. ac.uk/whatwedo /programmes/reppres/sue/ojims.aspx

____. (2007, December 6a). Faroes: Repositories for Sharing Learning Resources in Distributed Social Spaces. Retrieved October 31, 2008, from http:// www.jisc.ac. uk/whatwedo/programmes/reppres/sue/faroes.aspx

____. (2007, December 6b). Fedorazon. Retrieved October 31, 2008, from http:// www.jisc.ac.uk/whatwedo/programmes/reppres/sue/fedorazon.aspx

____. (2007, December 7). DISC-UK DataShare. Retrieved October 31, 2008, from http://www.jisc.ac.uk/whatwedo/programmes/reppres/sue/datashare.aspx

____. (2008, January 11a). EDINA. Retrieved November 1, 2008, from http:// www.jisc.ac.uk/whatwedo/services/edina.aspx

____. (2008, January 11b). JANET. Retrieved November 1, 2008, from http:// www.jisc.ac.uk/whatwedo/services/janet.aspx

____. (2008, January 11c). Mimas. Retrieved November 1, 2008, from http://

www.jisc.ac.uk/whatwedo/services/mimas.aspx

_____. (2008, January 11d). Areas of common interest for Start up and enhancement project themes. Retrieved November 1, 2008, from http://www.jisc.ac.uk/ suethemes

_____. (2008, February 6). Social Networking Extensions for Eprints (SNEEP). Retrieved October 31, 2008, from http://www.jisc.ac.uk/whatwedo/ programmes/reppres /sue/sneep

_____. (2008, February 7). Storelink. Retrieved October 31, 2008, from http:// www. jisc.ac.uk/whatwedo/programmes/digitalrepositories2007/storelink.aspx

_____. (2008, March 10). Portals programme. Retrieved November 1, 2008, from http://www.jisc.ac.uk/whatwedo/programmes/portals.aspx

_____. (2008, March 31). Data Audit Framework Development Project. Retrieved October 31, 2008, from http://www.jisc.ac.uk/whatwedo/programmes/ digitalrepositories2007/dataauditframework.aspx

_____. (2008, April 2). Gold Dust. Retrieved October 31, 2008, from http://www.jisc. ac.uk/whatwedo/programmes/usersandinnovation/golddust

_____. (2008, April 21a). Complex Archive Ingest for Repository Objects (CAIRO). Retrieved November 1, 2008, from http://www.jisc.ac.uk/whatwedo/ programmes/ reppres/cairo.aspx

_____. (2008, April 21b). Data Exchange Tools and Conversion Utilities (DExT). Retrieved October 31, 2008, from http://www.jisc.ac.uk/whatwedo/ programmes/ reppres/dext

_____. (2008, May 6). eCrystals Federation. Retrieved October 31, 2008, from http://www.jisc.ac.uk/whatwedo/programmes/reppres/sue/ecrystals.aspx

_____. (2008, May 12a). Repository Interface for Overlaid Journal Archives (RIOJA). Retrieved October 31, 2008, from http://www.jisc.ac.uk/ whatwedo/programmes/ reppres/tools/rioja.aspx

_____. (2008, May 12b). Simple Web Service Offering Repository Deposit (SWORD). Retrieved October 31, 2008, from http://www.jisc.ac.uk/ whatwedo/programmes/ reppres/tools/sword.aspx

_____. (2008, May 13). Project on Open Content for Knowledge Exposition and Teaching (POCKET). Retrieved October 31, 2008, from http:// www.jisc.ac.uk /whatwedo/programmes/reppres/sue/pocket.aspx

_____. (2008, August 29). Moodle Repository Create, Upload, Tag and Embed (MR-CUTE). Retrieved October 31, 2008, from http://www.jisc.ac.uk/ whatwedo/

programmes/reppres/sue/mrcute.aspx

____. (2008, September 1). ASK: Accessing and Storing Knowledge. Retrieved October 31, 2008, from http://www.jisc.ac.uk/whatwedo/programmes/ digitalrepositories2005/ask.aspx

____. (2008, September 10a). Remap. Retrieved October 31, 2008, from http://www.jisc.ac.uk/whatwedo/programmes/preservation/remap.aspx

____. (2008, September 10b). Service Oriented Architecture for Preservation and Ingest of Digital Objects (SOAPI). Retrieved October 31, 2008, from http://www.jisc.ac.uk/whatwedo/programmes/preservation/soapi.aspx

____. (2008, September 10c). Sherpa DP2. Retrieved October 31, 2008, from http://www.jisc.ac.uk/whatwedo/programmes/preservation/sherpadp2.aspx

____. (2008, September 11a). CLADDIER Project. Retrieved October 31, 2008, from http://www.jisc.ac.uk/whatwedo/programmes/digitalrepositories2005/claddier.aspx

____. (2008, September 11b). PERX. Retrieved October 31, 2008 from http://www.jisc.ac.uk/whatwedo/programmes/digitalrepositories2005/perx.aspx

____. (2008, September 11c). RepoMMan: Repository metadata and management. Retrieved November 1, 2008, from http://www.jisc.ac.uk/whatwedo/ programmes/digitalrepositories2005/repomman.aspx

____. (2008, September 11d). R4L: Repository for the laboratory. Retrieved October 31, 2008, from http://www.jisc.ac.uk/whatwedo/programmes/ digitalrepositories2005/r4l

____. (2008, September 11e). StORe: Source-to-Output Repositories. Retrieved October 31, 2008, from http://www.jisc.ac.uk/whatwedo/programmes/ digitalrepositories2005/store.aspx

____. (2008, September 11f). Trust DR. Retrieved October 31, 2008, from http://www.jisc.ac.uk/whatwedo/programmes/digitalrepositories2005/trustdr.aspx

____. (2008, September 18a). CTREP-ambridge Tetra Repositories Enhancement Project. Retrieved October 31, 2008, from http://www.jisc.ac.uk/whatwedo/programmes/reppres/sue/tetracam.aspx

____. (2008, September 18b). The Depot. Retrieved October 31, 2008, from http://www.jisc.ac.uk/whatwedo/programmes/reppres/depot.aspx

____. (2008, September 18c). Names: Pilot national name and factual authority service. Retrieved November 1, 2008, from http://www.jisc.ac.uk/ whatwedo/programmes/reppres/sharedservices/names.aspx

_____. (2008, September 19). Shared Infrastructure Services strand. Retrieved November 1, 2008, from http://www.jisc.ac.uk/whatwedo/programmes/ reppres/sharedservices.aspx

_____. (2008, November 3a). Feedforward. Retrieved November 3, 2008, from http://www.jisc.ac.uk/whatwedo/programmes/reppres/tools/feedforward

_____, Metatools. (2008, November 3b). Metatools. Retrieved November 3, 2008, from http://www.jisc.ac.uk/whatwedo/programmes/reppres/tools/ metatools.aspx

_____. (2008, November 3c). Sharing Objects Under Repository Control with Everyone (SOURCE). Retrieved November 3, 2008, from http://www.jisc.ac.uk/whatwedo/programmes/reppres/tools/source.aspx

_____. (n.d.). Information environment. Retrieved November 1, 2008, from http://www.jisc.ac.uk/whatwedo/themes/informationenvironment.aspx

_____. (n.d.). Robot-generated Open Access Data (ROAD). Retrieved October 31, 2008, from http://www.jisc.ac.uk/whatwedo/programmes/reppres/tools/road

McDonough, J. (2008, August 12). Structural Metadata and the Social Limitation of Interoperability: A Sociotechnical View of XML and Digital Library Standards Development. Paper presented at Balisage: The Markup Conference. Retrieved from: http://balisage.net/Proceedings/html/2008/ McDonough01/Balisage2008-McDonough01.html

National Archives. (n.d.). PRONOM. Retrieved November 1, 2008, from http://www.nationalarchives.gov.uk/pronom/

National Science Foundation. (n.d.). Sustainable Digital Data Preservation and Access Network Partners (DataNet). Retrieved November 1, 2008, from http://www.nsf.gov/funding/pgm_summ.jsp?pims_id=503141&org=OCI

Representation Information. (n.d.). Registry Repository. Retrieved October 31, 2008, from http://registry.dcc.ac.uk/omar/

Russell, R. (1998). A Distributed National Electronic Resource? Ariadne, 14. Retrieved August 24, 2008, from http://www.ariadne.ac.uk/issue14/models/

Salo, D. (2007). Innkeeper at the Roach Motel (preprint of article published in this issue of Library Trends). Retrieved July 28, 2008, from http://minds.wisconsin.edu/handle/1793/22088

Service Registries Blog. (2008, April 3). Register locally-iscover globally. Retrieved October 31, 2008, from http://iesr.ac.uk/ service-registries-blog/ labels/ISO2146.html

SHERPA RoMEO. (n.d.) Publisher copyright policies and self-archiving. Retrieved November 1, 2008, from http://www.sherpa.ac.uk/romeo.php

SURFfoundation. (n.d.). Digital Author Identifier (DAI). Retrieved November 1, 2008, from http://www.surffoundation.nl/smartsite.dws?ch=eng&id=13480

SURFshare Programme. (n.d.). SURFshare programme 2007-010: SURF platform ICT and research. Retrieved November 1, 2008, from http://www.surffoundation.nl/ download/SURFshare%20programme%202007-2010%20Condensed%20version %20website.pdf

UKOLN. (n.d.). MIA functional model. Retrieved November 1, 2008, from http://www.ukoln.ac.uk/dlis/models/requirements/func/

_____. (2008, October 15). JISC Information Environment Architecture. Retrieved November 1, 2008, from http://www.ukoln.ac.uk/distributed-systems/ jisc-ie/arch/

제9장 도서관의 콘텐츠 저장소 개발전략

Notes

1. Refer to Correia & Teixeira (2005) for on overview of the recent issues in scholarly communication.

References

Allard, S., Mack, T.,& Feltner-Reichert, M. (2005). The librarian's role in institutional repositories: A content analysis of the literature. Reference servies Review, 33(3), 325-336.

Bailey, C., Jr. (2005). The role of reference librarians in institutional repositories. Reference Services Review, 33(3), 259-267.

Bell, S., Foster, N., & Gibbons, S. (2005). Reference librarians and the success of institutional repositories. Reference Services Review, 33(3), 283-291.

Buehler, M. A., & Boateng, A. (2005). The evolving impact of institutional repositories on reference librarians. Reference Services Review, 33(3), 291-300.

Chan, L.(2004). Supporting and enhancing scholarship in the Digital Age: The role of open-access institutional repositories. Canadian Journal of Communication, 29(3&4), 277-300.

Correia, A. M. R., & Teixeira, J. C. (2005). Reforming scholarly publishing and knowledge communication: From the advent of the scholarly journal to the challenges of open access. Online Information Review, 29(4), 349-364.

Crow, R. (2002). The case for institutional repositories: A SPARC position paper. The Scholarly Publishing and Academic Resources Coalition. Retrieved November 9, 2007. from http://www.arl.org/sparc/repositories/readings.html

Devakos, R. (2006). Towards user responsive institutional repositories: A case study. Library Hi Tech, 24(2), 173-182.

Foster, N., & Gibbons, S. (2005). Understanding faculty to improve content recruitment for institutional repositories (Electronic Version). D-Lib magazine, 11(1). retrieved August 24, 2006, from http://dlib.org/dlib/ january05/foster/ 01foster.html

Fry, J., & Talja, S. (2004). The culturl shaping of scholarly communication: Explaning e-journal use within and across academic fields. Proceedings of the ASIST Annual meeting, 41, 20-30.

Gibbons, S. (2004). Establishing an institutional repository. Chicago: American Library Association.

Guterman, L. (2008). Harvard faculty adopts open-access requirement. The Chronicle of higher Education News Blog. Retrieved February 12, 2008, from http://chronicle. com/news/article/3943/harvard-faculty-adopts-open- access-requirement

Harnad, S. (2005). Fast-Forward on the green road to open access: The case against mixing up green and gold (Electronic Version). ARIADNE, (42). Retrieved February 19, 2008, from http://www.ariadne.ac.uk/issue42/ harnad/

_____. Brody, T., Vallieres, F., Carr, L., Hitchcock, S., Gingras, Y., Oppenheim, C., Stamerjohanns, H., & Hilf, E. (2004). The access/impact problem and the green and gold roads to open access. Serials Review, 30(4), 310-314.

Horwood, L., Sullivan, S., Young, E., & Garner, J. (2004). OAI compliant institutional repositories and thr role of library staff. Library Management, 25(4/5), 170-176.

Jenkins, B., Breakstone, E., & Hixson, C. (2005). Content in, content out: The dual roles of the reference librarian in institutional repositories. Reference Services Review, 33(3), 312-324.

Jones, C. (2007). Institutional repositories: Content and culture in an open access environment. Oxford: Chandros Publishing.

Kling, R., McKim, G., & King, A. (2003). A bit more to it: Scholarly communication forums as socio-technical interaction networks. Journal of the American Society for Information Science and Technology, 5491), 47-67.

Library of Congress. (2007, May 11). SRU is simple! Retrieved October 29, 2008, from http://www. lic.gov/standards/sru/simple.html

Lynch, C. (2003). Institutional repositories: Essential infrastructure for scholarship in the Digital Age. ARL Bimonthly Report, 226.

_____. & Lippincott, J. (2005). Institutional repositories deployment in the United States as of early 2005 (Electronic Version). D-Lib magazine, 11(9). Retrieved August 24, 2006, from http://www.dlib.org//dlib/ september05/lynch/09lynch.html

Palmer, C. L. (2005). Scholarly work and the shaping of digital access. Journal of the American Society for Information Science and Technology, 56(11), 1140-1153.

Park, J. H., & Qin, J. (2007). Exploring the willingness of scholars to accept open access: A grounded theory approach. Journal of scholarly Publishing, 38(2), 55-84.

Phillips, H. Carr, R., & Teal, J. (2005) Leading roles for reference librarians in institutional repositories: One library's experience. Reference Services Review, 33(3), 301-311.

Pinfield, S. (2004 November). A mandate to self archive? The Role of open access institutional repositories. Paper presented at the Geological Society UKSG seminer Scientific Publications: free for all?, London.

Reitz, J. (2007). ODLIS-Online dictionary for library and information science. Portsmouth, NH: Libraries Unlimited. Retrieved July 8, 2008, from http://lu.com/odlis/index.cfm

Rieh, S., Markey, K., St. Jean, B., Yakel, E., & Kim, J. (2007). Census of institutional repositories in the U.S.: A comparison across institutions at different stages of IR development (Electronic Version). D-Lib Magazine, 13(11/12). Retrieved November 22, 2007, from http://www.dlib.org/dlib/ november07/rieh/11rieh.html

Sale, A. (2007). The patchwork mandate (Electronic Version). D-Lib Magazine, 13(1/2). Retrieved January 16, 2008 from http://www.dlib.org/dlib/ january07/sale/ 01sale.html

Walters, T. O. (2007). Reinventing the library-How repositories are causing librarians to rethink their professional roles. portal: Libraries and the Academy, 7(2), 213-225.

제10장 정보화 시대의 전략적 정보관리

Notes

1. Information supplied by the university librarian; see also THES 12 October, 2007, p.9.
2. http://www.digitaldividenetwork.org/content/stories/index.cfm?key=168;quoted in G. G. Chowdhury (2002).

References

AWRE, C., 2005. The CREE Project: evaluating contextual use of Internet search tools. http://www.hull.ac.uk/esig/cree/downloads/CREEASSIG Nationarticle.pdf

BAKER, D., 1991. From inter-library loan to document delivery. Assignation: ASLIB Social Sciences Information Group Newsletter 8: 24-26.

_____., 1992a. Access versus holdings policy with special reference to the University of East Anglia. Interlending and Document Supply 20(4): 131-37.

_____., 1992b. Resource allocation in university libraries. Journal of Documentation 48: 1-19.

_____., 1994a. Document delivery: the UEA experience. Computers in Libraries International 1994: Proceedings of the 8th Annual Conference. London.

_____., 1994b. Document delivery: the UEA experience. Vine 95: 12-15.

_____., 2004. The strategic management of technology: a guide for library and information services. Oxford: Chandos.

_____., 2006. Digital library futures: a UK HE and FE perspective. Interlending and Document Supply 34(1): 4-8.

_____., 2007. Combining the best of both worlds: the hybrid library. Digital convergence-libraries of the future, edited by R. A. Earnshaw and J. A. Vince(pp.95-106). London: Springer.

_____. and EVANS, W., 2007. From holdings to access-and back. Interlending and Document Supply 35(2): 85-91.

BARRAS, R., 1986. Towards a theory of innovation in services. Research Policy 15: 161-73.

_____., 1990. Interactive innovation in financial and business services. Research

Policy 19: 215-37.

BROPHY, P., FISHER, S., JONES, C. R., and MARKLAND, M., 2004. EDNER: final report. Manchester: CERLIM.

CHOWDHURY, G. G., 2002. Digital divide: how can digital libraries bridge the gap? Digital libraries: people, knowledge and technology. 5th International Conference on Asian Digital Libraries. ICADL 2002, Singapore, December 2002. Proceedings, edited by E.-P. Lim, et al. (pp.379-319). Heidelberg: Springer.

CLARK, B., 1998. Creating entrepreneurial universities organizational pathways of transformation. Oxford: Pergamon.

CORRALL, S., 1994. Strategic planning for library and information services. London: ASLIB.

DELOS, 2007. Digital Libraries for the Digital Librarian Making the Journey from Traditional to Digital Libraries. http://www.delos.info/index.php?Itemid= 249&id=566&option=com_content&task=view

DEPARTMENT OF TRADE AND INDUSTRY, 1998. Converging technologies: consequences for the new knowledge-driven economy. London: Future Unit, DTI.

ESYS CONSULTING, 2001. Summative evaluation of phase 3 of the eLib Initiative: final report summary. London: ESYS Consulting.

FAHEY, L. and NARAYAN, V. K., 1986. Macroenvironmental analysis for strategic management. St. Paul, MN: West Publishing.

FEATHER, J., 2003. Theoretical perspectives on the Information Society. Challenge and change in the Information Society, edited by S. Hornby and Z. Clarke (pp.3-17). London: Facet.

FOLLETT, B., 1993. Joint funding councils' Libraries Review Group Report. London: The Funding Councils.

GLADWELL, M., 2000. The tipping point: how little things can make a big difference. New York: Little Brown.

GREENSTEIN, D., 2002. Next generation digital libraries? Keynote address. Proceedings of the Second ACM/IEEE-CS Joint Conference on Digital Libraries, edited by G. Marchionini and W. Hersh. New York: ACM.

HAMEL, G. and PRAHALAD, C. K., 1994. Competing for the future. Boston: Harvard Business School.

HANDY, C., 2001. The elephant and the flea. London: Hutchinson.

HEEKS, R., MUNDY, D., and SALAZAR, A., 1999. Why health care information systems succeed or fail. Manchester: University of Manchester Institute for Development Policy and Management.

HIGHER EDUCATION CONSULTANCY GROUP, 2006. A feasibility study on the acquisition of e-books by HE Libraries and the role of JISC: final report. Unpublished.

HOUSE OF COMMONS, 2004-2005. Education and Skills Committee 3rd report. UK e-University.

LADIN, D., 2008. Too busy to think? Become a 'One-Moment Master'. Leadership Matters 13: 8.

MIDDLEHURST, R., 1999. New realities for leadership and governance in higher education? Tertiary Education and Management 5: 307-29.

NEGROPONTE, N., 1995. Being digital. London: Hodder & Stoughton.

SCHOFIELD, A., FIELDEN, J., HARRIS, C., and WILKINSON, J., 2001. Barriers to resource sharing among higher education libraries: a report to the Research Support Libraries Programme (RSLP). The New Review of Academic Librarianship 7: 101-210.

SOLOMON, E., 2001. The dynamics of corporate change: management's evaluation of stakeholder characteristics. Human Systems Management 20(3): 257-66.

TAVISTOCK INSTITUTE, 1998. Electronic libraries programme: synthesis of 1997 project annual reports. London: Tavistock Institute.

_____, 2000. 1999 Synthesis of eLib annual reports: phase 2 and phase 3. London: Tavistock Institute.

WHITE, S. and DAVIES, J. E., 2001. Economic evaluation model of National Electronic Site Licence Initiative (NESLI) Deals. Loughborough: LISU (Occasional Paper 28).

제11장 학술도서관의 서비스 혁신

Aharony, A. (2009), "Librarians and information scientists in the blogosphere: an exploratory analysis", Library & Information Science Research, Vol. 31 No. 3, pp.174-81.

Alam, I. (2002), "An exploratory investigation of user involvement in new service development", Journal of the Academy of Marketing Science, Vol. 30 No. 3, pp.250-61.

_____. and Perry, C. (2002), "A customer-oriented new service development process", Journal of Services Marketing, Vol. 16 No. 6, pp. 515-34.

Bitner, M. J., Brown, S. W. and Meuter, M. L. (2000), "Technology infusion in service encounter", Journal of the Academy of Marketing Science, Vol. 28 No. 1, pp.138-49.

Brindley, L. (2006), "Re-defining the library", Library Hi Tech, Vol. 24 No. 4, pp.484-95.

Carr, P. L. (2009), "From innovation to transformation: a review of the 2006-7 serials literature", Library Resources & Technical Services, Vol. 53 No. 1, pp.3-15.

Castiglione, J. (2008), "Facilitating employee creativity in the library environment; An important managerial concern for library administrators", Library Management, Vol. 29 No. 3, pp.159-72.

Chesbrough, H. W. (2003), Open Innovation: The New Imperative for Creating and Profiting from Technology, Harvard Business School Press, Boston, MA.

_____. (2006), Open Business Model: How to Thrive in the New Innovation Landscape, Harvard Business School, Boston, MA.

Christensen, C. M. (1997), The Innovator's Dilemma: When New Technologies Cause Great Firms to Fail, HBS Press, Cambridge, MA.

Gallouj, F. and Weinstein, O. (1997), "Innovation in services", Research Policy, Vol. 26 No. 5, pp.537-56.

Hennestad, B. W. (1999), "Infusing the organisation with customer knowledge", Scandinavian Journal of Management, Vol. 15 No. 1, pp.17-41.

Kristensson, P., Gustafsson, A. and Archer, T. (2003), "Harnessing the creative potential among users", Product Innovation Management, Vol. 21 No. 1, pp.4-14.

Kettunen, J. (2007), "The strategic evaluation of academic libraries", Library Hi Tech, Vol. 25 No. 3, pp.409-21.

Leonard, D. and Rayport, J. F. (1997), "Spark innovation through empathic design", Harvard Business Review, Vol. 75 No. 6, pp.102-13.

Li, X. (2006), "Library as incubating space for innovations: practices, trends and skill sets", Library Management, Vol. 27 Nos 6/7, pp.370-8.

Magnusson, P. (2003), "Benefits of involving users in service", European Journal of

Innovation Management, Vol. 6 No. 4, pp.228-38.

_____, Matthing, J. and Kristensson, P. (2003), "Managing user involvement in service innovation", Journal of Service Research, Vol. 6 No. 2, pp.111-24.

Matthing, J., Sande'n, B. and Edvardsson, B. (2004), "New service development: learning from and with customers", International Journal of Service Industry Management, Vol. 15 No. 5, pp.479-98.

Nambisan, S. (2002), "Designing virtual customer environments for new product development: toward a theory", The Academy of Management Review, Vol. 27 No. 33, pp.392-413.

_____. and Nambisan, P. (2008), "How to profit from a better virtual customer environment", MIT Sloan Management Review, Vol. 49 No. 3, pp. 53-61.

Panesar, S. S. and Markeset, T. (2008), "Development of a framework for industrial service innovation management and coordination", Journal of Quality in Maintenance Engineering, Vol. 14 No. 2, pp.177-93.

Patton, M. Q. (1990), Qualitative Evaluation and Research Methods, Sage Publications, Newbury Park, London/New Delhi.

Piller, F. T. and Walcher, D. (2006), "Toolkits for idea competitions: a novel method to integrate users in new product development", R&D Management, Vol. 36 No. 3, pp.307-18.

Rogers, E. M. (1995), The Diffusion of Innovations, 4th ed., Free Press, New York, NY.

Rutherford, L. L. (2008a), "Implementing social software in public libraries; an exploration of the issues confronting public library adopters of social software", Library Hi Tech, Vol. 26 No. 2, pp. 184-200.

_____. (2008b), "Building participative library services: the impact of social software use in public libraries", Library Hi Tech, Vol. 26 No. 3, pp.411-23.

Schneider, B. and Bowen, D. E. (1995), Winning the Service Game, Harvard Business School Press, Boston, MA.

Sheng, X. and Sun, L. (2007), "Developing knowledge innovation culture of libraries", Library Management, Vol. 28 Nos 1/2, pp.36-52.

von Hippel, E. (1986), "Lead users: a source of novel product concepts", Management Science, Vol. 32 No. 7, pp.791-805.

_____. (1989), "New product ideas from 'lead users'", Research Technology Management, Vol. 32 No. 3, pp.24-7.

_____. (2001), "User toolkits for innovation", Journal of Product Innovation Management, Vol. 18 No. 4, pp.247-57.

Yin, R. K. (1994), Case Study Research Design and Methods, 2nd ed., Vol. 5, Sage Publications, Thousand Oaks, CA.

Zaltman, G., Duncan, R. and Holbeck, J. (1973), Innovations and Organizations, Wiley and Sons, New York, NY.

Further reading

Chesbrough, H. and Crowther, A. K. (2006), "Beyond high tech: early adopters of open innovation in other industries", R & D Management, Vol. 36 No. 3, pp.229-36.

Garvin, D. A. (1988), Managing Quality, Free Press, New York, NY.

제12장 학술도서관에서의 여성 관리자: 30년간의 변화

American Council on Education. (2007). The American college president. Washington, DC: ACE.

Association of Research Libraries (2008). ARL Annual Salary Survey. Washington, DC: Association of Research Libraries.

Davis, D., & Hall, T. (2007). Diversity counts. Chicago: American Libraries Association. Retrieved September 1, 2009, from http://www.ala.org/ala/ aboutala/offices/diversity /diversitycounts/diversitycounts_rev0.pdf

Deyrup, M. M. (2004). Is the revolution over? Gender, economic and professional parity in academic library leadership positions. College & Research Libraries, 65(3), 242-50.

Fisher, W. (1997). The question of gender in library management. Library Administration and Management, 11(4), 231-36.

Hatcher, K. A. (1997). Succession paths for academic library directors. Journal of Library Administration, 24(3), 31-6.

Hildenbrand, S. (1997). Still not equal: Closing the library gender gap." Library Journal 122(4), 44-6.

Hollis, D. A. (1999). Affirmative action or increased competition: A look at women and minority library deans. Journal of Library Administration, 27(1/2), 49-5.

Kirkland, J. J. (1997). The missing women library directors: Deprivation versus mentoring. College & Research Libraries, 58(4), 376-84

Maatta, S. (2008). Placements and salary survey, 2008: Jobs and pay both up. Library Journal, 133(17), 30-8.

Martell, C. R. (1995). Are we there yet? The Journal of Academic Librarianship, 21(3), 153-154.

McCracken, P. H. (2000). The presence of the doctorate among small college library directors. College & Research Libraries, 61(5), 400-08.

Moran, B. B. (1985). The impact of affirmative action on academic libraries. Library Trends, 34, 199-17.

Schiller, A. (1974). Women in librarianship. Advances in Librarianship, 4, 103-47.

Sullivan, C. J. (1996). Affirmative action and women in academic libraries: How far have we come? Unpublished master's thesis, University of North Carolina at Chapel Hill.

U.S. Bureau of Labor Statistics (2005). Women in the labor force: A databook. Washington, DC: U.S. Dept. of Labor.

_____ (1999). Employment and wages: Annual averages. Washington, DC: U.S. Dept. of Labor.

West, M. S., & Curtis, J. W. (2006). AAUP faculty gender equity indicators. Washington, DC: AAUP.

Williams, C. L. (1995). Still a man's world: Men who do "women's" work. Berkeley: University of California Press.

Zemon, M., & Bahr, A. H. (2005). Career and/or children: Do female academic librarians pay a price for motherhood? College & Research Libraries, 66(5), 394-404.

김정신(金貞信)

이화여자대학교 물리학과 졸업
이화여자대학교 교육대학원 석사(사서교육 전공)
상명대학교 중앙도서관장 역임

김청웅(金淸雄)

연세대학교 도서관학과 졸업
연세대학교 대학원 경영학박사
연세대학교 중앙도서관 부관장 겸 기록보존소장 역임

백항기(白恒基)

성균관대학교 도서관학과 졸업
성균관대학교 대학원 문학박사
숙명여자대학교 중앙도서관 부장 역임
현) 경기대·대진대·성균관대학교 사서교육원 강사

윤덕진(尹德鎭)

국민대학교 경영학과 졸업
성균관대학교 부설 한국사서교육원 수료
한양대학교 경영대학원 석사
한양대학교 백남학술정보관 사서장 역임

윤성로(尹星老)

중앙대학교 도서관학과 졸업
중앙대학교 행정대학원 석사
중앙대학교 중앙도서관 부관장 역임

이형구(李亨九)

성균관대학교 도서관학과 졸업
고려대학교 경영대학원 수료
고려대학교 중앙도서관 사서장 역임
현) 한국대학도서관연합회 사무총장

도서관의
전략과 미래

지금 무엇을 준비할 것인가?

초판인쇄 | 2012년 4월 13일
초판발행 | 2012년 4월 13일

엮 은 이 | 김정신·김청웅·백항기·윤덕진·윤성로·이형구
펴 낸 이 | 채종준
펴 낸 곳 | 한국학술정보㈜
주   소 | 경기도 파주시 문발동 파주출판문화정보산업단지 513-5
전   화 | 031) 908-3181(대표)
팩   스 | 031) 908-3189
홈페이지 | http://ebook.kstudy.com
E-mail | 출판사업부 publish@kstudy.com
등   록 | 제일산-115호(2000. 6. 19)

ISBN   978-89-268-3293-6 93020 (Paper Book)
          978-89-268-3294-3 98020 (e-Book)